福島核電事故を経たエネルギー転換

Peter Hennicke, Paul J. J. Welfens

Energiewende nach Fukushima

Deutscher Sonderweg oder weltweites Vorbild?

ドイツの特殊な道か、それとも世界の模範か

ペーター・ヘニッケ＋パウル・J・J・ヴェルフェンス　壽福眞美訳

新評論

日本の読者の皆さまへ

グローバルな気候変動の影響および核燃料サイクルと核発電所〔以下、核電〕の危険性は、21世紀の経済・科学・政治にたいする大きな挑発である。そのためにヨーロッパでも活発な論争が行われている。核エネルギーからの脱却は、たとえばドイツとスイスにとっては政治的に決着済みの問題である。太陽光と風力による電力費用の低下、広範な経済的節約の潜在力によって、核脱却と適切な気候保護の同時的実行は、現実的な戦略となっている。世界規模の再生可能エネルギーへの転換は、このエネルギー部門の競争と市場の刺激が野心的な効率化戦略ともっと結びつくなら、一段と強力に推進できるだろう。ヨーロッパにもある再生可能エネルギーへの助成にたいする部分的に批判的な議論は、二つの点で人を惑わすものだ。第1に、世界中で化石燃料源にたいする国家の補助金は、再生可能エネルギーの市場導入を加速化させる助成金よりもはるかに多い。第2に、太陽光と風力発電施設にたいする国家助成は、大量生産の利点と学習効果を高め、世界中で驚くべき費用と価格の低下をもたらしているが、将来においても再生可能エネルギーにおける技術革新の効果を高めてくれるだろう。

日本は島国であり、しかも地震の危険性があるから、脱炭素化と危険性の最小化に向かってエネルギー転換を実現するという、特別にやりがいのある状況にある。そして、さまざまの研究が証明してきたように、日本は再生可能エネルギーに関しては、そもそも「エネルギー豊富な国」（トーマス・コーベルガー）と評価できるのだ。太陽光、風力（海上・陸上）、地熱、バイオマス、水力によるエネルギー獲得の潜在力は、ドイツよりもはるかに高く、それを野心的な効率化・自足戦略〔本書246頁以下参照〕と結びつければ、また戦略的な電力網の拡張と結合すれば、再生可能エネルギーによる広範な供給は原理的に充分足りるのである（http://deepdecarbonization.org/wp-content/uploads/2015/09/DDPP_JPN.pdf）。

福島の三重の大惨事（地震、津波、核炉事故）は、ドイツでも日本でも核エネルギーの危険性を改めて見直す転換点であったが、他面では代替策に向かう好機でもあった。両国では再生可能エネルギーとエネルギー効率化の促進による利点の問題や、復元力（レジリエンス）と国際競争力の問題は、比重の差こそあれ、楽観的に評価される。とくに太平洋沿岸に位置する核電は、津波の視点からすれば、人間・自然・社会にとってのメガ危険性〔通常の危険性よりも１０万倍も大きな危険性〕であるだけでなく、経済的観点からしてもそうだ。どんな商業保険でもこの危険性をカバーすることはできない。核事故が起きれば、当該企業の資産は著しく破損・破壊されるから、核電事業者からは実質的な賠償の元手がなくなってしまう。だが、再生可能エネルギーの拡張が電気による交通・冷暖房市場との結合と一緒になれば、蓄電・情報通信技術・（持続可能なエネルギー部門におけるその他の）革新的要素における革命を引き起こすことができる。日本産業の高度な技術革新能力を基礎とすれば、そうした技術における革新のダイナミズムや、日本および世界の持続可能な発展への刺激を期待できるのである。

これを背景として、２０１６年、「日独エネルギー転換カウンシル」（German-Japanese Energy Transition Council：GJETC: http://www.gjetc.org）が創設された〔経済産業省とドイツ環境省が中心となって組織され、ヘニッケ氏はその共同議長〕。日本とドイツの研究・市民社会水準での集中的かつ恒常的な協力と知的交換によって、両国のエネルギー転換を加速させる新たな刺激と相乗効果が双方に生み出されるだろう。

多くの国々の、たくさんの投資家の側では質的な持続可能性にたいする関心が明確に増大している。その場合、ヴッパータール大学ヨーロッパ国際経済連関研究所の「生活の持続可能性指標」（http://www.eiiw.eu/index.php?id=4170&L=1）〔本書１７７〜１７８頁参照〕は、学問的・経済的視点からの立脚点としてシグナルになる。この指標では経済協力開発機構（ＯＥＣＤ）の適正な総合的指標をもとに、再生可能エネルギーの割合や、（世界銀行［ＷＢ］による）

効率的な省エネルギーの割合、環境と調和する財の相対的な国際競争力などについても考慮されている。現在、気候政策にたいするアメリカの支持はほとんど期待できないとしても、環境と調和する投資と技術革新のダイナミズムは、他の国々の力によって世界中で引き起こすことができるし、高度な技術立国である日本とドイツはそのために活動する任を与えられている。

日本は何十年にもわたって、多くの領域で模範となる役割を果たしてきた。たとえば技術面では水素、電気自動車、蓄電、情報通信技術が、またエネルギー政策面ではトップランナー方式〔電気製品などの省エネルギー基準を、現在製品化されているもっとも効率のよい製品の性能か、それ以上の水準に設定する方式〕が挙げられる。こうした日本の取り組みがドイツのエネルギー転換の経験と結びつけば、アジアとヨーロッパのグローバルなエネルギー転換にたいして重要な刺激を生み出せるだろう。

アジア－ヨーロッパ間で学問的・経済的協力が強化されれば、巨大な進歩的効果が長期的に約束される。日本とドイツがそれぞれの地域圏内でネットワークをつくれば、両国の協力強化によって、強大で積極的な国際的効果を生み出すことも可能である。インターネット時代には、日本とドイツの指導的なプレーヤーが一緒になって、ネットワークにおける新種の技術革新プロジェクトを立ち上げることもできる。また、技術革新領域としての「産業4・0」（物的資本がデジタル化・スマート化によってネットワーク化されるいわゆる第4の革命）は、持続可能な経済政策、エネルギー転換、グローバルな気候・資源保護の一部として機能する可能性もある。気候問題を緩和する技術革新領域は、経済的観点からは（高度技術立国の協力強化による）グローバルな技術革新の配当にとって好機と見ることができるのである。

私たちの著作『福島核電事故を経たエネルギー転換』の日本語版は、日本との協力に貢献しうるものとしてとても喜ばしい。２０１２年の原書を翻訳した壽福眞美氏（法政大学名誉教授）に心から感謝する。

２０１７年７月13日

ペーター・ヘニッケ／パウル・ヨーゼフ・ヤーコプ・ヴェルフェンス

世界最高水準の比類なき研究——訳者はしがきに代えて

本書は、真の革命の書である。脱核エネルギーと脱石油・石炭の理論的・歴史的分析を通して、ドイツの現状と問題点を鋭く指摘しながら、ヨーロッパだけでなく世界全体の「エネルギー転換」実現への展望を具体的に描いた最初の本であるからだ。２００～２５０万年前のバイオマス革命から18世紀の石炭革命、19世紀の石油革命を経て、１９６０年代には核エネルギー革命が始まったが、２０１１年のドイツ「エネルギー転換」は、この長い人類史の新たな画期として、エネルギー効率化と再生可能エネルギーに基づく持続可能な世界社会に向かう新たな革命の始まりを告げた。

著者のペーター・ヘニッケとパウル・Ｊ・Ｊ・ヴェルフェンスは、このような「エネルギー転換」を理論的・政策的に推進してきたヴッパータール気候・環境・エネルギー研究所を拠点に、ドイツ・ヨーロッパだけでなく、世界中で活躍している。また、発行元のエコム出版（ミュンヘン）も、エコロジー・持続可能性を中心に旺盛な出版活動を続けており、なかでも本書はドイツ環境財団によって「今月の環境本」にも選ばれている。

日本の読者にとって本書がどのような意義をもっているのか、それを語るためには「エネルギー基本計画」（２０１４年４月）と「長期エネルギー需給見通し」（２０１５年７月）に見られる日本のエネルギー政策についての現状を一瞥しておかなければならない。

この「計画」と「見通し」には大きく六つの問題点がある。①おおむね2030年までの中期的な計画であり、2050年、2100年を見据えた長期的視野が欠落していること。②電力中心の計画であり、熱・交通燃料を含む総合的・体系的計画ではないこと。③核電の再稼働・輸出、核燃料サイクル政策を推進していること。④輸入に依存する化石燃料中心のエネルギー政策であること。⑤節約と効率化の向上および再生可能エネルギーの拡張に関する数値目標がないこと。⑥国民参加による計画の立案、政策決定、実行、監視の過程が明確でないこと。読者はまず、これらの問題点を念頭に置いて本書をひもといていただきたい。

それに比べると、本書の分析と提言は、現時点で世界最高水準の域にあると言っても過言ではない比類なき研究である。その特徴を5点挙げてみよう。

第1に、核電に内在する過酷事故の危険性を踏まえて、「安くて二酸化炭素を排出しない核電力」の欺瞞性と危険性を批判的に分析し、その重大な分析結果を明らかにしている。経済産業省〔以下、経産省〕は最近（2017年12月）、福島核電事故の賠償・除染（真実は移染）・廃炉等の費用を21兆5000億円！に引き上げ、その大部分を東京電力ではなく、国家つまり私たち納税者が負担することを発表した。しかし著者たちによれば、世界的にどの核電の賠償義務保険を見ても、必要と見込まれる費用の100分の1以下しかカバーできていない。引き受ける保険会社が存在しないだけでなく、もしそれを電力価格に算入すれば、他のエネルギー起源の電力料金に太刀打ちできないからである。市場競争力が失われれば、核電は廃止せざるをえない。見かけ上「安価な核電力」を人為的につくるしかない理由はここにある。費用は国家つまり納税者に転嫁し、利潤は核電事業者が独占する。こうした構造が核エネルギー政策の前提となっているのだ（危険と費用の社会化！、利潤の私有化！）。著者はこれを「隠された陰の補助金」と呼ぶ。しかし、この補助金による核電力の見せかけの低廉化は、市場経済の原則、つまり「外部費用の内部化」と「原因者負担原則」に矛盾している。それだけでなく、この見せかけの低廉化は、一方では国家財政の長期にわたる悪化を招き（福島の21兆円もさらに増えるだろう！）、信用不安と納税者の「生活の質」の切り下げをもたらす。他方では、「安い核電力」によってエネルギー集約的な産業（アルミニウム、鉄鋼、セメント、化学産業等）は、歪んだ「国際競争力」によって輸出を増やし、いびつな国際分業体制をつくるばかりか、石炭・石油・天然ガス起源の電力を大量に利用することで、温室効果ガスの排出増にも加担することになる。

第2に、世界の各種研究機関の報告を基にして、核エネルギーと化石燃料に依存した現在のエネルギー・システムが持続可能でないことを論証し、このシステムの持続可能性を主張する報告・研究を徹底的に批判している。現行のシステムは、自然が許容する循環の枠組をすでに大幅に超えている（放射性廃棄物の最終貯蔵問題、および気候変動問題を考えてみればよい）。もし新興国や開発途上国が工業先進国並みのエネルギー消費水準に達したとすれば、生存の自然的基盤である惑星地球はもちこたえることができない。だから、世界規模の「エネルギー転換」を実現するためには、世界的な非政府組織＝ＮＧＯ（たとえば世界自然保護基金〔ＷＷＦ〕など）のネットワーク、専門家機関（たとえば国際再生可能エネルギー機関〔ＩＲＥＮＡ〕など）、地域圏機関（たとえばヨーロッパ連合〔ＥＵ〕など）、国際機関（たとえば気候変動に関する政府間パネル〔ＩＰＣＣ〕、国連環境計画〔ＵＮＥＰ〕、経済協力開発機構〔ＯＥＣＤ〕、国際エネルギー機関〔ＩＥＡ〕など）との協働が不可欠である。

第3に、ドイツの「エネルギー転換」の先導的内容と問題点を詳細かつ的確に分析している。その柱は三つある。①エネルギーの効率化の向上によるエネルギー消費の絶対的削減と、再生可能エネルギーによるエコロジー的エネルギー・システムの構築に関し、ドイツが果たしうる先導的役割の現実的な道筋を九つのシナリオ（２０５０年の数値目標）の比較分析によって論証している。ここでは、効率化によるエネルギー需要の大幅な低減、再生可能エネルギーによるエネルギー需要50％のカバー、石炭火力発電所の新設停止、石油・天然ガス輸入の大幅削減、二酸化炭素排出の80～95％削減等を、実現可能な共通目標として抽出している。その上で、②とくに電力に関しては、価格上昇のピークが２０２５年頃であり、それ以降低廉化すること、再生可能エネルギーで需要の80～１００％をカバーできること、送電線網の拡充はドイツ鉄道の送電線の併用によって実現できる可能性があること、転換ロス

（1次エネルギーの31％しか利用されていない！）は、適正サービスの構造化（たとえばエネルギー集約産業に必要な高温プロセス熱と、家庭用暖房・温水の低温熱の区別）によって大幅に減らせること、「電力アウトバーン」（北部の電力を南部に送る基幹送電線網）建設の遅れは情報公開・市民対話の欠如、ドイツ・ネット庁の独占、ドイツ環境省の不参加等に原因があること等を指摘している。だが、③資源保護対策（たとえば希少金属・希土類（レアアース）のリサイクルの不充分さ）との結合、資源生産性と経済成長の絶対的分離（前者の効率化率が後者の成長率を上回る）、リバウンド効果の防止等は不充分であることが問題点として挙げられてもいる。とりわけここでは、「エネルギー転換」が「文化革命」を欠いては実現できないことが強調される。現在のライフスタイル・消費生活の根本的転換、つまり少ないエネルギーで生活の質を高める「脱物質化」が提起される。

第4に、ヨーロッパ連合の「エネルギー転換」の道筋について具体的な展望を提示し、ドイツの果たすべき役割を明確にしている。たとえば、核大国フランスとではなく、太陽光発電に適したスペイン・イタリア、北アフリカ諸国との連携を強化すること、ギリシャ・ポルトガルの財政危機を解決してこれらの国に再生可能エネルギーを導入・促進するための基盤をつくること、ドイツ核産業の核電輸出（ポーランドやルーマニア！）を阻止すること、等々である。

第5に、きわめて平易な記述によって、専門の研究者だけでなく、広く一般の市民や学生にも理解しやすい内容になっている。たとえば、電力業界の賠償義務保険制度の構造、そこで働く力学は非常に複雑でこみ入っており、なかなか全体像を把握することはむずかしいが、ドイツ・アメリカ・スイス・日本の比較を通じて、数式を使わずにそのカラクリを解き明かし分析している。またカラフルな図版を豊富に収め、とても見やすいのも読者にとって魅力となっている。

本文に入る前に、ここで著者たちの略歴を簡単に紹介しておこう。

ペーター・ヘニッケ（1942年、ヴァルテ生まれ）は、1988年からダルムシュタット大学教授であり、フライブルクのエコ研（応用エコロジー研究所）の理事を務める傍ら、2000年にはヴッパータール気候・環境・エネルギー研究所の所長となり活動した。1987〜94年にドイツ（連邦）議会〔衆議院〕専門家調査委員会「大気保護に対する事前配慮」委員、2000〜2002年には同委員会「グローバル化とリベラル化の条件下における持続可能なエネルギー供給」委員を務め、科学・研究に立脚した政治の実現にも努力した。2014年には「ローマ・クラブ」の会員となり、ドイツ（2014年）とスウェーデン（2015年）において環境賞も受賞した。現在は「エネルギー効率化と再生可能エネルギー」のために中国やアメリカをはじめ世界各地を飛び回り、日本にもたびたび訪れている。2017年6月には経産省とドイツ環境省主催の「日独エネルギー転換カウンシル」（東京）に共同議長として参加した（2015年段階のドイツ「エネルギー転換」については、ヘニッケ「エネルギー転換―好機と挑戦」〔舩橋晴俊・壽福『持続可能なエネルギー社会へ―ドイツの現在、未来の日本』法政大学出版局、2016〕が最新かつ詳細である）。

パウル・J・J・ヴェルフェンス（1957年、デュレン生まれ）は、ミュンスターとポツダム両大学の教授を経て、2004年からヴッパータール大学でマクロ経済理論を教えている。同年、国際コンドラティエフ財団の銀賞を受賞し、同大学ヨーロッパ国際経済連関研究所の所長も務めている。

本書は、法政大学サステイナビリティ研究所の出版助成を受けて出版される。

最後に、山田洋編集長をはじめとする新評論の皆さんに深く感謝する。2017年7月23日の同研究所主催のシンポジウム「持続可能なエネルギー社会を創る―『日本エネルギー計画2050』を構想するために」を契機に、急遽出版計画に組み入れ公刊していただくことになった。とてもありがたいことである。

2018年1月

壽福眞美

福島核電事故を経たエネルギー転換／目次

第7章　ドイツの持続可能なエネルギー転換の展望　195

第8章　エネルギー転換のグローバルな乗数　311

福島核電事故を経た
エネルギー転換

ドイツの特殊な道か、それとも世界の模範か

凡例

一、〔 〕および行間（1）（2）…は著者のもの。

一、〔 〕および行間＊印は訳者のもの。

一、「原子力発電所」は、核兵器と同じく核分裂エネルギーを利用する点で同質であることから、本書では「核発電所」（「核電」と略記）と表記した。同じ理由で、原子炉は「核炉」、原子力エネルギーによる電力は「核電力」、原子力発電所による発電は「核発電」と表記した。

はじめに

ドイツとヨーロッパの何百万人もの人々は、安全で環境と調和する安価なエネルギー供給を憂慮している。福島は古い核エネルギー電力経済にたいする確信を揺るがし、信頼を大きく破壊してしまった。ドイツは２０２２年までの核脱却を決定し、もっとも古い７基の核炉を停止した―エネルギー経済の転換の導入だ。これは合理的に組織され、政治と経済の当事者から家計に至るまで万人にとっての複雑な挑戦である。ドイツの核エネルギーからの脱却は冒険的な特殊な道なのか、それとも福島後、核エネルギー電力の費用と危険性の新たな根本的評価に至ったすべての国々にとって、納得のいく模範なのだろうか。私たちは核電力をめぐる討論と新しい事実に基づく批判的な取り組みを通じて、どうしたら現実的で国際的に模範となる核脱却あるいはエネルギー転換を見通せるのかを示す。ヨーロッパ委員会は２０１１年に、２０５０年までの（一般的な強制的核脱却なしの）転換シナリオを発展させたが、そこではとくに、２０１０年に５％だった発電割合を２０５０年におよそ50％に増やすという風力エネルギーの拡張が注目に値する。

ドイツは、核のない、気候と調和するエネルギー・システムに整然と転換することが、経済的にも社会的にも利点となることを実証するために、歴史上類例のない鍵となる役割を果たす位置にいる。いわゆる「ドイツの特殊な道」は、エネルギー・システムの世界的なエコロジー的転換にとって出発点となる脚光を浴びる可能性があるのだ。福島の大惨事は、エネルギー経済のパラダイムの転換点を画し、世界中でドミノ効果を引き起こす可能性がある。ウランと石油を使わないエネルギー効率化と太陽エネルギー経済への移行は、今その輪郭が描かれる。本書はそのために社会政治的な、また経済的な証拠を提供する。

エネルギー転換にたいする非難を分析し、その根拠の不充分さを反駁し、核電の途方もない保証の無さが、自称安価な核エネルギー電力という販売促進にたいする手品師のトリックであることを暴露する。核脱却の道筋を、効率化の技術と再生可能エネルギーの促進にたいする野心的な産業政策と結びつけて提案する。ヨーロッパ連合のパートナー諸国および隣接諸国との「共通の灯台」プロジェクト〔2013年に「グリーン・テク・研究連盟」は、「スマートな生活世界」ビジョンを発表した〕と、最新のエネルギー技術の鍵を握る特許が、国家の助成によって公開されている。このことは、国際的水準での技術革新と投資の波を呼び起こせるだろう。エネルギー転換で協働する自治体、国家、国際機関、企業、研究機関によるエネルギー効率化および再生可能エネルギーのための国際的同盟が必要である。その場合、たとえば「ヨーロッパ連合2020」が発展させたような、再生可能エネルギーとエネルギー効率化にたいする数値的な主導目標〔本書201頁以降参照〕は、技術革新に持続可能性の方向づけを与え、投資家にたいしていっそう多くの投資を保証するのに役立つ。国際エネルギー機関、世界銀行、アジア開発銀行のタスクフォースは、開発途上国と新興国のエネルギー効率化と再生可能エネルギーに関する重要な戦略的技術ポートフォリオを開発し、（つなぎ）融資をすることができるが、これは「カエル跳び」〔本書269頁訳注＊参照〕の潜在力をもっている。つまり、時代遅れの核あるいは化石燃料の巨大技術による旧来の道への依存は、危険の少ない最新の経済的な技術がつくり出す飛躍的発展によって回避できるのであり、これが平等な目線による開発パートナーシップなのだ。

まちがった道や回り道を回避するために、核発電の目に見えない追加費用が探究され、転換シナリオの魅力が経済的な論拠によって基礎づけられはじめている。しかも、「核エネルギーとともに前進する」というヨーロッパの戦略の強力な要求と巨大な危険性が、ヨーロッパ規模のエネルギー転換の好機と対峙している。核電力による見かけ上の環境との調和を主張する人々は、人為的に廉価にされている核電力の、世界規模での構造的影響を無視している。つまり、核電力は電力集約的な産業クラスターを拡張させ、その結果二酸化炭素の排出を上昇させ、気候変動を減少させるどころかむしろ強めているのである。核電力は実際には高価で気候を害し、稼働期間の延長は問題を先送りにし、解決を困難にしている。福島は、工業先進国の近代経済史における最大の自己欺瞞を明らかにしている。この幻想が破られれば、日本の大惨事から解放の響きを生み出すことができるのだ。

全世界の人々が日本の福島核電事故の問題に直面している。つまり、核発電の費用と危険性に関する新旧の問題が、日出る国の人々に深く同情しながら、今まで以上の切実さをもって提起されているのだ。私たちの公共社会ははじめて、ドイツとヨーロッパの核電力経済が何十年にもわたり巨大な「陰に隠れた補助金」、つまり巨額の金銭的優遇によって利益を得てきたことを理解している。核炉は完全に1部保険〔保険金額が保険価額より少ない損害保険契約〕状態にあり、重大事故時のいわゆる「残余の危険性（レスト・リスク）」は99％国家すなわち納税者に振りかかる。これは国民経済全体の重要な部門にとっては耐えがたい事態だ。同時に、ドイツやフランスのスーパー・ガウ〔ガウ（想定される最大の事故）を超える事故〕の費用は、考案されたばかりのユーロ救済策が担保割れして破滅するような、国家負債の爆発を招くだろう。そのことも私たちの公共社会ははじめて明白に認識している。こうしてヨーロッパとユーロの未来にたいする核の脅威が認識できるようになるが、このことはこれまで見かけ上の「残余の危険性」の背後に隠せるものだった。通貨統合を進めるヨーロッパ連合は、同時に何十年にもわたって連合内核電力の拡張（間違った方向に導く産業政策のいかがわしい形態）を推進してきたのである。

福島の事故以後、ドイツとヨーロッパでは史上一度かぎりの形で、ウランから、また徐々に石油からも脱却する、賢明に組織された包括的なエネルギー転換への課題が提起されている。２０１１年3月の福島核電事故という劇的な出来事は、世界にはじめて、核エネルギーにどれほど巨大な危険性が潜んでいるかを悟らせた。不足する化石燃料源を核エネルギーによって代替するという希望は、忌まわしい隘路であることが判明した。地震と津波に続いて起きた、福島核炉事故以降、何ヶ月経っても、核電事故に関する重大な詳細はまだ明らかになっていない。けれども、複数の「核炉」と使用済み燃料棒のある「格納容器底部」を損傷させた破局的な事故が今も続いていることは確かだ。核電事業者である東京電力は何週間も後になってからようやく施設での出来事を制御した〔ママ〕。万一の場合、放射能が周辺地域にもっと放出され、施設周辺の海水を著しく汚染してしまうことも考慮に入れなければならない。何千人〔ママ〕もの人々が避難しなければならなかった。以来、日本では核炉にたいする住民の不信感が大きくなっている。２０１１年秋から、日本では54基ある核炉のうちわずか10基〔ママ。２０１８年2月現在、５基〕しか稼働していない。福島後、検証目的で停止していた核炉を再稼働する動きがある。しかし、これに反対する地域での抵抗は大きい。日本では核電への信頼が大きく損なわれている。

福島の核炉は、地球上にあるおよそ４４０基の核炉のわずかにすぎない。地球上で人々はエネルギー政策上の変更がないまま、あからさまな挑発に直面している。つまり、およそ２０５０年まで続く人口増加と多くの新興諸国による高い経済成長（この二つはエネルギー消費の増大と結びついている）、今後も要求される国際金融市場の安定化措置もそうだ。多くの観察者が強い表現で、世界経済はニューヨークのリーマン・ブラザースの破産後混沌状態に沈んだかもしれないと叫んだように、国際金融市場は２００８年秋にも「炉心溶融（メルトダウン）」状態にあったのである。

福島の核施設事故が示したとおり、日本のように高度な組織と高度な技術をもつ国が一つの核電事故によってかなりの生産低下に陥り、相当の健康被害と死亡者を出し、建物と地域の自然もきわめて大規模な損傷にさらされている。福島核電ではいくつもの核炉が炉心溶融した。これが1週間後日本全体の汚染には至らず、また３５００万人〔ママ。２０１７年５月現在、約１３７０万人〕という大都市東京の住民への生命の脅威を避けられたのは、単に幸運な風向きと、核炉事故の経過に関わる特別な偶然、そして消防士と作業員の膨大な投入のおかげにすぎない。

福島の事故の原因と経過は、旧ソ連のチェルノブイリ核電の事故とは大きく異なる—何よりチェルノブイリの黒鉛型核炉は、福島の沸騰水型核炉とは技術的な点で根本的に異なっている。だが、もちろん共通点もある。公共社会でも専門家の間でも驚愕したように、この類の重大事故は、たとえどのような不運がからまり合ったとしても、基本的にはただ単に、冷却システム用の電力がかなり長時間中断されることによって生じるということである。そして、日本の危機管理がどうしてこれほど不透明で有効でなかったのか疑問であるが、これもチェルノブイリの端的な特徴と共通している。いずれの場合も、重要な事実が当局によってしばらく隠蔽されていたのである。

西の諸国で核政策の学習能力が欠けているのは由々しいことである。彼らはチェルノブイリ核電事故によって、核エネルギーの危険性をそれまで以上に真剣に受け止めるよう告げられたにもかかわらず、チェルノブイリ後25年間を経て、部分的には再び核拡張の道を歩みはじめている。ところが今度は、国際核エネルギー機関（ＩＡＥＡ）がチェルノブイリと同等の重大事故と等級づけする福島の事故が姿を現したのだ。スイスは元々、福島以前からフランスやフィンランドと同じく新しい発電所を建設する意思があった。ポーランド、イタリア、トルコは最初の核電の建設を検討している（イタリアでは福島後、核電力の選択肢は政治的に片がついた）。トルコの場合、核電の建設はとくに由々しく思われる。地震の危険にひどくさらされているからだ。結局、福島の事故はリヒタースケール〔マグニチュード〕９・０の地震が（それに続く津波とともに）引き金となった。

フィンランドとフランスで新しい核炉を建設しようとする人々はこう主張する。核電の新しい建設方式によって炉心溶融は制御できる、たとえ炉心溶融が生じても放射能は外部に放出されることはない、と。しかし、こうした主張を真に受けるとしても、そこには経済的な視点が欠けている。理性的に考えれば、まずは老朽化した世界中の核炉をできるだけ早く停止することから始めなければならなかったはずである。４４０基の古い核炉のどれ一つとして、炉心溶融の危険性という点で安全ではないからだ。ところが、ほとんどの国は、現存する核炉の早急な停止を考慮に入れていない（ドイツでは福島の事故後すぐに決定された３ヶ月の一時停止（モラトリアム）の枠内で、ともかくも直ちに古い７基の核炉を停止し、脱却の時期を２０２２年とする政治的決定がなされた。また、スイスも同じく脱却の時期を２０３４年と確定したが、これは、現存する核炉の稼働期間の終了に合わせての決定だった）。

たとえドイツが核エネルギーを留保付きで受け入れたとしても、そもそも核電立地地域の選択は不合理なほどの危険性を無視して行われたことを忘れてはならない。クリュンメル核電の核炉が炉心溶融すれば、ハンブルクの終わりを意味するかもしれない。ネッカーヴェストハイム核電が重大事故を起こせば、シュトゥットガルトの（そしてメルセデスとポルシェの）終わりを意味するかもしれない。核電の立地選択は危険性を考慮せずに行われたのだ。社会民主党（ＳＰＤ）と同盟90／緑の党のシュレーダー政権による改革〔２０００年の電力企業との脱核電合意〕が行われる以前、核炉には1基当たり10億マルク〔約20億ユーロ〕の賠償義務保険がかけられていたが、これは想定されるおよそ５０００～６０００億ユーロの大損傷にたいして、馬鹿馬鹿しいほど少ない。さらにスーパー・ガウの場合には、損傷額はその約10倍ほどの大きさになる。これはドイツの国内総生産（ＧＤＰ）の2倍相当である。

どの航空会社も飛行機にたいして、またどの自動車運転者も自動車にたいして、完全な賠償義務保険を締結しなければならない（何年か前までは自動車は無限補償が基本であった）。これにたいして、核電事業者は不合理なほど低い賠償義務保険で、「安く」発電ができる。この点で核電事業者は、危機に際して国家の救済を期待する巨大銀行と同じである。またこの点で納税者のお金は、「残余の危険性（レスト・リスク）」にたいする保険同然である。責任、給付、賠償が混然一体化するなかで社会的市場経済を合理的に形成することなど不可能である。たとえば北海やバルト海の風力発電パーク〔集積した発電施設の団地〕の事業者は、個々の風車に保険をかける必要がある（風が強いとき、偶然通りかかった船を転覆させる可能性もゼロではない）。これにたいして、事もあろうにもっとも危険な発電形態にはほとんど無料の保険を可能にしているのである。それは、自動車運転者が片方の車輪にだけ賠償義務保険をかければよいというのと同じだ。合理的に考える人間にとっては信じられない発想である。

国家が確定した核電事業の基本条件には、社会と政治が巨大な危険性とどう向き合うかについてもある程度表明されている。しかし、おそらく一般的に言って、その向き合い方は、近代的な市場経済あるいは工業化された市場システムの弱点を乗り超えるものではない。１９７０年代以来、金融市場では市場経済の危険性（リスク）も取引対象となったが、この場合それは、とくに企業債ないし信用の欠損の危険性と関係していた。しかし、このような信用の危険に関する取引は、大西洋を超えた銀行危機〔２００８年、リーマン・ショック〕が示したように、実際には合理的に組織されていなかった。最近の例では特定の航空会社が危険性にたいして特別の価格をつけるという試みがある。２０１１年秋、ＫＬＭオランダ航空（エール・フランスの１００％子会社）はアムステルダム－エディンバラの航空券をインターネットで購入した顧客のすべてに、一種の航空券保証を商品として売り出した。これは１００ユーロの航空運賃につき6ユーロかかる。万一ＫＬＭオランダ航空が破産しても、その航空券が有効なことを顧客に保証するものである。つまり、破産した場合は他の航空会社を使って希望の目的地を往復できるというものだ。いわばまったく取るに足らない危険性に追加値札が貼られている形だが、核エネルギーの危険性の価格に関してだけは、これまで何十年間も沈黙という隠蔽物に包まれていた。

核エネルギー経済は巨大エネルギー・コンツェルンのなかで組織されている。このコンツェルンは効率的な技術のもとに、国内外の多くのエネルギー・サービス市場で積極的な事業を行う傾向をもっている。電力を生産・輸送・分配するこのコンツェルンは、巨大な市場権力ももっている。この巨大エネルギー・コンツェルンのなかで、核電事業は利益のあがる部門の活動主体として発展してきた。他方、この部門は、コンツェルン全体としては大きな危険性をもった施設を抱えてもいる。通常、エネルギー・コンツェルンの株式は投資家にたいして、安定した高い配当利回りをもつ危険のない株式として売られている。ところが、福島のような規模の事故が起これば、核電力コンツェルンの株式の価値は3分の1あるいはもっと下落する可能性がある。そのかぎりで、核電部門をもつ電力コンツェルンの株式は、危険に耐えられる投資家にしか勧められない。この助言以外は、（福島後そう思われているように）間違った助言なのだ。２０１１年3月11日の事故は、日本のような指導的な工業国においてさえ、事故や地震・津波の衝撃を制御できなかったことを示した。ヨーロッパでも、テレビの視聴者やインターネットの閲覧者は、制御不能に陥った福島の核炉複合体の惨状を何週間にもわたって目の当たりにし、部分的には信じがたいぞっとする不幸に直面した。核炉建屋は空中に吹き飛び、放射性の煙と汚水が海を汚染した。半減期が30年のセシウム１３７はプランクトンに蓄積され、魚や海洋の食物連鎖のなかで濃縮されるだろう。放射能汚染にさらされた大量の冷却水と消化水が海流に乗ってアラスカまで運ばれ、ある日再び日本に戻ってくるだろう。

２０１０年、メルケル政権は核電の稼働期間延長を、「核エネルギーは再生可能エネルギー時代への不可欠な架け橋」という論拠によって押し通した。その背後には、指導的な工業先進国による核エネルギーの利用は、相対的に安価で安定した技術によって行われるという主張があった。ドイツは次にもっと厳密に、この「架け橋議論」と取り組む。政治的には、燃料税からの収入と核電事業者からの特別資金が、中期的に予期される収入減にたいする不可欠の財政的戦略になりうる。そういう深読みも背後ではなされていた。

たとえばオーストリアやデンマークのように、核電力がなくとも高い生活水準を維持している国々がある。ドイツは、再生可能エネルギーが優勢な未来に至るのに、ほぼ20年間の「架け橋の時代」を実際に必要としているのだろうか。たくさんのシナリオが示しているように、再生可能エネルギーの拡張に何年もかかりすぎ、効率化の潜在力が少ししか汲みつくせないという見方もある。しかしドイツでは、核脱却とエネルギー転換をもっと早くすることが可能である。もちろん、すべてのエネルギー源にはそれぞれの危険性がある。ガスと石油の場合には供給の安定性、大量のタンカー、産油国の災害の点での危険が予想される。核エネルギーの場合にはとくに大きな危険性が技術面に内在している。もしエネルギー転換への意思があるなら、全面的な再生可能エネルギーの拡張が必要である。ヨーロッパ委員会は、たとえばヨーロッパ連合の発電にたいする風力の割合を、２０１０年の５％から２０５０年には49％に増やすとしている。風力エネルギーや太陽光エネルギーは常時発電できる性質をもたないから、それに対応できる柔軟な発電構造を包括的に発展させなければならない（たとえば、需要に応じて即座に稼働できるガス発電所の増設など）。いずれにしても、発電所の正味の潜在的利用可能性を補える容量市場〔電源等の容量を顕在化させ、取引を可能とする市場。投資可能性の予見性を高め、中長期的に必要な供給・調整力を確保する〕が必要かどうか、また時として起こる強風や強い太陽光線への対応として風力エネルギーや太陽光エネルギーの供給制限が可能かどうかも検証しなければならない。すでに２０１１年にはドイツの電力供給が一時的に過剰になり、マイナス価格で電力輸出をすることになった。電力網の拡張の場合にも新たな挑戦が生まれる。

本書の分析は、ドイツおよび世界のエネルギー経済に関する新たな計算とシナリオに基づいて、核論争とエネルギー論争にたいする緻密な省察を提供する。持続可能性の論争は、福島の事故によって新たな厳しい局面をもつことになった。もちろん包括的なエネルギー政策の新しい方向づけの問題は、ドイツだけでなくヨーロッパの他の多くの国々においても設定される。私たちは重要な事実をまとめ、賛否の論拠を説明し、最後に結論をめざすことが重要だと考えた。そして行論の過程で、核エネルギーの決算書はマイナスであり、何十年にもわたって核発電の危険性を一貫して過小評価してきた財界と政界の一部を非難すべきことが明らかになった。おそらくメルケル首相とヴェスターヴェレ外相政権による２０１０年の決定、つまりドイツの核炉稼働期間10年延長は、それによる政治的収入ボーナスとして、ほぼ３００億ユーロの追加税収（あるいは予想される追加利益５７０億ユーロのおよそ半分）を入手するという麗しい見込みをかき立てた。ここに、エネルギー経済や核電力においては膨大なお金が問題であるという実例が見られる――これが強大なロビーの利害を白日の下にさらし、その利害がドイツ政府と州の政治に大きな影響を及ぼすことは当然である。

核電をめぐる論争は、部分的には福島の事故によって改めて突き当たった古い議論が問題となるが、以前とは異なる広がりをもっている。ある面で福島は、事故としては新しい現象だからだ。つまり福島の事故は、（ドイツでも日本でも）住民の大部分が事故のきわめて多様な側面をインターネットによって検閲なしに、まるで実況中継のように追跡できた最初の重大な核電事故であった。今回はじめて何百万人もの人々が、核炉の自動的な緊急停止がけっして実際の停止を意味しないことを理解した。むしろ燃料は、核炉内の継続的な化学・物理的反応によって何週間も莫大な残留熱を生み出し、もしこの残留熱が冷却水によって確実に除去されないと、その核炉は沸騰する。そうなればガス爆発に至り、核炉建屋は空中に吹き飛ばされ（福島で何回も見たように）、放射性蒸気が放出される。福島では大気、土地、地下水、海洋が放射能によって汚染された。この汚染から住民にとってはまた新たな危険と脅威が生まれる。すでに何百万もの日本人と全世界の多くの人々が、汚染された環境の危険から逃れるために、ガイガー・カウンターを買うべきかどうか問題にしている。だが、インターネットで入手できる安いガイガー・カウンターはほとんど役に立たず、まず何より高価なガンマ線カウンターを購入しなければならなかった。

一般的に言って、核電の重大事故は建物を破壊し、環境を広範に損傷し、多くのガン死亡者をもたらし〔ママ〕、動植物を何十年にもわたって傷つけるだけではない。数百万人ものの人間を不安に陥れ、社会的信頼の絆を破壊することにもなる。1ダースあるいは100種類もの食料を前にして、人間の感覚器官では認識できない放射線障害を恐れなければならない。2011年春、巨大なコンテナ船の船主は、乗組員と船舶への危険なしに東京湾を航行させられるかどうか確信がもてなかった―どうやってグローバル化や国際分業にとって重要な世界規模の商品交換を支障なく進めるべきか。ベルリンの政府は、日本への旅行者にたいして警告を出したが、それはたとえばルフト・ハンザのパイロットが日本の上空の飛行を拒否できることを意味していた。世界社会は福島の事故でなんという途方もない費用を払っているのか。安い核電力が約束されていたはずなのに、福島がもたらしているのは世界中の不安と莫大な損害計算書である。

核電力は安価で安全だ―核電力コンツェルンの何百人ものマネージャー、宣伝係はこう約束してきた。ところが、1979年のアメリカ・スリーマイル島の核電事故（炉心溶融寸前）と、1986年の旧ソ連・チェルノブイリ核電の事故に続いて、今度は日本最大の核電事業者による、生命に関わる事故だ。今やこの福島の核電事故から、安い核電力どころか、優に1000億ユーロを超える、社会にたいする勘定が明らかになった。これはドイツの国内総生産の4％に相当する。いったいどうしてヨーロッパやアジア、北アメリカその他の社会システムは核エネルギーのようなグロテスクな自己欺瞞を生み出してしまったのか。この自己欺瞞は、巨大な危険性に理性的に立ち向かう人間と政治システムにたいして、何を語ろうとしているのか。どうすればドイツとヨーロッパ連合諸国は、再生可能エネルギーに向かう、理に適った効率的なエネルギー転換、核発電からの脱却を成功させることができるのか。

その際、エネルギー経済の持続可能性はどうなるのだろうか。

本書は、福島と核産業に関する啓蒙の書だが、エネルギー消費における節約の可能性やエネルギーに関する技術革新の可能性に焦点を合わせた、再生可能エネルギー分野の希望の書でもある。核電力がもつ多くの危険性は、核時代の幕開け時点にはひょっとしたらまだ正当に評価できなかったかもしれないが、核エネルギーに関する単純素朴な信頼の時代はもはや過去のものとすべきだ。本書の分析は、エネルギー政策と経済的な視点から、ドイツ、ヨーロッパ、世界にとって戦略的な意義をもつ切迫した主題を照らし出す。安全なエネルギー生産と結びついた持続可能な発展は全面的に可能なのだ─従来の論争の場合のように、これはガス・石炭・石油といった1次エネルギー源の供給国とはそれほど関連はない。何よりもまず、できるだけ事故のない2次エネルギーの生産が問題なのであり、エネルギーの二重の安全性、つまり経済的でエコロジー的に支持できる安全性が問題なのである。この点で福島の衝撃はおそらく、経済政策の関係者や社会的利害集団にとっては核産業の批判的総決算に取り組むための、代替的で安全な未来のエネルギー供給への道を熟慮するための、新たな可能性を生み出すだろう。

それぞれ個人がこれに重要な貢献ができることも確認する必要がある─それは省エネルギーによって、あるいは電力供給者が提供する「最高級の」緑の電力を意識的に選択することによって、さらにはエネルギー政策や核電力政策の討論において批判的な論拠を提供することによって可能なのだ。核電力経済からの脱却は無賃乗車とは関係がない。脱却への取り組みとともに、熟考された再生可能エネルギーの拡張と新しいスマート電力網の構築（ここではたくさんの家庭用機器や産業用生産機器も、負荷に応じてソフトウエアで制御できる）を進めることによって、摩擦なく核電力なしの経済に移行できると楽観してよいのだ。電力は高価になるだろう。だが人々は核電力なしの経済システムによって、より安んじて働き、眠ることができる。核技術施設の解体はさらに何十年も続き、そこには核廃棄物の最終貯蔵のように、全体としてもっと困難な挑戦が隠れているだろう。だが、ドイツや多くのヨーロッパ連合諸国の賢明な核転換は喫緊の課題である。それは社会政策上望ましく、また疑いもなく技術的に可能なのだ。

核電が負うべき正当で完全な賠償義務保険を予め設定しておくことは、風力が核電力より安くなり、再生可能エネルギーへの実際の補助金を大きく減らせることにつながる―エコロジー的・経済的な配当を伴うエネルギー転換、そのための包括的な減税は可能なのだ。訴訟中のドイツの核燃料税が核電事業者の異議に勝てるかどうかは不明瞭*だが、これまで以上にはるかに高い賠償義務保険割増金が適正なことはたしかである。

ドイツやフランスで起こりうるスーパー・ガウは公的財政の激しい不安定化、ユーロ救済策の破綻、ヨーロッパ連合経済の不安定化を意味する。ドイツやヨーロッパはどうしたらエネルギーの隘路から脱出できるのか、再生可能エネルギーへの転換はどうしたら開けるのか、目下、ドイツにおいては多面的な議論がなされている。

テプファー委員会〔ドイツ政府・倫理委員会「安全なエネルギー供給」〕は、ドイツが核脱却するための転轍機を据えた。つまり、ドイツ政府は２０２２年という脱却の設定によって、反対各派とともに確固とした脱却のための行程表を定めた。これは歴史的な挑戦だが、他の国々や国際的な公共社会からは批判的に見られるかもしれない。電力不足に陥らずに脱却を成功させることができるのか、核脱却は「緑の技術革新の波」に乗れるのか、と。福島はこの持続可能性の論争に新たなむずかしい問題を投げかけている―そしてまさに気候保護にたいしても。もちろん、自称安い核電力がなくとも気候保護を急速に前進させることは可能である。だが、ドイツその他の国々にとって、核発電からの脱却とともに再生可能エネルギーを加速的に前進させることは簡単ではない。とは言え、ここには緑の技術革新のダイナミズムとエネルギー効率化プロジェクトにおいて、世界規模で新しい爆発を引き起こす可能性が生まれているのも確かだ。経済にたいする挑戦と並んで、市民レベルでは自らの行動と決断で核電力からの解放と持続可能性への道を前進させるたくさんの可能性も存在する。同様に、国際的な政治的協調レベルでも新しい課題が提起されている。

ドイツのエネルギー政策は、巨大な電力コンツェルンにたいして重大な挑戦の機会を与えているだけではない。電力コンツェルンは、ドイツ政府の脱却（２０２２年の日付をもっている）によってはじめて巨額の減価償却ないし損失を甘受せざるをえなくなった。だが、いくつかのコンツェルンはすでに、内外の風力エネルギーや太陽光エネルギーの拡張に参加しようとしている。ドイツのエネルギー政策は、すべての都市公社〔電力・ガス・水道などの公共企業体〕にとって巨大かつ新たな挑戦だ。ドイツ各州における再生可能エネルギーの拡張は、これまでの州レベルにおける行政上の障壁が取り除かれることにより、加速的に促進されるだろう。バーデン・ヴュルテンベルク州議会選挙での緑の党・社会民主党連合による最初の勝利（２０１１年）の後、指導的な諸州においては競争がより激化するかもしれない。そうなると、再生可能エネルギー領域で中期的に最大の進歩を遂げるのはいったい誰か、という問題になる。緑の党をはじめ、強力な環境政策綱領をもった政党が力を増せば、都市公社は州より小さな自治体レベルでも再生可能エネルギーへの移行を加速させるよう努めるだろう。

経済界の内部にも、再生可能エネルギーの拡張計画を進めて西の工業先進国や日本、中国、その他の国々で優先的に利益を獲得したい人々がいることは確かだ。たとえば風力パークや太陽光パークの設置を行っている機械建設部門もそうである。こうした新しい「緑の中間層」の躍進が経済変革やエネルギー転換に寄与するだろう。情報通信技術産業部門の関係者も、環境と調和する技術の促進に改めて強い関心を寄せている。これは費用とイメージが理由づけとなっている。ソーシャル・ネットワーク（これは、インターネットとモバイル電信技術によるデジタル社会の経済的拡張の鏡像に他ならない）を通じて結びつきを強める社会のなかで、技術革新の先導者たちはまさに緑の技術部門で特別な利益を得ている。風力・太陽光エネルギーの拡張は、いくつかの開発途上国でもとくに重要な主題となっており、そこではヨーロッパ、アメリカ、中国の技術供与者が相互に競い合っている。中国は石炭・核による電力と並んで、風力・太陽光エネルギーを大規模に拡張している国の一つであり、中国の技術供与者や企

＊　２０１１年１月から導入された核燃料税の合法性についてライン・ヴェストファーレン・エネルギー社、エーオン社、バーデン・ヴュルテンベルク・エネルギー社が各州財政裁判所に提訴したが、判断は分かれている。ドイツ政府はドイツ経済裁判所に上告し、憲法裁判所は２０１７年６月、徴収が違憲との判決を下した。

業は風力・太陽光エネルギー施設の巨大生産者としてすでに国内市場では大量生産の利点を積極的に利用している。

太陽光施設の拡張は、海上・陸上の風力施設のそれより技術的に単純である。またこの部門では、西の諸国や企業はアジアの競争相手に比べてより大きな競争上の利点をもっている。いずれにせよドイツの企業は、再生可能エネルギー領域の重要部門では国際的な競争力を充分もっている。こうしたなか、隣国フランスで国家が当分核電力に強く依拠していこうとしているのは奇妙に見えるかもしれない。フランスの核電力が国内の発電で大きな比重を占めているのは、核電力を支持する国家の産業政策のせいである。国家による長期的な介入なしの発電構造、核電事業者にたいする合理的な保険割増金付きの発電構造がどのようにしてやっていけるのか、この問題は未解決のままである。これは独仏関係のなかで活発な政治的論争になることが予想される。また２０１１年に決定されたドイツの核脱却により、たとえばスイスがフランスのエネルギー政策を変える力になることも考えられる。さらにフランスの核産業は再度ポーランドで、ポーランド政府の委託を受けて最初の核電を建設する意向だから、ドイツはエネルギー政策をめぐって東欧の隣国と衝突することになるかもしれない。まさに福島事故後の日本で、核エネルギー問題にたいする新たな政治方針がどのような形で示されるのか、これが待たれる──いずれにしてもドイツの住民の核電にたいする信頼は福島後揺らいでいる。核電にたいする古い単純素朴な信頼が再興されることはないだろう。

ドイツ政府の動きからは、核脱却が容易な課題ではないという印象を受ける。しかし、最終的に政府は、エネルギー転換の進捗に関する報告を3年毎に提出する監視委員会（モニタリング）の設置を決定した。以下の分析では、（エネルギー効率化技術と再生可能エネルギーの促進という）暫定的な産業政策と結びついた核脱却の方法を提案する。すなわち、ヨーロッパ連合のパートナー諸国および隣接諸国との「共通の灯台」プロジェクトの設置および最新のエネルギー技術に関する基本的特許の国家主導による公開である。これらは国際的な技術革新と投資の波を呼び起こすことができる。必要なのは転換に際しての協働、すなわち自治体、国家、国際組織、企業、研究所の連携によるエネルギー効率化と再生可能エネルギーに関する国際的同盟なのだ。その場合、２０２０年に向けて発展させてきたようなヨーロッパ連合による数値的な主導目標が、技術革新を伴う持続可能な発展を促し、より巨額の投資の安全性を投資家に保証するのに役立つ。エネルギー転換には電力網の拡張とエネルギーの蓄蔵に関する新しい形態が必要である。これは、分散化をいっそう発展させたエネルギー・システムに誰もが参加できることを意味する。本書では、誤った道と回り道を回避するために、目に見えない核発電の追加的費用を探究し、転換シナリオの可能性の魅力を経済的論拠によって基礎づける。また、核エネルギーの継続というヨーロッパ的戦略の挑発とその巨大な危険性にたいして、ヨーロッパ規模でのエネルギー転換を対置する。核電力と環境との見かけ上の調和を指摘する人々は、人為的に低廉化された核電力の世界規模での構造的影響を見過ごしている。その影響は、電力集約的な産業クラスターを拡張させ、二酸化炭素の排出を上昇させ、気候変動による影響を減少させるどころか増大させる。核電力は実は高価で気候を傷つける。その稼働延長は問題を先送りにし、解決を困難にするだけなのだ。

本書の成立に際して援助してくれたエフゲニア・ユシュコヴァ、クリスティアン・シュレーダー、デニス・エルデム並びにトビアス・シュライヒャー、ドロテーア・ハウプトシュトック（いずれもヴッパータール研究所）に心から感謝する。それほど簡単ではない本書のプロジェクトを励まし、批判的コメントを寄せてくれたマリア・ヴェルフェンスにも感謝する。また、「責任フォーラム」のクラウス・ヴィーガント氏の励ましにも心から感謝したい。重要な（往々にして情緒的に歪められた）論争における必要な啓蒙にたいして、彼らは専門的な批判的議論を通じて貢献してくれた。本書の出版を支援してくれたヴッパータール気候・環境・エネルギー研究所の友人たちすべてに心から感謝する。

２０１２年１月

著者

要約

ドイツの核エネルギーからの脱却は危険を伴う特殊な道なのだろうか、それとも福島後、核電力の費用と危険性を評価し直しはじめたすべての国々にとって納得のいく模範なのだろうか。私たちは核電力をめぐる論争の批判的総括を通じて、理に適った脱却や転換がどのようにすれば可能なのかを示す。ドイツは次の命題を実証するために、史上一度かぎりの重要な役割をもっている。つまり、核なしの環境と調和するエネルギー・システムへと整然と転換すれば（しかも正当な措置を伴って精力的に転換すれば）、経済的・社会的な利益をもたらすことができるのだ、と。いわゆるドイツの特殊な道は、世界中のエコロジー的エネルギー・システムの転換にとって旅立ちの舞台となる可能性がある。福島の大惨事はエネルギー経済の転換点を画し、エネルギー経済のエコロジー化と民主化を進める世界的なドミノ効果を引き起こす可能性がある。本書では、核電力危機からの脱却とエネルギー効率化、太陽光エネルギー経済ないし再生可能エネルギー経済への転換の必要性が、新しい事実と分析に基づいて解明される。たとえば、電力価格上昇と運転費用の程度、エネルギー転換の利用の程度といった経済的な中心問題に関する回答が示される。あるいは世界中の核電に適用されている巨額な1部保険が、いわゆる安価な核電力の販売を促進する格安のペテンであったことが暴かれる。核電力の人為的な低廉化がなければ、再生可能エネルギーにたいする包括的な補助金も必要ではなかった。福島は経済史における最大の自己欺瞞を暴露した。核電力循環をつくり出す世界経済システムの危険性（失敗するには危険すぎる）は、金融部門の危険性と丸ごと比較できる。したがって、グローバルな「脱却」と「転換」は、とりわけ経済合理性の要請でもあるのだ。

第1章 ドイツの特殊な道か、それとも国際協調的転換か？

福島の事故以来、ヨーロッパでまた世界中で、核エネルギーの今後と電力経済の可能性に関する論争が始まっている。電力はあらゆる生産分野で利用されているから、電力部門やエネルギー経済全体の転換を制御することは、政治・経済・社会にとっての重大な挑戦である。エネルギー集約的な経済部門では経営者をはじめとする管理側にたいして、電力価格がどれほど上昇するのか、最終的に生産や仕事にどのくらい費用がかかるのかが問われる。もちろん逆の質問もありうる。エネルギー転換と再生可能エネルギーの拡張によってどの部門が利益をあげるのか、と。これについては新しい電力供給ないし蓄蔵構造へのエネルギー転換の過程で明らかになる。この場合、スマート・グリッド（現代的なソフトウエアを大きく利用したスマートな電力網）が重要な役割を演じるだろう。産業界のなかには「安価な」核電力を使いたがる人々もいるだろうが、ドイツの広範な産業界ではエネルギー転換が実行可能であるという認識が浸透している。ドイツの巨大産業はシュレーダー首相下の社会民主党と同盟90／緑の党との連立政権が決定した最初の核脱却のとき〔2000年の「核合意」〕、すでに多くの適応措置を検討していた。このように見て

みると、ドイツ政府による「2022年の核脱却」は、今度は福島の事故の影響下で保守・自由派政権によって決定されたものだが、多くの企業にとってまったく都合が悪いというものではなかった。

だからドイツでは暫定的であれ、核脱却に関する新たな政治的合意があると言える。ただし、その際の重要細目についてはこれから確定しなければならない。また、家計や企業への影響（見出し語は電力価格の上昇だ）あるいは国家への影響はもっと探究し、主題化しなければならない。もちろんこれと同様に重要なのは、ドイツによるエネルギー転換の決定が他の国々にとってどれほど模範的な性格をもっているのか、核経済からの脱却が国際的な同盟にどうつながっていくのかという問題である。核脱却の論争は単に費用と危険性の問題にとどまらない。経済秩序の問題にも根本的な問いを投げかけ、持続可能性の論争に新たな光を当てるものとなる。費用と危険性の問題では、経済と社会は本来危険性とどのように向き合うべきかが論じられなければならない。特別な危険性を伴うプロジェクトにいったい誰が融資しているのか、40年にわたる核電力経済の過程で「それでもこんなに安い核電力」という幻想（グロテスクな誤った認識）がどのようにして生み出されてきたのかも問われなければならない。また、次世代が少なくとも現世代と同じような高い水準をもつ生活様式を維持するには、持続可能性そのものの意味について考えていくことも重要である。もちろんすぐさま付け加えなければならないが、現在の生活水準は次世代に巨大な危険性を先送りすることによって購われてはならないだろう。これには未解決の核廃棄物をどう処理していくかという問題や、世界の400基もの核炉を放射線被ばくとともに次世代に残してよいのかという問題も含まれる。

ドイツのいくつかの州ではドイツ政府が電力部門に関して部分的に電力コンツェルンとの共同所有となっており、したがってドイツ政府はエネルギー経済の基本条件の制定面でエネルギー転換を進めることができるし、企業レベルでも核脱却ないし気候政策を促進できる。その場合、税収や雇用への影響も視野に入れられよう。さらにドイツ政府は公務上、望ましいエネルギー転換や大規模な再生可能エネルギーの拡張を視野に入れながら、ヨーロッパ連合のパートナー諸国との間でこれをどのように発展させるかにも関心を寄せるだろう。〔エネルギー担当〕ヨーロッパ委員会のバーデン・ヴュルテンベルク州前首相エッティンガーは、重要なエネルギー担当責任者であるが、彼は福島の事故以後とくに核電の統一的な耐性試験（ストレス・テスト）を決定した。ドイツはその核脱却のやり方で、他の国々にたいしてより安全で模範的なエネルギーの未来への道筋を提示しているのだろうか、それともドイツはエネルギー転換において孤立した立場にあるのだろうか。また、いずれであれそれは、ドイツの経済的発展にどのような影響を及ぼすのだろうか。

　福島事故後の論争を見ると、ある国（核電力経済が政治的に強力に支持されている国）では、とくに現存の核電を安全技術上どのようにすれば適切に補強できるかという問題に向けられている。ヨーロッパ連合のフランスとフィンランド、アメリカ、中国がそうである。これにたいしてドイツは、核エネルギーからの脱却とエネルギー転換の費用について長い間論争してきた国のグループに属する。そのドイツのなかで一方の側、とくにライン・ヴェストファーレン経済研究所は、ドイツ政府の気候保護政策とエネルギー転換政策に批判的なコメントを寄せ、電力価格のいっそうの上昇を予測して、現状を次のように強調している。１９９８年のドイツ電力市場の自由化以来、家計の電力価格（ここでは年間使用量３５００キロワット時のグループが対象である）は１４６％上昇し、しかもそれは法定の課税による。つまり、電力価格に占める国家の取り分は１９９８年の25％にたいして２０１１年は約46％である。内訳は、付加価値税16％、許可税〔自治体の取り分〕７・２％（電線による土地占有が補償される）、熱電併給（コージェネレーション）法０・１％、再生可能エネルギー法〔再生可能エネルギー法14・2％、電力税（エコ税）8・2％〕である。もちろんこのような見方は一面的であろう。もし核電事業者が適切な高い保険料を払わなければならないとしたら、再生可能エネルギー法に規定された総額（つまり再生可能エネルギー生産に保証される供給報奨〔固定価格買取〕の費用）は無しで済んでいただろう。経済的観点からすれば、再生可能エネルギー法や供給報奨の歪みは、充分な保険を核電事業者に要求しない経済秩序にたいする、一種のやむをえない対抗措置の結果なのである。

　エネルギー転換とは、再生可能エネルギーが将来的に発電の主要な担い手になることである。これはとくに、電力網の拡張、新しい発電所への投資、分散的なエネルギー社会基盤の整備、エネルギーの貯蔵等を意味する。どのくらいの速さで核発電から脱却できるのか、それは所得と雇用、対外貿易と経済成長にどのような影響を及ぼすのか。この論争はとくにドイツ、スイス、オランダ、スウェーデンで行われている。もちろん、広範な核電反対派を抱えるこれら核電力国グループには、1978年の国民投票で核エネルギー利用の反対が決定されたオーストリアも含まれる。同じく核電から解放された国、イタリアも含まれる。

風力・太陽光エネルギーの拡大はヨーロッパでは始まったばかりである。風力と太陽光施設は大量生産に向いた装置を基盤とする。したがって時間の経過とともに、あるいは世界中の投資の波によって、長期的な巨額の費用低下が期待できる。しかも、中国という新しい巨大供与者が存在するのでなおさらそうであり、中国企業は国内市場でも世界市場でも販売の好機を覗っている。アジアの多くの国々では政治の側から風力・太陽光エネルギーの拡大が支持されている。もちろん相対価格の影響を無視してはならない。たとえば、石炭価格はガスや石油の価格に比べて現在相対的に低下しているから、石炭による発電の需要は増大している。この点、中国は気候を損なうガスや二酸化炭素を大量に排出する世界第1位の国でもある。

日本では管直人首相の下（とはいえ、2011年8月末には退陣した）、政治的考えには一定の転換が始まっており、核エネルギーからの脱却に関する熟慮がはじめて公式に進められることになった。日本政府の親核エネルギー戦略にたいする人々の信頼は、福島の事故でかなり傷つけられ、核炉の再稼働が問題になったときには自治体レベルで、住民グループや政治家のなかから相当な抵抗が示された。他方、日本の産業界においては伝統的に親核エネルギーの支持者が強力な地歩を占めていて、日本経団連寄りの多くの専門家も核電の協力者として東京電力という建物を支えている。

ドイツでは2011年夏に、およそ10年以内に核発電から脱却することが一応確定している。産業界にとってこの脱却は、一面ではさしあたり一定の負担を伴う。少なくともエネルギー費用が暫定的に上昇するからである。他面で産業界は、キリスト教民主・社会同盟と自由民主党の連立政権が甘受した、政治的に合意された核脱却のためにすでに（自称）きわめて廉価な核エネルギーの終焉をめざしている。したがって企業は自分たちの引き出しから、かつて一度はしまった適応計画と技術革新計画を持ち出してくるだろう。ベルギーは２０１１年末に、２０１５年から２０２５年の間に核発電から脱却すると決定した。核電力がおよそ60％を占めている国だから、これは注目すべきことである。

核発電からの脱却は、家計と企業にとって電力料金の一時的な上昇を伴う。これは場合によってはドイツの輸出のダイナミズムをしばらく弱めるだろう。もちろんドイツの経済・雇用・所得のダイナミズムにとって今後問題が発生するか否かは、一方ではドイツのエネルギー転換がどのように組織されるのか、他方では「緑の成長政策」の枠内でより高い技術革新のダイナミズム（とりわけ環境とエネルギー分野のそれ）がどのように達成できるのかにかかっている。必要なのは、経済活動における基本条件の再調整と、よりよいあるいは新たな技術革新の誘因、そしてエネルギー転換に向かう政治的多数の成長過程である。エネルギー転換をドイツは単独で着手することになるのか、それともヨーロッパ内で脱却のパートナーを見つけることができるのか、これは重要な問題で、これについてはさらに分析を進めるなかで絶えず取り上げていく。少なくとも、ヨーロッパ規模あるいは経済協力開発機構規模のエネルギー転換は、金融市場の不安定さと経済協力開発機構諸国の負債の危機によって明らかに困難になっている（ヴェルフェンス 2011c）。多くの国々で危険性割増金（プレミアム）（つまり危険の費用ないし資本の費用）は上昇しており、これが各国の投資ダイナミズムを殺いでいる。多くの経済協力開発機構諸国が強いられている国家債務整理への強い要請は、自治体のエネルギー供給企業にも当てはまり、それが再生可能エネルギーの拡張にブレーキをかけるかもしれない。だが再生可能エネルギーにおけるブレーキ効果は、政治面での基本条件の変更によって緩和することもできる。たとえばドイツでは２０１１年以来、いくつもの州で施設の建設にたいする制限が撤廃されることによって、特定の再生可能エネルギー、とくに風力への投資条件が改善された。他方、太陽光発電の分野では供給報奨をめぐる議論が高まり、これに関して独占委員会（２０１１年）は批判的分析を提出した。委員会は一般的な供給報奨を廃止し、代わりに一種の割り当てモデルの導入を支持した。これは再生可能エネルギーの割合を毎年一定の分量高めることを定めるものである。論争全体としては、最低の費用で、より強力に再生可能エネルギー主導の経済へ移行するために、いかにこのやり方を支持していくかが重要である。エネルギーや電力供給者の公正な競争を想定するヨーロッパ連合域内市場では、もしドイツが相対的に高い費用で、あるいは事実上国家補助によって大規模な太陽光発電の拡張を進めるとしたら、たとえはるかに少ない促進率で南のヨーロッパ連合諸国において太陽光発電を拡張したとしても（そしてその結果、南のヨーロッパ連合諸国から「再生可能電力を輸入」したとしても）、それは長期的には適正とは言えない。もっとも、ヨーロッパ連合は現実のエネルギー域内市場の構築からはまだほど遠い状況にあるのだが。

日本、韓国、そして多くのヨーロッパ連合諸国では当然のことだが、福島事故以後すぐに、核発電にたいする懐疑の念が多数派の政治的雰囲気を覆った。しかし、安価な核電力を断念するのは不本意だ、という一定の困惑もまた支配している―実際、核発電費用自体は安い。だが福島が示したように、核電の重大事故には巨額の費用がかかる。福島の核施設を経営する東京電力は事故後破産寸前であり、政府による銀行への政治的圧力によってのみ、経済的生き残りのための緊急信用を得ているのだ。それに加えて日本政府は２０１１年５月、国民の税金によっておよそ４００億ドルの特別基金を東京電力のために用意し、これによって東京電力は最低限の損害賠償を行うことができた―たとえば家屋を失い、故郷を離れざるをえない何千〔ママ〕もの家族にたいして。福島核炉の冷却は、過酷な条件下でさらに何ヶ月も維持されなければならない。損傷の決算書が最終的にどれほど高額になるか、はじめて知るのはいつの日だろうか。まさに〔北西に向かう〕強風のせいで、たとえば福島の風に乗って大量の放射性物質が日本の首都へ運ばれなかったのは、首都圏の住民にとっては幸運だった。

１９６０年代、核電はアメリカ、フランス、イギリス、ドイツ、日本、旧ソ連その他の国々において、安価で安定した発電形態としてもてはやされ、登場した。今日のエネルギー転換はその熱狂とともに始まった多くの工業先進国の発展を修正するだろう。ドイツの核経済史は、エネルギー不足という誤った表題の下で巨大コンツェルンと政治によって強行された、潜在的危険度の高い発電形態の導入と拡大の歴史に他ならない。１９７０年代の石油価格のショックを機にアメリカとドイツでは最初の反核電運動が誕生した。このショックによって（アメリカでは目下の核兵器実験とも結びついて）多くのヨーロッパ連合諸国と北アメリカ、そして日本の核電力経済の支持者たちははじめて守勢にまわった（ラートカウ 1983）。これ以後、核発電の拡張がエネルギー供給においてより大きな独立性を確保しようとする誘惑が始まったように思われる。実際、日本の核発電の拡大は１９７０年代の石油価格のショックによってむしろ促進され、安全性をめぐる批判的論争は国家、核電事業者、一部の科学者の合奏によって妨げられた（マイヤー 2011）。

ドイツでは福島の事故後、新たな脱却論争が生まれた。その結果、シュレーダー首相下の社会民主党と同盟90／緑の党による核脱却法が想定したものよりも早く核発電に別れを告げることになった。２００２年に決定されたシュレーダー政権による核脱却法の中心部分は4大核電力コンツェルンの代表との協議によって決着したものである。そのため大きな抗争分野の一つであったこの問題、潜在的に巨大な危険性を伴う核発電の問題は政治的に沈静化したように思われた。ところが２０１０年には自由民主党とキリスト教民主・社会同盟によるメルケル政権下で政治の役割は後退した。核電の燃料にたいする新課税の導入と核電の稼働期間の延長である。この政策変更について、二つの党の動機は異なっていた。自由民主党の側では、新しい燃料税によって国庫の追加的な収入を捻出するという願望がとくに強く、それはお気に入りの減税プロジェクトに改鋳されるはずであった。キリスト教民主・社会同盟の側では、自称安価な核電力を産業用燃料としてより長く利用し、自国の輸出の奇跡に役立たせることが重要だった。

しかし、このような術策はすべて福島の核事故ショックで反古になり、ドイツは多くの反対派に抗してエネルギー転換を約束する新たな方向を選ぶことになった。そのとき立ち現れたのが、次の重大な新しい問いである。ドイツは核脱却によってある特殊な道を歩むのか、それとも情緒的な不安と合理的な計算を抱えた脱却と転換の計画をヨーロッパや世界の成功モデルとすることができるのか。ドイツはエネルギー転換によって隘路に立たされるのか、それとも多くの諸国にとって模範となる王道を歩むのか。

福島の事故はとりわけ工業先進国すべてに根本的な問題を投げかけている。この市場経済のなかで私たちは危険性とどのように向き合っていけばいいのか。多くの生活分野（自動車の運転から化学生産、核発電、資本投資まで）には明確な危険性がある。市場経済のなかで危険性に保険をかけるとすれば、自らの意思で行うか、法律の規定に基づくかである。いずれにおいても一般的な責任原理と原因者原理という意味で、身体、生命、資産対象にたいして損傷の原因者が損害賠償を行わなければならない。核電を考えると、こう問える。一般に私的な保険による解決が存在するのだろうか、と。答ははっきりとノーだ。核電の大事故という極端な危険性に、市場において保険をかけることはむずかしい。たしかにドイツやアメリカ、スイス、その他いくつかの国々では部門毎に一種の代替保険モデルが開発されてきた。これによりドイツでは、核事故に際して最小限の損傷がカバーされている。しかし、巨大事故、スーパー・ガウという極端な事例を考えると、これから示すように、焼け石に水なのだ。他方、経済協力開発機構（2010）は環境と親和的な成長（緑の成長）を主題とする中間報告のなかで、豊かな生活にとって化石エネルギー源（たとえば石炭やガス）への有害な補助金は撤廃されなければならないと提言しているにもかかわらず、このパリの有力な経済組織は核電力が法外な特権的補助金を享受していることに一言も触れていない。現実には、工業先進諸国におけるもっとも巨大な発電形態（核電）が、普通の人々にとってはほとんど理解できないその「残余の危険性」を大規模に抱える国家から、秘密のメガ補助金を手に入れているのだ。国家は核電をスーパー・ガウないし巨大事故に備えるべき本来必要な保険から免除し、核電力経済を助成している。核電力経済は国家によるこの歪曲のおかげで、基礎電力供給（ベースロード）によって、そしてその継続的稼働によって競争もなく安価に核電力を供給できるのである。経済協力開発機構が２０１０年5月27～28日の大臣会合で報告したこのような一面的かつ間接的な核発電にたいする擁護は、指導的な工業先進諸国によるこのパリの組織が歴史的に見ても専門家を拒絶しているということだ。１９９０年代初頭から周知の核電力補助金にたいする批判的な言葉は一つもない。この補助金は不合理な投資の誘因をつくり出しながら、電力経済やエネルギー経済における競争をグロテスクに歪曲し、何十億もの人々にとって完全に無用な危険を高めている。それはまるで、国家がアウトバーン〔ドイツの国有高速道路〕の無課ドライバーにたいして自動車利用税を免除しているようなものだ。核電力における「陰の補助金」は百分率でいうと、第2章第１節で示すように、発電全体のおよそ22％にも上る。いったいどうして納税者共同体が国家を通じて、選りにもよってもっとも危険な発電形態に、あたかも無担保の白地小切手のように身をさらさなければならないのか。深刻な核事故で損害勘定が１０００億ユーロを軽く超える可能性があることは、どんな懐疑家であれ福島の事故からはっきりと教えられたはずだ。

　ドイツや西の諸国は経済的危険にたいしてどうやって合理的に対処するのだろうか。市場経済における危機対応市場はどのようにすればうまく機能するのだろうか。いくつかの保守的な信仰命題の半減期は、銀行危機と福島ショックのときにはより短くなった。巨大銀行と金融市場は、昨日はまだ投資プロジェクトや私的老齢年金の合理的なフィルターとして高く称賛されていたのに、今日はニューヨークやロンドン、フランクフルトの英雄が突然さらし者にされている。ドイツの自称きわめて安全な核電は、ついこの前は12年間の稼働延長がメルケル政府によって議会を通過したのに、1年後には脱却が加速される。２０１０年に成立したドイツ核炉の稼働期間延長は、福島ショックに押されてひっくり返った―核発電からの脱却と再生可能エネルギーへの全面的な転換である。

　明らかに大きな危険性につきまとわれた発電様式が、重大な保険の保証なしに稼働し続け、あるいは「残余の危険性」（本当は主要な危険性）を国家に転嫁し続けるとすれば、どんな結果が生まれるだろうか。核エネルギーの競争相手、石炭や石油、太陽光や風力、バイオマスや水力に害を与えずして、合理的な核発電構造を確実に手に入れることはできない。これが、多くの工業先進諸国で何十年にもわたって存続している競争の歪曲だ。もっと厳密に見ていけば、その歪曲がきわめて大規模であるということ、また、核電事故の発生確率を低く見積もったとしても、本来核電力には風力電力と競争する能力が少しもないということが分かるだろう。いずれにしても、核発電が多くの国々で何十年にもわたって拡大できたことはきわめて注目すべき事態だ。今や福島の事故が意味しているもの、あるいは今始まる検算とその結果（つまり本当の費用の事実と簡単な経済的真理）に真剣に取り組むべき備えが意味しているもの、それは多くの国々が同時にエネルギー転換に向かって決断するということだ。それは、中期的な核経済からの脱却であり、危険を最小限に抑えた気候に親和的な再生可能エネルギーへの広範な転換である。エネルギー転換は経済的・政治的・社会的な挑戦であるが、これについては第６章以下で多面的に明らかにされる。これに先だつ第１〜５章では、核経済の拡大によってどれほど誤った発展が多くの国々で並行して生まれ、それとともに国家的にも国際的にも重要な脱却と転換への関心がどれだけ存在してきたのかが明確な論拠のもとに語られる。ドイツには、核脱却で自分の友人を見出す機会があるだろうか。ドイツで注意深く組織され、国家的に促進されるエネルギー転換は、特殊な道として批判されることがあるのだろうか、それとも最終的には危険で歴史的に誤った親核電力からの国際的脱却という王道を歩むことになるのだろうか。

　ベルリンの政党幹部間ではしばしば、脱却は早ければ早いほどよいという声が聞こえるが、それは２０１１年以来核電力を全面的に拒否している選挙民にたいする恐れからだ。だが、*選挙民の声は時とともに揺れ動く。２０１５年にもし核経済からの脱却が半分程度しか達成できていないとしたら、国際情勢はどうなっているだろうか。福島の事故（これは考えられる巨大事故［ガウ］のまだ半ば幸運な変種だ）の恐怖が色あせれば、ますます多くの国でますます多くの核電が新設されるだろう。世界経済が成長すれば、生産の増大と人口の増加に伴って、「安価なエネルギー」にたいする渇望も大きくなるからだ。

　メルケル首相はいわゆる一時停止（モラトリアム）のなかで、バーデン・ヴュルテンベルク州議会選挙直前にもっとも古い７基の核炉を停止させるとともに（他、クリュンメル核電の核炉１基は故障停止中）、およそ10年以内の核炉完全停止を予告する専門家委員会を設置したが、チェルノブイリのことを思い出してほしい。ドイツでは１９８６年のチェルノブイリ核事故後のショックの際には「できるだけ〔核電を減らす〕」と言われた。今現在、それが再来している。そしてこう続く。もしドイツだけが核エネルギーから脱却しようとしても、脱却に反対する核産業の抵抗は大きくなるだろう。四つの巨大コンツェルン、すなわちバーデン・ヴュルテンベルク・エネルギー社、エーオン社、ライン・ヴェストファーレン・エネルギー社、ヴァッテンファル社にとって重要なのは、利益のあがる業務分野である。ヨーロッパ連合域内市場にあって、ドイツの電力網には隣国からの核電力がさらに多く流れ込むかもしれない。たとえ最後の家庭一軒がハガキかインターネットで再生可能エネルギー源による緑の電力に切り替え手続を行ったとしても、価格に敏感な産業は依然として残る。多くの企業が０・１セント／キロワット時のために電力供給者を代えるとしても、電力はこれまでどおりソケットからやってくる。もちろん核電力の４大巨人に対抗して、再生可能エネルギーへの方向転換をめざす何百もの都市公社が事業を行っている。だが、電力価格が上がれば、産業界の顧客はやはり緑の電力から逃げ出す—核電力からの脱却は高くつくのだ。他方、巨大コンツェルンが今現在、再生可能エネルギーにかなり投資し、とくに風力エネルギーが焦点となっていることも見過ごしてはならない。

したがって一般的に言えば、核電力からの脱却あるいは再生可能エネルギーへの転換は今後どうなるのかということになる。考えられるシナリオによれば、２０２２年までにドイツの核発電の割合はゼロになり、20年後にはヨーロッパ連合内でもそうなる。せいぜい、何人かの勇しいガリア人がノルマンディーに再処理施設と核電を守護しているあのフランスに、ヨーロッパ連合内における誇り高き核電力部門の憐れむべき残りくずがあるだけだ。もち

＊　２０１１年３月時点で、全12核電17基のうち８基を停止。その後、予定どおり２０１５年にグラーフェンラインフェルト核電の核炉１基、２０１７年にグントレミンゲン核電の核炉は稼働を停止したが、残り７基の核炉は２０１８年３月現在も稼働中。

ろん、ヨーロッパ連合諸国のなかには核電力産業が政治的にきわめて深く根づいている国が存在していることも見過ごしてはならない。だから逆に、フランスには風力と太陽光のエネルギー生産を拡大させるかなりの潜在力がある一方で、有力な国家企業であるフランス電力（核発電に大きな関心を寄せている）は、中央政府の強大な政治的立場を通じて、その拡大を阻止するいくつもの可能性をもっている。フランス電力はフランス国内における再生可能エネルギーの成長を阻止しているだけでなく、世界規模でそれを阻止している。巨大なヨーロッパ連合市場における核電利用の封鎖は、核電による大量生産の利点、世界中でのその最適利用を妨げることを意味するからだ。

たとえエネルギー部門への投資がどのように決定されようと、問題はこの種のプロジェクトがいずれも長期に及ぶところにある。発電所の稼働期間は通例30年から50年であり、継続的に施設の近代化を図れば、水力発電所はそれこそ無制限に稼働できる。ドイツ政府はシュレーダー首相の下で、所有権法および経営上の完全な減価償却後（27年後）は国家が営業認可を撤回することもできるという議論を展開したが、それに従えば発電事業者の所有権保護は無限ではない。しかし、新設の核電の場合はこれには当てはまらない。短い脱却期間はほとんど考えられない。とすると、新設の場合、核発電から脱却するには、国家が当該の核電力コンツェルンから施設を買い上げ、停止するか、あるいは停止にたいする補償の支払いをするかもしれない。これはたしかに政治的には一般的ではなく、しかもほとんどすべての工業先進国が厳しい国家予算の状況に直面しているなかでは、きわめて深刻な問題なのだ。

スイス、スウェーデン、フィンランドのように国庫収支が黒字の国や国家債務の割合の低い国の場合、一方では核電力コンツェルンに補償の支払いをしながら、他方では再生可能エネルギーやガス発電所の増設に配慮することによって、核発電からの脱却を早期に達成できるかもしれない。核発電を縮小できる可能性が一番高いのは、核電事業者に高い燃料税を導入することではなく、賠償義務保険割増金を要求することである。

スイス政府は福島の事故後、核発電からの脱却を決定した。現存の５基の核炉は稼働期間が終わると代替されることはない。50年の利用期間を考えると、スイスは遅くとも２０３４年には脱却することになる。おそらくスイスでも、ドイツを含む多くのヨーロッパ連合諸国のように、再生可能エネルギーの拡張が行われるだろう。そのとき、たとえばドイツの先例を考慮して税法上押さえておかなければならないのは、遅くとも15年の稼動期間後には（これを超えると、風車や太陽光電力等の施設は減価償却される）、減価償却された施設による発電、すなわち再生可能エネルギーにとっては供給報奨なしに（したがって国家の保証する買取価格なしに）経済的になるだろうということである。

さまざまの機関や専門家によるドイツの脱却シナリオは納得のいくものとして耳を傾けられている。また、本書でも入念に考え抜かれたシナリオを提示している。しかし、典型的には従来型の脱却シナリオの場合、国内についての簡単な脚本は提示されているけれども、国際的なパースペクティブはどうなのかという考察はなされてこなかった。ひょっとしたらドイツは孤独で特殊な道によって、問題のある立場を採っているのではないかという疑問は残されたままだ。その点で本書の分析は、新しい証拠といくつものシナリオにたいする視点をはじめて提供するだけでなく、「ドイツの特殊な道か、それともヨーロッパおよびグローバルなエネルギー転換にとっての出発点となるモデルか」という重要な問いにも光を当てる。

気候変動に関する政府間パネル（ＩＰＣＣ）〔以下、気候変動パネル〕は、２０１１年5月9日、アブダビでグローバルなエネルギー転換に関する国際的な展望を示した。四つのシナリオ分析に基づいて世界水準のエネルギー転換を提示したものだが、そこでは、２０１１年から２０２０年の間に再生可能エネルギーへの投資として51億ドルを拠出することが出発点とされている。この道筋に従えば、２０３０年代にはさらに72億ドルが追加投資され、次の20年間にも同等の額が追加されることになるだろう。その場合でも、世界の国内総生産にたいする割合は１％を超えない。２０１０年に13％だった再生可能エネルギーの世界的な割合（核エネルギーは２％、化石燃料は85％）は、気候変動パネルの計算によれば、２０５０年までに80％まで増加する可能性がある。したがって、核エネルギーの放棄は完全に達成できるのだ。もちろん移行期間にはガス、石炭、石油といった化石燃料の利用が必然的にまだ残るが、核エネルギーの形態は完全に放棄しうるという言明は、本来的にはそれほど驚くべきものではない。１９６０年代から１９７０年代を通じて世界中が核エネルギーに足を踏み入れていなかったならば、当然のことながら、他のエネルギー源を経済成長のエネルギー動力として利用していたからである。しかし、気候変動パネルによるこのシナリオ分析も過大評価すべきではない。21世紀、人類の大部分はアジアで生活している（およそ60％）が、もしそのアジアで中国やインド、日本、ロシアなどの大国が核発電の拡張を決断したら、最終的に気候変動パネルのシナリオはほとんど役に立たないことになる。したがって、福島の事故後速やかに取り組むべきは、再生可能エネルギーの生産、新しいエネルギーの蓄蔵計画、エネルギーの効率化革命に向かう基本条件を国家的・国際的に整えることだ。このとき重要になるのは革新的頭脳集団、創造的企業、そして各個人がよりよい未来の主人公として連携することである。

エネルギー転換の進歩を拒否する側にたいしては、よりよい論拠で確固として立ち向かうことが重要である。拒否側の例としてイギリスの気候変動委員会を取り上げよう。この委員会は２０１１年、委員長デービッド・ケネディの下でまさに核発電の拡張を提案した。表向きには15～20年間で風力ファーム〔集積型風力発電施設で、風力パークと同じ意味だが、タービン間は農業等に利用できる〕が（有利な電力形態としての）核電力にとって代わるかもしれないが、中期的に見て、イギリスでは40％の核電力と、ほぼ同程度の再生可能エネルギーとによるエネルギー構成が適正となるという。だが、ケネディは捕らぬ狸の皮算用をでっち上げているだけである。彼は福島後も、依然として核電力の１部保険をすべて無視しているからである。選りにもよって近代的な保険業の指導国たるイギリスから、しかも政府の重要機関である気候変動委員会の委員長から、核エネルギーの１部保険にたいする周知の論拠（１９９１～92年以来のもの）を完全に無視する分析が出てくるとは、なんということだ。

ケネディの世界に従おうとすることは、バンジー・ジャンプ振興連盟に賛成することと同じである。バンジー・ジャンプは、自由に落下する過程では主人公に馬鹿げた高揚感をもたらすが、しばしば数年後に、多くの場合４年経ってはじめて、脊柱の細かなヒビと脳挫傷（たとえばインスブルック大学病院のインターネット・医学情報を参照）がきわどいジャンプの後遺症として表れ出す、あるいはそれを可視化することが明らかになる。後遺症は麻痺か死の可能性もある。バンジー・ジャンプの主催者にとっては、バンジー・ジャンプによるこの隠れた危険の費用をカバーするのは健康保険協会か、そこで賄い切れなければ国家であることを承知していよう。核発電の場合にも事はそれほど多く違っているわけではない。近代的に装い、費用は自称とくに安いが、重大な核事故時の後始末の費用は途方もなく高くなる―塔のように高い損害は、ドイツやフランスの国内総生産をはるかに超えるのだ。スイスでは、重大な核事故あるいはスーパー・ガウが生じた場合の損害は、国内総生産の10倍以上と見積もられている。したがって、エネルギー転換の問題は、この地球上のあらゆる国と何十億もの人々に関係する。福島以後、ドイツでは大多数の国民が核脱却に賛成した。しかし、〔国際的同盟の方策を〕練り上げず、賢明に転換することを怠り、ドイツ単独でそれをめざすなら、隘路に陥るのは明白だ。

エネルギー転換にとって興味深い礎石としては、原理的にはスマート・グリッド化、つまりソフトウエア制御による電力需給システムの連結を伴う電気移動〔交通〕、すなわち電気自動車への転換がある。電力需給システム全体（これはいつでもバランスを崩さざるをえない）の最適な制御とは、ピーク電力を需要側で低く保てるようにすること、需要が大きい場合には蓄電媒体から電力需給システムに流せるようにすることである。その場合電気自動車は、受電器としても蓄電器としても機能するが、蓄電の可能性は、再生可能エネルギーが成長すると特別に興味深いものになる。これに関して国家プラットフォーム「電気による移動」〔電気自動車の利用・社会基盤整備を議論する政府諮問委員会〕はその第2報告において、重点項目をまとめている。委員長は次のように書いている（カーガーマン 2011 p.56）。「電気移動に関するドイツの道は、その広がりにおいても要求においても野心的なプロジェクトであり、そこでは慎重で確固とした行動が問われている。私の確信するところでは、もし私たちが理念を転換すれば、この挑戦は新しい仕事を創造し、わが国の鍵を握る産業部門の競争力を確保し、持続可能性と資源の効率化という重要な目標（現在、エネルギー転換の議論で標語化されている目標）を達成する好機につながる。そのために現在たくさんの場でその前提がつくられている。私たちが乗り物に関していくつもの限界を乗り越えることができたら、分散された蓄電池は回線網の安定化にすぐさま重要な貢献をすることになる—電力の組み合わせ（ミックス）のなかで、不安定なエネルギー源の割合が目に見えて大きくなったまさにそのとき、この状況がやってくる。これが私たちの前提だが、そうなれば乗り物用のエネルギーはただ再生可能な源泉からのみ生まれてくることになる」。

エネルギー経済における速やかな脱却と転換に共鳴する人がドイツで増えれば増えるほど、それだけたくさんの国際的視点が視野に入ってくることになる。そうなれば隘路に陥るドイツの孤独な道は最終的にほとんど消えてなくなり、グローバルなエネルギー転換への王道が探究されることになる。それは融資可能な転換、中期的に効率な転換、組織的によく準備された転換、そして電力供給の中間的崩壊なしに行われる転換だ。

どのような関心が速やかなエネルギー転換にとって役立つのか。熟考するなら次の三つの要因が挙げられる。

・（国際比較を可能にする購買力平価に基づく）一人当たりの収入の多さ。一人当たりの収入が高くなればなるほど、きれいな環境と、安全で危険の少ないエネルギー供給にたいする関心も高くなる。
・人口密度。人口密度が高くなればなるほど、核発電の危険性も大きくなる。もし事故が起きれば、たくさんの人々が避難に際して、損壊した核電の周囲から複雑な「やり方」で逃げなければならない。避難費用は地域の（そして国家の）人口密度と強く確実に結びついている。
・地理的な位置。海岸および山岳地域の強風度は、電力および熱生産の潜在力を保証する。

したがって、アメリカ航空宇宙局（ＮＡＳＡ）の「強風度の世界地図」は、国際的な脱却と転換の同盟者をどこで簡単に見つけられるかの、実物教育の材料なのだ（図１）。地図を一瞥すれば分かるように、風力エネルギーの

図１　強風度の世界地図

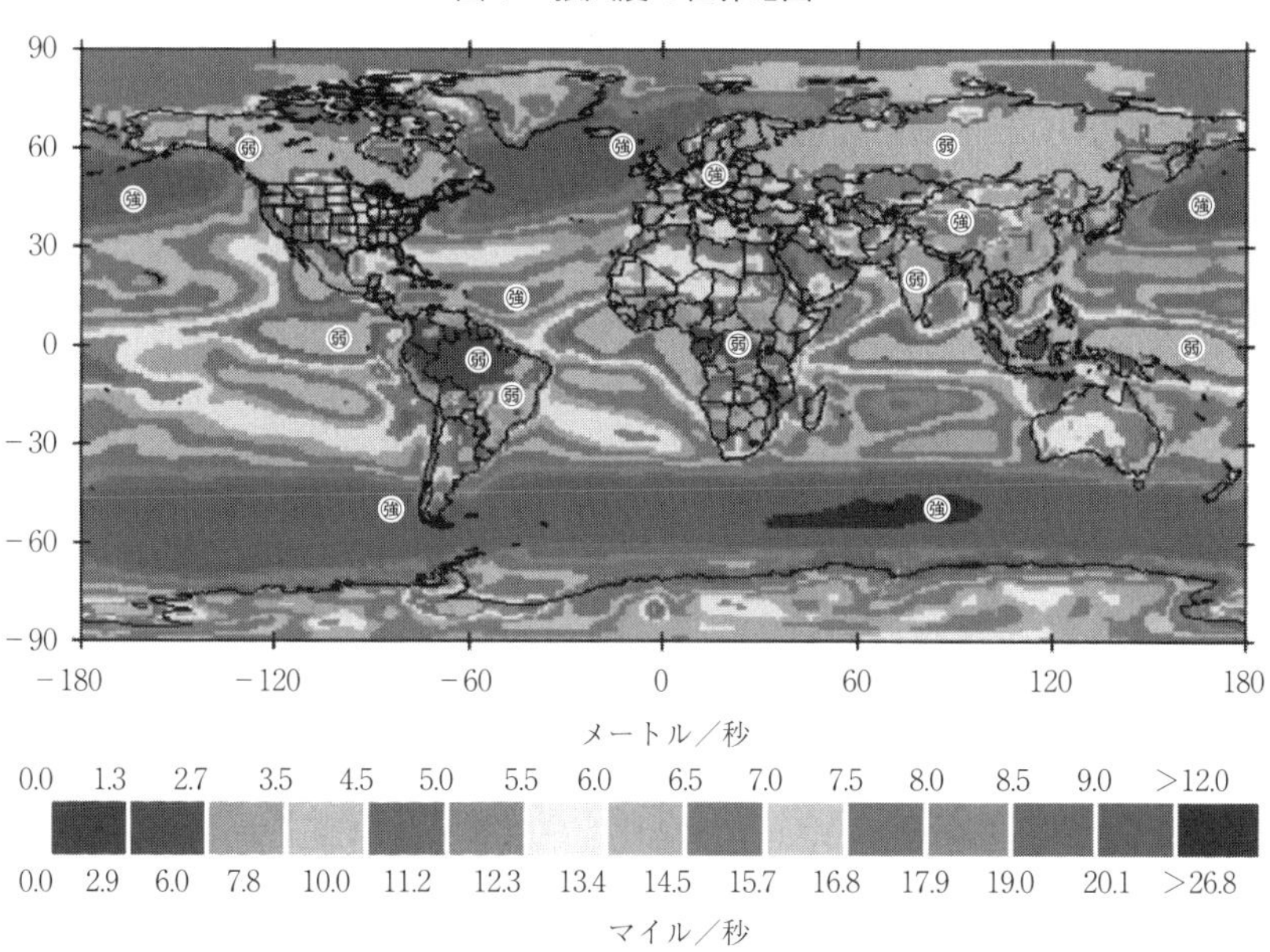

出典：アメリカ航空宇宙局。

分野でこれほど好条件にあるドイツは、再生可能エネルギーの拡大をめざすたくさんのパートナーを簡単に見つけられよう。その場合注意すべきは、海岸近くと陸上では利用可能な風力エネルギーの実際の強度に関して、科学者の間で論争されていることだ（ミラー／他 2011、アーチャー／ジェイコブソン 2005、ジェイコブソン／アーチャー 2010）。「強風度の世界地図」から読み取れるように、かなり大きな平地があるのはアフリカだけである。そこでは、海岸近くでは電力供給用の風力はわずかしか利用できない。他方ラテンアメリカの場合は、たしかに南部だけしか強風はないが（海岸でも陸上でも）、強風度はきわめて高いので、電力輸出によってラテンアメリカのかなりの部分は風力電力を供給できるかもしれない。全体としては世界でおよそ１００の国々が風力発電の巨大な潜在力をもっており、これは共同して開発できるかもしれない。ただし、たとえばパタゴニアやラテンアメリカ南部における莫大な風力エネルギーの潜在力をどのようにして開発するかという根本的な問題がある。これに関しては、電力を産業中心地や都市中心部に送れるだけの高度に近代化された電力網を地域規模で建設しないかぎり、巨大な風力ファームを建設することは経済的な観点から役に立たないという反論もある。いずれにしても電力網は、時間的に大きく変動する風力による電力を必要に応じて調整できなければならない。

風力エネルギーの拡張は、再生可能な電力経済にとって大きな好機である。イギリスは2011年時に1・5ギガワット〔1ギガワット＝1000メガワット〕能力をもつ海上風力発電施設を、2020年には18ギガワットに引き上げようとしている。また、フランスは2016年までに3ギガワット能力の準備をしているが、これはおよそ100億ユーロの投資額になる〔2015年に約10ギガワットを達成〕。ドイツは将来の海上風力パークの容量をおよそ10ギガワットと計算しているが、これは核炉の約9基分に相当する。もちろん陸上風力ファームの拡張の方が海上のそれより費用が安いのだが、通例風力の恒常性と強度を考えると、全体として利点があるのは後者である。風力エネルギーの拡張は住民の抵抗に遭う場合もあるが、いずれにしても、電力網の拡張と管理の両面で追加的な投資が必要だという意味で、二重の挑戦である。このことは基本的に太陽光施設についても同じであって、風力電力の場合と同じように、新しいエネルギー蓄蔵技術を開発しなければならない。もちろんすでにその端緒はある。したがって、学習曲線ないし費用低減効果は長期的には相当なものになるかもしれず、悲観論に陥る理由は何もない。たしかに電力網の計画と拡張の課題は、政治にとっての大きな挑戦である。ドイツではネット庁と一緒に、一つの中心的な主体が規制分野で活動しており、ここには自動的にたくさんの重要なデータが集まるので、必要な場合にはドイツ政府と州による計画の誤りも指摘することができる。その他の点でネット庁は、電力報奨金と電力網利用報奨金の認可活動を通じて、直接電力網拡張にたいする充分な誘因を設定できる立場にある。

ドイツ・エネルギー・水事業連盟が2012年1月に公表したように、2011年現在、ドイツの電力源は約20%が再生可能エネルギーで占められており、すでに核エネルギー（18%）よりも重要な電力源となっている。重要度としては25％の褐炭、19％の石炭がこれに続く。ただし、ドイツの太陽光電力には問題がある。家計全体ではすでに年当たりおよそ80億ユーロもの額を太陽光発電への供給報奨として20年間にわたり支払っており、したがって2011年末段階でほぼ1000億ユーロ〔ママ。計算上は1600億ユーロとなる〕をこれに投資しているからである。キロワット時当たりの家計負担は今後中期的には4セントを超え、これは家計当たり年ほぼ200ユーロを超える額となる。国家にとっては本来、どの種の再生可能エネルギーがとくに急速に拡大するかという問題と、再生可能エネルギーの最低割り当て（割り当てに必要な助成金を最小化するという目標とともに）をどう考慮するかという問題は同じことなのだ。再生可能エネルギーの領域、とりわけ太陽光報奨や風力エネルギーの拡張という文脈では、電力パークの予備容量市場、つまりヨーロッパ連合内からの一定の予備容量が必要であり、ヨーロッパ連合域内市場が発展すれば、ドイツの気象条件が悪いときでも充分な電力供給を（たとえ太陽・風力エネルギーの短期的な大後退があっても）確実に行える。もちろん長期的には、蓄電技術分野の革新が問題を減らすのに役立つだろう。それは再生可能エネルギーの電力を含む分散的な多数の電力源がソフトウエアによって柔軟に連結される、仮想（バーチャル）発電所の発展による効果と同じである。

　ドイツの2011年の電力消費は6070億キロワット時だった。これは前年に比べて約0・5％の減であり、2011年の経済成長がおよそ3％だったことを考慮すると注目に値する。太陽光電力の容量は最高記録を更新し7500メガワットとなり、2012年に家計が支払うエコ電力の供給額は176億ユーロになると予想される—その場合、太陽光発電の供給報奨の割合は、電力源全体の優に55％に上る。再生可能エネルギーの割合が高まるにつれて、電力経済における電力網の拡張や管理の役割も増大する。たとえば、アルミニウム生産など特定の生産過程にとって電力の変動が大きくなることは問題だが、近代的なデジタル規制技術は電力網の制御面で新しい可能性を確実に提供する。

（隣接する）州による電力網の認可手続きが複雑になればなるほど、電力網の拡張はそれだけ手間ひまのかかるものとなるだろう。また電力網への投資が適切に充分なされるためには、私的投資家たちにそれに見合った信用が提供されなければならない。そうすることではじめて、適切な生産立地からの電力が摩擦なく、しばしば遠く離れた産業・消費センターに到達することを保証する。ヨーロッパ連合内の独立した発電事業者にとっては、電力網への接続は時として故障や遅延を生むかもしれない。しかしこれも、ヨーロッパ連合域内市場や電力市場の自由化のおかげでなんら問題を生じさせることはない。

また風力・太陽光発電の拡張によって、ヨーロッパ連合域内市場においては二重の挑戦が促される。一つは、ヨーロッパ連合諸国の巨大な風力プロジェクトにおいては費用が安く効率的な供給者がすぐに動き出すことになるだろう。もう一つは、その拡張によってヨーロッパ連合内での電力取引の重要性が根本的に高まるが、これも電力網の容量にたいする充分な投資を必要とするだろう。グローバルな指導的太陽光施設の製造者としてはアメリカと中国の供給者が優位を占めているが、風力発電施設ではドイツ、デンマーク、イギリス、フランスの供給者も大きな役割を果たしている。「緑の輸出市場」という点で見れば、ドイツやヨーロッパの企業にとってはまさに世界市場を形成しうる巨大な好機が存在している。

再生可能エネルギーおよび電力消費削減に関わるドイツ政府の目標は、「エネルギー・気候統合プログラム」（2007年）によれば、きわめて野心的である。

・温室効果ガスは、2020年までに1990年比で40％削減する（2010年はマイナス23％）。2030年は55％、2040年は70％、2050年は80％とする。
・総発電に占める再生可能エネルギーの割合は、2010年の17％を2020年には35％に高め、2050年までに80％に上げる。
・電力消費は2008年比で2020年までに10％下げ、2050年までには4分の1減少させる。

・交通分野の１次エネルギー消費と最終エネルギー消費にも削減目標がある。

コラム　ドイツ政府のエネルギー・パッケージ（《環境問題》専門家諮問委員会「統合と移動」2011 p.223以下による）

「エネルギー・パッケージ」の概念についてドイツ政府は、２０１１年６月30日のドイツ議会（衆議院）において、７月８日にドイツ参議院で審議される八つの法律パッケージを提示している。**《第13次核法改定法》**以外の七つの法律は、２０１０年９月に政府が決定した「エネルギー計画」の改定が目的である。これらの重要な法律を個別に見てみよう。

《第13次核法改定法》は、ドイツ議会が２０１０年10月28日に決議した核電の稼働期間延長を撤回する。法律は、商業的発電用の核エネルギーの利用を２０２２年末までに終結させ、すべての核電について稼働認可の終結を確定する。一時停止中の７基の核炉と、たび重なる突発事故のために現在停止中のクリュンメルの核炉は再稼働しない。２００２年の核法で予定された、稼働期間の核電間移譲の可能性を核電事業者が利用するのに応じて、最後の核電は状況によってはいくらか早く停止される可能性がある。

《再生可能エネルギーによる発電を促進する法的枠組の新規制法》（改正再生可能エネルギー優先法２０１２）**》**によって、ドイツ政府は再生可能エネルギーの促進における費用効率を改善し、市場統合とシステム統合を促し、「再生可能エネルギー優先法」（以下、「再生可能エネルギー法」と略す）の簡素化と透明化を進める。**《改正再生可能エネルギー優先法》**は、従来から施行されてきた（固定価格買取制度の）報奨構造を基本的に保持する。しかし、いくつかの点で報奨制度は大きく簡素化される。陸上風力エネルギーにたいするシステム・サービス・ボーナスの適用については、新施設では２０１４年12月31日まで（従来は２０１３年12月31日までの期限だった）、現存施設では２０１５年12月31日まで延長する。市場統合とシステム統合を促進するために、電力事業者には**随意市場割増金**（オプショナル）〔電力取引所での販売価格と固定価格との差額を受け取れる〕と**柔軟性割増金**（フレキシビリティー）〔バイオガス発電について需給に応じた出力調整による収益低下分を補塡する〕が法律で採用された。それによって需要増加時の電力供給にたいする追加的な誘因が設定されることになった。同時に、製造業部門の企業については、賦課金を免除されていた再生可能電力50％以上の企業にたいして減免の上限が定められた（20％以上が再生可能電力でないと、減免は受けられない）。

《都市と市町村における気候と両立する発展を強化する法律》は、「建築法」に気候保護条項を付け加えた。これは建築指針計画が今後「気候と両立する都市の発展をめざすことによっても気候保護を促進できる」よう配慮するものである。これによってとくに、太陽電池施設を壁面と屋根に容易に設置できるようになった。また、いわゆるリパワリング（古い施設をより性能のよい施設によって代替する）を支援するために、新しい風力エネルギー施設の設置は、その事業者が設置後古い風力エネルギー施設を期限内に取り壊すという条件で許可されるようになった。

《住居のエネルギー的近代化措置を税制上促進する法案》は、１９９５年以前に建てられた住居にたいして、通例では追加建設費用として２・０～２・５％の公的負担で減価償却できそうなケースについて10％の負担で減価償却してもよいことを想定している。

　この法律が成立すれば、公的予算は年間で１５０億ユーロに上り、その半分以上を州と市町村が負担することになるため、ドイツ参議院は同意を拒否している。

《航海法指令変更の第1法》は、海上風力プロジェクトにたいする認可手続の滞留を避け、認可を一括処理する。この法律の必要性は、現在認可手続中の25の海上風力パークのうち、やっと三つしか認可されていない現状を見れば分かる。

《電力網拡張を促進する措置に関する法律》は、最高圧水準および高圧水準の電力網の拡張を促進する。この法律によって地域圏を超えた送電線の建設のために、ネット庁の監視下で統一的な土地計画が立てられる。
《エネルギー経済法の規定を新たに規制する法律》は、「エネルギー経済法」を変更し、送電線網にたいする需要計画に新たな規制を加える。この法律によってはじめて、すべての送電線網の事業者と長距離送電線網の事業者が協調して共同で拡張計画を進めることが可能となる。国家はネット庁を通じて需要計画の全段階をカバーする。

国家は核電の稼働期間の短縮によって、核電事業者の追加的利益からはどんな収入も期待できなくなる。これまでこの収入の一部は、特別資産「エネルギー・気候保護基金」に充てられるはずだった。また、核燃料税からの収入も減少する。《特別資産「エネルギー・気候保護基金」設置の法律を変更する法律》は、この収入減を補償するためのもので、〔二酸化炭素〕排出権証書の競売による全収入をこの基金に割り当てる。以前は、競売上金のうち９億ユーロを超える部分だけがそれに充てられていた〔いくつかの修正を経てこれらの法律は成立した〕。

さまざまな研究所が提出した、核電の稼働期間延長による国内総生産および電力供給の推移に関する計算法は、方法的に批判できる。そこでは多様な計算（概観は《環境問題》専門家諮問委員会『１００％再生可能発電への道程―特別鑑定書』2011）によって電力価格の下落が主張されているが、稼働期間の延長が当然ドイツや近隣諸国の経済および人間に及ぼす危険性の延長も意味していることを考慮していない。ここでも、危険性の費用の無視が誤った結論に至ることが分かる。

だから、ドイツが単独で核電力から脱却することは現実的に支持できないのであり、以前から言われてきたヨーロッパにおける脱却と転換計画への歩みこそがここでは擁護されなければならない。その場合、脱却にたいしてはヨーロッパおよび世界中で大きな抵抗が存在していることを視野に入れる必要がある。抵抗の論拠は、核電が技術の最高記録と見なされているところにある。また、核電力の利回りは（核炉にたいしてグロテスクなほど小額の１

部保険しかかけられていないかぎり）非常に高く、そのさらなる技術的進歩によって、他分野の多くの技術と同様、いっそう高い利回りが期待できると見なされているところにもある。現存の核電を改良すれば安全性と操作性がより高まり、後者は核電パークの拡張によって有効であるだけでなく、とりわけ利回りを高めるというわけだ。核電の稼働期間延長と新設がスーパー利回りのように響くのはこうした論拠による。しかし、これらの計算すべてで奇妙なのは、核発電が通常の産業と同じように扱われていることである。核電には必要な賠償義務保険の特別法が適用されていて、ドイツの場合は1基当たり25億ユーロの保険が命じられているが、これはよく見積もっても、ガウやスーパー・ガウ時の損傷額の100分の1ないし1000分の1でしかない。あたかもそれは、自動車の運転者が賠償義務保険を右前輪にしかかけなくても運転できるようなものだ。核発電は高度に投機的なエネルギー生産形態であって、事業者、株主、協力者は重大な核事故が起こらないことに賭けている。しかも、ひとたびスーパー・ガウ級の核事故が起これば、核電事業者は破産してしまい、ほとんど完全だと約束していた損害賠償や責任から免れる。すると国家すなわち納税者が、すでに周知の環大西洋銀行危機と同じように、金庫をせがまれ、出血を命じられる。大西洋をまたぐ銀行危機では国家の責務割合が西の工業先進国平均で30％上昇し、いくつかの国では国家破産の危険に直面した。同様に、ヨーロッパ連合の一国でスーパー・ガウの賠償支払いを引き受けるとなると、これもまた国家の破産となるだろう。ところが、国家は破産できない、いや破産してはならないから、論理的に正当であるはずの賠償支払いも実行されない。日本、スイス、ドイツで用いられている「核電事業者の無限責任」という決まり文句は、空虚な冗談なのだ。事業者は保険の幻想をつくり上げているが、それは完全な蜃気楼で、その背後にある核発電の高い危険性は見えなくされているのである。

核電の推進にたいして伝統的に高い合意形成を行ってきた日本ですら、福島の事故後、核エネルギーと再生可能エネルギーの選択をめぐる論争が始まった。日本政府は核エネルギーに固執しようとしているが、管直人首相はともかく2011年5月はじめ、巨大地震の発生率の面でとくに危険な地域にある浜岡核電〔静岡〕を停止する命令を出した。同時に海江田万里通産相は同年５月８日、あるテレビ・インタビューで、再生可能エネルギーの拡張を強化し、加速させると宣言した。すなわち、「再生可能エネルギーへの投資は経済成長に寄与し、核電力の拡張目標には検証が必要である」（『フランクフルト一般新聞』）とした。日本政府の発表を信頼してよいなら、日本は核発電の拡張をこれ以上めざすことはないだろう。日本ではエネルギー転換をめぐる論争が始まり、日本を含む多くの経済開発協力機構諸国では電力経済における代替投資を危険性に見合った形で評価し直す動きが始まっている。

もし相対的に危険な発電形態と危険のより少ない発電形態のどちらかを選択するとすれば、両者の発電費用がほぼ同じなら、危険のより少ない方を選ぶだろう。もちろん危険性の評価は間接的に、支払わなければならない保険割増金の高さにも表される。核電の保険に関する最低保証策は、世界中どこでも国家が確定している。他の産業分野においても、危険性が存在するなら当然国家として「残余の危険性」についても事業体への保険策を確定する――もちろん言葉から明らかなように、「残余の危険性」とはここでは危険性全体の比較的小さな部分という意味で使われている。しかし、これは航空会社や化学企業の経営の場合に当てはまることであって、核電の場合には一切がまったく異なる。ルフト・ハンザ、エール・フランス、ブリティッシュ・エアウェイズなどの大航空会社は、一般に離着陸の許可をもらうためには航空機に合理的な保険をかけなければならないが、核電事業者はどの国においても、合理的な賠償義務保険なしに何十年も営業しているのだ。

もし核発電の危険性が縮小でき、同時に核電が気候の救世主として登場できるなら、核産業は公共社会の目には善として存在することになる。地球温暖化の公的な論争では１９９０年代以来、核発電はほとんど二酸化炭素を排出しない緑の電力だという指摘が増えてきた。アメリカ、中国、ロシア、日本といった影響力のある国々は何が何でも（そのように見えるのだが）、核エネルギーの拡張に固執している。ただ日本でだけは福島の事故後、従来通りこれを推進すべきかどうか疑問が生じている。ドイツのエネルギー転換がより安全で経済的な電力として国際的な転換モデルに発展するかどうか、これは実践を見てみないと分からない。いずれにせよ本書の分析は、有望かつ経済的・合理的なエネルギー転換にたいする礎石を提示するものである。

ドイツのエネルギー転換にたいする批判者は数多く存在する。彼らの主張によれば、核電力からの脱却は電力料金を著しく押し上げ、ドイツ産業の職場と競争力を一夜にして失わせる、したがってドイツはすぐに経済的な衰退をかかえる特殊な道へと踏み出すことになる。それとも、ドイツはこうした批判を逆転させ、多くの国々が豊かさを達成する追い越し車線としてのエネルギー転換に焦点を合わせるよう、今は見かけ上で「ドイツの特殊な道」だが、それに従っていずれはその道を脱して、再生可能エネルギーによる未来に向かう出発点を画することになるのだろうか。ドイツによる脱却のイニシアティブから国際的に魅力的な転換の同盟を結成するには、エネルギー転換は政治・経済的に見て何から着手することが重要なのだろうか。この点でエネルギー転換には四つの主要な前提がある。

- 現実的な期間内で技術的に実行できなければならない。
- 経済的に実行可能で、雇用、成長、税収にとって有効でなければならない。
- 長期的に見て（危険性の面も視野に入れ）豊かさをもたらさなければならない。
- 一国だけが孤立したまま核発電から脱却する一種の特殊な道ではなく、国際的な同盟の枠組によって解決を図り、安価に達成できなければならない。

同盟による解決という方法は、ドイツを経済的・政治的・技術的にモデル国家と見ているヨーロッパ連合内の多くの国々にとっても一番適している。現在のところ模範的なエネルギー転換を精緻に計画しているのはドイツだけである。計画を実行に移すには何よりも企業が全力を尽くさなければならない。当然、優れた技術革新（一面では再生可能エネルギーの領域で、他面ではエネルギーの効率化の領域で）を図ってきた企業にとっては特別な好機が存在する。

ドイツでは政治的討論が極端な対立的立場から、信じがたいほど先鋭化した形で行われることが稀ではない。その実例が連立政権〔自由民主党とキリスト教民主・社会同盟〕のある議員の説明だ。彼は「立場」という表題の下で、「フランクフルト一般新聞」（２０１１年5月9日）に次のような矛盾した考えを書いた。「核脱却の要求を誰もが口にし、一見全政党が合意している。それは何ら不思議ではない。結局この要求は流行りで、急いでつくられたものだからだ。結果は2、3年経ってみないと分からない。その根拠が、社会民主党と同盟90／緑の党が決定した核脱却の原理のなかにあることは明白だ。今日決議し、たとえ誰であろうと、明日払わされるというわけだ。というのも、まさに赤と緑〔社会民主党と同盟90／緑の党〕の核脱却では、本質的な問題が無視されているからだ。そこには負託に応えられる脱却計画などなかった。つまり、彼らには、ひどく低下したエネルギー容量をいつ、どのようなエネルギーによって代替すべきなのかという計画はなかったし、ましてやこれを工業国家としてのドイツがどのようにして克服すべきなのかという計画すらなかったのだ」。不思議だと言えるのは、このリベラルな国民代表が、ここではエネルギー転換という主題に関して一種の計画経済的な脱却モデルしか尋ねていないことだ。リベラリズムの伝統に従うなら、彼が尋ねるべきは、まず、企業家の創造性、競争、技術革新に照らして、彼ら企業家が再生可能エネルギーと蓄電の領域で、最低の費用で危険性を最小化したエネルギー供給を実現するにはどのような枠組条件が必要か、ということであったはずだ。

他方、ドイツ議会財政委員会のリベラルな委員長の発言からは、原子力（Atomkraft）の何千億ユーロもの「隠れた補助金」を否定する弁論を誰もが予想していただろう。すなわち、もしキロワット時当たり０・５ユーロの保険金が国から核電事業者に贈与されているとすれば、年間の総電力およそ5兆キロワット時に基づくと、核電力のシェアを約5分の1として５０００億ユーロの「隠れた補助金」（国内総生産の20％）が明らかになる。家計当たりの「隠れた補助金」は年間1万２５００ユーロという計算となり、これが自称きわめて安価な核エネルギーのために支払われているのである。この補助額は、未来のある時期に予想される核事故にたいする、保険数理上のいわば一種の事前分担費用である（保険問題の詳細については後述する）。もしこの種の「隠れた補助金」が適切かと尋ねられたら、回答者中１００％が強固なノーと答えることは確かであろう。たとえ核電力産業の立場から、あるいは事故の危険性に照らしてきわめて有利な〔発生〕確率を想定するとしても、「隠れた補助金」はキロワット時当たり0・25ユーロを下回らない。これは家計当たり年間６２５０ユーロの「隠れた補助金」となる。画面のアナウンサーが、ドイツの市民は一人当たり年間ほぼ2万５０００ユーロもの国の借金（何十年にもわたって国家がためてきた）を背負わされていると憤慨する一方で、核電産業の方は、いわば目に見えない住民の背後で、たった4年のうちにおよそ2万５０００ユーロもの追加的な「密かな負債」をため込んでいるのだ。まさにこの額こそ、一度スーパー・ガウが起これば社会にとっての賠償金となる。安価な核電力の生産という小さな、しかも短期的な幸福感に終わるかもしれないものと引き換えに、人々は錯覚に陥っている。しかも核エネルギーの費用の主要部分は一度として姿を現さない。これは合理性に反するだけでなく、世代間公正や持続可能性の原則にも反する。

あのドイツ議会議員は続ける。「この〔経済的〕側面は一見したところ、今行われている論争でも2次的な役割しか演じていないが、まさに現在の経済的発展状況は、生産構造の変化がどれほど私たちの豊かさに影響しているかを示している。核脱却についてはたしかにたくさん語られているが、工業先進国民としてのドイツ人の未来については語られなさすぎる。それは公的論争の場における緑の党の支配とも関係している。もしバーデン・アニリン・ソーダ会社の労働者が性急な核脱却によるエネルギー費用の高騰で失業したとしても、緑の党の高校上級教師は何も悩まない。彼にとっては、大気を汚染し景観を台無しにしたのは現在の産業であり、核エネルギーは危険すぎる、だから化学労働者は〔失業しても〕その代わりに風車を監視できる仕事に就けるというわけだ。緑の党のステレオタイプの議論は、核脱却は無料で、将来新しい職をつくるという図式に従っている。ところが実際には、核脱却で脅かされる領域の職場は生産性が高く私たちの豊かさに貢献してきたのにたいして、再生可能エネルギー領域の職場の大部分はたくさんの補助金を受け、豊かさを奪っているのだ」。再生可能エネルギー領域、たとえば太陽エネルギー分野で不当な高額補助金が若干見られるというのはたしかにその通りだ。しかし、それが元来、「隠された補助金」で手厚く助成されてきた核電力の現状を調整する補助金であることは充分理解されなければならない。また、核脱却後に変動したエネルギー価格に照らせば、２０１１年に比べて生産構造が変化したという見方もたしかに正しい。だが、これは通常の構造転換の一部であって、そのあり方を規定しているのは競争と技術革新の過程なのだ。さらに、多部門考察*の枠内で見るならば、たとえば風力発電施設製造者の職場で追加利得が生じることによって、アルミニウム産業の職場にマイナスの影響がでるという見方もたしかに成立する（その影響は少なくとも一時的に電力価格の上昇を生み、場合によっては生産の縮小（および仕事の削減）を生み出すかもしれない）。

本来リベラルな政治家は市場経済を擁護する党派として何よりもまず、生産者による完全賠償責任というオイケンの原理**に立脚しているから、核炉にたいしても完全な賠償義務保険がかけられる場合にしか核発電を受容しないと予想できるかもしれない。ところが、真の費用〔原因者負担原則〕のような市場経済の根本原則と核電力の完全賠償〔義務保険〕原則が何年にもわたって放置・無視され無効化されてしまい、それによって特権的な核経済が打ち立てられてしまった。もっとも、福島の事故後に考え直して、古い誤りを盲目的に引きずらないリベラル政治家も出てく

＊　たとえば3部門仮説では、経済活動の重点はまず1次部門（原料の獲得）、次いで2次部門（加工）、最後に3次部門（サービス）へと移る。フランスの経済学者フラスティエによると、1次、2次部門では技術的進歩による生産性の向上で必要な労働力は減少する。市場の飽和度は1次部門のそれがもっとも早く実現し、次いで2次部門のそれが続くのにたいして、3次部門のそれにたいする需要は無限である。普遍的な豊かさは価値移動をもたらす。つまり、時間の費用がますます高くなり、教育と個性化が進展し、サービス需要が増加する。技術的進歩は「労働の精神化」をもたらす。というのは、生産においてはより多くの準備・組織化・計画が必要となり、マニュアル労働は減少するからだ。それに応じて、生産に近いサービスにたいする労働力需要は増大する。

＊＊　誰も他人を経済的に統制する権力をもたない状態での完全競争であり、個々の権力集団が、価格政策やロビー活動によって、他の市場参加者の経済的自由に干渉することができる経済秩序を理想とする。これは、自由放任主義的市場経済や中央集権的な計画経済の対極にあるとされ、戦後西ドイツの社会的市場経済を支えた理論・思想の一つとされている。

るかもしれない。いずれにせよ、核脱却やエネルギー転換を組織したいと望んでいる人々を非難するのはフェアではないし、多くの議員が責任逃れをしていることを放置してはならない。馬鹿で利己的とされた教師にたいする下らない論争は明らかに、この国における反理性キャンペーンの一部だ。教師からは明晰な思考と良質な教養を期待できるのに、「立場」の記事の筆者が言う教師の問題は、少なくとも明晰な思考に照らしてみれば、見かけ上のものにすぎない。これについて言えることは、その「立場」が自由民主党（その１９７２年のフライブルク綱領は、ドイツの党派で最初の環境政策の諸問題に賛成した）の新しい基本商標であってはならないということだけだ。核脱却とエネルギー転換の準備ができている緑の党や社会民主党の政権与党を誹謗し、自分の蒙昧さを記録するのではなく、エネルギー転換の効率化のためにどのように競争力をつけていくかについて熟考する方がいいだろう。再生可能エネルギー源のもとでの競争は、効率的な適応戦略にとってきわめて重要である。どの国も再生可能エネルギーの割合を力強く向上させるために、競争を通じて最善の解決策を発展させるべきだ。その場合、持続可能な経済をめざす構造転換の速度を規定するのは、技術革新、投資、購買力の刺激をもつ企業と家計である。

さらに指摘すべきは、エネルギー転換の支持者はドイツ議会のすべての党派に確実に存在していることである。環境相レットゲンについて言えば、彼が何年にもわたって親核経済を真正面から批判してきた代表であることはよく知られている。彼はヨーロッパ連合内での幾多の会合においても、エネルギー転換の糸口づくり、あるいは再生可能エネルギー拡張の糸口づくりを明確に支持してきた。いずれにせよエネルギー転換に賛成する政治家は、ドイツ議会内のすべての党派にいる。転換に求められる技術的・経済的・法律的・組織的な挑戦に勝利することは、ヘラクレス的〔超人的力を要する〕課題ではあるが、この挑戦はおそらくドイツの多数の企業、市民に歓迎されている。インターネットと国際化の時代にあっては、たとえば www.energiewende.de〔フライブルク・エコ研究所のウェブサイト〕のようなネットワーク活動も当然これに寄与する。

「ドイツの特殊な道」以上のものであるべきエネルギー転換は、自然に立ち現れてくるものではない。再生可能エネルギーの新しい市場は多くの国々で組織されることが大切だし、ドイツや西ヨーロッパはその好機を逃さずに同盟者を探し回らなければならない。エネルギー転換に乗り出したカリフォルニア、テキサス、アイオワ、フロリダといったアメリカの州をはじめ、他国の都市と同盟を結んでいくことが重要だ。カリフォルニア州は２０１１年４月の新立法で、２０２０年までに電力の３分の１を再生可能エネルギー由来とすることを定めた。アメリカ各州の地理は再生可能エネルギーの条件に好都合であり、とりわけカリフォルニアにはあらゆる部門の指導的な企業がある。他方、ドイツにはエネルギー転換で指導的な役割を果たせる州がいくつもあり、バーデン・ヴュルテンベルク、バイエルン、ノルトライン・ヴェストファーレン、ニーダーザクセン、ハンブルクの各州はとりわけ良好な結節点をもっている。ヨーロッパ連合が「２０１１年環境都市」として賞を与えたハンブルクとストックホルム（２０１０年受賞）は、エコロジー分野で革新的取り組みを進める大都市の成功例であり、さらに多くの都市がそれに続いている。ヨーロッパ連合のプロジェクト「理念の列車」（環境と調和する都市生活のビジョンを乗せた巡回展覧会列車）は、ヨーロッパにおけるネットワーク化の理念を代表しており、こうしたネットワーク化は核脱却においても提案されている。エネルギー転換に関する情報を世界の都市の議論のなかに持ち込むことが重要だ。そこではたくさんのコミュニケーションの方法が役に立つ。

エネルギー転換を望むなら、まず現状を概観する作業が必要である。エネルギーや電力の供給構造はどうなっているのか、その構造は現在どのような費用と危険性を伴っているのか、どのような転換がどのような費用によって可能となるのか、国家は再生可能エネルギーの拡張にたいしてどこでその「特別の刺激」を与えるのか。経済的観点からすれば、国家の特別な刺激が正当化されるのは、それによって社会的追加利用（たとえば研究・開発によって）が生まれる場合だけである。だが原則的には次のことも議論できる。たとえば風力、バイオマス、太陽光発電といった、再生可能エネルギーにたいする促進割増金の必要性についてである。というのも、危険性の少ない発電形態の拡張は、人為的に促進される核発電の排除（その特別な危険性の排除とともに）を意味するからである。

模範的なエネルギー転換をどのように描くことができるだろうか。多くの国がエネルギー転換に参加すればするほど、再生可能エネルギーの市場（たとえば風車、太陽光設備、水力・ガス発電所のタービンを生産する指導的な企業の国際的販路）の可能性はそれだけ大きくなる。再生可能エネルギーによる電力供給は時間的変動に影響されたり、24時間のリズムで需給のピークを生んだりするから、中期的には急速対応が可能なガス発電所や蓄電装置を強化する必要がある。いずれにせよ、ここには投資の刺激もある（第7章では経済の全領域を視野に、この側面を中心に考察しよう）。

ドイツにとって重要なのは、外国のパートナー諸国を魅了しつつ、個々の後続計画に刺激を与えるエネルギー転換を注意深く構想し、実現することである。その際、経済政策の面で大切なのは、狭い意味でのエネルギー政策を超えて、再生可能エネルギーの国際的拡張に有利な枠組条件も創造することである。もちろん経済政策が再生可能エネルギー領域に過剰に片寄ってはならないが、一時的には明確な促進が望ましいだろう。

こうした模範的な国民的エネルギー政策を成功させるためには、技術革新力をもつ指導的なコンツェルンのみならず、それと並んで拡大するダイナミックな中堅企業が必要だ。ドイツにはそのいずれもが現にある。ドイツには最大かつ最高効率のタービンから最新式の風車・太陽光設備に至るまで、核からの解放と再生可能エネルギーの未来とを志向する「ロケット・スタート」の結節点が全部揃っている。これに比べてフランス、イギリス、アメリカの核電力コンツェルンはあくまで巨大で頑迷だ。また、福島の事故後の日本はある種の困惑が支配的で、政治的レベルでは化石燃料（たとえば石油とガス）の輸入に比較的大きく依存している。この状況は核エネルギーから段階的に脱却するとしても、少なくともあと10年間は存続するだろう。いずれにしても日本では、核電は何よりもまずガス発電所と石炭発電所によって代替されていくだろう。経済的に一番魅力的なのはガス発電所の建設である。アメリカ、ヨーロッパ、アジアにおける「非在来型」ガス（しばしばシェールガスと呼ばれる）の採掘が加速することで世界のガス供給が増大し、ガス価格が低下しているからである。アメリカは非在来型ガス（技術的進歩のおかげで小規模の鉱床でも利益が出るようになっている）の促進によって、ここ数年の間に世界最大のガス生産者に成長した。アメリカ、カナダ、ヨーロッパの環境保護主義者がこの採掘を批判していることは確かだ。この開発には地下水を汚染する化学薬品が使われている可能性が高い。２０１１年にパリでフランス政府が確認しているように、次段階の探査ボーリングに同意する前に、まず一度はこの問題に関する科学的な鑑定が求められなければならない。だが地球規模で見た場合、非在来型ガスの鉱床が比較的広大であることにはほとんど疑う余地がない。たとえば再生可能エネルギーによる発電が増強される今日の環境では、その一時的な不安定な供給量（たとえば夜間の突発的な凪の場合）のために短期的には追加的な発電が必要になる以上、新しいガス発電所は有効な過渡的解決策となる。その場合に重要になるのが、20～30年の一時的な過渡期における対策である。

もちろん多くの工業先進国と新興国がより多くの「再生可能エネルギー＋新しいガス発電所」の方程式に基づいてエネルギー転換を実現しようとすれば、たしかに中期的には一定のガス価格の上昇が生じるだろう。主要なガス供給国にとってそれは発展の利益になろう。ここには世界経済における経済的な重点移動がある。つまり、在来型の石油供給諸国は重要性を失うかもしれない。片やガスと石油をバランスよくたくさん供給する国は利益を得るかもしれない。船舶で容易に輸送可能な液化ガス（２０２０年には世界のガス市場における割合はおよそ15％になるだろう）が世界的に利用されれば、ガス市場は中期的に相当変動する可能性がある。あらゆる地域圏市場で石油との競争が激化し、ガス価格は石油価格から大幅に切り離されるかもしれない。もしドイツがガス発電所の増設によってガスの比重を大きくしたとすれば、当然供給国のロシアへの依存度が高まる。ロシアは２０１１年夏以来、北側パイプラインを通じて、ヨーロッパ連合ガス市場でより強い地位をつくり上げている。しかし、ロシアをはじめ世界の主要なガス供給国（ノルウェーを除いて）で安定した民主主義的制度が確立されていない以上、ガス輸入国にとってはたしかに政治的危険性が生じる。

ドイツがエネルギー転換において特殊な道（単独の転換政策）に固執することには、どれほど大きな危険性が伴うのか。それはまず、ヨーロッパ連合諸国における国内的・国際的議論の発展の問題に関わってくるだろう。専門家フォーラムやメディアでの議論がどうなるかといった問題だけでなく、部分的には国際的に組織されている教会や労働組合といった影響力の大きな集団がどのような立場を採るかといった問題も含まれる。これに関してメルケル首相が設置した倫理委員会「安全なエネルギー供給」（２０１１年）による言明が注目に値する。この委員会は（1次報告草案で）、２０２1年もしくはそれ以前に核エネルギーから脱却することを勧告し、とくにエネルギー効率化の向上の手段として建物のエネルギー的近代化と熱電併給の強化を掲げている。ヨーロッパ連合諸国内を見渡せば、教会や労働組合の代表者の多くはたしかに核発電に懐疑的であるように思われるが、東ヨーロッパのカトリック国に目をやると、明らかにこれには当てはまらない。ポーランドは、核発電に乗り出す人々が大多数を占める国に数えられる。ポーランドの指導的な政治家は依然として、核発電の断念が成長の喪失を意味すると恐れている。たとえそれがポーランドにおいては正しい答だとしても、それでも合理的な全体的把握によって核電力経済の顕著な危険性を分析しなければならない。ヨーロッパ連合内の各国の立場がどうであろうと、エネルギー転換に関する広範な公開討論は確実に有益であり、民主主義の点で無条件に必要なものなのだ。

だが次のような疑問も提起される。ドイツはエネルギー転換という主題を、いったいどの程度ヨーロッパ連合水準の全政治領域に引き入れようとしているのか。ヨーロッパ連合内のある国々にとってもっと重要なのは、構造基金政策（とりわけ貧しい地域への援助資金）である場合もあれば、技術革新用の資金や農業支出である場合もある。これについてはつねにドイツ政府の側でエネルギー転換の戦略的目標に算入しておかなければならない。

ヨーロッパ連合諸国の緑のエネルギー市場ではどこでも、企業間の競争における共通の戦略的利害がある。たとえば指導的なタービン製造業者はドイツ、デンマーク、イギリス、フランス、オランダ、スペインの各国に存在しているが、その共通した拡張の利害は各国間の政治的共同作業をしやすくする。ここにはドイツ政府にとって重要な、協調政策の可能性がある。

ドイツ諸州の国際的な共同作業レベル（たとえばバーデン・ヴュルテンベルク州とフランスやスイスの諸地域との協調、あるいはノルトライン・ヴェストファーレン州とオランダ（核電力国）やベルギー（同じく核電力国）との協調を考えてみればよい）でも照応した明確な協調政策を設定できるだろう。これらは再生可能エネルギー領域におけるプロジェクトの促進や、核電力からの脱却にたいする刺激となる。

以下の章では、まず核経済の根本的な問題を整理した上で、最終章に当たる「第8章」と「まとめ」では脱却と転換のパースペクティブを、ドイツの特殊な道の問題および国際的な転換の連合の可能性に関する問題を含めて考察する。そこで明白になるように、脱却と転換の問題は世界に共通する重大な問題ではあるが、同時に多くの国々が強調し、転換を同じ時期に軌道に乗せる（たとえ適応の速度は個々別々だとしても）たくさんの経済的・政治的出発点がある。その協調の可能性は、ヨーロッパ連合水準でも国連水準でも活動できるような国際的倫理委員会の設置から、ドイツを推進役とする積極的なヨーロッパ連合イニシアティブの形成まで広がる。現在、独仏の政治的な共同作業を見れば問題がないわけではないことは明らかだし、ましてやポーランドは最初の核電建設を計画中で、その際フランスの援助を頼りにしている（フランスの核産業は、核電力の拡張を明らかに制約する福島の事故以後、外国への拡張に特別な関心を寄せている）。しかし、ヨーロッパ連合自身は、ヨーロッパ委員会の下でドイツの助言を得た「目標20：20：20」を定め（２００９年）〔本書２０３頁訳注＊参照〕、２０２０年までのエネルギー・ミックスで再生可能エネルギーの割合20％以上、１９９０年比ないし準拠シナリオ比で二酸化炭素排出量の20％削減、エネルギー効率化の20％向上という最低目標値を設定した。２０２５〜２０３０年を見れば、さらに野心的な目標を共同で設定できるだろう。多くのヨーロッパ連合諸国が採用している国民的エネルギー政策の間違いを軌道修正できるかどうか、これを見なければならない。ヨーロッパ連合が長期にわたり温存してきた不明確な政策的志向は克服できる。国家負債を背景にした新たなナショナリズムが脅威となるこの時代、エネルギー転換のプロジェクトはヨーロッパ連合の共通利害をはっきりと定めることができる。ヨーロッパ委員会は気候行動計画や二酸化炭素最小排出社会の発展地図によって、２０５０年までの、より多くの持続可能性の目標値にたいして重要な刺激を与えた。すなわち、２０１１年に提起された「エネルギー行程表２０５０」によって野心的な目標ないしシナリオを提案した。それによれば、再生可能エネルギーの割合は、最終総エネルギー消費で２０１０年の10％から２０５０年には最低55％まで上昇するが、それと同時にエネルギー費用も増大する。

第2章 生産の基盤としてのエネルギー、抗争の場としての核電力

エネルギーはすべての生産領域、生活領域にとって不可欠の要素であり、あらゆる部門の価値創造にとって資本、労働、技術知と並ぶ不可欠の要因である。電力はコンセントからくるが、それは見かけだけにすぎない。つまり電力は、石炭やガス、太陽光や風力といったエネルギー源の投入によって生産され、顧客（何百万もの家計と企業）に提供される。奇妙なことに、この電力は、多くのヨーロッパ連合諸国においてはきわめて異なる費用で、しかもしばしば自称廉価な核電力によって賄われている。福島核電の重大事故は、世界中で核電力の費用と危険性、利用に関する論争に改めて疑念を呈し、すべての人にたいしてこの論争の論拠を厳しく問いただすものとなっている。それは見かけ上でしか有利にすぎない核電力の費用計算にも当てはまり、福島の事故を機にその真の費用が糸口として把握されはじめている。核発電は、故障せず危険性もなく、他の発電に比べて費用が安いとされているが、何千年も安全に処理すべき核廃棄物の高額費用を度外視しても、一度事故が起きれば、当該企業にとっても社会にとっても費用を刻む時限爆弾となる。社会というより国家が巨大な危害をカバーしなければならない。現在の核施設

は、スーパー・ガウでおよそ60億ユーロの損害に値し、建設費用の１０００倍となる。また、放出されるプルトニウムという遺産は、2万４０００年以上にわたって後続世代の負担となる。この年限は、２０１０年初頭、世界の約４００基の核炉の一部で利用されている混合酸化物燃料に含まれるプルトニウムの半減期を指す。この年限ではじめて放射能は現在の半分に弱まるが、それでも依然として致命的な毒性は残るだろう。ひとたび事故が起これば、私たち地球の利用者の半分がその地に住めなくなるかもしれない〔原書49頁の下から10〜12行目は、ヴェルフェンスにより削除〕。

長いこと安価で安全と宣伝されてきた核発電とそのロビーは、ドイツとヨーロッパで強い圧力にさらされている。２０１１年3月24日付けの「商業新聞」は一面で、核エネルギーの真の費用と題する記事を公表した。第１段の本文はこうだ。「昨年夏、ライン・ヴェストファーレン・エネルギー社の代表、ユルゲン・グロースマンは語った、『核エネルギーは清潔で安価で安全だ』と」。当時彼はエーオン社、ヴァッテンファル社、バーデン・ヴュルテンベルク・エネルギー社の同僚と一緒に、ドイツの12核電〔当時運転可能な核炉数は17基〕の稼働期間延長の宣伝をしていた。だが、安価な核電力のメッセージは、通常の運転の場合だけであって、日本の福島核電の破局は、核エネルギーの真の費用を白日の下にさらした。現在、核電事業者の東京電力は、概算で１７４億ユーロ〔約2兆円〕の債権を日本銀行に要請しなければならなくなっている。しかもチェルノブイリの核電事故の経験からすると、この額は頭金にしかすぎない。世界の保険会社が何年も前から核電の保険を拒否しているのはそのためだ。保険者としてそのような危険性を引き受けることには「責任がもてない」と、ミュンヘン再保険会社（世界最大の再保険会社）の責任者ニコラウス・フォン・ボンハルトは言う。だから、本書の共著者パウル・ヴェルフェンスは、エネルギー経済界における価格計算の不充分さを指摘する――「核電が『完全な賠償義務保険を購入する義務』を負うとしたら、核電力に競争力はない」（「商業新聞」への寄稿）。

「核電費用の真実」というテーマは、「商業新聞」から「シュピーゲル」誌までメディアを駆け巡り、テレビとインターネット上で議論された。しかしその根拠とされたのは、ミュンスターの経済学者、ハンス‐ユルゲン・エヴアースとクラウス・レニングスがすでに1991年に公表していたものである（エヴァース／レニングス 1991）―これは、エヴァースが1980年代末から取り組んできた考察に基づいている。ドイツ政府はプログノス社〔ドイツの経済・政治・社会コンサルティング会社〕の鑑定書を経由して彼らの研究改訂版（エヴァース／レニングス 1992）を1992年に入手したが、内閣のなかでもみ消されてしまった。当時それは公表されず、単純で重要な「不都合な真実」として抑圧されてしまったのだ。当時核炉1基当たり5億ユーロの賠償義務保険がかけられていたが、これはエヴァースらが見積もったスーパー・ガウ時の費用に比べて、不条理なほど低額の保険だった〔本書112頁以降参照〕。日本、ドイツ、スイスの核電事業者は続く20年間、無制限額の責任を自分たちは負っていると強調し続けたが、それは重大事故の場合には似非責任なのだ。福島のような事故は核電事業者をすぐに破産の淵に追いやる。事実上事業者は最低限の責任しか負えないのであり、それは世界中の400基の核炉すべてに当てはまる。小さな危険性という意味で「残余の危険性」は核電事業者が負い、スーパー・ガウ時の本当の「残余の危険性」全部は国家が負うのである。ヨーロッパ連合内でこれが意味するのは、電力域内市場が核電力によって、途方もなく歪められた競争のなかで操作されているということだ。だから、市場経済で高く評価されるこの競争では、最大の成果も、最高の豊かさも生み出せない。ところが、危険性の少ない代替的発電が市場から追放されるのにたいして、核電事業者の方はヨーロッパ連合の助成監視と政治によって妨害されることもなく、「隠れた補助金」のおかげで見事に繁栄し、一種の投機的マネージメントに徹している。核電は通常の状態で稼働しているかぎり高利益を得る。しかし、重大事故あるいはスーパー・ガウが発生すると、その土地を追われた何千人、何百万人もの人々にたいして実際の損害賠償を負うのは国家である。福島核電の半径20キロメートル以内の避難地域は、50～100年間、人が住めなくなる可能性がある〔ママ〕。晩発性ガンによる死者の数は数百人になるかもしれない。日本経済の生産の攪乱、あるいは日本の海洋と自然の汚染は数十億ユーロの損害を引き起こすかもしれない。これが安価で安全な核電力というテーマに関する記憶すべき貸借対照表なのだ。分析的視点からはまず、核電力経済は危険度の高い投機活動の特別な隙間に数えられる。当然の結果とも言えようが、核電力経済とその管理の特殊なメカニズムは、環大西洋銀行危機を思い出させる。そこでは巨大銀行の計算書が、膨大な億単位の請求書の形で納税者に先送りされた—そして多くの工業先進国の国家債務危機がこれに続いた。いずれにせよ核電力は、競争と調和する経済的な発電形態ではない。福島の地震、津波、核炉事故の損害計算書は、日本の高い国家債務をさらに極度な額にするかもしれない。日本経済の転落は、たとえ短期的には復興政策による景気拡大が期待できるとしても、中期的には排除できない。

２０１０年9月、ドイツ政府は核電力を増やす軌道転換を行った（8〜15年の稼働期間延長）。主な理由は、再生可能エネルギーの未来への「架け橋」になるためである。その代わり、核電事業者は再生可能エネルギーを助成する基金のために追加的費用を負担するとされた。これにたいしてポツダムの「マルク・ブランデンブルク一般新聞」が同年9月8日付けで次の大見出しを掲げて登場する。「核電は投資を危険にさらす。自治体の電力供給業者は平均12年の稼働期間延長の結果として、自分たちへの投資が45億ユーロ少なくなるだろうと予想した」—ともかく都市公社連合（８ＫＵ）代表のアルバート・フィルバートはそのように算定した。すると今度は巨大電力コンツェルンがこう応酬する。「自分たちは電力網利用の点で、中小電力企業と比較してより効率的だ（社会基盤・通信サービス科学研究所の研究による）」、と。たしかに過去においては巨大技術による石炭電力化と核エネルギーによって電力コンツェルンには費用上の利点（外部費用を度外視すれば）があったが、自治体の電力供給業者と巨大電力コンツェルンを比較する場合には、次の側面も見なければならない。つまり、比較的小さな供給業者はたとえば熱電併給施設によって地域圏の顧客の電力・熱・蒸気といった要望に応えているが、電力市場においては比較的低い割合しか占めていないからこそ、巨大コンツェルンより小さな市場権力でも事業が可能だということである。だから、自治体の供給業者は強まる競争の下でも、賢明な経営で多くの巨大コンツェルンよりも低い価格を維持しているのだ。これに加えて、エネルギー効率化と再生可能エネルギーの促進に関しても、これらの分散的な自治体企業は以前からつねに、より革新的なプレーヤーだった（第7章も参照）。

ドイツ政府は福島の事故後すぐに、稼働期間延長に代えて安全性検証のために〔全核電を〕３ヶ月間の一時停止とし、この間に7基のもっとも古い核炉を即時停止とした（もう1基の古いクリュンメルの核炉は故障でいずれにせよ停止していたが、同様にすぐに接続を絶たれた）。その結果、一時的に主としてフランスとチェコ（両国は核電力の割合が高い）からの電力輸入が増えることになった。これは7基の核炉の停止による時間単位ないし日数単位の動きにすぎず、エネルギー経済つまり再生可能エネルギーに向かうエネルギー転換という長期的で戦略的な方向につながることはなかった。

電力、熱、プロセス蒸気、交通燃料といったエネルギー形態は現代の工業社会では生産、輸送、暖房にとって広範囲にわたって[1]不可欠である。もちろんエネルギー投入は他の生産要因（たとえば効率化技術、組織の最適化、作業方法の変更）によっても部分的には代替できる。エネルギー生産の構造は、一方では生産費用に、他方では排出ないし気候変動に影響する。気候変動を制限するためには温室効果ガスを制限しなければならないが、これは二酸化炭素あるいは温室効果ガスの少ないエネルギー・ミックスを必要とする。ヨーロッパ連合では２０２０年までに二酸化炭素の排出を20％削減し、再生可能エネルギーの割合を20％にまで高めることに政治的に合意した。簡潔な「目標20：20：20」の定式が成立したのだ。さらに、２０２０年までの二酸化炭素排出30％減も活発に議論されている。多くのヨーロッパ連合諸国では削減の公約で、次のような思惑が重要な役割を果たしている。すなわち、温室効果ガスの排出を制限するために、二酸化炭素を（ほぼ）排出しない核発電を、重要で確実な糸口にするという思惑だ。日本とアメリカ、いくつかの新興国は国連水準で二酸化炭素排出削減の公約をしたが、それは国内の核発電拡張計画に基づいている。

（1）「広範囲」という意味は、たとえば「プラス®エネルギー」〔消費する以上のエネルギーを生産する構造体〕建物では全体として、エネルギー的に最善の建物が消費するよりもたくさんのエネルギーを（たとえば太陽光発電によって）生産できるということだ。

ドイツでは2000年にシュレーダー首相の下で、赤・緑政権〔社会民主党と同盟90／緑の党〕が核電力コンツェルンといわゆる「核合意」に達したが、それはおよそ2024年までに核エネルギーからの脱却を想定していた。本質的に反核電政党として誕生した緑の党がこの契約を政治的に共に担ったという事実は、核電力のテーマをめぐる鋭い対立が社会のなかで克服されたことのしるしと見なされた。しかし、多大な政治的尽力によって達成されたこの歴史的な核合意を、メルケル首相の下、黒・黄政権〔キリスト教民主／社会同盟と自由民主党〕は取り消した。同政権が成立させた第11次改訂新核法は、元々の核合意に比べて残余電力量を69％増やし、最後の核電停止時期を2040年頃としたのだ。メルケル政権は前政権の核合意を、核電力コンツェルンに有利な取り決めに変更した。だが、福島の事故後、この政策変更が改めて疑問視されることになる。第11次改訂新核法の性格をその規定とともにより詳しく見ておく必要がある。というのは、いわゆる核電力コンツェルンの自発的な税の前納によって、ある特別な要素が含まれることになるからである（これにたいして個々の納税者は、その前納によって自治体、州、ドイツ政府から合法的に優遇されることはない）。(2)

・国家の特別収入がある。というのは、核燃料税が課されるからだが、1グラムの核燃料当たり145ユーロの収入となる。税収は一般的な家計強化〔低所得者保護〕に使われる。

・エネルギー効率化と気候保護の措置を助成する基金がある。2011年と2012年にはそれぞれ3億ユーロの、2013年から2016年にはそれぞれ2億ユーロの核電力コンツェルンによる自発的な前納からエネルギー効率化と気候保護用特別国家基金が支出される。2017年からはいわゆる利得調整支払いが核電力コンツェルンにより自発的に導入され、しかも核電力コンツェルンはメガワット時当たり9ユーロを支払い、これについてはさらにエネルギー効率化と気候保護の措置に融資されることになっている。2017年から2022年の期間には以前の前納が算入される。それによって政府は核電力の危険性を比較的長期間甘受する見返りとして、核電力産業から再生可能エネルギーの推進にたいするより多くの支払いを確実に受け取るが、これは一見しても、核電力コンツェルンの特別利得の利用としては道徳的に支持できるものではない（同じような論理でこのコンツェルンに、学校建設や開発援助のための特別基金に支出させることもできなくはないが、それはほとんどの人にはきわめて奇妙に思われるだろう。どちらの場合でもカントの絶対的命令の観点からはとても大きな疑問符が付けられる）。

右によれば、政府と核電力コンツェルン間で合意された取り決めは全体として、政府がより多くの税収を獲得するために、気候保護プロジェクトの特別基金を核電力コンツェルンに資金提供させるという結果になる。それによって政府は財政政策上恐喝される可能性が出てくる。というのは、福島の事故後に議論されたより早期の核脱却に関する費用は、自動的にドイツ政府と州の財政負担になるからだ（たとえばバーデン・ヴュルテンベルク州とバーデン・ヴュルテンベルク・エネルギー社との関係のように）。ここには合理的で経済的な論理はほとんど見られない。もし政府が気候保護措置を重要だと考えているなら、一般租税収入からこの措置に事前融資し、将来の税収増による経済全体の乗数効果に基づいて再融資できるはずだ（これについては第7章のモデル計算を参照）。ドイツの住民が核電事業者から気候保護基金として数十億ユーロを追加的に得るためだけに、けっして低くはない核発電の危険の可能性に15年間もさらされることは必要ではないし、そもそもその基金は最終的には電力価格の上昇によって家計に転嫁されるのだ。もし核事故の際の賠償義務が孕む危険性（これは事実上国家が引き受ける）の内実を真剣にとらえるのであれば、核燃料税というものは疑いもなく稼働期間延長とは完全に独立して検討すべきである。も

（2）ドイツ経済コンサルタント連盟（2011）も参照。稼働期間延長では「残余電力量」が改めて合意されたので、1基の核炉が実際に何年間稼働するかは、その核炉の実際の年当たり生産量（計画内外の停止を考慮して）次第となる。これだと２０４０年を超える可能性がある。

ちろん核燃料税がそのような目的のためのものならば、その税は規定の何倍もの額に設定されるべきであっただろう。

業績競争と経済計算の合理性に基づく社会的リベラリズムの市場経済理解に従えば、とうに10年も前から核電事業者には完全な責任を要求しなければならなかったはずである。後で示すように、ともあれ何人かの経済学者はこの方向で議論してきた。だが、まさに市場リベラリズムの政治的代表者たちは、ドイツの核電力コンツェルンに完全賠償責任の要求を掲げることはなかった。明らかに見え透いた理由からだ。これは経済的観点から見て合理的でもなければ、政治的信頼にも値しない。

重要産業部門がもつ市場経済の根本原理を失効させるには、その部門が重大な問題に入り込んでいることを示さなければならない。電力部門にも増して同じことが金融部門や銀行部門にも当てはまる—２００８年秋、世界経済はまさに「炉心溶融」すれすれの傷を負ったのだから。周知のように、（多くの工業先進国で、合わせて価値創造のおよそ10％を占める）両部門にたいする誤った刺激、矛盾した価格形成要素は、都合の悪い条件下に陥った際には長期的に市場経済の終焉に至りうる。したがって、その政治的帰結を分析し議論することは充分時間をかけるに値する。この視点は自然との関わり方に関する批判的論考にも事欠かない（たとえばフォン・ヴァイツゼッカー 1992、ヴェルツァー／ヴィーガント 2011）。

福島の核事故以後、ドイツやヨーロッパ連合諸国、あるいはアメリカや日本、その他多くの国々で改めて核発電の費用、利益、危険性の問題が提起されている。ドイツ政府は、第11次改訂新核法に蓋をするために全核電の３ヶ月間一時停止措置を決定したが、その一時停止の手続き（したがって法律執行の中断）は奇妙であって、裁判所で再検証されることになるだろう。しかも政府は、核電事業者に核電の安全性についての特別な検証〔耐性検査（ストレステスト）〕を３ヶ月以内に行うよう命じたが、これは核電をもつ州との連携がなければ不可能である。とりわけ航空機によるテロ攻撃にたいする安全性（これに関しては内々にすでに長い間分析されてきたことがよく知られている）が検証されなければならず、またサイバー攻撃、つまりハッカーによる核電のコンピューターの制御中枢への攻撃にたいする安全性も検証されなければならない。ハイジャックされたボーイング７４７あるいはエアバスＡ３４０によるテロ攻撃にドイツの核電が耐えられるかどうかについては従来から検証されてきたが、比較的古い核炉についてはその結果はきわめて悪い。この課題は依然として安全性の検証問題で一定の正当性をもっているだろう。しかし、もっと重要な課題は、電力網の安定性を危険にさらさずにどれほど早く核電から脱却できるのか、また基礎電力領域（ベースロード）（日常的な継続運転領域）で稼働してきた核電を永続的に停止・切断するためにどの程度の投資および安定化措置が必要なのかということである。

日本の人々にきわめて深い悲しみをもたらした福島の事故の風下で、ドイツでは著しい政治的な変化が生まれていた。原子力州（Atomkraft-Land）のバーデン・ヴュルテンベルクにおいて、２０１１年3月末にドイツではじめて緑・赤の多数派が州議会を占め、緑の党から州首相が誕生したのだ。これにより、１９６０年代に何人かの専門家と多くの産業代表が約束した夢、安価で安全な核電力をあり余るほど生産できるという夢には政治的に大きな疑問符が付けられることになった。もちろんこの政治的疑問符には、無数の経済的疑念が続く。核発電の費用ないし危険性はこれまで正しく計算されてこなかったからである。核電力コンツェルンの費用計算面でも、また幾多の省庁の費用・便益計算面でも確実にそうだ。それに加えて、福島の事故を通じて多くの政治家、企業責任者、市民がはじめて理解したように、核電は冷却用の継続的電力供給がなければ、ボタンの一押しで簡単に停止できるものではないのだ。もし核炉内と（使用済み核燃料）冷却プール内の燃料棒がきちんと間断なく冷却されなければ、炉心溶融が起こり、放射性物質の崩壊過程はさらに何ヶ月も続く。そのときに発生する摂氏２０００度以上の高熱は、炉心を溶かしながら放射能物質を環境中に放出させる可能性がある。核炉建屋の覆いが空中に吹き飛び、空気、水、大地が放射性物質によってひどく汚染される可能性がある。労働者、地域住民、（風向によっては）遠くの住民も身体、生命、財産に深刻な危害を被る可能性がある。福島の事故は風向きが好都合だったおかげで、３５００万人

〔ママ〕が住む首都東京では大パニックを引き起こさずに済んだ。また、アメリカ市民を乗せたクルーズ船が事故当時付近を航行していなかったことの意味を考慮するなら（もし航行していたなら、放射能に汚染された旅行客による何十億もの損害賠償訴訟が起こされ、それは確実に核電力コンツェルンである東京電力の終焉を意味し、加えて日米関係の重大な負荷を意味していたであろう）、風向きの結果も皮肉には聞こえないだろう。福島の核事故は実際よりもはるかに悪い経過をたどっていた可能性があるのだ。地震と津波が核電を襲ったとき、6基の核炉のうち2基が偶然運転を停止していたことも忘れてはならない。資源に乏しい日本で生じた核電事故は、ヨーロッパ、アメリカ、ロシア、中国、インドその他の核電保有国にとっても改めて根本的な問題を提起することになった。私たちの経済と社会は、元々乏しい化石エネルギー資源からではなく、尽きることのない太陽エネルギーと高効率的なエネルギー利用からしか最終的には豊かさとエネルギー安全保障は得られないという結論を引き出すことなく、核エネルギーの「残余の危険性」はけっして発生しないだろうという賭けに懸けてきたのだ。忌々しい誤りだ！

１９６０年代、工業先進国の人々は核エネルギーによって、新しい安価なエネルギー源を発見したと思い込んだ。天然ウランの埋蔵量には限界があるが、使用済み燃料を再処理できさえすれば、安価な燃料供給が続けられると考えたのである。核電の容量は１９６０年代から１９８０年代までに世界中で爆発的に増大した（１９９０年以降は新設と停止による収支全体は停滞している）。工業先進国の人々は核発電によって、巨大技術に基づくエネルギー生産という「豊穣の角」〔花・果実を盛った山羊の角で、豊かさの象徴〕を入手したと考えた。とくに石油輸出国機構（ＯＰＥＣ）の石油価格ショックが起きた１９７０年代以降、新設数が加速した。それは核発電が政治的に不安定な中東の石油供給国から一定程度独立できることをはっきりと約束するものだったからだ。フランスは西のすべての工業先進国のなかで、もっとも強力に核発電を拡張した。

核電は持続的な冷却のために膨大な量の水を必要とするので、河川や海洋に接していることが多い。日本ではすべて海岸にあり、いくつかは（福島の核炉と同様）広大な太平洋に面した東岸にあるが、それは相対的に防護を欠いたまま、設計基準を超える大津波や高波にさらされることを意味している。だが多くの専門家は、現代の核電ではその影響は何も生じえない、つまり、地震では急速停止装置が自動的に作動するし、巨大高波では6メートルの防潮壁が守ってくれると考えていた。ところが福島では4基の核炉が同時に、しかも使用済み燃料棒の入った冷却プールが一時的に制御不能に陥った。日本は地震とそれに続く津波の後、今も核電力ショックに直面している。世界は何週間にもわたって福島のドラマを眺め、東京電力という名前の核電力企業に注目した。その社長は最初の1週間、病気の診断書を書かせ、次いで悲劇の頂点に達したときには一時的に姿をくらました。

もちろん、核発電をもつ他国にたいしても、日本の災害の大きさについてどのような結論を引き出すのかを問うことができる。だが、世界の核電保有国にたいしてはもう一歩進んだ疑問も提起できる。指導的な市場経済のなかで、どういうわけで根本的に間違った核発電問題の経済計算が何十年にもわたり続けてこられたのか。どうして核電の危険性は根本的に真実以下に評価されてきたのか。たとえばドイツでは、ガウ、スーパー・ガウによる損害額が5～6兆ユーロ（ドイツの国内総生産の2・5倍）と計算されているのにたいして、どうして核電の賠償義務保険額はたった25億ユーロに設定されてきたのか。一つの車輪に賠償義務保険をかけただけでは車の運転はできない。ところが、核電事業者の場合にはそうしたミニチュア賠償義務が基準とされてきたのだ。いずれにせよ市場経済は、巨大な危険性とのまともな向き合い方をこれまで学んでこなかった。それは環大西洋銀行危機で示されたように、金融市場の危機にも当てはまる（ヴェルフェンス 2009b）。

ドイツやフランスで核電のスーパー・ガウが起きたとしよう。まずそれは、人間、植物、動物にたいして恐るべき、また長期の結果をもたらすだろう。だがそれは、ヨーロッパ政治の終わりでもあろう。ドイツまたはフランスでスーパー・ガウが起これば、ユーロないし通貨連合も終わりとなるからだ。スーパー・ガウを起こした当該国が最終的に1部保険の契約もできない核電を抱えて、想定される損害の半分だけでも何年間あるいは何十年間も貸付引き受けをしながら融資できるとは思えない。これについては後で証明しよう。ユーロ圏ではどんな種類の金融救済策も、2010年や2011年に、次いで常設の制度〔ヨーロッパ中央銀行（ECB）〕に見られたように、ドイツ、フランスのスーパー・ガウの場合には無価値となり、その結果は巨額の資本の流出、膨大な利子の高騰、あるいは高いインフレ率、経済的・政治的混迷として表れるだろう。

まだ見通しのきかない福島の事故は、政治と経済のシステム、そして日本の自然の一部に大きなストレスをかけている。この国が政治的・経済的システムとしてスーパー・ガウを生き延びられるかどうかは不明だ。いずれにせよ次のような疑問を提起できる。自称廉価な核電力の推進は、はたして本当に経済的に理解可能で合理的基礎をもっているのか、核電の設置に際してはどれほどの強引な思考が役割を演じてきたのかということである。表面的にこれほど安価な核電力はどんな場合でも、世界規模の人為的な電力低廉化を導く。これは多くの工業先進国にとってはエネルギー集約産業と製品の拡張にとって有利だ。日本の核電力計画はたしかに過剰輸出に貢献した。日本の主な輸出品はエネルギー集約的だからである。とくに鉄鋼とアルミニウム製品は何年にもわたってその度合いが高く、このことはドイツ、フランス、アメリカ、イギリス、旧ソ連／ロシアにも同じように当てはまる。世界経済の生産と輸出の構造は何十年にもわたる人為的に低廉化された核電力がなければ、現在とは異なる別の経済構造になっていただろう。核発電を根本的に見直すこと、あるいは核電力の本当の費用に視線を向けることによって、いくつかの厳しい世界経済の真理も認識することができるのである。

しかしながら、もし最終的に新しい軌道が政治的に設定されるなら、市場経済は原理的に適応能力をもつようになるが、それは現代社会においてもそうである。そこから生まれる主要な道筋は、エネルギー効率化と再生可能エネルギーの優位だ。これはいつでもどこでも同等の優先順位になるとは限らないが、包括的なエネルギー転換はどんな場合でも考慮に値し、合理的であるばかりか、とっくに行われていて然るべきものである。もちろんこれには相反する反応が必ず引き起こされる。核電事業者は、核エネルギーからの脱却では電力費用が上昇すると主張するだろう。だがこれが正しいのは表面的でしかない。核電力が安いのは一見しただけの場合であり、適正な賠償義務保険（これが本来の核電力費用の最大部分だろう）を免れているからなのだ。旧来の虚偽の費用に基づいた確認では、こう言えよう。電力取引所では最終的に最高値を付ける電力供給者が取引価格を決定する。だから、核電の停止が価格上昇を招くのは、その代わりにガス・石炭発電所を従来よりも高額の費用で稼働させざるをえない場合だけなのだ、と。だが、エネルギー転換において核電力の真の費用を基にしたときに出てくる認識は、次のようになるだろう。「陰の補助金」（適正な賠償義務保険支出を国家が肩代わりすること）によって人為的に低廉化されたエネルギー源〔核電〕は、市場で真の費用を稼げない場合には応分の理由で〔電力網から〕切断される。この場合、虚偽の費用に基づいて核電を稼働させ続ける国家があるかもしれないが、もはやそれは合理性や経済とは何の関係もない。それはイデオロギーや権力、威信思考、イチかバチかの賭け、危険性の無視によるものであって、いずれにせよ安全性にたいする政治的関心の低さとして認識されるべき事柄なのだ。

核発電の安全性の問題は、何十年にもわたってとりわけ技術的な問題と考えられてきたし、技術に充分な費用をつぎ込めば安全な核電が建設できると思われてきた。したがって、国家は核産業と結託して、またしばしば完全な国営核電という形をとり、その安全基準を設定してきた。いわゆる「残余の危険性」（自称きわめて稀な危険性なので、実践的には考慮されない）は事実上、社会に、後の世代に、納税者に先送りされてきた。しかしながら、核発電の危険性と真の費用がどれほど高いかという問題は、福島の核事故後の現在では改めて根本から提起し直さなければならない。

エネルギーの利用は工業先進国では不可欠なものとなっているが、同時に、エネルギー市場は高度に政治化されている。このきわめて高度な政治化は、多くの理由に基づいている。

・ガスや石油のような重要なエネルギー源の鉱床は、部分的には政治的に不安定な少数の国々に集中している。しかも石油供給国では石油輸出国機構の形で、供給側に極度に集中している。彼らは１９７０年代に２度にわたって石油価格を徐々に4倍化したが、これは少なくとも中期的な市場権力を意味した。タンカー船団による原油供給によって現実の世界市場価格が形成され、その結果、たとえばニューヨークの石油価格とハンブルクないしシンガポールの石油価格の間にはほんのわずかな違いしかないが、この違いは基本的に輸送費の差なのだ。

・ガス供給国でも相対的に少数の輸出国があり、これがひとまとまりになって市場占有率を高めている。主なガス輸出業者にはヨーロッパの国、スウェーデンもある。もちろんガス輸出国機構は存在しないが、供給国の側には数年来そのような考えがある。言うまでもなく、ガス価格の推移は1970年代以降ほとんどのヨーロッパの国々で石油価格と連動しているので、石油輸出国機構の市場権力（これは長期的に続く）は、間接的にガス市場にも影響を及ぼす。ガスは主としてパイプラインによって顧客に運ばれるので（たとえばヨーロッパ連合諸国やアジア）、しばしば政治的に微妙な問題、つまり通過国の問題が発生する。たとえばロシアの主なガス輸出業者ガスプロム〔天然ガス生産・供給で世界最大のロシアの半国営企業〕とウクライナとの対立の結果、西ヨーロッパの輸入業者がロシアからのガスの安定提供にやきもきするという状況が繰り返し起こった。通過料金あるいは不払いのガス費用をめぐる両国間の対立がこれまで西ヨーロッパの顧客に損害を与えることはなかったが、それでもいくつかのヨーロッパ連合諸国にはロシアのガス供給の中断にたいする恐怖がある。これは東南ヨーロッパ諸国にも当てはまり、冬季にはガス提供の停止でこれまで一時的であれ苦境に立たされたことがあった。

・経済協力開発機構諸国では核発電が地政上重要な戦略的役割を果たしている。理由としては、当然ながら核部門が軍事と潜在的に結びついていることもある。核エネルギーの平和的利用は核権力をもつアメリカ、ロシア／旧ソ連、イギリス、フランスによって何年にもわたり国際的に推進されてきた。これらの国は核発電の海外技術移転を喜んで行うと言う。それはとくに、受入当該諸国が核拡散防止条約を遵守するかそれに署名することを期待するからである。

・ドイツでは１９５０～60年代にいわゆるエネルギー不足をめぐる議論が高まったが、とくに１９６０年代には石炭価格の高騰が前面に出ていた。すでに政界では、（アメリカの技術に基づいた）供給者としてのジーメンス社と総合電機会社と一緒に、１９７０年代中期から予測されるエネルギー不足問題との関連で核炉開発が促進されるなか、核炉製造業者の輸出への関心も顕著となっていた（ラートカウ 1983 p.144以下）。また１９５７年のユーラトム（ヨーロッパ核共同体）条約の枠内で、将来の核炉輸出を志向していたアメリカとの協調もあった。産業界が核発電を推奨した理由の一つは、立地計画の点で、（石炭産出地域と結びついた）石炭発電所よりも核炉の方が弾力性があったからだ。もう一つの理由は、発電のいわゆる不変費用がとくに財政に転嫁されるような場合（当時すでに核電力の不変費用は相対的に高かった）、巨大電力企業にとっては価格のアドバンテージを期待できたからだ。エネルギー不足というテーマは、現代の政治と産業の思考における古典なのである。

遅くとも産業革命以来、エネルギーの遍在的利用は人間にとって不可欠なものとなっている。エネルギーは１次エネルギー（たとえばガス、石炭、地熱）として存在するか、電力や熱に転換された形で2次エネルギーとして存在するかのいずれかである。エネルギーは物財生産や輸送、財やサービスの消費に利用され、多くの生産領域では一種の未完成品である。だからたとえば電力は、機械や設備の稼働に投入され、もちろん職場の照明にも使われる。ドイツの加工業においては、エネルギー費用が国内総生産に占める平均的割合は８％であるが、その内アルミニウム、セメント、鉄鋼といったエネルギー集約部門は優に50～45％ないし35％である（２００８年）。製紙、非鉄金属、ガラス製造といった材料化学のエネルギー費用も20％以上を示している（フロンデル 2010）。もちろんエネルギー集約部門は、継続的なエネルギー効率化の点でとりわけ技術革新に強い部門でもある。１９９０年から２００

8年までの生産単位当たりエネルギー消費の削減は、セメントと鉄鋼で80%以上、製紙、非鉄金属、ガラスで優に70%、化学部門で優に60%である。ロシアと中国のエネルギー投入は、製鉄部門ではドイツより明らかに多いため（中国は2倍、ロシアは3倍）、ドイツの企業はこの部門をはじめとするエネルギー集約的な部門で、強力な技術革新力を発揮しなければならなかった（たしかに、時間の経過とともに上昇するエネルギー価格、品質、技術革新の厳しい競争にも駆り立てられた）。

核電のルネッサンスは、21世紀初頭以来の地球温暖化と二酸化炭素排出の問題をめぐる論争が激化するにつれ、一定の有利さを保つように見える。フォス（1997 p.71）は風力エネルギー、太陽光発電、石炭、核エネルギーの比較分析において二酸化硫黄、窒素酸化物、塵埃、二酸化炭素に関する重要な数字を提示した（巻末資料3参照）。これらのエネルギー源のうちで周辺のプロセス網を考慮すれば、風力エネルギーの二酸化炭素排出量は、たとえば核エネルギーのそれと比較できる。というのも、核電力の少なくとも直接的な二酸化炭素排出は相対的に少ないからだ。しかし、核発電がまさに二酸化炭素ゼロのエネルギー生産に他ならないという核電力支持者の論拠は、いくらか奇妙な感じがする。また、核エネルギーにはどんな危険性が伴うのか、ということについては、地球温暖化の問題に焦点を絞るこの議論は沈黙してしまう。つまり、潜在的なマイナスの外部（損害）効果（公共政策の観点から見ると、市場経済においては本来適正な賠償義務保険を通じてそれぞれの核電事業者によって償われて然るべきであろう）については一切語られなくなるのだ。しかしながら、核電の完全な賠償義務保険は存在しない。後で述べるが、スーパー・ガウにたいするドイツの実際の評価が意味するのは、想定される損害の1%すら保険によっては償われないということなのだ（いくらか単純化して言えば、自動車の運転手の場合、中型車の無制限な賠償義務保険には年間1000ユーロかかるのに、10ユーロの保険料で済ませるということである。これは間接的には990ユーロの「自家用車補助金」すなわち「隠れた補助金」に相当する）。

第1節 補助金と「陰の補助金」

市場経済における資源の割当にとって決定的なのは費用と相対価格である。代替的な目的（石油で暖房するか自動車を運転するか）にたいする資源の利用は、経済学の教科書によれば、相対的な限界費用と価格によって決まる。最善の資源投入、あるいは豊かさの喪失の歪みや逸脱が生じるのは、とくに次の二つの場合である。

・独占価格またはカルテル価格：石油問題では石油輸出国機構のカルテルがそれであり、電力の場合には発電、送電、配電の地域圏的・国家的独占の傾向が問題となる。

・マイナスの外部効果：それぞれの発電事業者によって他の経済主体（他の発電事業者や家計）に目には見えない追加費用が課され、これは生産の決定では無視される。福島の核電事故が示しているように、事故による核電力の社会的費用は、核電力コンツェルンである東京電力がそれまで提示してきた費用計算よりはるかに高い。そのために何百万人もの人々、何千という企業が、コンツェルンの投資・発電計画や価格設定でこれまで無視されてきた追加費用や損害に直面しているのだ。

「陰の補助金」の概念とその数値的応用は、専門書のなかでは自動車交通の文脈で議論されてきたが、核電力産業にも同じく顕著な「陰の補助金」が存在する（ヴェルフェンス／他 1996）。通常の補助金（税優遇や援助金）は２年毎のドイツ補助金報告書〔本書34 3頁参照〕に載せられるが、「陰の補助金」の場合には科学の専門家に数値情報を尋ねなければならない。被優遇者側には当然ながら、その額を示す誘因はない。いずれにしても核電力産業の場合には、その額はとても大きく、ドイツの核電力では発電全体のおよそ22%に上る（２０１１年）。市場の競争では通例けっしてあってはならないある特定種への優遇が、電力経済の驚くべき費用のリーダーにまで成長したのだ。だから必然的に、核電をもつ多くの国々の経済政策は、経済学教科書のイロハを何度も無視してきたと非難されることになる。ひょっとしたら最初の核電大事故に至るまで、ある程度の無知は、怪しい軌道転換を免罪する言い訳の理由と見なされるかもしれない。だが、赦される無知はすでに過去の遺物なのだ。

マイナスの外部効果ないし大気汚染の追加費用に関して言えば、温室効果ガスにたいしてヨーロッパでは物理的な量的制限（「キャップ」）と排出権取引を導入した。化石エネルギー源を燃やしたり、二酸化炭素その他のガスを放出したりする生産者（地球温暖化をもたらす生産者）は誰でも、それらの証書〔二酸化炭素排出権証書〕を提示しなければならない。つまりそれらの証書を購入するか政府からの贈り物として入手しなければならない。実際、ドイツ政府は、第1次義務期間（２００５~２００７年）にエネルギー集約部門の生産者にたいして高額の二酸化炭素排出権証書をいわば贈呈した。だがそのときの政治的過程で、贈り物として入手した証書の価格を生産者自らが引き上げたことは見過ごされた。利潤を最大化する企業（これは予想できる）としての生産者が、証書の市場価格を費用計算のなかに算入したからである（ドゥ・ブリュン 2010）。さまざまなエネルギー源による〔マイナスの外部効果という〕負荷が、直接特別な二酸化炭素量〔証書価格〕として固定されるというわけだ。

第2節 エネルギー源の二酸化炭素密度

エネルギー消費は、１次エネルギー源の種類に応じて二酸化炭素の排出と結びついている。とりわけ褐炭や石炭の二酸化炭素の排出はきわめて集約的であり、生産された電力は発電所における燃焼過程でエネルギー単位当たり大量の排出を伴う。これにたいして核電力の二酸化炭素排出は直接的には少ない。つまり発電時の直接的排出は少ない。石油は輸送や移動の分野における重要なエネルギー源である。電気自動車やハイブリッド車は21世紀はじめ以来徐々に重要な役割を果たしているが、これらがガソリン車やディーゼル車を圧倒するまでには何十年もかかるだろうし、またそのためには明確で新しい枠組条件が必要である。どのエネルギー源をどのような目的のために投入するかの問題は、快適さおよび安全性の問題次第だが、当然各エネルギー源の相対価格にも関係してくる。さまざまなエネルギー源の価格は、国家が設定する枠組条件と市場の競争力に依存している。核発電の賠償義務保険にたいする基準もこの枠組条件に入るが、日本やドイツ、スイスをはじめ一連の核発電国では債務責任の危険性は広範に免除されている。（福島とチェルノブイリの事故のような炉心溶融を伴う）いわゆるスーパー・ガウに近い事故は「残余の危険性」として、保険会社によって現実に即して厳密に評価されているので、これには保険はかけられていない。

もしある１次エネルギー源の相対価格が時とともに下がれば、そのエネルギー源の市場占有率は上がる。だから、それぞれのエネルギー生産費用は重要な意味をもっていて、当然のことだが、経済的観点からすれば企業ないしエネルギー生産者のそれぞれの費用計算には、重要な費用がすべて含まれることになる。もちろん、（再生可能エネルギーを別にして）それぞれのエネルギー源に即した社会的追加費用に二酸化炭素の排出も数えられるとしたら、この法則は当てはまらない。二酸化炭素の排出はグローバルな地球温暖化の問題にとっては望ましいことではないから、二酸化炭素をほとんど排出しない再生可能エネルギーには社会的に特別の関心が寄せられる。エネルギー源の費用にとってさらに重要な問題は、必要とされる賠償義務保険費用とも関連しており、この費用はさまざまなエネルギー源や発電で異なっている。もしあるエネルギー源が完全な賠償義務保険なしで済むとすれば、エネルギー源の競争は相互に歪められる。

経済政策ではエネルギー供給に際して、三つの観点が強調される。

・エネルギー源の効率性ないし有利さ。エネルギー利用者の立場からは、柔軟性があり、どこでも投入できる低価格のエネルギー源が望ましい。一般的に言って、企業も家計も合理的にふるまおうとすれば、たしかに電力の比重は大きい。たとえば電力やエネルギーが安ければ、エネルギー・電力集約的な企業には誘因が働く。たとえばボーキサイトからのアルミニウム生産や鉄鋼の生産は相対的にエネルギー集約的な産業であるが、アイルランドでは地熱による安価な電力を活用できるために、アルミニウム工場を招致することも可能となる。

・相対的に供給物の納品において危険性が少ないという意味での安全性。ここではたとえばロシアのガス供給の不安定さが指摘されよう。この不安定さは本質的にガス通過の際に見られるロシアとウクライナの争いと関係している〔本書80頁参照〕。また、２０１２年以降ノース・ストリーム〔ロシア-ヨーロッパをつなぐ北部ガス・パイプライン〕によってロシア-ドイツ間の直結パイプラインが利用できるようになったが、ドイツ側では、ロシアのガス供給にドイツが大きく依存していることを問題視する政界からの指摘を聞くことも稀ではない。たしかに一面では、ガス購入で一定の地政的な多様化に配慮すること、つまりノルウェーやオランダ（あるいは国内の新しいガス源）からのガスに一定の役割を付与したり、タンカーによる液化ガスの購入を考慮することは合理的である。だが、自国のエネルギー資源に乏しいドイツとしては、エネルギー購入にあたってつねに商取引相手国（ないしその企業）との一定の依存関係を保持する必要がある。逆に、多くの商取引相手国（ないしその企業）もドイツの納品者に強く依存している。機械製造や施設建設を考えてみるだけでよい。

・環境との調和。ここではとくに、個々のエネルギー源ごとに異なる二酸化炭素の排出問題が重要だ。二酸化炭素の排出が多くなればなるほど、それだけ地球温暖化への寄与はますます大きくなる。ドイツ政府は２０１０年９月に「エネルギー計画」を公表したが、それによると２０５０年までに二酸化炭素の排出は、少なくとも80％削減されるとされている。ヨーロッパ連合は、２０２０年までに再生可能エネルギーの割合を平均20％まで高める。このきわめて野心的なヨーロッパ連合の平均値は、電力を包括するだけでなく、熱と交通燃料も含んでいる。構成員諸国とヨーロッパ委員会は、スマート・グリッドの支持を示唆したが、これによって24時間サイクルでより弾力的な電力利用が可能となる。同時に一時的に過剰となった再生可能エネルギー源による電力のよりよい蓄蔵にも焦点が合わされる。つまり、風の強い暑い日には、バイオマス、地熱ないし地中熱、風力を連結した電力で、あるいは基礎電力発電所（ほとんどの場合、石炭火力発電所ないし核電）と連結した太陽光で、日中の電力量が過剰になるかもしれないからだ。

１９９０年代以来、政治の側が促進してきた再生可能エネルギーは、次のようなエネルギー源からなっている。

・風力
・太陽光
・水力

・地熱
・バイオマス（固体、液体、ガス状）
・波力と潮力

再生可能エネルギーには、ほとんど二酸化炭素を排出しないという大きな利点がある。これはグローバルな温暖化あるいは気候問題という長期的な課題に直面している現在、重要な側面である。もちろんバイオマスの場合には二酸化窒素やメタンといった別の温室効果ガスを考慮しなければならない。たとえば水力発電所は何十年にもわたって確固とした電力供給の構成部分であるのにたいして、風力や太陽光、地熱、バイオガスは現代の工業先進社会において比較的若いエネルギー源である。風車は、世界の多くの場所で見られるように、歴史的には古いエネルギー源だが、現代の風力発電施設の集積と規模は、たとえばロマンチックなオランダの風車と違って明らかに景観に影響を及ぼしている。

多大なエネルギーを産出する風力発電施設は、風の強い地域や海上（オフショア）ないし海岸近くにあるため、ほとんどいつでも相当の風に恵まれている。北海とバルト海の施設は年4000時間の利用によってかなりの生産量に達し、ドイツでは優に50ほど認可されている海上施設プロジェクトのうち、27が2011年はじめに稼働した。2008~2009年の環大西洋銀行危機（ヴェルフェンス 2009b）時に発生した融資問題は2011年には一応の終息を見たと言ってよく、比較的小さな、多くの先駆的風力発電施設は巨大エネルギー・コンツェルンによって買い占められた。ドイツの電力コンツェルンはイギリスでも海岸に近い風力発電パークで活発に活動している。風車は、近隣に多少の音響を出す上に、景観の「悪化」の面で批判が強まっている。批判にたいしては手続きの透明性によって、充分な根拠をもつ優先地域や自然保護地域を指定しなければならないし、それぞれの立地地域がそこからどのような経済的利益を引き出せるかといった問題にも応答できることが重要である。風力エネルギーには太陽光エネルギーと同様、継続的に利用できないという不利な点がある。しかし同時に、この二つのエネルギー形態は、（部分的には依然としてかなりの）資本金によってあらかじめ融資しなければならないとしても、後には費用なしで自然エネルギーを供給できるという利点をもっている。

気候変動と京都議定書

京都議定書は気候変動枠組条約が締結された１９９２年の国連環境開発会議（リオ会議）をきっかけに、１９９７年12月11日に同条約第３回締約国会議（京都会議）で採択され、２００５年２月16日に発効した（充分な数の構成国が署名した後で）。ただし、アメリカは署名しなかった。これによって国連の気候変動枠組条約は仕上がり、およそ１５０の国々〔現在、約一九〇ヶ国〕が、二酸化炭素その他の温室効果ガスの排出削減義務に関する同議定書を批准した。議定書では工業先進国による温室効果ガスの排出に国際法上拘束力のある基準が設定され、当該国は一定量の削減目標を引き受けることになった。２００８～２０１２年の第１約束期間内に、１９９０年比で温室効果ガスの排出を全体で５・２％削減するというものである。２０１３年から２０２０年の第２約束期間については、当初の予定とは異なり、２００９年12月の第15回締約国会議（コペンハーゲン会議）で決定されたが、アメリカはこの決定を承認することも頑なに拒否し、中国も拒絶し続けた。中国は、もし明確な温室効果ガス削減が決定されたり相応の受諾がなされたりしたら、自国が積み上げてきた高成長のダイナミズムが弱められると恐れた。中国では毎年多数の石炭火力発電所が新設されているため、もし二酸化炭素分離戦略（回収・貯留戦略）が導入されると、発電費用は大幅に高騰するだろう。こうして２０１０年11～12月の第16回締約国会議（メキシコ・カンクン会議）では、グローバルな気候変動にたいする新合意はわずかの進展しか見なかった*〔91頁〕（詳細についてはシュテルク 2011参照）。

二酸化炭素、メタン、オゾン、二酸化窒素、フロンガスが大気中に大量に排出されると、地球の長波放熱がそのまま吸収され、その結果、気候は温暖化する。植物や樹木は二酸化炭素を固定するから、バイオマスが燃焼しても、かつて大気から同化した二酸化炭素しか再放出しない。しかし、工業化以来、工業先進国が化石燃料の燃焼によって大量の二酸化炭素を大気中に放出してきたため、二酸化炭素濃度は工業化が始まった当初の２８０ｐｐｍから現在（２０１１年はじめ）ではおよそ３９０ｐｐｍにまで上昇した。排出された二酸化炭素が対流圏（地上から約10キロメートルの高度）に広く拡散するまでには大体12ヶ月かかる。そのおよそ半分は海に吸収されるが、他の半分は何年も大気中に留まるのである。ヴァークナー（2007 p.180）は、２００５年に地球上で79億トンの石炭が燃焼されたと指摘しており、これはおよそ２９０億トンの二酸化炭素が大気中に排出されたことを意味する。１９９５年における地球上の二酸化炭素排出は２３０億トンだったから、依然として排出は年々増えていることになる。国連の予測によれば、世界の人口は少なくとも２０５０年までは増加し、世界の経済成長によって地球上の二酸化炭素の排出も増加する。

さて、二酸化炭素の排出は個々のエネルギー源ごとに異なる（ヴァークナー 2007 p.1982)。

・天然ガスは立方メートル当たり１・８キログラムで、相対的に少ない。これは発熱量ギガジュール〔＝１００メガジュール。本書２１３頁図７の注を参照〕当たり58キログラムに相当する。
・石油はリットル当たり２・３〜２・７キログラムで、これは発熱量ギガジュール当たり72〜75キログラムに相当する。
・石炭はキログラム当たり２・７キログラムで、これは発熱量ギガジュール当たり93キログラムに相当する。
・褐炭はキログラム当たり３・１キログラムで、これは発熱量ギガジュール当たり１０９キログラムに相当する。

ヴァークナーは、ドイツの電力による二酸化炭素排出の平均値としてキロワット時当たり０・65キログラムを挙げているが（2007）、これは明らかに石炭電力のキロワット時当たり０・82キログラムより少ない。総発電量のおよそ20％を占める核電力の発電時の二酸化炭素排出は相対的に少ない。このことは、再生可能エネルギー源の電力にはいっそう当てはまり、ドイツでの２０１１年の総発電量に占めるその割合は、17％になるだろう。

二酸化炭素排出の測定値は１９５８年に３１５ｐｐｍだったが、２００４年には３８０ｐｐｍとなった（大気中の体積比０・０３８）。大気圏中の二酸化炭素濃度が上昇すると、大地の表面温度が上がる。アメリカとオーストラリアが署名しなかった京都議定書では、ロシアと日本を含む西側工業先進国の二酸化炭素排出量を基準年の１９９０年比で（２００８〜２０１２年の第１約束期間内に）各国の割当量に従って削減しなければならないと定めている。ドイツは25％の削減義務を引き受けたが、ドイツにはこの削減量に相対的に好都合な手がかりがあった。

京都議定書は、温室効果ガスを削減するやり方として次の四つを挙げている。

・グローバルな温室効果ガスにとっては、二酸化炭素排出がどの国に由来するかは重要ではない。重要なのは、生産・消費の水準の上昇に抗してできるだけ多くの国が二酸化炭素排出を削減することだ。京都議定書は削減義務づけに当たり、署名国（開発途上国は除く）にたいして一定の柔軟性を示した。そこで重要な刺激策となったのが、ヨーロッパ連合の二酸化炭素排出権証書である。この証書の第１次発行期間中はヨーロッパ連合諸国では費用はかからなかった。*（93頁）この証書取引では、国内の削減措置を断念した場合、削減義務を負うその国は証書を追加購入することが許された。需給の相互作用で二酸化炭素排出の市場価格が決まる。つまり、二酸化炭素排出権証書の経済的利点は、あらかじめ決められた二酸化炭素排出ないし期待される二酸化

＊（89頁）　２０１５年12月に採択されたパリ協定（第21回締約国会議）は、アメリカ・中国も含めて、２０１７年現在、１１０ヶ国以上が批准している（ただし、アメリカのトランプ大統領はその後離脱を表明した）。２０２０年以降の地球温暖化対策を定めたこの協定は、地球の平均気温上昇を産業革命前に比べて２度未満に抑えると同時に、１・５度未満をめざすとしている。各国は削減目標を定めなければならない。

炭素排出の水準を、国内の企業からの、あるいは他の国からの追加購入によってできるだけ安価に達成する刺激が生まれる点にある。というのも、二酸化炭素の削減を安価にできる企業は、排出削減の課題に速やかにとりかかりつつ、過剰となった自社の証書を、他者や他国で予想される排出拡大に照らして、証書が不足するそれらの企業や国に販売できるからである。京都議定書の署名国にたいして採られたこの無料の開始措置は、主要排出国や企業（発電所、エネルギー集約産業部門）の排出量に基づいて決められた。証書が過剰になった国や企業は排出権証書を販売できるようになり、たとえばロシアは、新生ロシアにおけるシステム転換と産業の構造転換実現によって、過剰な二酸化炭素排出権証書をもつことになった。ドイツでは２６００の企業に証書が割り当てられたが、これはドイツの二酸化炭素排出量のおよそ60％分に相当する（ヴァークナー 2007 p.188）。

・いくつかの国々は一つの排出圏内グループとして連携することができる。ヨーロッパ連合諸国はこれを先駆者として行った。

・「共同実施」（ジョイント・インプリメンテーション）の導入。工業先進国の企業は他の工業先進国でも削減プロジェクトを実施でき、それによる削減の成果は実施国に課された目標基準の成果として算入できる。

・「環境と調和する開発メカニズム」（クリーン開発メカニズム）の導入。工業先進国の企業は開発途上国でも削減プロジェクトを実施でき、それによる削減の成果は工業先進国の成果として算入できる。

多くのヨーロッパ連合諸国ないしその企業は、中国を相手に「クリーン開発メカニズム」のプロジェクトを実施したが、これにたいする中国側の大きな関心は技術移転にあった。つまり、中国の望みは、「クリーン開発メカニズム」の削減プロジェクトを通じて西のノーハウを身につけることにあった。しかし、中期的にみて技術移転の効果がほんのわずかしか期待できないとすれば、中国側が国際的協働に向けた方向転換を行う可能性はほとんどないことになる。中国は京都議定書ではいかなる削減義務も引き受けなかったが、２０１０年には高い経済成長によってアメリカを抜いて最大の二酸化炭素排出国になり、しかも一人当たり二酸化炭素排出量は世界一でアメリカの４倍も多い。中国政府が経済的理由から、長期的には経済成長を資源消費や二酸化炭素排出と分離し、とくにエネルギー効率化とも分離しようという独自の利害をもっているのは確かである。この点、中国には建物のエネルギー効率化で高い水準を設定し、膨大な建築工事を推進するという特別な可能性がある。だから中国は5ヶ年計画で、世界でもっとも野心的なエネルギー効率化目標を設定したのだが、実際にはほとんど達成されていないのも事実だ。もちろん福島の核事故以前には、核発電を長期的に広範に拡張する巨大計画もあった。しかし、福島の事故後には、中国でも核エネルギーの費用と危険性をめぐる論争が生じた。

中国政府は、中国共産党の考えに従って行動する。党の側からすると、中国では今後も引き続き高い経済成長を保持することが無条件に必要である。というのも、大多数の住民の実質所得の増大が、国内の政治的安寧をもたらす偽薬だからだ。だから、安価な電力は成長の重要な潤滑剤であり、核エネルギーの拡張を断念することはとうてい受け入れがたい。中国の代替策は、経済と家計の電力不足をもっと多くの石炭火力発電所建設でカバーすることだろうが、これは大量の二酸化炭素を大気中に放出し、気候変動の課題では中国のバランスシートを破壊してしまう。もちろん中国では国内の水力・風力エネルギー、太陽光電力、バイオマスの拡張を促進することも決定しているが、再生可能エネルギー拡張の課題は、けっして優先されていない。だが、福島の後では事態は違った風になる可能性がある。しかも、もしヨーロッパ連合やアメリカとの間で再生可能エネルギーの技術革新において連携協定が結ばれれば、いっそう変化が生じるかもしれない。中国はある重大な理由から、ヨーロッパ連合やアメリカより

＊（91頁）　２００５～２００７年、各国が証書を無償で企業等に割り当てた。２００８年から一部有償割当ても導入され、２０１３年からは上限枠（キャップ）が設定された。

ももっと強力に持続可能なエネルギー経済を志向している。というのは、共産党指導部にたいして中国科学院〔2009年、上海に電気自動車研究開発センターを設立〕が21世紀初頭、旧態依然とした内燃エンジン（ディーゼル・エンジン、オットー・ディーゼル・エンジン）の分野でヨーロッパと日本の指導的な自動車製造業者と張り合うのはけっして賢明ではないことを勧告したからである。西側諸国と日本の優位は突出しすぎているのだ。だから、電気自動車という新しい課題にすぐさま集中することが求められた。中国で電気自動車にたいする多額の補助金が導入されたのはそのためであり、今後は効率的で安価な電力部門が決定的な役割を果たすことになるだろう。中国の党指導者は、福島の事故を経たからにはおそらく原発拡張計画の縮小を決定するだろう。北京では党内で次のように警告する声もある。福島を引き合いに出して、「ひょっとしたらある日、原発の重大事故が共産党の正当性ないし受容を激しく揺るがすかもしれない」、と。いずれにしてもドイツにとっては、再生可能エネルギーの課題で中国と協働する価値は大いにありそうだ。もし中国を原発拡張計画から撤退させ、従来以上に強力かつ急速に再生可能エネルギーの拡張計画へと向かわせることができれば、核電力経済からのドイツの脱却は、国際的な影響力をもつ注目すべき歴史的成功につながるだろう。

中国はドイツに比べて電力施設の建設の認可期間が5～10倍短いから、比較的早くエネルギー転換に取りかかれるかもしれない。中国は風力施設の分野ではたしかに特別野心的である。それは、すでに2010年にいくつかの指導的な風力施設製造業者が中国で誕生していることからも分かる。中国共産党は以前、風力地域圏の世界地図について言及したが、そこには巨大風力ファームの潜在力をもつ12の国々（しかもすべての大陸から）がリストに挙げられていた。もし中国の企業や投資家がたとえばラテンアメリカ、アフリカ、アジアで風力ファームの事業に乗り出したら、当然中国の経済的・政治的影響力は増大するだろう。アルゼンチンとチリは風力ファームにとって夢の国だ。風の強いこの南パタゴニア地域の風力エネルギーを使えば、ラテンアメリカのほぼ全域にエネルギーを供給できるだろうが、これまでアルゼンチンとチリの両国では風力ファームへの投資がなく、充分な送電線の社会基盤も欠けていた。風力エネルギーの利用で指導的な国といえば、２０１０年現在では中国、アメリカ、ドイツであり、スペイン、インド、イタリア、フランス、イギリス、カナダ、デンマーク、ポルトガル、日本、オランダ、スウェーデン、オーストリア、アイルランド、トルコ、ギリシャ、ポーランド、ブラジルがこれに続く。ドイツには世界風力エネルギー協会の本部（ボン）があり、ドイツはこの国際組織を通じてエネルギー転換に関する大量の情報を得ている。

もちろんアメリカは、伝統的な「裏庭」と呼ばれるラテンアメリカの風力・太陽光施設とその巨大な事業領域を、喜んで中国に譲りはしないだろう。アメリカ政府はラテンアメリカの新しい拡張領域を探るという戦略的な利害から、アメリカの風力・太陽光エネルギー部門の指導的な企業をフル回転させようとしている。中国はアフリカではとくにアメリカ、ヨーロッパ連合と激しい競争をするだろう。アフリカの地中海諸国南部ではドイツ、イギリス、フランス、オランダ、イタリア、スペインの各企業が活発に活動している。アメリカとヨーロッパ連合はこの地域と協働することで、再生可能エネルギーの新しいプロジェクトのために世界銀行のお金を大々的に引き出せるかもしれない。その場合に見落としてならないのは、サヘル以南〔サハラ砂漠の南部以南〕のアフリカの大部分では今も完全な電力供給がなされていない（南アフリカを除く）ということだ。

もしヨーロッパ、アメリカ、日本の企業が風力エネルギーと太陽熱の部門でアジアを援助しはじめたら、中国はけっして傍観したままではいないだろう。２０１０〜２０１１年に何回も見られたように、中国は国際的な社会基盤プロジェクトによる地域圏取引を通じて影響力を高めようとしている。たとえば、ベトナムとカンボジアを通って金融・港湾センターのシンガポールに至る、新しい鉄道網の建設を提案しており、その最初のプロジェクトは２０１５年までに決定されることになるだろう。*(96頁) 電力化された鉄道は、少なくとも福島の事故以来ドイツで行われている議論（鉄道における電力回線の送電利用とその有用さに関するもの）にとって、戦略的に二重に興味深い。すなわち、鉄道の電力回線を拡張すること、そしてその新しい経験を積極的に利用してアジア、アフリカ、ラテンアメリカでもこの部門を発展させることは、ドイツ政府とドイツ鉄道会社次第ということだ。国際的なロジスティック・コンツェルンとされるドイツ鉄道会社のこの新機軸は、核脱却とエネルギー転換によるドイツ・モデルの発展にとって特別な誘因となるだろう。

＊（95頁）　これについては２０１４年、「一帯一路」計画としてアジア太平洋経済協力（ＡＰＥＣ）首脳会議（北京）で提唱され、２０１７年にはこれを推進するために一帯一路国際協力サミットフォーラム（北京）が開催されている。

第3章 発電費用、事故の危険性、保険問題

市場経済では、企業は自己責任に基づいて行動し、価格・品質において市場競争力を確保することに努めるとともに、財・サービスの販売によって生産費用をカバーしようと努力する。その場合、市場参入障壁が低いかぎり、市場供給の競争と並んで、隠れた競争が作用する。また、プラスないしマイナスの外部費用が存在しないかぎり、正常に機能する競争では理論上豊かさの最大化が生じる。ところが、実際には市場過程が次の理由によって歪曲されている。

・まず、現在あるいは将来の排出や第三者の損害といったマイナスの外部費用によって。マイナスの外部費用は、生産における社会的な限界費用と私的な限界費用との差異を、したがって企業が経営管理の水準で認識する生産費用の差異を表す。

・次に、市場への参入ないし退出の障壁によって。市場退出の障壁は、論理的には市場参入時に問題があるこ

とを意味する。

・そして、プラスの外部効果（たとえば市場における技術革新サービスのような）の程度を超える助成によって。適正な経済計算を経ずに付与される助成は、競争過程の歪曲である（これは、商取引される財の場合、必要ならヨーロッパ連合・助成監視によって、あるいは世界貿易機関によって防げるかもしれない）。企業への優遇税制や補助金も助成である。だが、経済的観点からは国家による危険性の引き受けも、その危険性がたとえば技術革新などによる相応のプラスの外部効果をもって発生しないかぎり、助成と同等であるはずだ（プラスの外部効果がある場合、危険性はいわばプラスの外部効果の下で生じたマイナスの外部効果として、ある場合にはゼロと計算できるかもしれない）。後述する核発電の問題はまさに、国家が核エネルギー産業に「陰の補助金」を大規模に提供し、納税者に隠れた債務者の地位を負わせるところにある。これにより核発電の「残余の危険性」は社会全体に課される。ところが、このきわめて顕著なマイナスの外部効果の大きさは、賠償義務保険の透明性が欠けているために不明確なままである。したがって核電力コンツェルンは、完全に合法的な法体系の枠組内で（たとえば核電を有限責任会社に収める）、責任も抑える。核事故の場合、無制限の責任が核電力コンツェルンにあると言われながら、その責任の負担は、有限責任会社の親会社にわずか25億ユーロしか見込まれていないのが真実なのだ。ドイツの核法は、企業が25億ユーロの責任を負えない場合には、その分を国家が補償すると定めている。つまり、ある企業が1部保険〔保険金額が保険価格より少ない損害保険契約〕としてドイツ核炉保険会社に2億5600万ユーロの保険をかけたら、25億ユーロまでは責任が有限責任会社の親会社にいくが、何らかの欠損が生じれば、兄弟企業が補充調達し、その後は国家が25億ユーロまで責任をもつ。しかしながら、きわめて稀な自然的・人為的大災害の場合、この保険では有効ではないことがありうる。地震や夏の長期干ばつがこれに数えられるかどうかは、専門家や司法が解明しなければならないだろう。奇妙なことにドイツ核炉保険会社では、個々の核炉の立地特性（地震による脅威の程度や人口密度）とは関係なく、すべて同一条件で保険がかけられている（核炉の出力規模に応じて3段階の区別があるにすぎない）。だからこそ銀行は通例、核電をもつエネルギー企業の電力・ガス株を利回りのよい株式として推奨できる。もし核事故が生じ、被害者がコンツェルンの資産に実際に保証を求めたとしたら、当該事業者の株式はまさに大災害債権（一定の条件下で元本償還を免除する債権。リスクを投資家に移転する）のように、潜在的・相対的に危険な資産に数えられることになるだろう。

さて次に、発電費用を考察しよう。これは発電所費用（キロワット時約5～6セント。マーケティングと保険の費用を含む）、送電線費用（高圧・中圧・低圧送電線で4～5セント）、計量費用（約1セント）、政治的に決定される費用（ドイツでは一種の道路利用料として自治体に入る約2セントの許可税。環境税等の税はおよそ3セント。家計にたいする付加価値税として約3セント）からなり、再生可能エネルギー法と熱電併給法に基づく租税と合わせて、家計では２０１０年でおよそキロワット時23セントの価格である。この費用の構成はヴァークナーの情報（2007 p.122）に基づくが、年間４０００キロワット時を消費する中位の家計における２００６年時点の値を２０１０年時点に補正したものである。ドイツの家計の平均的な電力価格は、２０１０年で23・69セントである。ネット庁の情報によれば、年間３５００キロワット時を消費する家計の電力価格内訳比率は、２０１０年には次のようにまとめられる。

・利ザヤを含む電力調達・販売の費用：34・６％
・送電線使用料の費用：21・４％
・国税、つまり許可税（自治体税）、再生可能エネルギー法と熱電併給法による賦課金：15・９％
・租税、つまり付加価値税、電力税：25・７％

・計量、計量所運営、税控除：3・4％

したがって、政治的に決定される費用が総価格の41・2％〔ママ。国税と租税の合計は41・6％〕を占めているが、この費用構成が経済的に適正と言えるかどうかは定かでない。

ネット庁は、その監視機能上から総電力費用の一部、つまり送電線による送電費用について決定権をもっている。ネット庁から見て本質的に重要なのは、送電線網への平等な接続が可能であり、競争に配慮することである。つまり、送電線網市場における競争は、送電線網の利用価格が基本的に長期的な平均費用の下でなされるようにしなければならない。しかし、ドイツの核電力コンツェルンは、「巨大電力コンツェルンの垂直統合の解体」（「アンバンドリング」）というヨーロッパ連合の一般指針に反して、事実上一部の地域圏では今なお依然として発電、送電、配電に関する広範な制御力をもっている。統合されたそれらの事業者は、（格安の第3の電力供給者が費用に沿った利用価格で）自分たちの送電線網を通電に利用することには慎重で、自ら得てきた利害を簡単には手放さない。ガソリンスタンドの例がよく知られている。ある石油コンツェルンはガソリンスタンド網の所有者として、スイスの電力供給者から格安で電力を購入しようとしたが、ドイツの巨大電力コンツェルンが要求する高い送電線網利用価格のために、見かけ上うまい仕事を長期的な利用に結びつけることができなかった。ドイツの立法者〔ドイツ議会〕とヨーロッパ委員会は、発電と送電線網の経営を組織的に分離する規則を定めた。ヨーロッパ委員会の側からすれば、電力コンツェルンがその送電線網を譲渡すれば競争がより強化される、という圧力をドイツの核電力コンツェルンに加えたことになる。だがこれはすべて、実際に競争志向の電力システムに向かうための第一歩でしかなく、ドイツの発電容量の80％は依然として4大電力コンツェルン、とりわけエーオン社、ライン・ヴェストファーレン・エネルギー社の手中にあるのだ。

電力受給企業にとって、電力価格は家計よりも安い。家計よりも購買力が大きく、高圧送電線の利用割合がより高いからである（高圧送電線の場合キロワット時当たり1セントもしないが、低圧送電線の場合には4〜5セントになる）。しかも政治的に決定される課税の一部（たとえば再生可能エネルギー法による賦課金）は、電力集約的な部門ではわずか０・05セントにすぎない。

企業にとっての電力価格は、電力取引所における電力の現物相場と先物相場に基づいて形成されるが、通例長期的な購入契約がなされるから、電力取引所における価格変動は、実際には企業への現物引き渡しによってはじめて生じる。さらに注目すべきは、ヨーロッパ連合内では発電事業者がエネルギー源ないしその二酸化炭素密度に応じて排出権証書を獲得し保持しなければならないから、二酸化炭素価格（一般的には二酸化炭素トン当たり０ユーロと25ユーロの間）に応じて、電力企業ではさらに費用割増金が下がる（しかも取引所への電力供給が過剰になると、短期的にはマイナスの電力価格も生まれる。短期的な過剰供給は、送電線網の安定のために適切に制御されなければ、潜在的な電力利用者にマイナスの影響を与える）。核電力の場合には、キロワット時当たり数セントにすぎない直接の発電費用と並んで、たとえば将来の核電解体に備えた追加費用が存在するから、そのために引当金を積み立てなければならない。それに加えて、核炉の稼働の危険性から生じる「危険性の費用」がある。この費用には相応の保険費用の支出も含まれる。ところが賠償義務が不充分であるかぎり、つまり「残余の危険性」がいわば保険料として国家に転嫁されるかぎり、発電のマイナスの外部効果が存在し続ける。すると、市場均衡のなかで電力は安すぎる価格で供給され販売されることになるが、この場合、賠償責任の危険性にたいする保険額は、（スーパー・ガウで測ると）何十年間も１０００分の１以下より少なくなる。これが核電力にたいする深く隠された「陰の補助金」なのだ。

さまざまなエネルギー源による新設発電所の発電費用を計算すると、ヴィッセルらが示しているように、核電力が一番安い（ヴィッセル／他 2008）。もちろんその場合、きわめて不充分な核電の賠償義務保険の存続が前提だ。だから、ヴィッセルたちの挙げる数字（巻末資料６参照）の利用には、大きな留保をつけなければならない。さらに注目すべきは、（さまざまなエネルギー源の競争力にとって重要な）二酸化炭素排出権証書の価格に関するヴィッセルたちの言明だ（同上書 p.30）。

「二酸化炭素排出にたいする異なる価格と関連した排出権証書は、化石燃料発電所に強力な費用累進性をもたらす。核エネルギーは二酸化炭素トン当たり8ユーロの証書価格という点で、最低の発電費用（メガワット時当たり35ユーロ）による発電方式なのだ。ところが、天然ガスは二酸化炭素トン当たりおよそ22ユーロの証書価格という点で、発電費用は褐炭・石炭よりも安くなる。

発展しつつある二酸化炭素回収・貯留あり（CCSあり）発電所〔本書209頁注9を参照〕は、明白により高い費用で発電することになるだろう。回収・貯留発電所の場合、ガス化、ガス選別、分離に必要な追加支出をすれば、資本費用と運転費用は高騰し、また効果の程度が低ければ、在来型の化石燃料発電所よりも燃料費は高くなる。この費用増はエネルギー源に応じて43～49％となり、相当な額である。回収・貯留発電所と在来型化石燃料発電所の費用の差額にとって決定的なのが、証書価格なのである。だから、回収・貯留発電所は核エネルギーと同様の8ユーロという証書価格の低さでは競争力がないのだが、しかし19ユーロ（褐炭）ないし28ユーロ（石炭）以上になるなら、競争できる」。

このように、二酸化炭素排出の証書価格の高さは、特定の化石エネルギー源の競争力に影響する。もちろんヴィッセルたちの計算は、価格の基礎として核電がもつ従来の低すぎる賠償義務保険に基づいて行われている以上、全体としては疑わしい。核電力コンツェルンはその資産価値からして損害にたいして無制限の責任を負っている（ともかく日本、ドイツ、スイスでは）というありうる反論は、周知の事実の下で批判されなければならない。すなわち、（スーパー・ガウについては語らないにしても）福島のような重大な核事故が意味するのは、核電力コンツェルンの資産が物理的に激しく損傷を受ける（現有資本を喪失し、典型的には核電力コンツェルンの財産保険がすっかり僅少になる）と同時に、取引所では相場水準の低下が生じるということである。自らの資産価値によるいわゆる無限責任とは、核電力コンツェルンにおいては途方もない画餅なのだ。さらに、核電力コンツェルンへの投資家は、こと投資に関するかぎり、福島の事故のことを思い煩わざるをえない。長い間ほぼ危険性がないとされてきた核電力コンツェルンへの投資は、明らかに特別に危険なのだ（いずれにせよ当該電力コンツェルンが今も核炉を運転しているならば）。たとえばイギリス石油公社は２０１０年、アメリカ（メキシコ湾）の石油掘削装置「ディープ・ウォーター・ホライズン」が損傷事故を起こしたとき、賠償用としておよそ５００億ドルに上る包括的な信用を引き受け、またそうしなければならなかったが、福島の核炉製造業者はあのガウ事故のとき、充分に高額の信用を引き受けることは不可能だった。というのも、ガウ事故の場合はほぼ即刻、当該核電力コンツェルンの債務超過を意味するからだ。資本市場はもはやそのような企業に信用を付与することはない。

ドイツや世界中の核炉が停止したなら、電力業界ではすぐさま二酸化炭素排出権証書の需要が増大することになる。需要増はヨーロッパ連合規模ないし世界中で証書価格をはっきり上昇させ、二酸化炭素を分離する石炭の電力化〔二酸化炭素回収・貯留による〕はすぐさま利益を上げるようになる。二酸化炭素分離プロジェクトの受容問題で社会的合意が存在するかどうか、またそのような施設がどれほど安全と言えるかどうかは、もちろん議論の余地がある。ドイツでは２０１１年、ブランデンブルクの分離プロジェクト計画がドイツ参議院によって阻止された。電力部門ではパイロット試験の後ではじめて、より厳密な評価が可能となる。二酸化炭素分離より手早く可能になるのは、有用な原料・製品用の原材料として二酸化炭素を利用することであろう――ここでは研究・開発のための相応の助成を伴う技術革新政策が問題となる。ただし、言うまでもないが、これは年々排出される二酸化炭素量の多さに照らせば、周辺的な利用領域にとどまるしかないだろう。

石炭電力化の「陰の補助金」とエネルギー部門の政策的刺激

当然のことだが、核エネルギーの危険性を批判的に考察する場合は、化石エネルギー源の危険性についても無視するわけにはいかない。石炭の発電利用に関するアメリカの綿密な研究（エップシュタイン 2011）によれば、そのライフ・サイクル分析に基づくと、アメリカでは石炭電力の外部費用（国内の追加費用）は実際の市場価格よりも100％高くならざるをえない。ライフ・サイクル分析が意味するのは、実際の石炭電力化の過程で環境と健康に危害が生じるだけでなく、採炭時でも同様の影響があるということだ。アメリカでは2005年からの10年間における電力のおよそ半分が石炭電力化によるものであり、著者たちの指摘によれば、過去100年間に採炭による死亡事故が約33万件、そのうち優に10万件が坑道の事故で、20万人以上が肺病（塵肺症）その他の職業病にかかっている。世界の発電と二酸化炭素排出のおよそ40％を占める石炭（2005年）は、埋蔵量ではその3分の2が四つの国に集中している。アメリカ28％、ロシア19％、中国14％、インド7％である。エップシュタインの研究は、「エネルギーの隠れた費用」に関する国立研究評議会（2009）の研究を補う重要な貢献である。石炭の推奨に起因する死亡事故の経済的評価を行うために、エップシュタインはアメリカ環境保護庁の推定に基づいて一死亡事故が発生した際のいわば保険数理的価値〔保険の評価額を数理的に測った場合の生命の価値〕を600万ドルと見積もっている。ここでは露天掘りによる二酸化炭素排出損害が多く見積もられており、さらに鉱山での損害と、採炭時に発生するたくさんのメタン排出（したがってきわめてマイナスの影響を及ぼす温室効果ガス）による損害が見積もられる。これに加えて最後に、石炭電力化で排出される有害物質による損害があり、二酸化炭素、メタン、塵埃、二酸化窒素、二酸化硫黄、水銀、重金属、発がん性化学化合物がそれに当たる。二酸化炭素貯留で生じる高額な追加費用（いわゆる二酸化炭素回収・貯留法による費用）も問題となる。すると、この種の事故における追加費用の見積額は、全体としてキロワット時9・42〜28・89アメリカ・セント（中位の見積額は17・84アメリカ・セント）という結果となる。アメリカにおける石炭電力化にたいする「陰の補助金」は、中位の見積額では年間3450億ドル、上位の見積額では523

０億ドルに達し、これはアメリカの国内総生産の約３％に当たる（下位の見積額では１７５０億ドル）。このように見れば、石炭助成と石炭電力化の真の価格は、アメリカでは否定的な結論となる。アメリカの国民経済にとっては、石炭採鉱と石炭電力化を中止することが本当は理に適っていよう（ヴェルフェンス 2011b）。

石炭電力化にたいするアメリカの高額な「隠れた補助金」と、同じく高額の核電力にたいする「陰の補助金」（本質的にはこの部門のきわめて低い保険）を考察すれば、結論は次のようになる。アメリカでは石炭と核エネルギーにたいする不当に高額な補助金によって、風力、太陽光、バイオマス、水力といった相対的に危険性のない、本来的に適正なエネルギー源の拡張が大きく妨げられている、と。

たとえここで挙げられたアメリカの数字が、他の工業先進国や新興国における石炭電力化の追加費用額にすぐには当てはめられないとしても、それらの国々でも基本的にアメリカと同じような外部費用要因は存在している。たとえば、ヨーロッパ連合諸国の場合、人間の一生の保険数理的価値の評価はアメリカの方がより低いかもしれないが、全体として見ると、石炭電力化の目に見えない追加費用はアメリカと同等であることに疑問の余地はない。ヨーロッパ委員会の「エネルギー・輸送」総局は、ヨーロッパ連合諸国における石炭・褐炭の外部費用をキロワット時わずか約７セントにすぎないと報告しているが、これには驚かずにはいられない。最高値はギリシャでキロワット時当たりおよそ７～10セント、ベルギーで４～15セントと公表された（ヨーロッパ委員会 2010 p.13）。アメリカの数値が約９～29セントに上るのにたいして、ヨーロッパ諸国の数値がたった２～15セントというのは、とても納得がいかない（表１）。同様に、ヨーロッパ委員会は核エネルギーの外部費用を０・７セント以下と公表しているが（表１）、これは核発電のグロテスクな１部保険が最大の費用部分である「陰の補助金」として、たんにかき消されているにすぎない。こうしてヨーロッパ委員会の分析は最高に疑わしいものとなる。このような虚偽の分析数値に基づいたヨーロッパ連合の政治では、現実的で持続可能な豊かさの向上などけっして達成することはできないだろう。

もちろん、ヨーロッパ委員会は気候・エネルギー政策の重要な主体として「目標20：20：20」（２００９年）と

表1　ヨーロッパ連合における現行技術毎の発電にたいする社会的追加費用—外部費用

（ユーロ・セント／キロワット時*）

国	石炭・褐炭	泥炭	石油	ガス	核	バイオマス	水力	太陽光	風力
オーストリア				1－3		2－3	0.1		
ベルギー	4－15			1－2	0.5				
ドイツ	3－6			1－2	0.2	3		0.6	0.05
デンマーク									
スペイン	4－7		5－8	2－3		1			0.1
フィンランド	5－8			1－2		3－5**			0.2
フランス	2－4	2－5				1			
ギリシャ	7－10		8－11	2－4	0.3	1			
アイルランド	5－8		3－5	1		0－0.8			0.25
イタリア									
オランダ	6－8	3－4							
ノルウェー			3－6	2－3					
ポルトガル	3－4			1－2	0.7	0.5			
スウェーデン						0.2			
イギリス				1－2		1－2			0－0.25
	4－7			1－2					
	2－4				0.25	0.3			
	4－7		3－5	1－2		1			0.15

*　：特定可能な外部費用の部分的総和（例：グローバルな温暖化、公衆衛生、労働医学、物的損害）。

**：褐炭と一緒に燃焼。

出典：ヨーロッパ委員会 2010 p.23。


いう2020年までの分かりやすい三つの目標基準（最低目標値）を作成した。つまり、再生可能エネルギーの割合を20％にまで増やし、エネルギー効率化を20％ほど高め、二酸化炭素排出量を1990年比で20％ほど削減するとしている。またヨーロッパ委員会は域内市場競争の歪みを防止しようと考えてもいる。だが実際には、国毎に異なる賠償義務割増金の存在は、エネルギー域内市場における重大な歪曲要因に数えられる。ドイツ政府は再生可能エネルギーの割合を2020年時に少なくとも35％まで増やし、2050年には80％まで増大させると決定したが、ここから電力費用や電力価格の明らかな上昇を危惧し、エネルギー転換を批判する者も現れている。だが、反対の分析を定式化することもできる。つまり、風力発電施設と太陽光発電施設が行う大規模生産の利点によって、長期的には相当の費用低廉化が可能になるということだ。それは少なくとも、国家が風力・太陽光発電事業者にたいして保証する供給報奨の原価作用因〔原価を増減させる要因〕にほぼ重なる。ドイツの風力・太陽光発電事業者にたいする供給報奨は、２０１０年にはおよそ１３０億ユーロに上ったと見られるが、これは国内総生産の優に０・５％に相当する。再生可能エネルギー法に基づけば、同事業者への報奨支払いは２０２５年までにおよそ3倍化する（ベルリン工科大学 2011 p.59）。電力価格の年平均２・７％の上昇を仮定した場合、送電線網事業者の所得金額は２０３０年までに徐々に倍加することになる。再生可能エネルギー法に基づく助成の直接費用は２０２５年まで正味で約２１０億ユーロ増加するが、その後２０３０年までに１５０億ユーロに低下する。年４％の計算利率を仮定すると、２０１０年から２０３０年までの間に予想される再生可能エネルギー法に基づく助成費用の純価値は、全体で２５００億ユーロとなるが、この直接費用は、再生可能エネルギー法に基づく国民負担の賦課金によって資金提供される。賦課金は２０１１年にキロワット時当たり２・05セントから３・53セントに上昇した後、２０１２年には低下すると見られるが、２０１２年の改正再生可能エネルギー優先法に基づけば、２０２５年時点では6セントまで上昇するだろう。議会審議の枠組で定式化された目標、つまり、賦課金を３・５セント水準以内にとどめるという目標は、目下のところ現行措置によっては裏打ちされていない。

したがって、このような考察から、発電には気候保護に起因する費用負荷や価格作用因〔価格を増減させる要因〕が存在することが分かる。場合によってはこれに核脱却からの負荷が付け加わる。合理的な分析のためには、当然基準点をどこに設定するかがきわめて重要となる。再生可能エネルギーへの移行では費用が増大し、それに対応して価格も上昇するが、適正な比較をする場合には、本来、完全な賠償義務保険をつけた核電力との関係を取り上げるべきであり、そうすれば、市場における全体像が見えてくるだろう。

核脱却を石炭電力化の拡張と結びつけるのは、これまで示した論拠に基づけば適切ではない。ところが、国際エネルギー機関は世界中の石炭電力化がもたらす顕著な、あるいは不釣り合いな成長率を核脱却の前提にしている。つまり、同機関によれば、世界全体の電力需要は２０３０年までに（基準年の２００５年比で）年２・７％増加し、石炭電力に限れば３・１％増加する。そして、石炭電力化による二酸化炭素の排出は年２・１％ずつ増加する。

二酸化炭素回収・貯留技術では石炭電力化に起因する二酸化炭素が土地や一定の鉱床で汲み出されるが、この技術は根本から危険性につきまとわれている。ガスがたとえば地面の割れ目から放出され、貯留域での動植物相にマイナスの影響を及ぼす可能性があるからだ。これに加えて、石炭電力化はエネルギー効率が悪く、その結果、同じ電力量を得るためにそれまでよりも多量の石炭を燃焼させなければならない。より多くの石炭を求めることは、より多くの廃石量、より多くのメタン排出（採炭によって健康が害される）、より多くの輸送量と輸送に関連するより多くのガスの排出（専用貨物列車による）を伴うことも意味する。アメリカの貨物輸送量の70％は石炭輸送が占めているのだ。

核電の当・不当な数の意味や、国営核電事業者としての国家の役割については、イギリスの考察が有益である。イギリス政府が核電の民営化を実施したとき、私的投資家は当然、必要な核廃棄物費用の現実的な額に関心をもった。包括的な計算によれば、以前にはきわめて低く見積もられていた国営核電事業者の相当額に比べて、民営化の下ではおよそ10倍高い数値であることが判明した（マッカロン 1991）。

政治的な措置あるいは技術革新政策によってエネルギー源の役割に影響を与える国家の能力に関しては、スウェーデンが多くの点でとくに興味深い国だ。スウェーデンでは１９８０年から２０００年の間に、二酸化炭素への課税を通じてバイオ・エネルギーの拡張を大きく刺激することに成功し（もちろんしばしば効率は低かった）、すぐに核部門より多くの発電をするようになった（カーベルガー 2002）。スウェーデンの例で確認できるように、そのエネルギー政策・租税政策の詳細を考察すれば、まさに租税政策もエネルギー経済における技術革新と構造転換にとって重要な要素であることが分かる。ところが残念なことに、経済全体の総合的計算（とくに世界銀行や科学者が提案した（バルテルムス 2009））に基づくエコロジー的な「緑の」拡張を志向する優れた芽生えは政策化されなかった。また、「陰の補助金」というテーマも新しい改革の開始として、長期的に無条件で取り上げられることはなかった。

スーパー・ガウの高額な損害費用

国際核エネルギー機関の「チェルノブイリ報告」(2006 p.33)によれば、ウクライナ政府はほぼ20年の長きにわたって、国家支出の6～8%をチェルノブイリ事故の克服に費やさざるをえなかった。また、ベラルーシ政府のチェルノブイリ事故に関する支出は、30年以上にわたって２３４０億ドルと計算される。１９８６年のチェルノブイリ事故は想定される最大級の事故(ガウ)であるばかりか、炉心溶融が発生したいわゆるスーパー・ガウでもあった。第１、第2世代の核炉は炉心溶融に対応できる設計ではなかったが、２０１０～２０１１年にフィンランドとフランスで建設されはじめた第3世代の核炉は、重大事故の場合、溶融した炉心が地中に侵入するのをたしかに防ぐことができる。だが、この場合でも地震などに際して、通常の冷却システム以外に必要な冷却水を導入できなければ、放射能汚染が大規模に発生する危険性は残る。炉心溶融時用のコア・キャッチャー〔メルトダウンが生じた場合でも溶けた核燃料を冷却施設に導いて、冷却するための装置〕を取り付ければ核炉の建設費用はさらに大きく増加するから(およそ60～１００億ユーロ)、経済性を達成できるのはさらに大きな出力の核炉の場合しかない。だがその分、核炉内で利用される核分裂物質の量は増え、最終的にはおそらくスーパー・ガウの危険性が高まる。たとえば施設内の漏出という不具合が生じた場合、第2世代の核炉事故よりもたくさんの放射能が環境中に放出されるかもしれない。

ひとたびスーパー・ガウが起これば何百年、何千年にもわたって深刻な損害をもたらす可能性がある。したがって、核電力の利用に責任が負えるのか、またどのような形で責任を負えるのかは、激しい論争となっている問題である。ドイツの教会、環境団体、再生可能エネルギー関係の代表者の間では、核エネルギーについては軍事的利用も民生的利用も一切認めないとする人々が増えている(「太陽の時代」２０１１年1号を参照)。核発電の潜在的な危険や福島の事故を考えれば、核電力は持続可能性と根本的に相容れないという立場である。決定的な代替策はエネルギーの効率化と再生可能エネルギーの拡張であり、その場合、発電に占める「再生可能エネルギーの割合」はとくに重要である。この割合は、ヴッパータール大学ヨーロッパ国際経済連関研究所の「生活の持続可能性指標」として、国家と世界経済全体の持続可能性を評価する際に用いられる三つの指標の一つである（これに別の二つの指標、つまり世界銀行の調査による「総節約の割合」と、『環境に親和的な製品の輸出』にたいする競争力の割合」が加わる（巻末資料5参照））。

核専門家の情報によると、ある核電できわめて重大な事故が起きる確率は、きわめて低い。標準的な答えは、10万年に1回だ。このことは、確率論的な考察では、そのような事故が来年起こるか10万年後に起きるか、あるいはこの期間にはまったく起きないかという問いを排除しない。だが確率論で言えば、施設毎の、また年毎の平均的な炉心溶融の発生率が決定的に重要だということだ（レンネベルク 2011 p.70）。ドイツの場合、同じ出力容量なら、炉心溶融が60年に1回発生する確率は1％となる。しかしながら、スーパー・ガウないしきわめて重大な事故の確率に関するこの情報も、通常の市民にはすぐには腑に落ちない。それだけに次の現実は確率論的に見ていっそう具体的だ。１９７９年に起きたアメリカのスリーマイル島での炉心溶融に近い重大事故、それに続く１９８６年のチェルノブイリのスーパー・ガウ、そして２０１１年の福島の破局的な事故だ。福島では核炉と冷却プールが破壊された。東京電力がもたらした深刻な損害の内容を見てみよう。

・核施設本体の大部分が破壊された。核電の損害は60～80億ユーロ〔約７２００億～９６００億円〕と見積もられる。

・東京電力の施設で働く労働者およびおそらく事故現場で活動した救助隊や消防士も被ばくしている。周辺地域の飲料水の放射能汚染がこれに加わる。東京都は事故後２週間目の終わりに、乳幼児に水道水を与えないよう勧告した。水道水の放射能汚染濃度が小さな子どもに害を与えるほど高い極限値を示したからだ。

・核電施設の半径20キロメートル以内の地域は立ち入り禁止になり、人々はそこから離れた避難所に入り、被災地域の生産は停止した。事故後２週間の評価では、およそ１３００平方キロメートルの土地が利用できなくなり、１０００ユーロ〔約12万円〕に評価されていた1平方メートルの価格は、土地の損害だけで10億ユーロ

〔約120億円〕になった。アメリカのエネルギー庁は、半径20キロメートル以内ではなく、半径80キロメートル以内の避難が適切だと発表した。

・農業は深刻な所得減に脅かされ、東京電力はまず農民への賠償を約束した。日本の食品輸出は落ち込んだ。食料面では総じて中期的には国内需要の低下をもたらすかもしれない。というのは、もし乳幼児のことを考えて当局が水道水の利用（飲用と料理の目的）に警告を発したとしたら、水道水へのマイナスの評価と不信感が徐々に高まり、その結果、東京およびその周辺の人々は水道から飲料水をほとんど利用しなくなり、新鮮な野菜や果物ばかりか、ありとあらゆる食物の摂取に疑いの目を向けるようになるからだ。

・核炉を冷却する過程では救助隊たちが核炉を充分に制御できないまま、海水が利用された。この冷却用海水やその他の汚染水が近海に戻されたり自然に流れ出たりしたため、近海領域は汚染され、結果として魚の放射能汚染が生じた。これもまた、魚を常食としている日本の消費者の間に全般的な不安を生んだ。日本では多くの海産物が日常的な料理の一部であるため、魚屋や多くの漁業関係者にとっても大きな打撃となった。

・東京電力はすでに２週目に、日本の巨大銀行に１７０億ユーロ（約２兆円）の特別貸付を申請せざるをえなくなった。福島地域の農民や住民にたいする賠償支払いのみならず、事故炉の放射能を低減させ、環境への放射能汚染をこれ以上拡げないための費用が高額だったからである。４週目に日本政府はこの事故について、核事故の国際的分類で言うそれまでのレベル５から最高段階のレベル７に引き上げざるをえないと宣言した。

チェルノブイリの核事故の費用は、国際核エネルギー機関によっておよそ８５０億ユーロと見積もられたが、真の費用はそれをもっと超えるだろう。ウクライナとベラルーシの見積りでは、その損害は、事故後30年間で約２３５０億ユーロとなる。事故炉を覆う石棺の新設だけでおよそ15億ユーロかかる。最初のセメント造りの石棺は25年経って不安定化し多孔化した。新しい石棺は事故炉の周囲を優に１００年間、高くて危険な放射線の漏出から防護することになっている。

いずれにせよ、福島核電事故の費用も、きわめて高くなることに疑いはない。この費用は確実に、スイスで賠償義務保険とされている20億スイスフラン〔約2300億円〕を優に超えるだろうし、ドイツで想定されている25億ユーロ〔約3000億円〕もはるかに超えるだろう。核電事業者から聞かれる命題、「被害者は核企業の無限責任を当てにできる」という命題は、実にあいまいで、しかも途方もない画餅なのだ。実際、被害者は核電力企業の相場価値を最大限当てにするかもしれないが、当該企業の相場価値は炉心溶融を伴う重大事故の場合、大きく低下する。したがって、福島事故の場合、国家が当該核電企業の資産価値を強制管理の下に置かなかったことは理解しがたい。それどころか、当該企業の株式は事故後も取引所で、底値で取り引きされていたのである。

1992年、ミュンスター大学のハンス‐ユルゲン・エヴァースとクラウス・レニングスは、核発電の外部費用や危険性についての科学的研究『いわゆるスーパー・ガウによる損害の評価』を公刊した。これはプログノス社とドイツ経済省のために作成したものである（エヴァース／レニングス 1992）。それによれば、想定される損害全体の一部を考慮した彼らの分析による評価では、その額は10兆7000億マルクないし5兆ユーロと見積もられた。スーパー・ガウ級の損害は1666年間に1回と想定されていることを前提すると、年間損害予測値は64億2000万マルクないし核電力キロワット時当たり4・3ペニッヒとなる〔1ドイツ・マルク＝100ペニッヒ。1ユーロ＝1・9558ドイツ・マルク〕。彼らが損害を評価するのに用いたのは、ウイリングネス・トゥ・ペイ法*やウイリングネス・トゥ・アクセプト法**、および人的資本法***やヘドニック・プライス分析****といった間接的な方法だった。ここではドイツ核炉安全協会の定義（ドイツ核炉安全協会 1989）に従って炉心溶融事故によるスーパー・ガウが考察された。スーパー・ガウの場合、かなり大量の放射性物質が放出される。燃料が激しく熱せられ、溶融が起こるからである。他方、エヴァースらの分析では、通常、再保険会社は核電の保険証券を拒否することから、照応する賠償義務保険を得るために、ザウアー（1991）の分析に倣って、私的保険をカバーする責任として核電事業者にはキロワット時当たり1マルク（約0・5ユーロ）

の保険割増金が想定された。この場合、２０１０年時では、産業と家計の最終消費者にたいする核電力価格はキロワット時当たり20～30セント〔1ユーロ＝100ユーロ・セント〕と想定されてよいだろう（ドイツの２０１０年の総発電は６０００億キロワット時であった）。したがって、この場合、産業と家計の最終消費者にとって真の核電力価格は、完全な賠償義務保険がない場合に出てくる純粋な核電力価格よりも2～3倍高くなるだろう。そうだとすれば、核電は風力発電所にたいしてほとんど競争力をもたなくなるだろう。たとえスーパー・ガウという極端な事例を考慮せず、福島のような重大事故だけを想定するとしても、損害計算はおよそ１０００～２５００億ユーロとなるだろう。つまり、現在核電事業者がかけている賠償義務保険を25億ユーロとすれば、実際の損害額の40分の1～１００分の１しか補償されないことになる。核電事業者はなぜ完全な賠償義務保険に入らずに済むのか、あるいは保険を契約する場合になぜスーパー・ガウへの対応を義務づけられずに済むのか、どのような理由であれ納得することは不可能だ。核電にとって事実上不足している賠償義務保険のために、危険性の少ないエネルギー源が不利益を被り、核電力ないし核エネルギーの投入で生じるその人為的な値引き効果（マイナスの外部効果の非内部化）のために、エネルギー集約的な、したがって二酸化炭素集約的な産業構造が利を得るのである。これは、きわめて重大な、競争の歪曲と言えよう。

核電の保険の問題はさまざまな側面を含むが、次の3点がとくに重要だ。

---

*　支払意思額。商品を購入する際、個人が効用を高めるために支払ってもよいと考える金額。

**　受取意思額。手持ちの商品や権利を失う際、効用の低下の埋め合わせに受け取る補償金額。

***　たとえば、疾病の費用を評価する際、患者の視点からどんな未就労も1時間の損失と捉える考え方。

****　財・サービスの暗黙価格を測定する方法。財産・立地・環境がその要因を構成する。たとえば公園に近い家屋には割増金を支払い、廃鉱近くの家屋には値引きを要求するという具合である。

・核炉内の炉心溶融は、普通の確率論的考察ではきわめて稀な出来事とされる。普通の考察とは、いくらか単純化すると（イェーガー 2011）、たとえば次のようなものだ。ある重大な地震の確率を考察し、それを100分の1と見積もる。つまり重大な地震は核電立地で100年に1回発生する。津波の確率は同様に100分の1、炉心溶融の確率は同じく100分の1と見積もると、地震、津波、炉心溶融が同時に発生する確率は100万分の1となり、したがってそのような三重の事故は100万年に1回と予測されるだろう。しかし、もし三つの出来事（ここではまずそう想定する）が相互に独立していないなら、このような確率の記述は当然間違っている。まさに福島では核電を損傷させた地震が、それに続く津波を引き起こし、この津波が発電所の重要な安全設備や非常用電源装置を激しく破壊したのだから、炉心溶融への道は高い確率で設定されるはずである。炉心溶融の確率は100万分の1ではなく、単純に100分の1なのだ。当該発電所は、完全な賠償義務保険を提供する意思をもった私的保険をかけていない。たとえ途方もなく高い保険割増金に照応する保険が世界にあったとしても、第1保険者はけっして第2の再保険者（その場合第1保険者は照応する保険証券で、損傷時に支払額の大部分を取り戻せる）を見つけられないだろう。私的保険者〔第1保険者〕と再保険者によって部分的にしかカバーされなかった自然災害の例としては、たとえばニューオリンズを荒廃させた2005年のハリケーン、カトリーナの場合である。この大災害では1000億ドルに上る損害の5分の1足らずしか補償されなかった。

・核電が潜在的危険性（ガウとスーパー・ガウを含めて）の補償について完全な内部化をせず発電し、販売するということは、核電力が現在および将来の国家財政から「陰の補助金」を得て、核電力が人為的に安価にされることを意味する。したがって核電力は、風力、太陽光電力、水力、地熱エネルギー施設（あるいはガス、石油、石炭）に比べて、人為的に競争を歪める便益を手に入れる。核電力の人為的な低廉化は全体の電力価格を引き下げ、そのことで有害な温暖化効果ガスを排出するエネルギー集約的な重厚産業や、その製品を輸出する産業を間接的に補助することにもなる。中国、ロシア、アメリカ、フランス、ドイツ（あるいは核電力をもつヨーロッパ連合諸国）といった大国の場合には、これによってエネルギー集約的な製品の世界市場価格を押し下げ、その財（消費財と投資財）にたいする世界的な需要を刺激する。こうしてエネルギー集約的な、だから通例とくに気候に有害な財の生産や需要を世界規模で人為的に昂進させることになる。自称気候と調和する核エネルギーは、実はグローバルな影響という点では気候に有害なのだ。もし人為的に安い核電力がエネルギー集約的な財にたいする需要を世界的に増大させるなら、たとえば１％安い価格で提供される核電力（核発電の完全な賠償義務保険を伴う真の費用比で１％の低廉化）は、エネルギー集約的な財にたいする需要を１％以上高め、その結果、有害な気候ガスの排出も１％増やす。効果がそれぞれ１％であれば、核電力の１％の低廉化は、世界の追加的な二酸化炭素排出を１％もたらす。ここで核電力の低廉化を50～１００％（核電の賠償義務保険を免れることによって）と仮定すれば、世界中で二酸化炭素の排出を激増させることになる。逆に言えば、電力価格がより高ければ、当然のことだが、エネルギー集約的すなわち排出集約的な部門の総生産を世界規模で明らかに減少させ、同時に、よりエネルギー効率的な、つまり二酸化炭素節約的な部門の技術革新を刺激するだろう。ただし、現実的にはこれに、世界経済におけるマイナスの所得効果も加わるだろう。したがって、核電力の価格がより高い保険費用を含むならば、または核電が停止されるならば、おそらく現実の経済成長は一時的に後退する。いずれにしても、代替エネルギーへの追加的な投資が成長を安定化させるかどうかは不明だが、いま述べた論拠（いわば補助金漬けの核発電の直接・間接の効果）を見れば、核電力がグローバルな二酸化炭素を減少させるという核電力企業の通例の主張は退けられる。

・放射能汚染は、人間の感覚器官では認識できない。動植物の世界や河川・海洋が放射能によって汚染されれば、葉菜類、牛乳、キノコ、卵、魚、肉の健康上の安心にたいする広範な不信が、消費者のなかに生まれる。

たとえ99ユーロでガイガー・カウンターを台所に備えても、自らを守ることはできないだろう。いずれにしてもガンマ線〔物質を透過する力が非常に強い放射線〕の測定に必要なガンマ線メーターが必要だが、そのような機器はガイガー・カウンターよりはるかに高い。汚染地域産の食料にたいする消費者の不信は、何千人もの農民の破産を意味する。これは事故を起こした核電事業者（日本の場合は東京電力）が賠償しなければならないだろう。しかも当該事業者は全国の（場合によっては世界中の）消費者に、食料価格の上昇とそれに照応した所得の喪失を賠償しなければならないだろう。

福島の核事故の深刻さが結果としてどれほど地域的なものであったとしても、日本のように国際経済と密接に結びついた国民経済の場合、放射性物質の大量放出事故がもたらした経済的な撹乱効果は実際よりもはるかに巨大であったと推測される。ここから同じ輸出大国であるドイツにとっても、重大な結論が明らかになる。万一放射能の放出が風雨の影響で輸出産業を含むより広大な地域圏を汚染したとしたら、ドイツ製品の輸入国は極度の不信感を抱くだろう。その結果は、数量的にも価格的にも〔他の輸出国による当該輸入国への〕参入であろう。実際、福島の事故の結果、日本の完成品の輸出は大きく落ち込んだ。それだけでなく、経済協力開発機構諸国に輸出されている半完成品の場合もそうだった。汚染された半完成品によるこうした供給網破壊が、国際貿易に重大な負荷を及ぼす可能性がある。完成品のなかにも放射能に汚染された半完成品が組み込まれているかもしれない―そういう疑念が消費者側にも広がった。製品需要が世界中でゼロに落ち込む恐れすらあった。人間の感覚器官では捉えられない放射能汚染は、潜在的に深刻な不信感を生み、国際分業に甚大な影響を及ぼす可能性がある。対外貿易が縮小すると、輸出国の実質収支は悪化する。それが金融市場でパニックを引き起こし、いっそうの歪みを生み出すかもしれない。もし金融政策・貨幣政策の行動幅が実際に狭められれば（日本を見よ）、さらにそうなる。スーパー・ガウのシナリオは、実際に起こりうるこうした国際経済の重大な歪みをこれまで問題にしてこなかった。しかし、スーパー・

ガウは不運な状況の下ではいつでも起こりうるのだ。

エヴァースとレニングス（1991、1992）が見積もったガウないし重大な核事故の費用は、地域的な汚染関係費用や、避難費用、健康関連費用（最大の費用部分）しか算入しなかった。だが考察すべきは、対外貿易と直接投資を含む公的な国民経済における追加費用なのだ。

・核電のスーパー・ガウによって世界貿易は長期間、深甚な否定的影響を被る。世界の総生産の１％縮小は考えられないことではない。これは年間約５５０億ドルに相当し、10年間で６０００～７０００億ドルに相当するだろう（通常の持続的な経済成長の場合、世界総生産の１％という数値は、絶対値として見ると、より大きな割合となる）。

・中期的には核事故当該国への直接投資の流れが中断し、それがはっきり目に見えるようになる。放射能汚染への恐れから直接投資家は当該国の新しい投資プロジェクトに躊躇したり、その子会社の売りに走ったりするだろう。10年間のある時点で成長が停止し、そのマイナス幅は国内総生産の５％に達するかもしれない。これは日本の場合２０００億ドルに相当するだろう。

・外国の投資専門家は、核事故当該国を見限るか、その国の企業から中期的には手を引くかして、他地域圏の国に乗り換えるだろう。これも当該国の成長の停止につながる。日本の場合、この損失は10年間でおよそ５００億ドルと見積もられる。

・核事故がなければ来たかもしれない旅行者の減少も同じ軌道を辿るかもしれない。10年間の損失は国内総生産の約２％に達し、日本の場合には８００億ドルだ。

このような追加費用の見積もりから分かるように、エヴァースとレニングスによる先の見積もりは控えめなものであり、少なくとも20％ほど低く設定している。本来ならば5兆ユーロではなく、6兆ユーロの損害費用を想定しなければならない。これに加えて、住民の心理的な負荷という貨幣では換算できない費用もある。福島の事故は、実際のスーパー・ガウ（今後、福島の核施設でも考えられる事故）に比べれば、まだ相対的に取るに足りない変種と見なければならない。日本、ドイツ、スイス、アメリカ等の経済協力開発機構諸国における現在の賠償義務保険がまったく不充分きわまりないのは明らかだ。先の考察に基づけば、核発電はいわば核部門における一種のスーパー投機戦略と解釈でき、そこには金融部門で生じた環大西洋銀行危機の場合と同種の、「潰すには大きすぎる」（ツー・ビッグ、ツー・フェイル）という問題がある。それは「潰すには危険すぎる」（ツー・リスキー、ツー・フェイル）という意味を含む。核電事業者は巨大企業だからだ。核電事業者は、途方もない損害を出しても破産を恐れる必要がないと考えている。というのは、重大事故の場合には基本的に国家が賠償支払いをするからだ。何年にもわたって利得を私有化し（うまくいけば何十年も何百年も）、ガウ時の包括的な損失は社会化されることになる。ガウの費用は、スイスのような小国では国内総生産の5倍以上になり、ドイツや日本のような大国でも国内総生産の2倍になるかもしれない。このような危険な発電技術の利用が無責任きわまりないとされ、合意を得られていないのは当然すぎる。しかも、現に1ダースもの代替策が目の前にあるのだ。

核発電が何十年にもわたって巨額の「陰の補助金」で利潤をあげてきたという事実は、おそらくいくつかの面から説明できる。

・核発電はいわば核爆弾の商業的副産物として、国家を中心に組織されてきた（フランスでは2010年でも、すべての核炉がまだ国立のフランス電力会社の手中にあり、イギリスでも同様に何十年も国家の手中にあった）。だが経験によれば、国家は悪しき公共政治家だ。考えられうる完全な賠償義務保険の要求は、国家にとって莫大な財政負担を意味するだろうに、政治システムはそれに何の関心ももってはいない。

・エネルギー部門は国家を中心に組織され、高度に政治化されており、しかも監視委員会や顧問団には全党派からたくさんの政治家が座っている。ネット庁と並立する独立した社会基盤規制庁をつくることではじめて、ドイツは電力・ガス経済における正常な競争を保証する適正な公共政策の一歩を踏み出したのである。

・核発電の危険性は高度に抽象的であり、放射能が放出されても人間の感覚器官ではその排出を認識できないという問題がある。

エネルギー部門は全体として多数の特殊性をもっている。典型的には石油輸出国機構カルテルによる１９７４年以来の、石油市場の権力的支配が数えられるが、それだけではない。石油とガスが少数の国に集中（一部は政治的な不安定性が特徴だ）していることも、輸入国である経済協力開発機構諸国の視点からすると問題が多い。また、エネルギー供給の面で、核電保有国が核電力の拡張によって他国からますます独立するという高度に政治的な心構えが生まれるのは、長期的な供給の安定性に関する利害と石油・ガス輸入への高度な依存にたいする恐れからである。これに加えて、当の石油・ガス価格の力学は、原料市場と結びついた不安定な金融市場が引き起こす、時として投機的な波によって左右される（ヴェルフェンス 2009a）。

この面によっても、多くの経済協力開発機構諸国の政治的利害（安い核電力によって見かけ上有利な自前のエネルギー源を賄うこと）は間接的に強化されてきた。技術的に先端を走る経済協力開発機構諸国はここに、つまり、表面的には永遠に得るところの多い核電力経済のなかに、複雑な技術知に自らの存立をかける相対的に簡単な方法があると見た。だが、そもそも核電力は、複雑な技術的回り道や核電力への転換時の大きな損失、そしてかなりの費用によってしか利用できないから（たとえば電気移動〔電気自動車による交通〕や水素生産用の電気分解のための核電力という形で）、「供給の安定性」という論拠は当てはまらない。正反対なのだ。フランスがこれまで以上に、移動部門においても核電力に依存することになったと仮定しよう。そうなれば、もしフランスの核電が破局的な事故を起こしたとき、核発電のみならず交通システムも破綻してしまうだろう。

国際的な核脱却同盟の推進力

もちろん、国際的な核脱却と再生可能エネルギー拡張のための同盟をめざす経済的論理についても熟慮すべきである。まず、脱却と転換のための高額な研究開発費用は、エネルギー転換に積極的な国々が増えるにつれて、より多くの企業や技術機関に配分され、そうなると脱却と転換はより安価になる。太陽光エネルギーと風力エネルギーの世界市場が大きくなればなるほど、それだけこの二つのエネルギー形態を生産するたくさんの構成要素において大量生産の利点が生み出される。その意味は、販売される風車や太陽電池パネルの数が増えれば、部品の費用ないし価格が低下するということだ。相対的な価格が低下すれば、当然需要は増える。ドイツの太陽光発電の促進に反対する非難の一部は、構造的かつダイナミックな大量生産の利点を前にすれば、片がつく。

構造的な大量生産の利点とは、時間単位（たとえば1年間）当たりの大量生産によって部品の費用の低下がもたらされることである。ダイナミックな大量生産の利点とは、時間単位の学習効果によって独自の費用逓減効果がもたらされることである。たとえばコンピューター・チップや太陽電池パネルの廃棄率が最初の10万個にたいして20%だったとしても、次からの10万個単位でつねに1%ずつ廃棄率を下げれば、時間の経過とともに、蓄積された（追加された）製品全体の数が多ければ多いほど部品の費用が低下し、価格が低下するのは明白だ。また、風力エネルギーや太陽光電力の設備財の場合には、中期的・長期的に費用の低下をもたらす可能性がきわめて大きいのも自明である。したがってその先は次のようになる。しばらくの間風力施設の生産者や太陽電池パネルの供給者の数が増加し続ければ、彼らの間には風力ファームや太陽光発電の世界市場を拡大したいという独自の利害が生まれてくる。それによって、徐々に在来型の核電力コンツェルンにたいする対抗ロビーも生まれてくる。そうすると、西側諸国の核電力コンツェルンが速やかに核発電から大々的に撤退するということも、あるいは再生可能エネルギーの拡張に向かうということも可能性としては充分ありうる。というのも、核電力に深く関与してきた株式会社の形態をとる電力コンツェルンは、福島の事故後、投資家によって危険な上場証券と見なされるからである。相対的に安全な有価証券と利益配当を発展させたいとする多くの投資家は、福島の後では、核発電の供給者の証券から理性的に手を引くようになるだろう。国家的・国際的な資本市場のプレーヤーがもつ論理は、中期的に見れば、経済協力開発機構諸国ならどこでも似たり寄ったりだろう。だから国際的な市場メカニズムが次に生み出すのは、核脱却と再生可能エネルギー拡張にたいして間接的に並行する刺激なのだ。

第4章 核電の保険と「想定される最大の事故（ガウ）を超える事故」（スーパー・ガウ）が国家の負債率とユーロの安定性に与える影響

万人に豊かさを最大化するはずの市場経済は、正常に機能しなければならないし、そのためには真実の費用が不可欠だ。ある企業が他者に負担を転嫁できるマイナスの外部効果ないし追加費用は、もしそれが最低限度額を超えるなら、受け入れることはできない。そして国家がもし、そのような追加費用を事故企業に内部化しないなら、つまり、生産にたいする特別税を通じてマネージメントの決定計算に組み入れさせないなら、「陰の補助金」が存在することになるが、そういった補助金は市場や生産構造を歪める。たとえば、核電事業者がほぼゼロの賠償義務保険で活動していながら、中程度の損傷事故で1000億ユーロを超える追加費用が支払われ（ドイツの国内総生産の約4％）、極端な重大事故でまさに5兆ないし6兆ユーロが支払われるとすれば、電力市場の歪みは途方もないものになる。こうした構造のなかでは、核電力の競争相手やその他の代替策は市場から大幅に追放され、そうでなければ再生可能エネルギー領域に投入されたはずの高額の投資は間接的に妨害される。どんな自動車運転者も通常の企業も、賠償義務保険に加入しなければならない（例外はドイツ鉄道会社で、これはほとんどさしたる賠償義務

を負っていない。ドイツ鉄道は国営企業であり、賠償費用は国家が肩代わりするからだ）。ところが、もっとも危険な発電形態を運用する核電事業者は、ミニ賠償義務しか強制されない。核電事業が開始された最初の10年間、賠償義務保険は実に笑うべきものだった。5億ユーロが基準だったのだ。これは、ある核電が重大事故を起こした瞬間時の、ほんのわずかな危害相当分でしかない。

核電の保険規則に関しては、ドイツもアメリカもスイスも似たり寄ったりだが、まずドイツを見てみよう。ドイツの核電に関する賠償義務保険を見ると、個々の核炉はドイツ核炉共同保険会社が管理する２５５０億ユーロ〔マこ〕の財産保険によって保証されている。この共同保険会社を通じてドイツの核炉はすべて同一の条件で保険をかけることができる。想定される事故の損害額は核炉１基当たり最高２６５０億ユーロと見積もられているが、これはきわめて低い額だ。他方、核法第34条によれば、核炉１基当たりの保険額は25億ユーロが上限だから、想定される低い損害額さえ賄える額ではない。事故が起きた場合、その背後には４大核電コンツェルンの母体つまりドイツ共和国連邦が、したがって納税者つまり市民の共同体！が負債の引受人として立っている。だが、この隠された負債を公共社会は知らない。

通常の民間の再保険会社は、核電の保険証券を拒否する。ケルンにある上記の共同保険会社がそれぞれの核炉の立地に無関心なのは、とても奇妙だが、それは、あたかも自家用車の賠償義務保険で賠償義務の等級がないかのようだ。これが核電の不条理な立地決定を利している。ネッカーヴェストハイム核電１・２号機は、地質的に不安定な敷地に建っており、しかも大都市シュトゥットガルトに近い。ドイツの他の核電も奇妙なことに、大都市のとても近いところにある（典型的な例としてハンブルク、あるいはフランクフルト近郊のヴィースバーデンが挙げられる）。

ドイツでは核炉１基の事故に応じて最高25億ユーロの保険が設定されているが、損害見積もり額の２６５０億ユーロとの差額は、４大核電コンツェルンであるエーオン社、ライン・ヴェストファーレン・エネルギー社、バーデン・ヴュルテンベルク・エネルギー社、ヴァッテンファル社が引き受ける。事故やガウの場合、被害者は事故企業にたいして広範な請求を行う。エーオン社は、２０１０年に純資産として１２００億ユーロを貸借対照表に記載した。エーオン社の核電がスーパー・ガウを引き起こせば、被害者は当然、同社の企業価値が突然下落することを前提せざるをえない。また、エーオン社の株式にたいする投資家の食指も大きく萎える。実物資本（たとえば破壊されたり二度と利用されたりしない核炉）の減価償却が企業の価値を大幅に引き下げるからだ（東京電力の株式相場は、福島の事故後4週間のうちに約4分の3も下がった）。25億ユーロ以上の責任を事故企業に負わせるのは、一般に核電が有限責任会社の法形態で運転されている以上、ほとんど実行不可能である。さらにスーパー・ガウの場合、事故企業にたいする被害者の賠償要求が実現するのは、おそらくきわめて長期にわたる裁判の後だろう。スイスとドイツの研究では、ガウの場合におよそ3兆５０００億スイス・フランもしくは5兆ユーロの損害になる。これが意味するのは、核電の場合には相当の1部保険があるということだ。経済的視点から見ると、これが電力市場における競争を歪め、ヨーロッパ連合の補助金規制と衝突する膨大な「陰の補助金」を生み出している。これこそまさにヨーロッパ連合の電力域内市場が直面している問題であり、環境に負荷をかけるエネルギー源（ガス・石炭火力発電所の場合、企業は二酸化炭素排出権証書を購入する）と核電力との併存を許し、ヨーロッパの電力取引を歪めている。ヨーロッパ委員会はこれまで、核経済における「陰の補助金」がきわめて膨大であるにもかかわらず、この問題を無視してきた。

プログノス社と経済省にたいするエヴァースとレニングスの周知の研究〔本書112頁参照〕は、核電事業者に完全な賠償義務保険がない場合、1部保険をカバーするために核電事業者に課す保険割増金が、キロワット時当たりの核電力価格を０・５ユーロ押し上げるだろうということに立脚している。減価償却された核電の場合、産業と家計の最終消費者にたいする核電力価格はキロワット時当たり10～20セントになるが、これが20～30セントとなれば価格は2～3倍上昇する。それによって、核電は石炭・ガス火力発電所にたいして競争力を失うだけでなく、補助金のない水力、風力、地熱の再生可能エネルギーにたいしてもほとんど競争力をもたなくなる。

たとえば北海やバルト海に立地する風力発電所は、完全な賠償義務保険を支払わなければならないが、これは、たとえば風車が嵐で倒壊したり船舶を破損したりした場合に、損傷に応じてこれを補償する。これにたいして、ドイツの核電は賠償逃れにおいて特権的な位置にある。ガス、石炭、再生可能エネルギー間で行われているエネルギー生産における競争は、潜在的に巨額な費用を伴う核発電のために歪められているのである。

ドイツの核電にたいする賠償義務規制において重要なのは、市場、業績競争、責任といった普遍的な原理を基本に据えることであろう。そのためには、すべての核電事業者が個々の核炉にたいして（個々の立地条件によって異なる危険性の面を考慮して）賠償義務保険を契約するよう、法的規制を整備しなければならない。これが適用された場合、二重の結果が予想される。

・大都市に近い核炉や、地質的に不安定な、また地震によって大きな危険のある地域の核炉は、天文学的な費用の賠償義務保険によってしか儲けを得ることはできないだろう。

・原子力研究や内在的に安全な核発電計画にたいする刺激を発展させることは、完全な賠償義務保険をかけた場合には、従来の枠組条件で行われる場合と比較して、はるかに高額になるだろう。*

核電の保険費用に関する新しい研究（ライプツィッヒ保険フォーラム 2011）によれば、ドイツの全17基の核炉が共同保険に基づいて、現実的で納得できる50年分の保証資本を用意するためには、保険割増金はキロワット時当たり0・51セントになる（100年というもっと長期間の場合には、キロワット時当たり0・14セントになる）。この研究では、核発電が暗黙裡に巨額の「陰の補助金」によって助成されていることも明らかになった。いずれ政府はその補助金報告書で、「陰の補助金」の規模についての説明を求められることになるだろう。この最新の研究はまた、スーパー・ガウにおける損害額を6兆ユーロと見積っている。

国家の債務とユーロの安定性にたいするスーパー・ガウの影響

もし核炉の損傷事故で必要となる5兆ないし6兆ユーロが事実上ドイツの納税者の負担になるのであれば（これは、国内総生産の2倍以上である）、ドイツの負債率は、国家が「残余の危険性」の補償を引き受けるかぎり、国内総生産の4倍以上になる。たとえ国家が損害の半分しか引き受けないとしても、国家の負債率はそれでも2倍以上に上る。それによってユーロ圏の実質利子率は1％以上上昇し、投資率ないし経済成長は顕著に縮小し、失業率は上昇するだろう。2011年の国家負債率をおよそ80％とすれば、その負債率は200％～300％に上昇することになり、それは国家の破産を意味し、ドイツは負担軽減措置を余儀なくされるだろう。

ユーロ救済基金の2大保証国あるいは資本提供国であるドイツやフランスが、スーパー・ガウによってこの救済基金に手をつけるなら、国際資本市場のプレーヤーから見て、救済基金はもはや信用されなくなるだろう。というのも、もし両国のどちらかが深刻な国家債務危機に陥れば、その国は、国際的な信用を生み出すために必要な保証財産ないし責任財産を欠いてしまうからだ。そうなればユーロの安定性は激しく脅かされ、経済発展は不安定化し、いずれにしても大幅な租税の高騰を引き起こすだろう。そしてユーロ圏諸国、ヨーロッパ委員会、ヨーロッパ議会は、ユーロ圏ないしヨーロッパ連合内の一国が引き起こしたスーパー・ガウの、ユーロ圏の経済的安定に与える問題と対決しなければならなくなるだろう。それは何年も続く深刻な経済危機という問題であろう。

スーパー・ガウによって放射能が国境を越えて拡散すれば、他の国々にもマイナスの国際的外部効果をもたらす。

＊　内在的（受動的）安全性とは、機械や設備が、外的な防護措置や人的操作がなくともいわば「自動的に」安全性を確保できる状態を指す。核炉の場合、液体の自然循環や大気の自然対流、重力落下等、単純な物理原理に基づいて、事故時の核炉停止、炉心・格納容器の冷却等でこの安全原理を採用するとされる。

それは広く偶然の要因、とくに風向き、河川と地下水の汚染の程度、ヨーロッパ連合内の放射能汚染拡散の程度次第で状況が変わる。放射能汚染に見舞われた国ではどこでも、（放射線障害の程度に応じて）国家財政への負担や保健部門への支出が生じる。スーパー・ガウの国から避難民が国外に大規模に流れることも考えられる。というのは、必要なすべての避難措置が事故当該国内で計画的に行われるのは、条件が好都合な場合だけだからである。

核電の不完全な保険は、エネルギー経済において著しく誤った配分をもたらし、ほぼ危険性のない再生可能エネルギーの拡張を阻んできた。スーパー・ガウの場合にはまさにユーロ圏の崩壊、大規模な経済危機に脅かされるのだ。だから、チェルノブイリと福島の後に巨大電力コンツェルンの代表が主張したこと、「安価で安全な核電力」という主張は、政治の言葉を使えば「厚顔無恥の誤った評価」であったことが明白である。

ヨーロッパ委員会とヨーロッパ議会はいったいなぜ、市場経済では不可欠な、核電の完全な賠償義務保険を要求しないのだろうか。これについては真剣に問わなければならない。必要なヨーロッパ連合指針の作成を俎上に乗せなければならないのである。

アメリカの保険問題

アメリカの核電の保険は、ドイツよりもいくらか包括的である。アメリカにはプライス・アンダーソン法（とくに核エネルギー法第１７０章。最後に改定されたのは２００９年である）という新設の核電力施設の保険に関する法的枠組があり（２０２５年まで）、核電力提供者は損害を与えた場合、基本的に無限責任を負う（もちろん、実際には企業それぞれの現有資産額まででしかない）。１００メガワット以上の出力をもった核炉はすべて、３億ドルの賠償義務保険をかけなければならない。２０１０年1月1日からは、この金額が最低3億７５００万ドルとなる。これにより１００メガワット以上の出力をもつ核炉はすべて、３億７５００万ドル以上の損害にたいしてもすべて１部保険から〔完全保険に〕転換させられるはずだが、実際には核炉毎に1億１１９０万ドルまでが完全賠償義務案件と考えられる。その上さらに、5％の保険割増金もありうる。いわばこの丸投げされた再保険制度の枠組では、一定の期間に一つの損害が発生することを前提として、一つの損害事案に対して126億ドル〔ママ〕までは利用できるということだ。だから、いずれにしてもアメリカではドイツよりほぼ4倍の賠償義務があるということになる。だがアメリカ、ドイツ、スイスその他の経済協力開発機構諸国の現在の賠償義務保険手続きには、少なくとも三つの欠陥がある。

・賠償義務保険割増金が核電施設の立地条件毎に区別されているわけではないので、立地の選択に際して合理的な誘因が存在しない。つまり、人口数が多かったり人口密度が高かったりする地域圏から遠く離れたところにつくるという誘因がない。

・すべての核炉の保険が1部保険であるために、核炉建設業者や核電力企業には、安全上重要な技術的進歩にたいして投資する誘因が充分働かなくなる。

・全体として、完全な賠償義務保険なしの核発電の存在によって人為的な電力・エネルギーの低廉化傾向が成立し、電力・エネルギー集約的な生産部門を拡張すれば儲かるという欺瞞が生まれ、それによってグローバルな二酸化炭素の排出も人為的に亢進する。核電力それ自身の生産過程ではほとんど二酸化炭素を排出しないが（「直接的な二酸化炭素効果」なし）、核電力を動かす全体的システムの直接間接の影響を合計すれば、核電力は二酸化炭素排出を増加させるという結果になる。この影響についてはこれまで論争のなかで主題化されていない。

しかも奇妙なことに、ヨーロッパ委員会は、現在の国毎に異なる規制が電力域内市場の競争をひどく歪めているにもかかわらず、核電の賠償義務保険問題と取り組んでこなかった。

ブッシュ（子）大統領のアメリカ政府は、核被害補償補助に関する国際条約の枠組で核電にたいする国境を超えた一種の再保険を確立しようと、他の核発電大国との協調体制づくりを試みた。この条約は、２００７年12月にブッシュ大統領が署名したエネルギー独立・安全保障法（９３４条）の一部を成し、２０１１年はじめにアメリカと三つの国によって批准された。これに加えてさらに9ヶ国が署名したが、それだけでは条約で求められた発効要件、つまり最低基準を達成するための核電力容量が少なすぎた。ウクライナ、ロシア、韓国、カナダのうち2ヶ国が署名すれば、最低基準を満たせたはずだった。アメリカの核輸出産業の視点からすれば、この条約は国際的な賠償義務保険制度の改善によって核発電を輸出しやすくするためのものであった。条約は署名国にたいして、アメリカと同じような賠償義務保険制度を創設することを求めている。もしそうなれば、国際的な条約の枠組内で一種の第3水準の保険をもつことになっただろう。つまり、核炉所有者の第1保険を超えた、いわば核電力産業全体の協調保険による解決を基盤とする保険である。

ここから分かるように、巨額の傷害保険証券によって「核電を守るための私的再保険」を見つけることは不可能であるだけでなく、欠落しているその市場適合的な保険の提供に代わる一種の政治的補償という国家レベルの再保険による解決策も（ブッシュ大統領の下でも）実現には至らなかった。もし世界最大の私的再保険会社が核電の保証を拒否したら、次の問いが立てられる。私的部門が核電にたいする必要な保険を提供できないとしたら、核電に保険をかけるにはいったいどれほど複雑なカラクリが必要になるだろうか。また、保険をかけられないとされた核電がもつ危険性は許されるのだろうか。あるいは、なぜ国家と社会は、この類例を見ない特殊な立場を、全産業部門のなかで核電力経済にだけ許しているのだろうか。そして最後に、私的保険会社が再保険を提供できず、その意思もないとするなら、なぜたとえば国家や政治家が核炉事故の保険にたいしてよりよい計算式をもっていると言い切れるのだろうか、と。

ブッシュによる当該条約の発効には、少なくとも5大核発電国の協調が必要だった。だが、ブッシュ政府は協調諸国のなかにそれを見つけることができなかった。結局この条約案は、経済的愚行を国際的に拡張し、環境を傷つけ、まったく必要のない高度に危険な社会をつくるための同盟だったと言えよう。そもそもブッシュのイニシアティブの背後にはアメリカの核電製造業者の輸出にたいする利害があった。他方、アメリカの緑の構造転換は次のオバマ大統領の下で行われた最初の景気対策とともに支持された。この緑の構造転換は、長期的には環境と調和する工業製品やサービスの拡張（これは新たな輸出のダイナミズムにも寄与できる）を伴っていることを明確にしなければならない。たとえば京都議定書に続く規則で新しいイニシアティブをとり、より環境と調和する製品や環境を傷つけないエネルギーないし発電を改善するのもまた、まさにアメリカ次第なのだ。アメリカは何十年にもわたって、石炭と核エネルギーに大きく依存した発電によって、持続可能ではない拡張を推し進めてきた。アメリカのように自称きわめて市場志向的で合理的な決定を強調する国が、秘密の巨額な追加費用を伴う核電力経済を何年にもわたり支えてきたということは、本来驚くべきことなのだ。国民経済的に妥当とされる投資計算あるいは完全な費用・便益分析からはっきり分かるように、核発電は経済的に理に適っていない。精力的に促進すべきはむしろ、再生可能エネルギーの拡張の方なのだ。もし市場経済と業績原理、あるいは責任と合理性を肯定するのなら誰でも、核電力経済からの脱却と、再生可能エネルギー源による発電への転換を強く支持するだろう。今日の国際経済システムは30以上の国々が国家と密着した核発電に依存している構造を特徴としているが、それは国際的な経済関係においても歪曲と新たな問題をつくり出しているということなのだ。

それだけにいっそう、核脱却のための国際的ネットワークと国際的な政治的イニシアティブについて熟考すべきである。経済協力開発機構は裕福な34〔2016年のラトビア加盟で、現在35ヶ国〕の工業先進国組織として、核脱却の費用をめぐる論争や、新たな電力経済への道（再生可能エネルギー源の優位）をめぐる論争で、特別に重要な役割をもっている。パリにある経済協力開発機構にとって重要なのは、エネルギー政策に関する委員会において脱却と転換が議論され、再生可能エネルギー源に基づく電力経済の模範例やその道へ向かう魅力的な諸国の研究を提案することである。

第5章 国際分業の歪み

エネルギー費用は、エネルギー集約産業では総価値創造〔総生産〕の20％から60％に上る。その場合、エネルギー費用とは、通例電力費用を意味している。もし国家によって人為的に低廉化された電力でエネルギー・電力価格が相対的に下落すれば、これは、対外〔国際〕経済理論の定理から導き出される一連の帰結を生み出す。もっとも重要な帰結は、人為的に安くなった核電力が世界中でエネルギー集約生産の割合を高め、核電力ゆえに二酸化炭素の排出が増えることである。核電力によるこの直接間接の排出量こそ、総合経済的あるいは世界経済的な判断にとって分析され考察されなければならない事柄である。その場合、国際電力市場は充分には統合されていないから、「陰の補助金」によって低廉化された核電力の割合が高い国々では、エネルギー集約的な生産と連動する輸出が相対的に強大であると想定される。それによって国際分業は歪められるのである。

人為的に安価にされた核電力の影響を対外経済的に把握するには、対外経済理論のいくつかの定理に立ち戻らなければならない。ここでは（人為的に有利化された核電力を利用できるという条件の下で）三つの定理を取り上げよう。

・ヘクシャー＝オリーン定理*が述べているように、国民経済が発展した国は、相対的に豊富な、したがって相対的に安い生産要素〔土地・資本・労働〕を集約的に利用する財に特化する。核電力への「陰の補助金」が意味するのは、電力やエネルギーが全体として他のものより安く利用できるということだ。したがって、核電をもつ国、発電に占める核電力割合の高い国（核電事業者にたいする最低限の賠償義務保険規制と結びついている）の多くは、エネルギー・電力集約的に生産される財〔資本〕の生産が強化された構造に転換していく。

・次の定理、サミュエルソン＝ストルパー定理**はこう語る。市場性のある財の相対価格の所与において、（外因性の）値上げは単純な結果をもたらす。つまり、値上げされた財の生産に相対的かつ集約的に投入される生産要素（たとえば資本）の要素価格が上昇するのだ。もしたとえば資本集約的に製造された飛行機の価格が上昇すると、労働という生産要素と比較して資本という生産要素の要素価格は上昇する。その結果、核電力やエネルギーの人為的な低廉化では全体としていったい何が起こるだろうか。国家が間接的にもたらした、エネルギー集約的な財の相対価格の下落から、低廉化された財の生産に相対的かつ集約的に投入される生産要素の要素価格が下落するという結果になる。重要部門であるアルミニウム、鉄鋼、セメント、紙、基礎化学、非鉄金属（資本集約的でエネルギー集約的な産業に数えられる）を考えてみると、核発電を行っている経済協力開発機構諸国のエネルギーの低廉化は、相応する財の輸出とあいまって、資本利回りとそれに伴う実質利子も下落するということになる（このことは、同様に資本集約的な核電力産業において、エネルギー部門の市場集中過程で資本利回りが下落することを排除しない。核電の最低稼動規模は相対的に大きいので、このことが、政治部門にも影響力をもつような強力な集中化傾向をもつ核エネルギー経済の形成に有利に働く）。

・人為的に低廉化された核電力や人為的に低くされたエネルギー価格水準は、生産構造にどのように作用するのだろうか。リプチンスキー定理[***]によれば、ある国の要素設備の外因的高騰は、要因jの場合（所与の相対的な財価格の場合）、相対的に豊富な生産要因を集約的に利用できる財の生産が上昇する結果になる。その他の財の生産量は下落する。核電が完全な賠償義務保険に移行すると、一連の核電は比較的短期的に競争力を失い、電力・エネルギー供給は減少し、エネルギーの相対価格は高騰するだろう。その結果、構造転換が起こり、相対的にエネルギー集約度の低い財の生産が上昇する。エネルギー集約的な財の生産量は絶対的に減少するが、財の生産における二酸化炭素の排出も減少し、そのかぎりで二酸化炭素排出の削減効果は、核電力の代替から生じるガス火力発電所（ないし二酸化炭素回収・貯留ありの石炭火力発電所）による二酸化炭素排出の上昇効果を相殺する。そして核炉の停止は、経済全体では二酸化炭素排出の減少となるだろう。もちろん逆の状況を生み出す結論もある。つまり、（核発電を通じて工業先進諸国が何十年にもわたって行

＊　国際分業パターンの決定において国の輸出と輸入の構造を決定するのは、各国に存在する資本や労働などの生産要素の賦存比率（物量同士の比率）である。この定理の下では、労働豊富国は労働集約財を輸出し、資本集約財を輸入するが、資本豊富国は資本集約財を輸出、労働集約財を輸入することになる。

＊＊　ある国が外国に比べて相対的に労働が豊富で資本が希少であるとするならば、ヘクシャー＝オリーンの定理によれば、その国は労働集約的な産業に比較優位をもつ。この場合、外国貿易の開始は、その国の生産を労働集約的な産業に特化させ、労働集約的な財の生産の増加と資本集約的な財の生産の縮小を引き起こす。このような生産の再編成は、資本集約的な産業から労働集約的な産業への生産要素の移動を必要とする。しかし、資本集約的な産業から解放される生産要素に比べて、労働集約的産業で需要される生産要素は労働に偏っているため、資本の過剰と労働の不足が生じるであろう。したがって労働集約的産業への特化は、資本用役の価格（レンタル率）に比して労働用役の価格（賃金率）を上昇させるのである。賃金の相対的な上昇は、資本集約的な財に対して労働集約的な財の相対価格を上昇させる。こうして外国貿易の開始あるいは自由化は、その国が比較優位をもつ財（労働集約的な財）の価格の上昇と、その産業に集約的に投入される生産要素の価格（賃金率）の上昇をもたらす（関税が賦課され貿易が縮小する場合には、その逆）。

＊＊＊　財の相対価格を不変とすれば、各財の供給量は、労働・資本の賦存量によって決定し、労働・資本賦存比率の上昇は、労働集約的（あるいは資本集約的）な財の供給量を増加（減少）させる。

なってきた）エネルギーの人為的な相対的低廉化によって、エネルギー集約的な生産の割合が人為的に高められ、その世界規模の結果として、完全な賠償義務保険（したがって核発電のより高い限界費用）を反映した核電力価格の場合よりも二酸化炭素の排出が多くなるというケースだ。だから、たとえば核発電対ガス火力発電所（あるいは核エネルギー対その他の電力化用エネルギー）というように、燃料のエネルギー密度を個別に切り離して考察すると間違うことになる。

２０１０年に世界中で稼働しているおよそ４４２基の核炉は、工業先進国の電力価格水準に、したがって生産の世界的構造に影響を及ぼしている。表２が示しているように、ヨーロッパ連合諸国の産業用電力価格には顕著な差があるし、家計の税負担や家計用純電力価格にも国際比較では顕著な差がある。ヨーロッパ連合諸国の産業用電力の最低価格は、２０１０年ではエストニアの５・73セントであり、最高価格はキプロスの14・83セントと、スロバキアの11・61セントである。ドイツは９・21セント、フランスは６・87セント、イギリスは９・47セントである。日本の家計用電力の税込価格は22・76セントで、特別に高い。ヨーロッパ連合諸国ではデンマークが36・55セント、オーストリアが26・23セントで、相対的に最高に近い。家計用にもっとも恵まれた純電力価格はブルガリアで、６・75セントであり、ドイツは13・81セントであった〔１ユーロ・セント＝０・01ユーロ〕。

核エネルギーにたいして大きな不快感を抱く西側の公共社会はたくさんある、とくに福島の事故後は。事故後の数週間の状況（何日か続くスローモーションの炉心溶融の始まりとともに）が、ある事態を明らかにした。よく考えてみると、世界の４大電力コンツェルンの一つ〔東京電力〕が、閉鎖地域から避難した市民に最初の賠償金として８５００ユーロ〔約１００万円〕（一人当たりの年間収入が世界最高の国でありながら、故郷を喪失した人々にたいする補償としては驚くほど少額だ）しか支払っていないのに、すでに支払い困難に陥ったのだ。経済的視点に立てば、このことは基本的に次のような仮説にまとめることができる。核電力の割合（c）は元々、一人当たり純国民所得

表2 2010年の産業用および家計用電力価格

(ユーロ/キロワット時)

	(1)産業用	(2)家計用	(3)家計用(税込)
ベルギー	0.0943	0.1449	–
ブルガリア	0.0639	0.0675	–
チェコ共和国	0.1022	0.1108	0.1921
デンマーク	0.0848	0.1168	0.3655
ドイツ	0.0921	0.1381	–
エストニア	0.0573	0.0695	–
アイルランド	0.1118	0.1589	0.2550
ギリシア	0.0855	0.0975	0.1518
スペイン	0.1110	0.1417	–
フランス	0.0687	0.0922	0.1592
キプロス	0.1483	0.1597	–
ラトビア	0.0890	0.0954	–
リトアニア	0.0991	0.0955	–
ルクセンブルク	0.0956	0.1433	0.2371
オランダ	0.0853	0.1266	0.2580
オーストリア	–	0.1427	0.2623
ポーランド	0.0929	0.1049	0.1669
ポルトガル	0.0896	0.1093	0.2152
ルーマニア	0.0850	0.0856	–
スロベニア	0.0917	0.1057	–
スロバキア	0.1161	0.1277	0.2309
フィンランド	0.0667	0.0998	0.1737
スウェーデン	0.0800	0.1195	–
イギリス	0.0947	0.1321	0.2060
クロアチア	0.0932	0.0934	–
ノルウェー	0.0893	0.1484	01373
トルコ	0.0863	0.1067	0.1651
アメリカ	–	–	0.1155
日本	–	–	0.2276

(1)産業用電力価格:この指標は、最終消費者を考慮した電力価格を表している。産業用の価格は、次のように定義される。中位(年間消費500~2000メガワット時の消費集団)の産業用上半期の、適用租税抜きユーロ/キロワット時の平均価格。2007年まで、中位消費者(基準消費は、2000メガワット時の平均消費である)の毎年1月1日の価格が挙げられている。

(2)家計用純電力価格:この指標は、最終消費者を考慮した電力価格を表している。家計用の価格は、次のように定義される。中位(年間消費2500~5000キロワット時の消費集団)の家計用上半期の、適用租税抜きユーロ/キロワット時の平均価格。2007年まで、中位消費者(基準消費は、3500キロワット時の平均消費である)の毎年1月1日の価格が挙げられている。

出典:(1)と(2)ヨーロッパ委員会「ユーロ統計」、(3)国際エネルギー機関「世界エネルギー統計要覧」2010。

表３　2009年における経済協力開発機構諸国の一人当たり純国民所得（a）、人口密度（b）、核電力の割合（c）

国	（1）一人当たり純国民所得（アメリカ・ドル、購買力平価、基準年2000年）	（2）人口密度（km²）	（3）核電力の総発電比（%）
オーストラリア		2.85	0.00
ベルギー	24,303.06	356.30	52.69
チリ	10,965.80	22.82	
デンマーク	25,002.67	130.32	0.00
ドイツ	22,966.23	234.86	22.84
エストニア	12,512.55	31.62	
フィンランド	23,479.43	17.57	32.85
フランス	23,009.54	114.33	76.30
ギリシャ	19,719.25	87.34	0.00
アイルランド	21,658.62	64.60	0.00
アイスランド		3.18	0.00
イスラエル	21,084.33	343.89	
イタリア	20,182.66	204.74	0.00
日本	20,607.61	349.96	26.91
カナダ	25,496.35	3.71	14.53
ルクセンブルク	39,489.11	192.22	0.00
メキシコ	9,089.44	55.26	4.15
ニュージーランド	19,882.74	16.39	0.00
オランダ	25,964.82	489.67	3.77
ノルウェー	34,342.35	15.80	0.00
オーストリア	25,401.34	101.44	0.00
ポーランド	13,559.07	125.40	0.00
ポルトガル	14,417.78	116.24	0.00
スウェーデン	26,421.43	22.67	18.09
スイス	32,543.12	193.28	37.46
スロバキア		112.64	54.20
スロベニア	18,320.25	101.45	
スペイン	19,111.42	92.08	0.00
韓国	18,726.43	502.96	33.34
チェコ	15,027.82	135.79	33.30
トルコ		97.21	0.00
ハンガリー	11,562.64	111.84	42.96
アメリカ	31,818.98	33.56	19.95
イギリス	25,291.46	255.60	18.80

出典：経済協力開発機構。

図2　一人当たり純国民所得（a）、核電力の割合（c）（核電力ゼロの国は除外）

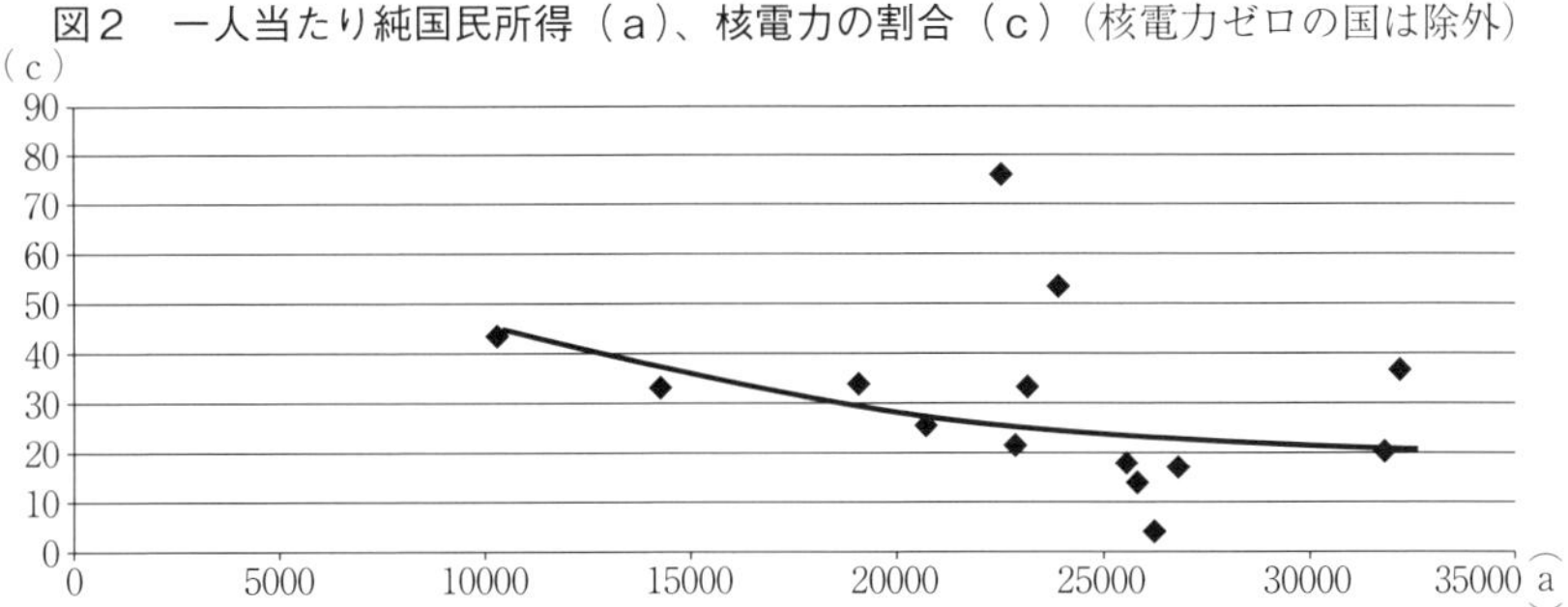

出典：経済協力開発機構統計。

図3　人口密度（b）、核電力の割合（c）（核電力ゼロの国は除外）

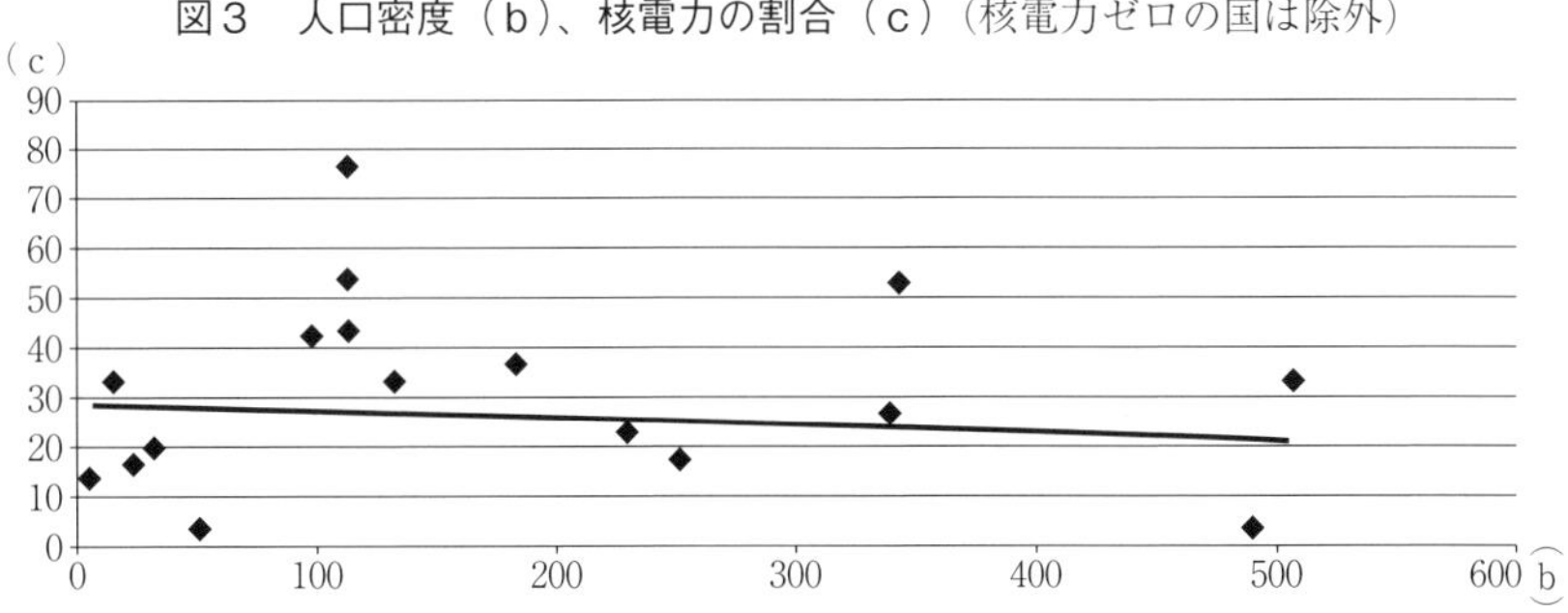

出典：世界銀行『世界開発指標・グローバル開発融資』。

（a。国際比較のためには、購買力平価での計算の方が有意義である）と人口密度（b）が増えるとともに後退する傾向にある、と。表3をもとにして作成した図2・3は、実際に（c）と（a）（b）との反比例的な関係を示している。一人当たり純国民所得（a）と、たいていそれと密接に関連する教育程度が高くなればなるほど、それだけ人間は健全な環境に関心をもち、核発電の危険性を回避しようとする。人口密度（b）が高くなればなるほど、それだけ核電におけるスーパー・ガウの巨大な危険性も高くなり、したがって費用面に照らして、人口密度（b）が上がれば核電力の割合（c）は後退するだろうと想定することになる。核電力の多さを説明するものとして、たしかに別の影響も存在するが、い

図4　2009年における経済協力開発機構諸国の総発電に対する核電力の割合

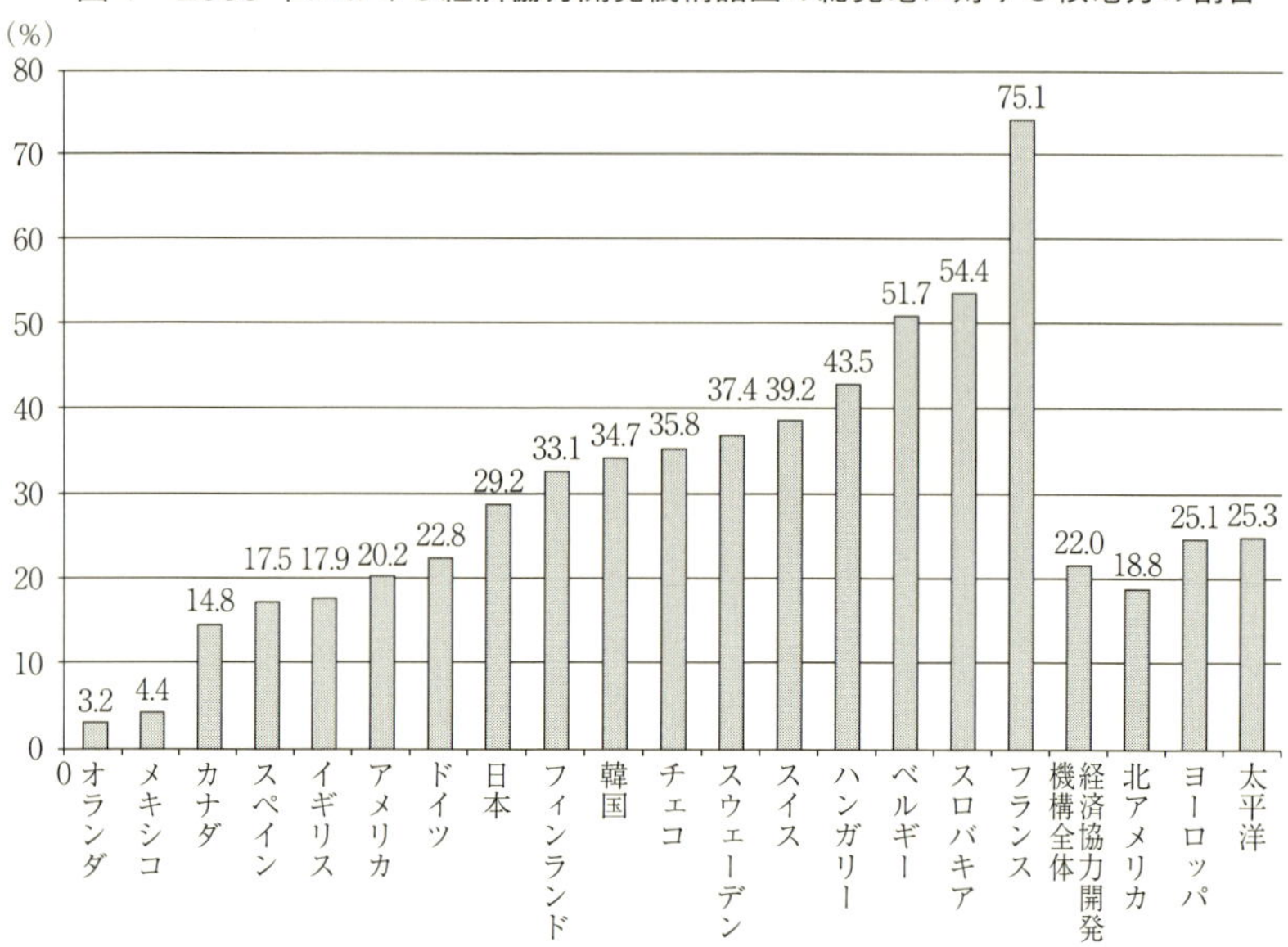

出典：核エネルギー機関『核エネルギー・データ　2010』2010。

ずれにしても、およそ２１００年までの人口増加は人口密度をさらに高めるという結果になる。しかも、世界のほとんどの国における（インフレーションを補整した）実勢の一人当たり純国民所得の長期的な上昇を計算に加えなければならない。だから、核炉の拡張に反対する経済的推進力も存在しうるのである。

核電力が環境と調和すると指摘する核発電の支持者は、リブチンスキー定理の意味ないしエネルギー集約生産の強化への構造転換の意味を見過ごしている。この転換は、核電力によってつくられた、エネルギーの人為的な低廉化の結果なのだ。言い換えると、核電力は、一見したところそう見えるほど環境と調和しないのである。

人口密度が高い国々にとって、核電は明らかにとくに危険だ。核電での重大事故では巨額の避難費用が降りかかってくるだろうし、避難地域では生産と交通の流れが妨げられることもあるかもしれない。突然の大量避難は、人口密度の高い国では著しく困難である。だからドイツ、日本、韓国、オランダはとうの昔から核電には向いていなかったのだ。多少割り引く必要があるが、これはフランスにも当てはまる。さらに、核電力の割合がきわめて高い国、たとえば40％、50％、70％以上のフランス、スロバキア、ベルギー、ハンガリー（図4）は、著しい依存が孕む危険を負うことになる。もしエネルギー源に関して発電が多様化されていなければ、一面的な依存から発生する大きな潜在的な危険性が存在することになるのだ。何週間にもわたる夏の暑さは河川の水位を大きく下げるが、この場合、核電全体を同時に充分冷却できなくなるという問題も生み出す。それによっていくつもの核炉が炉心溶融に脅かされることになる。福島の事故で誰もが見ることができたように、核電力施設を制御するには、たんに核炉を停止するだけでは充分ではない。緊急停止に続いて何週間にもおよぶ充分な冷却がなければ、核炉はほとんど必然的に不安定な再臨界に達する。

すでに福島の事故以前にもさまざまな国で、エネルギー生産・発電の構造的変化が起きていた。その結果、経済協力開発機構諸国では再生可能エネルギーの割合が高まった（表4・5）。ここにはエネルギー転換の国際的な政治同盟が生み出される要素がある。

当然のことだが、再生可能エネルギーの割合が増大していく適応のテンポを見るかぎり、エネルギー転換の挑戦はより野心的なものとなるだろう。巨大産業をもったドイツを見てみると、転換と脱却のための信用度が大切である。新旧の発電事業者にとってもそうだが、他の企業にとってもそうだ。費用のかかるエネルギー転換と結びついて、ドイツの純財輸出が一時的に落ち込むことを脇においてはならない。その一時的落ち込みを問題と見ることもできるが、他方でそれは、ヨーロッパ連合内のパートナー諸国の純輸入が減少する好ましい事態への貢献と見ることもできるだろう（世界経済の単純な2国モデルでは、国家Aの純輸出状態は、当然国家Bの純輸入状態と結びついている。国家Aの財輸出は国家Bの財輸入であり、国家Aの財輸入は国家Bの財輸出である）。また、2013年以降〔本書89頁参照〕、ヨーロッパ連合諸国内のすべての産業とエネルギー経済界にとって必須の、温室効果ガス（二酸化炭素その他）の排出権証書の購入は、エネルギー節約への大きな刺激を生み出し、電力需要の減少に寄与するだ

表4　発電に対する再生可能エネルギーの割合*

%＼年	1990	2000	2009	絶対的変化 1990－2009	平均的年変化 1990－2000	絶対的変化 1990－2000
アメリカ	11.50	8.20	10.20	－11.30	－3.30	2.50
カナダ	62.40	60.60	60.80	－2.60	－2.60	0.04
ドイツ	3.50	6.20	16.10	360.00	360.00	11.20
イギリス	1.80	2.70	6.70	272.20	272.20	10.60
日本	12.00	9.90	9.50	－20.80	－20.80	－0.50
フランス	13.40	13.10	12.90	－3.70	－3.70	－0.20
イタリア	16.40	18.80	23.10	40.90	40.90	2.30
経済協力開発機構全体	17.30	15.60	17.20	－0.60	－0.60	1.10
同ヨーロッパ	17.60	18.90	22.50	27.80	27.80	2.00
世界	19.50	18.40	—	—	—	—

*：再生可能エネルギー源の内容：水力、地熱、太陽光、風力、バイオマス、バイオガス、潮汐発電所。

表5　発電に対する核電力の割合

%＼年	1990	2000	2009	絶対的変化 1990－2009	平均的年変化 1990－2000	絶対的変化 1990－2000
アメリカ	19.10	19.80	20.00	4.70	0.40	0.10
カナダ	15.10	15.10	14.50	－4.00	0.00	－0.40
ドイツ	27.80	29.60	22.80	－18.00	0.60	－2.90
イギリス	20.70	22.70	18.80	－9.20	0.90	－2.10
日本	24.20	30.70	26.90	11.20	2.40	－1.50
フランス	75.30	77.50	76.50	1.60	0.30	－0.10
イタリア	無回答	無回答	無回答	無回答	無回答	無回答
経済協力開発機構全体	22.80	23.30	21.80	－4.40	0.20	－0.70
同ヨーロッパ	29.70	29.20	25.60	－13.80	－0.20	－1.50

出典（表4・5）：国際エネルギー機関「再生可能エネルギー情報　パネルA・B」2010、国際エネルギー機関「経済協力開発機構諸国のエネルギー・バランス　パネルC」2010。

ろう。そしてこれは電力経済の価格浮揚力を鈍らせ、その効果は国家によって強化され、エネルギー効率化の向上をめざす技術革新によって促進されるだろう。いずれにせよ、経済政策は、一連の挑戦に直面しているのである。

第6章 経済政策的な中間総括

経済的な観点から確認しておかなければならないのは、核発電がその始めから、とくに賠償義務に関して、適切な保険による保護なしに行われてきたということだ。核エネルギーは何十年にもわたり大々的に「陰の補助金」を受け、それによって代替エネルギー源は拡張の可能性を妨害されてきた。このような市場経済上の業績競争の歪みは、急いで是正されなければならない。福島の核炉事故から誰もが想像できるように、スーパー・ガウは事実上国家的・世界的に途方もない損害を引き起こす可能性がある。きわめて手堅い見積もりでも5~6兆ユーロ規模の損害が考えられる。エヴァースとレニングスの2兆5000億ユーロ〔ママ〕（これは2010年のドイツ国内総生産の5分の1に相当する）という見積もりもあるが、より厳密に考察すれば、とくに国際貿易や直接投資の流れ、移民や旅行者への影響を伴ういっそうの損害が考慮されなければならない。まさに世界の主要な輸出諸国は、内在的安全性のない核炉を運転することで、スーパー・ガウ時には莫大な潜在的損害に直面する。また、内部化されない外部へのマイナスの影響としては、同じく巨大な損害と結びついている放射性廃棄物の貯蔵費用も含まれる。

そもそも原子力（Atomkraft）に政治的な責任を負えるのかどうかは、政治過程での決定の問題でもある。原子力という巨大な危険性（メガ・リスク）を議会の多数決によって、現在の社会および将来の世代に押しつけていいのだろうか。もし核炉の運転が法外で長期的な健康の危険（たとえばガンの危険性）と、スーパー・ガウ時の潜在的な多数の死者数を含んでいると前提すれば、こう問われなければならない。内在的な安全性のない核炉の運転が問題だとすれば、ロールズ（1971）に倣って、全会一致の合意決定が必要ではないのか、と。少なくともヨーロッパ諸国では、原子力賛成の一致した決定はどこの議会でも期待できないということに疑問の余地はない。国民投票を仮定してもそうだ。

あるエネルギー源のマイナスの外部性の重大さを認めず、コミュニケーションを誹謗するような経済政策は国民的ではないし、またこの外部性（したがって核電事業者のいわゆる私的費用以上の追加費用）が大きい以上、それは豊かさの決定的な喪失を伴う。核発電の場合には潜在的なマイナスの外部性はとても大きい。国家的経済政策の課題は、マイナスの外部的影響にたいして実効性のある内部化を試みることなのだ。

核電力は相対的に安く、しかも二酸化炭素をほとんど排出しないといった、原子力に関する多くの論拠を目にする場合には、次のことを指摘しなければならない。全体的考察（これだけが核電力の二酸化炭素効果をめぐる問題にはふさわしい）では、核電力の拡張によって気候の安定化が達成されるという言明は疑わしい、と。逆が正しいのだ。人為的に補助された核電力の拡張によって世界中の電力は低廉化する。しかし、この人為的な構造転換によって、電力あるいはエネルギー集約的な生産領域が拡大し、追加的なエネルギー需要が生まれ、当然これが二酸化炭素の排出を増加させる。ドイツとヨーロッパの政策には次のような具体的な改革ないし前進が求められる。

・核電事業者にたいする完全な賠償義務保険の導入。加えて、予想される核廃棄物の費用負担。
・さまざまなエネルギー源の相対価格の変動（核電力のマイナスの外部効果の内部化を伴うもの）に基づいた

エネルギー・シナリオの再評価。

・ドイツや経済協力開発機構諸国における豊かさの喪失の見積もり（エネルギー源の相対価格の30年以上にわたる歪みによって生じたもの）。

・急務は、世界の国民経済にたいする一貫した持続可能性指標の、より厳格な遵守。ここではヨーロッパ国際経済連関研究所の「生活の持続可能性指標」を指摘しておく。この指標は、現行の多くの指標内容とは異なり、全体的な指標づくりにおいて経済協力開発機構が取り組むべき質的要請を含んでいる。

福島の核事故は、再生可能エネルギーに基づくエネルギー・気候政策を促進する上で、根本的な新たな道筋をつくり出す契機となった。ここには世界の国と地域が国際的協働を強化する可能性が秘められている。

新たな企業格付けの展開

多くの出版物では次のことを強調してきた。核電は根本的かつ継続的に基礎電力の供給を確保でき、これにたいしていくつかの再生可能エネルギー源、風力や太陽光は蓄電がきわめて難しい以上、一時的にかつ短期的にしかこれを確保できない、と。後者は、再生可能エネルギーの大幅な拡張にたいする批判的異論である。しかし、揚水発電所によってエネルギーや電力を蓄蔵する可能性が開かれていること、あるいは蓄電池技術が大きな進歩を遂げていることも事実である。さらにこれらは、（単純化して言えば）インターネット利用で制御される近代的な送電網と発電施設が機能することで、電力供給量の変動にもうまく対応できる。現代の情報通信技術は新しい可能性を開いているのだ。これらの技術によって、株式の格付けもさまざまな視点から容易になっている。たとえば相応の関心を寄せる投資家集団のために、意識的に持続可能性に適った株式を発行している企業も確認できる。生産方法と製品の面で明確に環境との調和に価値を置く企業、したがって持続可能性に貢献している企業がそうだ。そこでは、持続可能な投資にたいする信頼できるシグナルを、市場レベルでどうやって提供できるのかという問題も提起される。この場合、国家には適切な枠組条件を設定することが要請される。とくに持続可能性の格付けにたいする基準を設定することが重要となる。

資本市場の発展と持続可能な投資基金

投資と技術革新のダイナミズムにとって、資本市場にはきわめて重要な役割がある。投資家(個人、銀行、投資基金、年金基金)の主たる関心は、通例次の2点に向けられる。

・まず、流動性、収益率、安全性(相場の利幅が少ないこと、相場の損失を回避すること)への関心である。
・これに加えて、意識的に「質的利害」を求める投資家も多い。たとえば多くの人が、環境破壊や軍備に関連したプロジェクトに融資することを避けたがる。本章の文脈では環境の視点から、とくに「持続可能性投資」という質的指標が重要視される。そのような指標は、いわゆる持続可能性という枠組で助言や格付けを行う専門企業が提供している。

このように、持続可能性投資に関心をもち、したがって、ある企業がその質的基準を基本的に満たしているかどうかに注目する投資家が増えている。だからこそ、持続可能性の格付けに興味をもつ行為主体が資本市場に存在するのである。大きな代理店のムーディーズやスタンダード・アンド・プアーズ、フィッチ・レーティングス*が格付けの評点、つまりＡＡＡ(債務者の利子・弁済支払いの欠損確率がゼロに近い)からＢ、Ｃ、Ｄ(その欠損確率が段階的に高まる)までに関して投資家に債権の安全性の面で多かれ少なかれ信頼できるシグナルを送るように、投資家もこの持続可能性の格付けについて頭に思い浮かべる。実際、そのような「緑の格付け評点」を配分する機関がいくつかある。

２０１１年2月末、ロンドンの証券取引所に持続可能性投資分野として二つの新しい指標基金（為替取引基金）がはじめて開設された。二つの新しい指標基金とは、「ダウ・ジョーンズ・ヨーロッパ・持続可能性」と「ダウ・ジョーンズ世界・持続可能性」の二つの株式指標を指す。国際的な基金会社のブラックロックが、その指標基金商標「アイ・シェアーズ」を通じてこの両指標基金を開いた（「フランクフルト一般新聞」２０１1年3月1日21面の記事、「最初の持続可能性為替取引基金に値がつく」）。すなわち、「ヨーロッパ・持続可能性」指標は６００の上場企業のなかから、もっとも持続可能な上位20％の企業に関連し、また、「世界・持続可能性」指標は２５００企業のなかから、もっとも持続可能な上位５分の１の企業に関連する。選択するのは専門家機関、サム（ＳＡＭ）〔アメリカ政府の公式ウェブサイト〕であり、この機関は金融技術革新を投資家に販売する点で投資家と協働する。指標基金は、基礎となる持続可能性株式指標の発展と厳密に連動しており、投資の費用負担は伝統的な投資額よりも少ない。したがって、「持続可能性企業」にたいする投資需要は、この指標基金によって刺激を受け、ダウ・ジョーンズの報告によれば、両指標でおよそ80億ドルが投資額として管理されている。石油コンツェルンのイギリス石油公社は２０１０年に起きたメキシコ湾の掘削装置「ディープ・ウォーター・ホライズン」の大惨事〔本書１０3頁参照〕に責任があると多くの批判を浴びたが、それでもサムは、２０１０年の格付けでこの企業を持続可能と分類していた。しかし、２０１１年にはもはやこの枠に入れなかった。もちろんイギリス石油公社は何年も前から、再生可能エネルギーの領域に大きく関与してきた企業である。したがってこの公社その他の石油コンツェルンが、たとえば風力・太陽光エネルギー、バイオマスの領域で活動を強化することも待たれている状態だ。

＊　ムーディーズはスタンダード・アンド・プアーズと並ぶアメリカの2大債券格付け会社。フィッチ・レーティングスはイギリスに本拠地を置く金融商品等の格付け会社。

すでに一連の「緑の株式指標」ではいわゆる「クラスで一番」の選抜法が開始されている。つまり、ヨーロッパ連合諸国、ユーロ圏諸国、アメリカにたいする株式ポートフォリオは、各部門ごとに、相対的にもっとも環境と調和する（たとえこれがどのように定義されていようと）企業が代表されるように構成されている。もちろんこれは、個々の場合には重大な問題を引き起こす。たとえば核電力産業の指導的な企業がひょっとしたら、相対的にもっとも環境と調和する企業に分類されるかもしれない。実際、ＫＢＣエコ基金（ＫＢＣフランス（フランス・ベルギー・中央ヨーロッパをカバーする銀行）は、持続可能性指標に基づく格付けも行っている）の場合には、核産業の供給企業が「クラスで一番」に選ばれた。だから、持続可能性株式指標を決定する場合には何よりも、部門に適った選択を優先することが不可欠なのだ。これに基づいてこそ、「クラスで一番の見積もり」は意味をもつのである。

国家が、資本市場にも当てはまるさまざまな措置を通じて「持続可能性企業」に投資するよう助成することは、充分検討に値する。

・国家は、環境保護や持続可能性の領域で、すべての上場企業に最低限の情報を要求できるようにすべきである。
・国家や経済協力開発機構諸国（あるいはＧ20やそれより大きいグループ）は、「持続可能性投資」に適った企業に、前もってその証明書を発行できるようにすべきである。
・国家は、証明書をもつ企業に投下資本の10％まで投資できるようにすべきである。
・環境保護や持続可能性の進歩にふさわしい革新的政策を進めるには、「持続可能性企業」にたいする利潤税率を下げるべきである。法人税率や所得税率が低いことは、企業にとって重大なことなのだ。

核電力施設は内在的に安全でなく、危険な廃棄物を生み出す以上、根本的に持続可能ではありえない。このことを前提にすれば、資本市場における持続可能性部門の発展は、エネルギー経済の合理性の向上にたいする重要なシグナルとなる。その発展によって核発電の資本費用が高騰すれば、核電力の利益は中期的には低下する。

中期的な展望

ヨーロッパ連合の電力域内市場は、核電力経済のマイナスの外部効果がきわめて非対称的に内部化されていることによって、途方もなく歪められている。だから、フランスの核電事業者は、一見したところ安価な核電力を他のヨーロッパ連合諸国に輸出できるのである。すべてのヨーロッパ連合諸国を包括する、マイナスの外部効果の内部化が求められる。これがヨーロッパ委員会の課題であるが、そのためにはすべての核電力供給者が完全な賠償義務保険を明確にしなければならないだろう。しかし、これについては政治レベルでフランス側から同意を得るのはほぼ難しいだろうから、その場合には賠償義務保険に関するフランス側の行動にたいして、一致した勧告あるいは多数決による決定が必要かどうかを検証すべきである。少なくとも家計領域においてはどの国でも、核電力や化石起源電力を販売しない緑の電力供給者を選ぶことができる。それによって国内外の核電力を完全に閉め出すこともできる。また、たとえばガソリンスタンドで電力の種類を表示するよう義務づけるか否かは、国家次第だ。市場競争においては、自称安い核電力を購入するよう強い圧力をかける産業が存在する。これにたいしては、電力購入に当たって核電力の利用を意識的に断念する、エコロジー的志向をもった企業同盟が考えられるかもしれない。エコロジー的企業のネットワークが大きく成長すればするほど、核電力に別れを告げる圧力はそれだけ大きくなる。石炭とガス由来の電力も相応の二酸化炭素回収・貯留（二酸化炭素の分離と貯蔵）技術の発展によって、エコロジーと調和するエネルギー経済をつくり出す可能性がある。

いずれにしても、ドイツであれ他のヨーロッパ連合諸国であれ、核電事業者が完全な賠償義務保険を契約するかどうかはそれぞれの政府にかかっている。各国政府は、そもそも核電力には競争能力があるのかどうか、あるいはそもそも内在的に安全な核電の開発研究というものが存在するかどうかを確かめる必要がある。

ドイツでは核電力ゼロの電力部門への移行は、おそらく10年以内に実現できる。もちろんそのためには、エネルギー緩衝装置として新しい揚水式発電所を建設したり、革新的な蓄電池には国庫助成を増やしてスマート電力網を促進する必要がある。また、民間機関のみならず、必要な場合には公的機関の投資プロジェクトによって、再生可能エネルギー供給者のネットワーク化をヨーロッパ規模で拡大していく必要もある。新しいガス発電所も、再生可能エネルギーの割合が高くなった状況で、電力網の安定化のために必要になるかもしれない。したがって、ドイツ政府と州は電力供給者の拡張プログラムを支援しなければならない。

核炉の解体には多額の支出が必要である。しかも放射性廃棄物を最終貯蔵する費用の問題も解明しなければならない。廃炉にあたっては、1回限りだが実物資本にたいする減価償却の必要性が強まるかもしれない。もちろん第1世代の古い核炉のすべてが企業の側ですでに減価償却されている場合には、それほど多額にはならないだろう。

経済政策ではもちろん市民社会も、持続可能性指標の課題にもっと熱心に取り組むことが求められる。その際に重要な手がかりを与えてくれるのがヨーロッパ国際経済連関研究所の「生活の持続可能性指標」である。必要なのは、エコロジー的な社会的市場経済の長期的な基盤に関するより広範な論争である。また、核発電の高額な外部効果がエヴァースとレニングスの研究（1991, 1992）以来ドイツの経済学者には周知であるにもかかわらず、経済協力開発機構諸国の核電事業者が、あの特別な条件〔1部保険（保険金額が保険価格より少ない損害保険契約）〕の下で企業活動を続けてこられた理由も探究しなければならない。もちろん経済省は、証言にあるとおり、プログノス社の鑑定書を公開してはいなかった〔本書69頁参照〕。

核電の保険不足は、経済協力開発機構諸国のみならず、さらにそれを超えた世界的な経済問題と見なければならない。事故には無制限の責任を負うという核電事業者の主張は、明らかに美辞麗句だ。核発電の真の費用は、核電力の市場価格から推測されるよりもはるかに高い。核経済のマイナスの外部効果を内部化することは、国家の法的かつ公共政策的課題だ。また、ヨーロッパ委員会も、「陰の補助金」によって競争が歪められていることを批判的に検証しなければならない。生産費用の大部分、いやそのすべてをみずから市場で稼ぐ必要のない陰の領域、つまり現在および将来の納税者に転嫁できる「陰の補助金」が非常に大きいのだ。この陰の領域は縮小しなければならず、しかもそれは世界中の核経済に当てはまる。

納税者の視点から望まれるのは、納税者の生命と財産に関わる核発電の危険性がこれまで以上に透明になることだ。核電事業者の賠償義務保険証券は、法的な基準に基づいてインターネットで公開されるべきである。隠された費用を社会全体に転嫁することが合理的と主張できるのは、論理的には公共社会が賠償義務保険の実際の規模について知っている場合に限られるからだ。環大西洋銀行危機を踏まえると、銀行危機と核電力問題の驚くべき並行関係を指摘しなければならない（とくに「潰すには大きすぎる」問題に由来する。国家は自らのシステム維持のために巨大銀行を破産させることができず、これが銀行市場の競争を歪めている）。この「利潤の私有化」と「損失の社会化」は受け入れがたい方程式だ。万が一の際に発生する核電事業者ないし国家の義務は、２０１１年の福島以後、新しい意味を帯びはじめている。

ドイツ政府が太陽光・風力エネルギーにたいして支払っている供給報奨は、核発電にたいする高額の「陰の補助金」という状況のなかで、部分的には一種の対抗補助金に分類できる。もちろん経済・福祉理論的には、核電事業者にたいする賠償義務の保険費用を増やし、逆に再生可能エネルギーにたいする供給報奨を減らすことで国庫財政の負担を大きく軽減させ、租税を引き下げていくことがより合理的であろう。そこから自由に使える歳入が増えれば、消費需要、成長、雇用も増やすだろうし、そうなれば、保険費用の増大による電力料金の値上げというマイナス部分も相殺されることになるだろう。ドイツやヨーロッパ連合諸国の経済政策には、エネルギー・核電力政策の、歴史的に間違った方向転換にたいする再転換が求められているのである。

図５　環境経済学的「パンタ・レイ・モデル」の構造

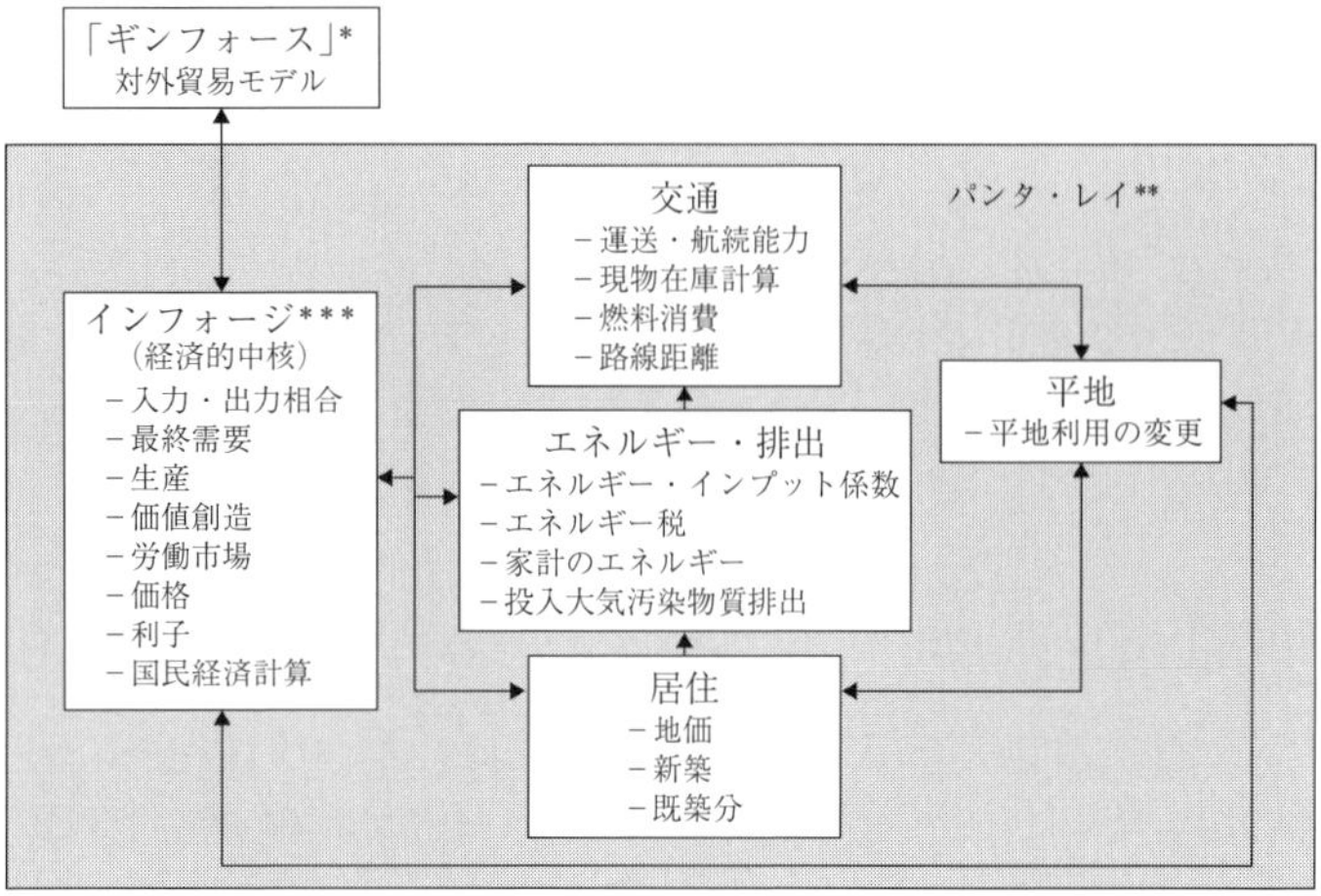

「ギンフォース」*
対外貿易モデル

パンタ・レイ**

インフォージ***
（経済的中核）
－入力・出力相合
－最終需要
－生産
－価値創造
－労働市場
－価格
－利子
－国民経済計算

交通
－運送・航続能力
－現物在庫計算
－燃料消費
－路線距離

エネルギー・排出
－エネルギー・インプット係数
－エネルギー税
－家計のエネルギー
－投入大気汚染物質排出

平地
－平地利用の変更

居住
－地価
－新築
－既築分

*: ギンフォース＝GINFORS（Global Inter-Industry Forecasting System-Energy　グローバル産業連関予測システム・エネルギー）。
**: パンタ・レイ＝「すべては流れる」（ヘラクレイトス）。
***: インフォージ＝INFORGE（Inter-Industry Forecasting Germany　ドイツ産業連関予測）。
出典：ルッツ 2011。

所得効果と雇用効果

二酸化炭素の排出に価格をつけることを、マクロ経済学的にモデル化する研究がある（ルッツ／マイヤー 2009、ルッツ 2011）。そこではパンタ・レイ・モデル（図5参照）が基本的に考慮されるが、このモデルは実際の経済活動を部門別に区別しながら、エネルギー消費と交通経済・居住経済・財生産・対外貿易から生じる排出との推移が探究されている。再生可能エネルギーの拡張によって直接・間接の効果を考慮すると、プラスの純雇用効果が生まれる。たとえば風力パークの拡張が図5で例示した部門に与える影響や、鉄鋼、プラスチックの需要に与える影響を無視してはならない。さらに電力部門においては代用効果が現れる。つまり、鉄鋼や核燃料の需要は、エネルギー転換の進行過程や再生可能エネルギーの拡張過程で減少するからである。いずれにしても構造転換は避けられない。これは一方では技術革新に、他方では集約度の高いエネルギー・電力部門の縮小に結びついている。経済的視点から言えば、アルミニウムの生産は、人為的に低廉化された核電力によって事実上補助され促進されてきた面があり、その限りで電力集約的なアルミニウムも、本来核電力の危険性の本質的な部分だと見なさざるをえない。

電力価格が上がるとたしかにマイナスの影響が出るが、国内投資の上昇と再生可能エネルギー領域の施設輸出の増加によって、プラスの純効果も生まれる。今後とくに探究すべきなのは、政治的に決められた温室効果ガスの削減目標を達成するために、どのような投資構成やどのような刺激誘因メカニズムが最適なのかという点である。

エネルギー部門の規制

電力・ガス回線網を規制する基本的な主体は、ドイツの場合はネット庁である。ネット庁は２００５年７月のエネルギー経済法に基づいて２００６年に創設された。その活動にあたっては、テレコミュニケーションの規制の分野で長年蓄積してきた経験も生かされている。ネット庁のウェブサイトではエネルギー規制の問題点を読むことができる（閲覧日２００９年10月１日）。

エネルギー規制とは、一言で言えばネット庁と州規制当局によるエネルギー供給網事業者〔回線事業者〕の監視のことである。エネルギー供給網は、エネルギー供給者〔回線利用者〕や電力供給者〔回線利用者〕が電力とガスを顧客に供給するために必要なものである。回線網はつねに回線事業者が管理しているから、選ばれた回線利用者を優遇したり排除したりする独占的地位を存分に利用できるかもしれない。したがって規制当局であるネット庁は、エネルギー供給回線への接続とその利用が、すべての回線利用者にとって公正に行われることを保証しなければならない。エネルギー規制の目的は、エネルギーの生産・取引・提供において市場競争を向上させる前提をつくり出すことである。そのためにネット庁は、とりわけ次の措置によって重要な貢献をする。

・電力とガスの配管にたいする回線報酬の認可。

・供給者と顧客がエネルギー供給回線に接続する際の障害防止・除去。
・供給者変更過程の基準化。
・新発電所の回線接続条件の改善。

なかでも「供給者変更過程の基準化」という項目を過小評価してはならない。福島の核事故後、ドイツでは多くの家計がインターネットで電力供給者を簡単に変更できるようになり、その際しばしば、再生可能エネルギーによる、あるいは核電力なしの電力供給者を意識的に選んでいる。独立した新しい電力供給者（ガス発電所を含む）の回線接続にとっても、ネット庁の役割は重要である。

しかし、核電の賠償義務保険の極小さから生じる大規模な競争の歪みの下では、ネット庁の影響力が発揮されることはほとんどない。ここでは国家には、三つのことが求められている。

・核電にたいする賠償義務保険の基準を厳しくすること。
・核電の場合、立地条件が完全に異なることから必然的になる保険割増金を、個々の核炉別に無条件に必ず区別すること。この方法は従来完全に欠けていた。これまでの統一的な保険証券は、他のエネルギー源との競争を奪う、あるいは競争に反する対応と見なせるだろう。ドイツの賠償義務保険においては、核炉毎、立地毎の区別はまったくなかった。たとえば福島の核事故が示したように、いくつもの核炉が空間的に集中すると、一つの立地に核炉が1基か2基しかない場合よりも大きな危険性が生じる。というのは、もし1基の核炉から高い放射線が放出されたら、自動的に隣の核炉でも安定化の作業を損ない、したがって近隣の複数の核炉の危険性も密接に連動し合うことになるからだ。
・ヨーロッパ連合の水準では、核電の適切な賠償義務保険の欠陥にたいして「陰の補助金」という面から批判的に診断を加える必要がある。他のエネルギー源の競争が核電のために甚だしく歪められており、これは各国の域内取引にも当てはまる。

したがって、ドイツや他のヨーロッパ連合諸国の経済政策は大きな挑戦に直面しているのである。

第1節　再生可能エネルギーに基づくエネルギー転換の長期的な展望（パースペクティブ）

核電力抜きのエネルギー転換の長期的な展望は、ドイツや他のヨーロッパ連合諸国の将来にとって重大な挑戦となるだろう。多くの国々の政府にとって、見かけ上とても安価な核電力が魅力的なのは一目瞭然であり、エネルギーへのグローバルな渇望の成長がエネルギーの相対価格を引き上げる局面ではなおさらである。しかも、巨大な核電力コンツェルンは、ロビー活動を通じて国家的、国際的な水準でつねに抜きんでている現状を考慮する必要がある。核電力コンツェルンの多くは、莫大な費用であらゆる種類の環境プロジェクトを支え、それによって「緑」の外套をまとうことで、上手に世間をわたっている。核ロビーは、特定の再生可能エネルギー利用の不安定さを好んで指摘し、ドイツや他のヨーロッパ連合諸国の指導的な核電力コンツェルンは、高圧送電線網の大部分を手中に収めている。これによって他の電力供給者、とりわけ再生可能エネルギー源供給者の市場参入は根本から妨げられる。だからこそ、経済政策ないし公共政策の観点からは、経験に富んだ相対的に独立した官庁に、たとえばドイツの場合は2006年来のネット庁に、送電線網の規制を委託することが重要なのである。一つの地域で、競合する複数の送電線網を維持するのは、経済的にも問題があるからだ。

送電線網は、個々の顧客のためにすべてのエネルギー供給者、電力供給者が利用しなければならない資源である。ネット庁は、公平な通路を保証するのを助け、しかも送電線網の利用に際しては費用に応じた価格設定を保証することを課題としている。一つの地域には高圧送電線網は一つしかないから、独占価格の危険を防ぐ目的もある。構造的によりよいのはイギリスの状態であり、サッチャー政権〔一九七九〜九〇〕はそれまでの公的な電力部門の私有化にあたって、その準備段階で競争を促進するために、電力網の運用と発電の分離を実行した。福島の核事故後はいっそう、再生可能エネルギーに基づく長期的なエネルギー転換をどのように描いていくかが世界的な課題となっている。エネルギー転換で克服しなければならない細かい問題、たとえばエネルギー蓄蔵や送電線網といった問題ではすべて、次のことを考慮しなければならない。もし風力発電施設やスマート電力網の技術的進歩が重要だとすれば、ヨーロッパやアメリカ、日本や中国、ブラジルやオーストラリア、インドその他の諸国はやっと入り口に立っている状態だ。だから、電力費用低下の可能性は今後の10〜20年間できわめて高まるだろう。しかも風力や太陽光の発電施設は世界市場志向だから、競争はより激しい。したがって、技術革新のダイナミズムが強まるだけでなく、技術進歩の国際的拡散も顕著になるだろう。技術革新と対外貿易の成長という文脈では、細分特化の進展を早期に学習することが再生可能エネルギーの促進にとっては大事になる。そこでは中国が太陽光エネルギーでも風力発電でも重要な推進力だ。世界風力〔産業〕連盟のグローバル風力エネルギー評議会による２０１１年春の報告によれば、中国では２０１０年に、出力18・9ギガワットの風力エネルギー発電所が接続された。世界規模では、同年の風力エネルギーの総出力は１９７ギガワットであり、これは前年比24％増を意味する。

基礎電力発電所（ベースロード）とは、いわば通年で毎時間基礎的な供給を保証する発電所のことだが、在来型の発電ではこれまで核電と石炭火力発電所がその支配的な役割を果たしてきた。再生可能エネルギーの場合には、水力と地熱が基礎電力発電所であることは言うまでもない。熱と電力の獲得に利用される地熱は、世界ではエネルギー生産としての割合はとても小さいが、例外はアイスランドで、ここでは地熱を基盤とした再生可能エネルギー源で安価に発電している。

エネルギー転換——再生可能エネルギーによる発電の展望

もしエネルギー転換の実現を望むなら、少なくとも三つの問いを提起する必要がある。

・中期的に見て、エネルギー転換が意味するのは核電力からの転換だけでよいのか、それともヨーロッパ連合諸国全体のみならず、場合によっては世界規模で再生可能エネルギーを促進していく、持続可能なエネルギー転換もこれに含むべきなのか。

・今後10～20年の期間（つまりドイツの再編成期間。たとえば10年間で核電力からの脱却、20年間で持続可能なエネルギーへの転換）、電力の顧客にとってはどのような転換費用が想定されるだろうか。計算すべき実際の費用の上昇は、２０１０年の（「陰の補助金」を受けた核電力によって）歪められた計算基準をもとにすれば、家計にとっては約10％となり、企業にとってはそれよりいくらか低くなるだろう。それはエネルギー集約的な多くの製造業や関連販売業者にとっては大きな打撃になるかもしれない。たとえばアルミニウム生産だ（アルミニウム・リサイクルに基づかない以上はそうなる）。アルミニウムをリサイクルする場合、その電力費用は原料鉱石であるボーキサイトからの製造よりもはるかに安い。核発電の真の費用（完全な賠償義務保険を含めて）を前提すれば、もちろん再生可能エネルギーへの移行により家計と企業の電力価格は下落するだろう。ドイツの総電力に占める核電力の割合は２０１０年時で20％強である。似非（えせ）賠償義務保険（25億ユーロ）の核電力の価格は、家計の場合キロワット時当たり18～20セントである。核電の真の費用を前提すれば、経済的に正当な核電力価格は少なくとも30セントと想定される。再生可能エネルギーの販売者は、２０１１年当初およそ24セントで提供していた。完全に再生可能エネルギーに転換すれば、純粋な計算上では、核電力の正当な価格として想定された30セントを前提した場合、家計と企業の電力価格は20％下がることになる。もちろん実際にはもっと低下率は高くなるだろう。先に述べたように、核電力の２０１０年時の割合は全体のおよそ20％しか占めていなかったからだ。多くの人々が、再生エネルギーへの転換によって電力価格が上がるように感じるのは、このように初期状態で完全に歪められた費用計算（核電事業者の充分な賠償義務保険抜き）が前提になっていたからにすぎない。経済的あるいは科学的観点からすると、「陰の補助金」によって低廉化された核電力の費用計算基準は現実にはまったく役立たないのだ。

・中・長期的に見て支持できるエネルギー源構成（ミックス）は、どのようにあるべきか。これを検討する場合は特定の技術的所与についても考慮しなければならない。たとえば石炭火力発電所や核電は、ある部分負荷（ロード）〔稼働可能な下限発電量〕以下では運転できない。つまり１００％フル運転を基準にすると、核電の場合は技術的な理由から設計上保証された出力の60～１００％の範囲内でしか稼働できない。言い換えれば、60％以下だと停止しなければならない。しかも再稼働するには約50時間かかる。ドイツで施行されている再生可能エネルギー発電所の優先〔接続〕規制では、この状態になる割合が増えるとともに、これまで基礎電力発電所としてのフル運転により24時間通年で供給していた核電をますます、何日間か部分負荷領域あるいは60％以下の稼働に抑え込むという状況が生じる。それは当然、核電をもつ4大電力コンツェルンの利益を減らす。電力コンツェルン自身は再生可能エネルギーにも投資しているし、テレビの広告宣伝では緑の領域におけるコマーシャル・スポットも実現しているから、公然たる利害の対立を自らの内に生み出すことになる。つまり、巨大電力コンツェルンは再生可能エネルギーへの急速な拡張には関心がないから、パラドックスに満ちた状態に陥る可能性があるということだ。自分の核電のために、自分の風力発電パークの出力を一定期間人為的に低下させ、それによって核電をフル運転し、電力コンツェルンの利回りを増やすのだ。これはエコロジー的、経済的観点からして望ましい態度などではない。

表６　異なる発電所タイプの出力勾配と起動時間

技術	メガワット	出力勾配（％／分）	起動時間（停止状態＞８時間）
褐炭火力発電所	1,000	2－3	5
石炭火力発電所	600	4－8	4
ガス・蒸気発電所	300	4－10	3
ガスタービン	150	10－25	0.3
核電	1,000	5－10	50
地域熱電併給発電所	0.01－1	50－65	0.025（90秒）
小規模熱電併給バーチャル発電所	0.02	100	0.017（60秒）

出典：ホーマイヤー 2010、グリム 2007、クロスト／マティックス 2008、リヒトブリック社 2010に基づいたヘニッケ／他 2011から引用。

表６は、ヘニッケらの分析に基づいて、さまざまな発電所タイプの出力勾配と起動時間に関する情報を採録したものである（ヘニッケ／サマディ／シュライヒャー 2011）。そこから分かるように、８時間以上の停止後再起動においては、ガス火力発電所（ガス・蒸気発電所およびガスタービン）と地域熱電併給発電所などはとても柔軟にスイッチのオン・オフができるが、褐炭発電所と石炭火力発電所では４～５時間かかる。

核電力と化石エネルギーの電力を一切使わない発電の実現をめざす研究書はたくさんある。物理的・経済的側面を解明した初期の基本的な研究としては『再生可能エネルギー』（カルトシュミット／シュトライヒャー／ヴィーゼ 1993, 2006 第４版）があり、世界全体を扱った経験的研究としては『１００％再生可能エネルギー』（ドゥレーゲ 2009）がある。再生可能エネルギーへの国際的な転換に関するさまざまな研究もあり（レーマン／ペーター 2009他）、なかでも『再生可能エネルギー源のヨーロッパ・エネルギー・システムへの長期的統合』（LTI 1998）は興味深い転換研究で、ヨーロッパ連合の２０５０年までの完全な転換をシナリオ化している。ドイツ議会専門家調査委員会も、再生可能エネルギーの役割について包括的に取り組んだ（ドイツ議会専門家調査 2001）。日本の状況についても同様の研究が提出され（レーマン／他 2003）、「エネルギー監視グループ」も再生可能エネルギーの高い割合を示した若干のシナリオを算定した（エネルギー監視グループ 2008）。とくに《環境問題》専門家諮問委員会は重要な分析を提出した（《環境問題》専門家諮問委員会 2011）。そこではエネルギー転換への八つのシナリオ研究から九つのシナリオが計算され、年５００～７００テラワット時を前提として、各シナリオ毎に２０５０年までの電力需要や、外国も考慮したさまざまな輸入・連結シナリオを考察した〔本書２０７頁以下参照〕。その幅は、自給自足的な国内供給から、国内発電量の最大15％を輸入するシナリオにまでわたっている。九つすべてのシナリオで、２０５０年までに完全な再生可能電力による供給の実現が想定された。《環境問題》専門家諮問委員会は、こう書いている（同上書 p.136）。

・再生可能エネルギー源の潜在力は、ドイツやヨーロッパの電力需要を完全にカバーするのに充分である。
・その場合、完全な供給の安定性が保証される。つまり、年間を通じて需要は24時間カバーされる。その前提は、必要な発電容量を構築することと、時間的に変動する電力供給を必要な蓄電容量によって調整できることにある。
・完全な国内自給は可能だが、費用の理由から推奨できない。
・電力供給の費用は、デンマークやノルウェーとの地域的連結によって、あるいはより大きなヨーロッパ・北アフリカ連結〔デザーテック計画〕によって相当引き下げられる。
・野心的なエネルギー節約・効率化政策は、再生可能エネルギー源に基づく経済的・エコロジー的費用を低下させる。

《環境問題》専門家諮問委員会のシナリオによれば、２０５０年のドイツにおける完全な再生可能電力の供給は、環境面だけでなく経済的にも有益なものになる。システムにかかる費用は基本的に、他のヨーロッパ諸国とのネットワーク化次第である。ドイツだけの供給は、モデル計算によれば、キロワット時当たり９～12セントという相対的に高い発電費用をもたらすが、デンマークやノルウェーとの地域的に限定された連結の場合、あるいはより大きなヨーロッパ・北アフリカ連結の場合は、（電力需要が増加するにつれて）およそ6～7セントの発電費用（国際的な送電線網と蓄電の拡張を含む）で達成することができる。送電線網の拡張をドイツ国内のみで行った場合は、概算で1～2セントの追加費用が発生すると計算される。

このような計算を手にして見てみると、再生可能エネルギーへの転換費用は完全に賄えることが分かるだろう。

第2節 緑のエネルギー的発展への挑戦――先導（パイロット）的機能を果たす情報通信技術部門

このエネルギー転換の進行過程では、電力節約あるいはエネルギー効率化の向上は多くの経済部門や企業にとっても重要な課題となる。そのとき傑出した部門となるのが情報通信技術である。この部門における高い技術革新のダイナミズムは、エネルギー効率化革命のダイナミズムにとって先例となるのにふさわしい。また、情報通信技術部門は、他のあらゆる部門に投入される横断的技術として一種の先導的機能を果たす。ヨーロッパ連合、日本、中国等の諸国が取り組む、長期的にきわめて高い価値をもつエネルギー・資源の効率化の努力に照らせば、この「緑の情報通信技術」のダイナミズム、すなわち環境と調和する情報通信技術革新のダイナミズムは特別な意義をもっている。現在構想中のスマート電力網の発展において、情報通信技術はその支柱であるだけに、なおさらそうである。環境と調和する情報通信技術の発展は、重要な先導的機能を果たせるのだ。

ドイツやヨーロッパ連合の指導的政治家、多くの企業代表の発言を信じるなら、持続可能な発展は彼らにとっても重要な目標であるはずだ。だから、将来世代の生きる機会が現在世代の生き方によって侵害されてはならず、将来世代は現在世代のように豊かに生きる充分な機会をもっていなければならない――これが世代間公正の意味だ。持続可能な発展には長期的な思考が要求される。では、ヨーロッパやアメリカ、アジアその他の地域圏にはどれだけ長期的な思考が存在するのだろうか。一人当たりの収入が少ない極貧の国々は現在もたくさん存在している。そこに生きる人々の共通目標は、今日を、明日を生き残ることだ。他方、一人当たりの収入の多い裕福な国々もたくさん存在している。だから、裕福な国の人々は長期的な決定の視野をもてるかもしれない。だが驚くべきことに、彼らは長期的な時間的視野をますますもたなくなっている。影響力の強い巨大銀行や金融市場のプレーヤーは、きわめて短期的な時間的視野しかもてなくなっている。私たちは環大西洋銀行危機の際にそのことを実感させられた。多くの投資家や財団のマネージャーの時間的視野はわずか4半期でしかなかった。既存の家族企業家や個々の銀行はひょっとしたら何年も先を考えているかもしれないが、いずれにせよ、ますます寿命が延びているこの社会で、これは幾分逆説的であり、矛盾もしている。実際に持続可能な発展をめざす人々にとっては、こうした思考のなかにこそ重大な新しい挑戦がある。

長期的な志向をもった態度は、少なくとも三つの前提と結びついていなければならない。

・中・長期的な影響を捉えるには、その影響に関わる重大な現実についての知識がなければならない。言い換えれば、決定権者（マネージャー、官庁代表、団体の行為主体、政治家、有権者）は合理的な決定の基盤をもっていなければならない。

・長期的な思考が重要になる。決定の評価、収益、費用、危険性を長期的視野で熟考するには、短期的な考察よりも複雑な思考が必要である。

・核電の設置と稼動のような、重大な危険性を伴う投資プロジェクトにたいしては、包括的な危険性の分析が不可欠である。たとえば経済的視点からの分析では、核電事業者が巨大な事故を起こした場合、自分の資産で補償要求を充分カバーできないかぎり、当該危険性は保険によってカバーされることが求められよう。そもそも企業の資産価値でカバーが可能かどうかは、資産価値と核事故の発生確率を対照することで判明する。巨大核電力コンツェルンの資産相場は優に１０００億ユーロあるが、この資産価値は重大な核電事故では自動的に減少する。半分に減少すると仮定すれば、スーパー・ガウ（最高の損害段階）時の損害に関する周知の計算（５～６兆ユーロ）に基づけば、損害の高々１００分の１しか補償されない。しかも核電の場合、大事故の確率は通常の危険性分析モデルに基づいて低く見積もられている。その点でも、核発電が特殊な部門であることは強調しておかなければならない。しかも、確率論的視点からすれば、その大事故が明日、人間の間違いや自然の衝撃（たとえば地震や氾濫）によって発生しないとも限らない。また、ひとたびスーパー・ガウが起これば、人間や動物、環境にとって危険な放射線の拡散半径は何千キロメートルにも及ぶ。そのような事故では濃度がきわめて高いため、当初は核炉の立地に限定される放射能が、空気中や水中に達する放出によって拡散し、何千キロメートルも離れた土地の人間や動植物を傷つける。放射性物質の半減期は短期的なものもあれば、きわめて長期的なものもある。たとえば多くの混合酸化物（ＭＯＸ燃料）に含まれるプルトニウムの半減期は２万４０００年だが、放射能値はこの期間を過ぎても、さらに２万４０００年続くのだ。

このように、長期的な思考は核電の認可と建設に際しても求められている。持続可能な発展への思考が重視されるのは、少なくとも多くのヨーロッパ諸国の人間がすでにこうした思考の大切さに気づき、相対的かつ長期的な視野に立ち、世代間公正を高度に推し進めようとしているからだ。まさにそのとおりで、現在世代の多くが、将来世代のために断念する用意ができていると言えるだろう。たとえば、二酸化炭素排出権証書の購入のために支出することは、温室効果ガスの排出を減らし、したがって重大な地球温暖化の危険を減らすのに役立つ。ヨーロッパの多くの人間が苦労してつくり上げた制度の結果として、人々は気候問題を真剣に受け止め、さらに多くの人間が安全なエネルギー供給という課題に関心を寄せはじめている、そのような兆候がたしかにある。

核電をもつ国々は、豊かさと安全な生活を求める過程で、いくつかの考えを必然的に浮かび上がらせた。核電にたいしてはより高い安全基準が要請され、関連する他の論点も続けて登場した。完全なエネルギー転換の問題、あるいは核脱却とエネルギー転換へのきわめて強い志向も生み出された。

構造転換のダイナミズムの問題も、改めて提起されなければならない。どの部門がより速く広範なエネルギーの節約に手がかりを与えてくれるのか、といった問題もその一つである。ここではおそらく、社会基盤部門や交通部門、建設部門が鍵を握るだろう。従業員一人当たりに高い資本投入がなされ、だからエネルギー節約的な部門を形成できた企業がすでに登場している。機械や施設は電力で動いているのだから、そこに資本が投入されると、相応のエネルギーが消費される。もちろん最大のエネルギー消費部門はアルミニウムや鉄鋼、セメント産業だ。実際セメントは明らかに、１０００度以上で生産されるからエネルギー節約とは逆行する。しかし他方ではすでに建設用の代替的な新接合剤が、カールスルーエ技術研究所で開発され、ひょっとしたら数年のうちに、３００度足らずの熱で生産される準セメントが誕生する。すると二酸化炭素排出も減る。また、厳密な意味でエネルギー排出を減らす技術革新部門の他にも、その拡張が全部門にとっての重要な一部門、その高度な技術革新のダイナミズムがエネルギー節約にとって特別重要となる一部門がある。情報通信技術部門だ。「緑の情報通信技術」はスローガンとなっており、とくにドイツの情報技術サミットではこれまで何度も重要な役割を果たしてきた。

持続可能性を長期的に達成することは、多くの国々における政治の基本目標であると同時に、今や公共社会にとっても気候保護と環境の質的改善の視点から広範な関心領域となっている。21世紀はじめには世界の経済的豊かさや生産が大幅に増大した。今後はグローバルな人口増加も見込まれる。だから財とサービスの量も増える。それとともに非再生可能資源・エネルギーの消費も増大し、廃棄物問題も大きくなる。他方、経済の拡大と並行して、継続的な技術的進歩がとくに情報通信技術部門で見られる。21世紀の最初の10年間、多くの情報通信技術産業は、環境と調和する技術的進歩を強調してきた。典型的には、再生可能エネルギー生産に取り組むアメリカ出自のグーグルが挙げられる。ドイツのテレコムもそうで、その電力網経営は２００９年から完全に再生可能エネルギーに基づいている。そのようなイニシアティブにはイメージと（技術革新という）動機が重要である。たくさんの情報通信技術部門のイニシアティブが「緑の進歩」の潜在力を評価してきた。経済協力開発機構諸国の多くの政府も情報通信技術部門によるエネルギー生産の潜在力を強調しているし、ヨーロッパ委員会もエネルギー効率化の向上と二酸化炭素消費の低減に向けた経済へ容易に移行するための基盤として、情報通信技術の動員を提案している（ヨーロッパ委員会 2009）。

バーチャル化もエネルギー・資源節約の手段である。コンピューター網をより効率的に利用したい多くの注文主の側からは、いわばデジタル・ネットのなかにしか存在しない仮想機械（バーチャル・マシン）〔1台のコンピューターを複数のコンピューターとして使うことなど〕を使った生産という課題が提起されているが、それは現実の機械が抱えてきた生産課題に応えることを意味する。つまり、バーチャル化による成果は、この仮想機械をよりいっそうフル稼働することで、最善の生産制御ができずにこれまでフル稼働していなかった多くの現実機械のロス部分を節約できるということだ。仮想機械、すなわち節約された機械が意味するのは、生産活動において資源とエネルギーの消費を減らすということである。さらに、グローバルなソフトウエア市場の広大な拡張も低く評価すべきではない。電話部門ではすでにハードウエアがソフトウエアによって代替されている。ソフトウエアの投入はハードウエアの投入よりも柔軟で、改善された新しい問題解決法をつねにオンラインを通じて伝達することができる。

情報通信技術部門にとって重要な下位部門についても目を向ける必要がある。ヨーロッパ技術改革・技術研究所（2002 p.454）による一般的分類に従うと、情報通信技術の下位部門は次のように分けられる。

・サービスを含む情報技術
・テレコミュニケーション設備財

・インターネット・サービスを含むテレコミュニケーション・サービス

今日の情報化社会においては、テレコミュニケーション網は明らかに知識の普及、部分的には知識の生産にとっての基盤をなしている。インターネットを通じて広がる環境意識の変化、あるいは環境と調和する生活様式の変化は、新しいデジタル・サービスによるそれと同様、興味深い。

国連の予測（中位予測）によると、世界人口は２０００年の60億超から、２０５０年にはおよそ90億に増え、一人当たりの平均収入は少なくとも年２％ずつ増えるとされている。世界は引き続き大きなエコロジー的挑戦と対峙することになるだろう。これは資源効率化の問題や、気候変動・地球温暖化の問題と関係する（スターン 2006、ブライシュヴィッツ／ヴェルフェンス／ツァン 2009、シュミット - ブリーク 2009、ヴェルフェンス／ペレット／エルデム 2010）。ヨーロッパ委員会が強調したように、情報通信技術プロジェクトは、二酸化炭素排出の少ない経済を確かなものにする重要な要素となりうる（ヨーロッパ委員会 2009）。その場合、情報通信技術の拡大はエネルギー需要を増加させるが、全体としては経済的な近代化効果を経ながら、環境と調和する質的な成長、持続可能な発展に貢献するだろう。もちろん、効率化の進展過程ではしばしば絶対的・相対的な価格低下が生じるため、後退効果（「リバウンド効果」）が現れることもつねに考慮しなければならない。価格が安くなると、需要者側には「もっとたくさんの買物を」という誘惑が生まれるからだ。販売量が増え、もし人類の多数が少なくとも1台以上の携帯電話をもてば、興味深いコミュニケーションの可能性や電話での会話、ショートメッセージ・サービス、マルチメディアメッセージ・サービスが拡大し、携帯電話市場のエネルギー消費を増大させることにもなる。

経済の持続可能性の面からまとめると、次の四つの経済的視点が重要になる。

・成長する財生産について：一人当たり収入の増大は世界人口の増加と結びついて、地域圏の、またグローバルな環境にたいする負荷を増やすだろう。

・エネルギー部門について：この部門は生産および消費と関連している。その高い資本集約性は、投資決定が資源集約性や排出負荷の方向性を何十年も固定化させることを意味する。

・一人当たり収入水準と典型的生活様式について：一人当たり収入の増加は資源消費の拡張を伴い、排出・廃棄物の増大も伴う。しかし、収入増は生活様式の変化も伴う。環境と調和する生活様式に切り替えれば、従来通りの生活パターンから予想される環境負荷の増大を回避できるかもしれない。ここで次の問題、インターネット世代がどのような典型的生活様式を築き上げるかという問題が提起される。まさにインターネットを通じて、バーチャルな、また現実的な世界に鋭い環境意識を埋め込むかもしれない。それがまた、より環境と調和する技術革新と生活様式を発展させるかもしれない。

・居住部門について：この部門には特別な意味がある。居住空間におけるエコロジー的重要性は高度な資本形成から生まれる。また、事後改築は相対的に高くつく。あるタイプの家を選ぼうとする行為は独自の生活様式の表れであり、「家の決断」が他の決断領域と結びついているのは驚くべきことではない。フラーデらが示したように、パッシブ（・ソーラー）・ハウス*の購入者はエコロジー的なエネルギー効率化の先駆者と見なされるばかりか、他の生活領域でもエネルギー効率化の向上に寄与している。そこには通例よく問題とされるリバウンド効果ではなく、効率化の乗数効果が見られるのだ（フラーデ／他 2003）。

情報通信技術部門は、本当にエコロジー的な効率化を牽引するグローバルな波になれるのか、その環境負荷効果

＊　太陽エネルギーを空調や給湯に直接利用する住宅。アクティブ・ソーラー・ハウスは、機械を利用して太陽エネルギーを積極的に取り入れる住宅。

が中期的なリバウンド効果によって葬られることはないのか、これを検証していかなければならない。もう一歩踏み込んで言えば、たとえば情報通信技術財の価格が低下することで、そういった財の販売数量が地球規模で大幅に増加するけれども、それによる環境負荷効果は狭い範囲に限定されることを検証していかなければならない。

次の分析では、長期的な技術革新・成長・構造転換の側面を考察しよう。

第3節 エネルギー転換にとっての市民の役割

市民の視点からしても、エネルギー政策と焦眉のエネルギー転換をめぐる論争には多くの側面がある。まず、どの家計も、在来型の電力源から購入するのか、それとも再生可能エネルギー関連あるいは核電力抜きの電力供給者と契約を結ぶのか、自由に決定できる。また、アパートを購入したり戸建て住宅を建築したりする市民には、熱とエネルギーに関して特定の再生可能エネルギー源の電力を選択できる特別な可能性がある。この場合、熱に関してはとりわけ地熱の利用が重要となるが、エネルギー効率の高いものに投資することも大切だ。エネルギーに関してはとくに屋根や家屋に太陽光施設を設置すべきかどうかが問題となる。この種の太陽光投資は高額の供給報奨と結びついてはいるが、少なくともドイツでは（バイエルン州、バーデン・ヴュルテンベルク州等の数少ない地域圏を除いては）あまり効率的とは言えない。たとえばイタリアの太陽光プロジェクトとはまるっきり違う。一般にイタリアの太陽光線は強力であるため、太陽光によるエネルギー効率はドイツと比べておよそ40％も高いのだ（シンケ 2010）。

ドイツ市民は、たとえばシェーナウやティティゼー・ノイシュタット〔ともに、バーデン・ヴュルテンベルク州〕の自治体を通して地域の電力業者から電力を購入することが典型例を示しているように、エネルギー領域において地域で積極的に行動することができる。４大エネルギー・コンツェルンのエーオン社、バーデン・ヴュルテンベルク・エネルギー社、ライン・ヴェストファーレン・エネルギー社、ヴァッテンファル社は配電ネットワークに参加することで、ドイツのエネルギー部門における市場権力を強化してきた。これに対抗するには、自治体のエネルギー供給者間でより強力なネットワークをつくり、場合によっては再生可能エネルギー・プロジェクトにも投資することが大事だ。電力市場全体における競争力を強化することも重要である。そのためには、ドイツのエネルギー・電力経済を支配しているカルテルに似た構造を打破することが必要であり、ヨーロッパ連合によるより強大な力も必要である。「ドイツ・フィナンシャル・タイムズ」に寄せられた報告（イェンゼン 2011）は、エネルギー供給における自治体の役割に関して、次のように指摘している。

「地域的な電力供給網を整備するだけでは成功の保証とはならない。もし都市公社が自前の発電所をもたないなら、取引所で売られる電力に依存し続けなければならないからだ。だから、この間多くの自治体が独自の発電容量の獲得を模索しはじめている。それにはいろいろな戦略がある。バーデン・ヴュルテンベルク州テュービンゲンの西南電力〔西南ドイツにあるいくつかの都市公社の協同体〕は、バイエルン州ブルンスビュッテルの石炭火力発電所や「バルトＩ」〔バルト海にある風力パークの一つ〕の海上風力発電パークの事業に参入することを検討している。トリアネル〔約80の都市公社の連盟〕も同様の行動をとっていて、すでに海上風力発電パークやノルトライン・ヴェストファーレン州の石炭火力発電所の事業に参入している。他方、ミュンヘン都市公社は２０２５年までに、１００％再生可能エネルギーに基づく電力供給を顧客に提供しようとしている。これは、（たとえ目標とはほど遠いとしても）ハンブルク・エネルギー社が取り組んできた事業でもあり、しばらく前から二つの巨大な風車をハンブルク港で初稼働させている。アーヘン都市公社〔ノルトライン・ヴェストファーレン州〕も数年前からエコ電力事業体の建設を始め、同時にバイオガス施設、太陽電池、海上風力エネルギーにも投資している。さらに、バイエルン・エネルギー連合〔バイエルンのおよそ2ダースからなる都市公社の連携企業〕は、少し前からプファルツ州オーバー・プファルツで風力発電パークの運営を開始している。風力発電パークを開発・建設した東部風力グループのギーゼラ・ヴェントリンク - レンツは、こう的確に表現している――『エネルギーが地域圏に、すなわち私たち住民が直接利用し消費しているところに戻りはじめている』。

再生可能エネルギーへの投資を増やすことは、まさに自治体レベルでも地域圏レベルでも可能なのである。とりわけその刺激は、自治体や地域圏の政治的競争から生み出されている。たとえば2011年3月のバーデン・ヴュルテンベルク州議会選挙が示したように、高度に工業化された州ですら緑の党と社会民主党が多数派を占めることができたのだ（福島の事故が公共社会に与えた衝撃の結果だったことも確かである）。緑の党はドイツの反核電政党として大きく成長することになった。福島の核事故が、何年にもわたって活動してきたこの核電懐疑派を利したのには、ほとんど疑う余地はない。福島の核事故による損害がどれほど巨大なものかは、何週間にも及ぶテレビやインターネットのライブが明らかにした。そして、その放射能放出に関する、繰り返しなされる新たな恐るべき報道は、高濃度の放射線負荷による影響がかなり広範囲に及んでいるという印象を呼び起こした。

市民が気候変動についてどの程度支払う用意があるかは、これまでのところその端緒しか知られていない。ヨーロッパ経済研究センターは、バーデン・ヴュルテンベルク州マンハイムの市民にたいする興味深い聞き取り調査を通じて、この「支払いの用意」を探究した（レッシェル／シュトルム／フォークト 2010）。ただし、調査結果に単純に依拠するわけにはいかない。回答にたいする信頼度には何ら保証はないからだ。それでも一つの傾向は示している。202名のマンハイム市民が回答を寄せたが、質問の一つは次のとおり――「ヨーロッパ連合の排出権取引の枠内で二酸化炭素証書を購入できるとすれば、あなたはいくら支払う用意があるか」。結果は62％がゼロ回答で、つまり一銭も支払う用意がないと答えた。平均的な「支払いの用意」はトン当たり12ユーロであった。年配層が顕著に少額だったことは興味深い結果だ。相対的に高学歴で、緑の党の支持者は、高額傾向を示した。多かれ少なかれ支払う用意のある人は、気候変動にたいして関心を示す傾向が見られた。

　気候変動に関する国際的な協働の政治的試みとしては、北アフリカで構想されている再生可能エネルギー関連の「デザーテック」プロジェクト〔本書185頁参照〕がある。この取り組みは、とくに地中海の隣接アラブ諸国で大量の太陽光電力を生産することが目的である。生産された電力の一部をヨーロッパ連合諸国に輸出することも視野に入れている。ヨーロッパ連合諸国のエネルギー・コンツェルン、主要銀行、そして一連の北アフリカ関係企業がこのプロジェクトを進めたがっている＊（ローマ・クラブ 2009）。

第４節

ヨーロッパ連合の展望——国際的な同盟？

　環境と調和するエネルギー供給システムをつくり上げ、エネルギー転換を図っていく過程では、いくつもの困難が待ち構えているだろう。だが、これは経済的にも技術的にも、また政治的にも解決できるように思われる。適切な解を見つけるには、経済協力開発機構諸国あるいはヨーロッパ連合諸国における取り組みの推移をもっと詳しく考察する必要がある。とりわけ興味深い手がかりを与えてくれるのがオランダのエネルギー政策で（ケンプ

＊　２００９年に発足した「デザーテック産業イニシアティブ」は、中心となっていたジーメンス、エーオン、ボッシュなどドイツ企業が途中で脱退し、２０１４年10月、20株主のうち17株主が終結に賛同した。

2010 p.305)、それは2009年以降に関わる次の七つの要点に見て取ることができる。

・審議機関：2008年に創設されたこの特別機関は、持続可能なエネルギー的近代化をめざす七つの重点的活動とその代表者を統括する。7人の代表のうち4人は独立した立場の人物によって構成される。この新設の審議機関はオランダ・エネルギー転換統括機関という名称で、関係する審議と調整の機能を果たす。
・緑の資源：ここでとりわけ重要なのは、再生可能エネルギーを生産するバイオマスがもっている役割を増大させることである。同時に、バイオマスの測定システムの開発も重要となる。
・持続可能な移動〔交通〕：ここでとくに重要なのは、「清潔な乗り物」に対する税制上の適切な刺激の導入である。これは電気自動車にだけ当てはまるわけではない。天然ガスと水素による乗り物の利用も課題となる。当然ながら、革新的で持続可能な輸送解決策の導入にあたっては、公共輸送システムの役割が鍵を握る。
・新しいガス：オランダはヨーロッパ連合内の重要なガス生産者として、ガス利用の革新的強化をめざしている。とりわけガス最適モーターと吸収式ポンプが対象となる。
・価値創造〔生産〕網の最適化：重要な領域は、加工も行う農業と下請企業網の最適化である。
・持続可能な発電：この部門ではたくさんのプロジェクトが進められている。それは沿海のエネルギー生産からバイオマス施設の近代化、スマート電力網の発展、水素の最適利用にまで及ぶ。
・建築業：ここで重要になるのは、エネルギーの最適利用に関する助言と促進策である。

オランダは、ドイツのノルトライン・ヴェストファーレン州およびベルギーとの協働プロジェクトを計画している。ここでは、ヨーロッパ連合イニシアティブの枠内にある「燃料電池・水素イニシアティブ」の下で、水素利用のネットワーク化を進めることが重要である。オランダはこれまで核電には少ししか関与してこなかったし、今後もこの領域をすぐには拡張しないだろう。いずれにせよ福島の核事故があったからには、そのような方向へ動くことはまずないだろう。ところが、これにたいして隣国のベルギーとドイツでは、核電力からの脱却はそう簡単にはいかない背景がある。そもそも両国では発電に占める核電力の割合が高いからである。

短期間での核エネルギーからの脱却は、ドイツやヨーロッパ連合諸国では実現がむずかしいとされてきた。核電力への依存度が高すぎるし、エネルギー転換を進めるにしても、送電線網の拡張に必要な認可手続きには時間がかかりすぎるという問題がある。だが、ドイツ政府と州のレベルで向き合うべき構造的なエネルギー転換の課題には急いで、しかも精力的に取りかからなければならない。とくに電力網の安定性は無条件に確保していかなければならない。逆説的だが、福島の事故が証明したように、地域レベルにとっては信頼できる独自の電力供給がとても重要になるのだ。

ドイツは、一方ではデンマーク、ノルウェー、スウェーデンと、他方では（太陽電池の領域で）スペイン、ポルトガル、ギリシャと契約に基づく協働を通じて、エネルギー転換がヨーロッパに根づくよう努力しなければならない。この場合に鍵を握るのは、包括的な投資プログラムを促進するために、ユーロ危機に深く巻き込まれた幾つかの国をドイツがどのように援助できるかということだろう。

スマート電力網の課題でも、ドイツは同じように大きな挑戦に直面している。おそらくここでも、他のヨーロッパ連合諸国と共同で、ソフトウエア制御に基づくスマート・グリッドへの志向を強めていくだろう。自動車は動く蓄電装置として新種のネットワークを包摂できるかもしれないし、（ピーク時を除けば）家庭用機器を活用するソフトウェア制御のオプションも実現可能だろう。スマート・グリッドは、無数の電気自動車と連結すれば、より円滑な交通とより効率的なエネルギー利用にも幅広く貢献するだろう。したがって、エネルギー転換の力強い成長に向けた困難な過渡的状況にあるもかかわらず、スマート・グリッドはエネルギーをより効率的に利用し、小規模のエネルギー部門（だから、温室効果ガスの排出も少ない部門）をより多く活用する充分な可能性を生み出す。しかも安定した生産量、場合によってはこれまで以上の生産量を生み出す可能性もある。自称安価な福島の核電力を巨大都市東京の３５００万人〔ママ〕はほとんど利用していないが〔ママ。福島幹線・福島東幹線・新双葉線などの基幹送電線を通じて首都圏に送っている〕、その東京も福島からの放射能の危険性に日々脅かされていることは自覚しておく必要がある。その現実、その潜在的な脅威が生命と財産に及ぼす損害は相当なものである。安い電力で大量に生産された消費財をもっとたくさんもつこと、それが豊かさの効果をどれほど高めてくれるのかは、きわめて疑わしい。消費行動が大きな危険性や不安と結びついている場合にはなおさらそうである。人為的に安くされた核電力の下、エネルギー集約的な財の生産と輸出に特化して利益をあげている国際分業のあり方も合理的とは言えない。しかも、多くの経済協力開発機構諸国は核電事業者にたいして、何十年にもわたってさしたる賠償保険義務も負わせずにきた。この事実は、各国の経済・エネルギー政策が長年にわたって共通の誤りを犯してきたことを如実に証明している。

　産業の側に問題意識や好機の意識が欠けているわけではない。たとえばドイツ産業連盟は、２００９年、エネルギー、交通、建物といった三つの重要分野で温室効果ガスを削減する費用と潜在力についての研究を提出しており、この点では積極的な発展の展望が存在する。各国の産業関係者がもし再生可能エネルギー領域で協働の強化や最善策のプログラムに関して決定できるなら、経済協力開発機構諸国にとってこの領域で前進をめざすことは、比較的簡単であろう。産業界の協働によって各国は他国の経験を組織的に学ぶことができるからである。ドイツ政府は、２０２０年までに再生可能エネルギーの割合をエネルギー全体の30%以上とする目標を立てているが、これは２０１０年比の2倍を意味する数字である。政府は２０００年の「再生可能エネルギー法」で、再生可能エネルギーの促進に礎石を据えた。この法律にはたしかに構造的な問題、たとえば太陽光発電業者にたいする高額な供給報奨が本当に太陽光電力の大規模化に寄与するのかといった問題も存在するが、それでもこの法律は、エネルギー部門にダイナミックな分野を誕生させた。法律や促進策にたいしていかなる批判があるにせよ、太陽光発電の領域では風力発電と同様、「大量生産における均衡的かつダイナミックな利点」が重要な役割を演じることを見過ごしてはならない。

・「大量生産における均衡的な利点」は次の点にある。もし時間単位当たりの生産単位数が増加すれば（たとえば風車施設の稼働）、費用ないし価格は下がる。再生可能エネルギーの領域はたいてい世界市場に組み込まれているので、この領域は事業の早期国際化あるいは外注（アウトソーシング）の枠組による段階的な国際化によっても費用を大幅に減らす可能性が充分ある。

・「大量生産におけるダイナミックな利点」は次の点にある。もし大量生産体制の下で時間の経過とともに費用が減少すれば、経験に基づく学習効果が生まれる。再生可能エネルギーの共有部門ではたしかにこれが当てはまり、これが「大量生産におけるダイナミックな利点」となって、「大量生産における均衡的な利点」とも合致していく。再生可能エネルギーの共有部門は発展途上なので、技術革新の可能性が相対的に高く、したがって多くの部門で、経験に基づく学習効果ないし相応の費用低減を実現する可能性が生まれる。再生可能エネルギー施設における学習効果の程度は、技術革新によって時間とともに高くなる。

もし再生可能エネルギー領域の企業がその数と規模において一定ラインを超えるなら、きわめて重要な輸出部門へと成長するのは確実である。多様なロビー活動を繰り広げれば、これまでわずかしか影響力のなかったこの領域は、政治システムのなかにもよりよく入っていけるだろう。高度な技術革新と国際化によってイメージを改善すれば、この領域の企業は大学の優秀な卒業生を容易に引きつけることもできよう。それによって中・長期的には技術の充実度とともにエネルギー施設の業績も高まるだろう。２０００年には2メガワットの風車が標準だったが、２０２０年には20メガワットの風車が普通に稼働していることだろう。そうなれば、安定した風力下で稼働する50施設は、２０００年時の核炉の能力に匹敵するだろう。ケムファートは、環境・気候保護の展望についてこう書いている（2011 p.217以下）。

「ドイツ経済は、環境・気候保護の点で競争上の利点をさらに拡張する手がかりを得ている。アメリカや中国をはじめ多くの国々も、自国の競争力を維持するためには中・長期的に緑の技術に転換しなければならないことを知った。エネルギー効率化の改善とともに、今後はとくに再生可能エネルギー構想や（たとえば電気交通のような）持続可能な移動計画も確実に重要性を高めていくだろう。ドイツ経済は何にもまして再生可能エネルギー領域の景気によって利益をあげていくだろう。また、エネルギー効率化の拡張、革新的な発電所技術、動力技術においても、さらには風車の加工やリサイクル、水の浄化処理といった古典的な環境保護部門においても、世界市場での潜在力を拡張していくだろう。今後10年間で、これらの部門では１００万人の雇用が可能だ」。

ドイツとヨーロッパで持続可能なエネルギー政策を成功させることは可能である。そのためにまず重要なのは、エネルギー経済における真実の費用の原則、つまりマイナスの外部効果の内部化を考慮することだ。核電力にたいする人為的な補助金は市場経済の原則に反している。逆に言えば、ヨーロッパ連合諸国の核電事業者は完全な賠償義務保険を引き受けなければならない。そのような義務を核電事業者に課さない国々は、「隠れた追加的な国家債務」を自ら支払うことになる。いわば重大な核事故時の引当金だ。負債割当額を上げるのは経済的に公正なのだから、もし引き上げれば、ある国の資本市場の為替は悪化し、資本費用はすべての企業にとって上昇する。では、そのような忌まわしい発展を誰が望むだろうか。

ヨーロッパ連合あるいはユーロ圏、そしてその構成員諸国が電力経済における理に適った刺激として、再生可能エネルギー源の拡張を一般的な経済政策ないし危機対応の過程で取り上げたとしたら、十全な審議を尽したと見なされるだろう。ギリシャとポルトガル、場合によってはスペインとイタリアにおける国家債務危機時の対応にあたっても、再生可能エネルギーの拡張という課題は念頭に置くべきだった。今挙げた国でこそ、再生可能エネルギーの拡張を徹底的に考え抜く必要がある。それは、「緑の電力輸出」の可能性あるいは化石エネルギー源の輸入費用の削減、つまり対外債務の削減を考えることだからだ。ドイツや「ユーロ救済基金」の債権国が期待すべきは、多額の債務問題や国際資本市場からの再融資問題を抱えたこれらの国々が、国家的な節約政策や整理統合政策を精力的に実行していく点にあるだろう。そうであればこそ、債権国には次の疑問を提起できるだろう。２０１１年春にポルトガルにたいしてなされたように、国家的な再生可能エネルギー事業の強力な削減を、債務解決の主要策の一つとして要求してもよいのだろうか、と。

再生可能エネルギーに関するヨーロッパの論争ではイギリスでもドイツでも、再生可能エネルギー事業者にたいする補助金や供給報奨をめぐるセンセーショナルな議論が起きている。驚くべきことに、イギリスの議論ではとくに、風力エネルギーにたいする年間10億ポンド以上の補助金を過剰な助成と見なす意見が強まっている。また、議論全体を通じて、核電事業者にたいする膨大な「陰の補助金」については一言も語られていない。この補助金は風力や太陽光エネルギーにたいするものよりはるかに高額だというのに。イギリスは巨大核電産業国家の一つであり、この国における賠償義務保険の国家による肩代わりは、ホメオパシー的な本性をもっている。*国内での議論も歪められており、たくさんの専門家が間違った立場から、風力ファームの補助金を徹底的に誹謗している。

持続可能性をめぐる論争では、分析や具体的政策を展開する上で、緻密な「持続可能性指標」を取り入れることがますます重要になっている。ここではヨーロッパ国際経済連関研究所の「生活の持続可能性指標」がきわめて有

＊　ホメオパシーとは、健康な人間に与えたら同じ症状を引き起こす物質を、その症状をもつ患者に投与することによって患者の抵抗力を高め、治癒するという考え方と療法（同種療法）。ここでは国家による「隠れた補助金」がいわばホメオパシーとして核電事業者に投与されることを指している。その結果は、核電事業者の無責任、市場の歪曲、納税者への負担強制等々のマイナスの効果しか生み出さない。

図6　ヨーロッパ国際経済連関研究所：グローバルな「生活の持続可能性指標」

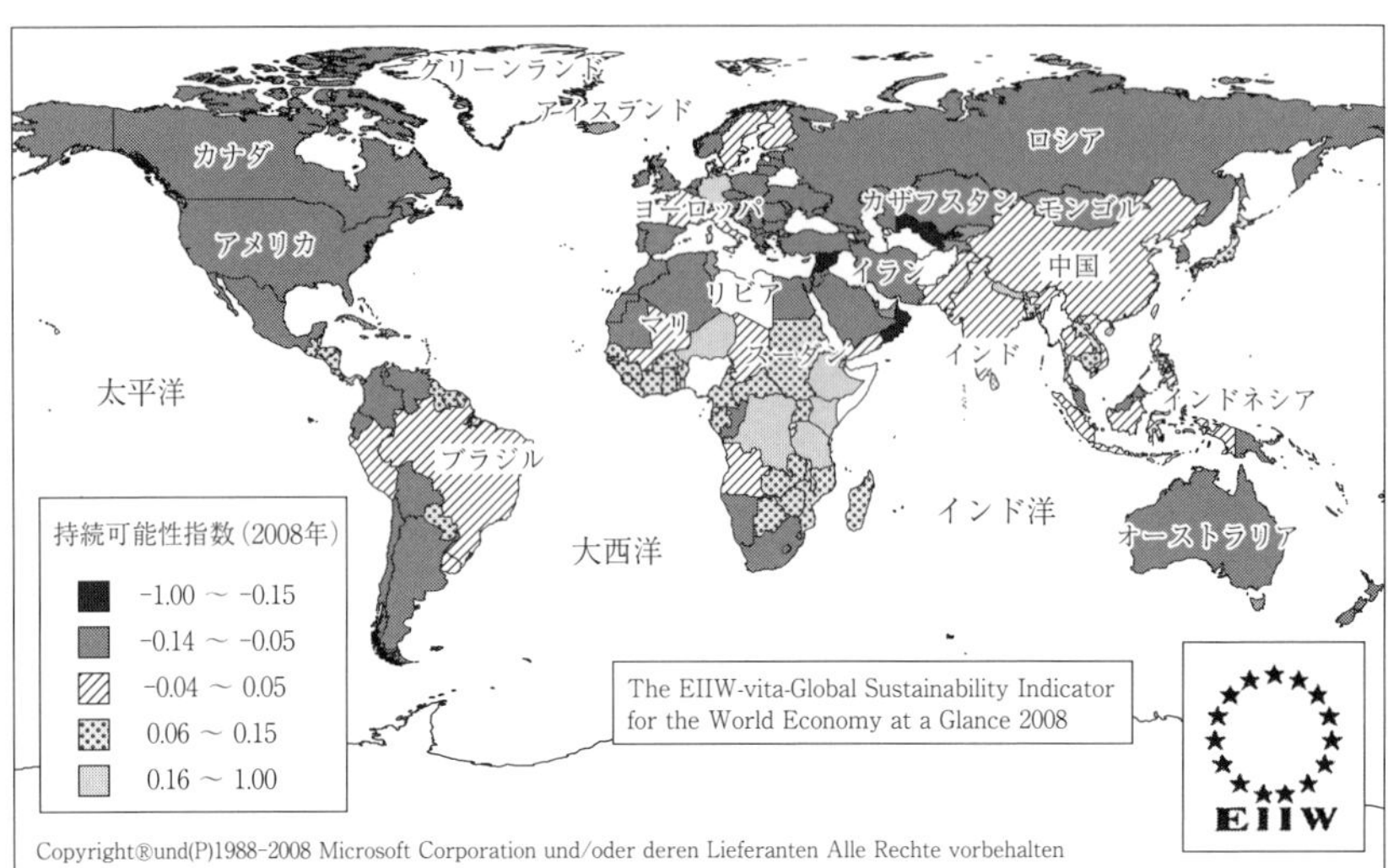

出典：ヴェルフェンス／ペレット／エルデム 2010。

益である。三つの重要な指標を簡潔で緻密な仕方で結合しているからである。まず一つ目の指標は「再生可能エネルギーの投入」割合である。ここでは他の二つの指標と同様、国際比較のために相対的な持続可能性指数が示されている。他の二つの指標は、「緑の技術革新の発展」の割合と「環境と調和する輸出への特化」の割合である。後者の指標が重要なのは、平均して高い「緑の輸出割合」を特徴とする国々は輸入国の環境問題の解決に役立つだけでなく、輸出国である自分たちも相応の国際競争力をもつ産業や製品を投入することができると見なされるからである。シュンペーター的な技術革新のダイナミズム（非連続的かつ集団的な技術革新によって経済を発展させる力）をもつこの「緑の要素」は、指標全体のなかに広がっていく重要な要素となるだろう。世界銀行の試算に基づく指標もある。そこでは国別の総節約の割合を示して、機械設備の資本、自然（天然資源）、人的能力を維持しながら現在世代と同じような高い生活水準を将来世代に提供する際の国々の能力が探究されている。具体的な比較図は巻末の資料5に挙げておく。ヨーロッパ国際経済連関研究所の「生活の持続可能性指標」については、図６の地図に全体像が描かれている。

この「生活の持続可能性指標」の三つの指標を一本化した図６を見ると、ドイツは国際比較で相対的に良好な結果を示していることが分かる。「再生可能エネルギーの投入」「緑の技術革新の発展」「環境と調和する輸出への特化」の三つの指標が強化されるグローバルなエネルギー転換のレベルでは、ドイツはいくつかのヨーロッパ連合諸国と並んで、持続可能な経済成長を達成する卓越した好機をつかんでいると言えよう。福島の事故がメディア報道で下火になるや否や確実に迫ってくる核電力政策上の誤った方向転換だけは避けなければならない。かつてチェルノブイリの後で、国際的な核ロビーが核発電にたいする懸念を眠り込ませるのに成功したことを忘れてはならない。

ヨーロッパ連合の政治的側面

同盟の結成という重要な側面が、ブリュッセルのヨーロッパ委員会内に見られる。もしヨーロッパ連合が再生可能エネルギーに転換する共通のプロジェクトを決定でき、少なくともそのプロジェクトに部分的な融資ができるなら、ドイツのエネルギー転換が「特殊な道」あるいは「隘路」として終わることはないだろう。しかし、ここでいくつかの批判的な問いが立てられる。

・そもそもヨーロッパ連合は、２０１１年からの10年間、行動力を発揮することができるだろうか。ともかくもヨーロッパ連合の一部では、これに赤信号が点けられている。目下、ユーロ圏はギリシャ、アイルランド、ポルトガルの財政再建問題で深刻な危機に直面しているのだ。金融市場は異常に神経質になっており、ヨーロッパ連合がこの間決めてきた救済策は、問題の解決にはほど遠い。ヨーロッパ委員会はほとんど指導力をもてず、国家・政府の指導者からなるヨーロッパ理事会〔首脳会議〕は何の計画も立てられず、ヨーロッパ議会はユーロ圏の安定化に関して部分的にしか現実的な対応をとれていない。１、２ヶ月毎に生じるユーロ圏構成員諸国の金融危機（2011年には17ヶ国に上る）にヨーロッパ連合が揺さぶられている以上、ヨーロッパ連合にはエネルギー経済のような複雑な領域で行動する余力はない。したがって、エネルギー転換におけるドイツの模範的な道が成功するのは、最終的にはユーロ圏における問題と正面から取り組む場合だけである。そこには、ギリシャの予算案にエネルギー転換への長期的な適応期間が予定され、また透明な形でいっそうの節約と民営化が予定されるというパッケージも含まれているだろう。とりわけ指導的なヨーロッパ連合諸国（ドイツ、フランス、イタリア、ベネルックス3国）は、ギリシャとポルトガルの技術革新のダイナミズム、経済成長の問題で最後まで援助しなければならない。そこでは、風力ファームと太陽光施設の共通のプロジェクトが危機的諸国の経済成長と（中・北ヨーロッパへの）電力輸出を高めるという刺激のパッケージも必要になるだろう。ギリシャとポルトガルでより高い経済成長が達成できれば、これらの国の安定化にもつながる。ドイツがエネルギー政策上、「ドイツの特殊な道」ではなく「世界の模範」になるという点でも、最終的には相応のイニシアティブを執ることになる。ドイツがエネルギー転換の過程で同盟のパートナーをたくさんつくればつくるほど、長期的にはヨーロッパ連合の転換プロジェクトにも好機が増えるのである。

・ヨーロッパ委員会は、福島の事故に関連してヨーロッパ連合諸国の核炉の耐性試験（ストレス・テスト）について協議させたが、構成員諸国は試験の統一基準を受け入れなかった。本来なら、このときユーラトム（ヨーロッパ核共同体）は共通の行動を考えるべきだった。ヨーロッパ連合の六つの初発国、ドイツ、フランス、イタリア、ベルギー、オランダ、ルクセンブルクは、発足時の1957年にヨーロッパ共同体（EC）と並行して、このユーラトムを創設した。ユーラトム条約の前文には、「核エネルギーは経済の発展と活性化にたいする、また平和的な進歩にたいする不可欠の手段である」とある。そして目標として次のような定式化がされている。「強大な核電力産業を発展させる基盤を確実につくり上げる。これがエネルギー生産を拡張し、技術を近代化し、他のあらゆる分野を介して国民の豊かさに貢献する。安全性を確保する努力のなかで、国民の生命と健康にたいする危険を排除することが必要であり、他の国民とともに仕事に邁進し、国家間の機関と協働するという希望を抱いて、核エネルギーの平和的発展に取り組む…」。

現行のユーラトム条約（2007年以降、条文は177に減った）は、ヨーロッパ連合条約の変更後も、またヨーロッパ共同体創設時の条約においても右のような前文を維持している。しかし、それらは今日、疑問に付されている。

・現在の理解では、強大な核電力産業を創設する必要があったかどうかは不明確である。前文に示された考えは明らかに1957年のそれだが、その後ヨーロッパ連合は、独占的な国家権力と容易に結託したり（フランス）、市民や有権者の利害に反して建設したり（ドイツ）する優勢な核電産業の下で苦しんでいる。

・国民の生命と健康にたいする危険を排除し、必要な安全性をユーラトムがつくるなど、到底ありえない。正反対であることは福島後では明々白々だ。世界の核電の大多数は、地質的に不安定で、したがって非常に危険な場所に立地しており、何百万人もの人間の生命と健康を脅かしている。だから、ユーラトム条約は根本的に変更されなければならないが、そのための手続きとしてヨーロッパにおける市民的・国民的な政治的議論が必要となる。ヨーロッパ議会にはこのことが求められているのだが、新たな条約を発議する動きは、これまでのところほとんど見られない。従来の条約は、「核炉と核燃料をヨーロッパ連合の利用者全員に規則的かつ公正に供給する」ことを課題としているが、新しい条約ではむしろ、放射性廃棄物の（安全な）最終貯蔵問題が課題となるだろう。新条約によって核電事業者の独占的地位を取り除き、再生可能エネルギーの拡張に関わる優先的規制を、ヨーロッパ連合諸国のオプションとして確定すべきだ。つまり、新条約では、

> 「国家間の機関と協働」し、「核エネルギーの平和的発展に取り組む」という従来の考え方を修正する新たな条項を書き加え、核脱却とエネルギー転換における協働を新たな国際的行動指針として焦点化すべきである。ユーラトム諸国が核発電から安全かつ秩序正しく脱却し、エネルギー転換へと向かうよう、その他の国々に技術的・財政的な援助を提供する体制づくりが求められているのである。

フランス、イギリス、イタリア、ベルギーの国家的エネルギー・コンツェルン、およびドイツとオランダの私的電力コンツェルンは、長い年月をかけて「核エネルギーの平和的利用」という新しい展望（ビジョン）を徐々にしかも注意深く描く準備をしてきた。この状況は、１９８０年代、１９９０年代にイギリスとイタリアで電力経済私有化の措置が採られてからも基本的に変わっていない。チェルノブイリの核事故までは、国家レベルでもヨーロッパ連合レベルでも核電力を拡張する意欲が存在した。いずれの側からも膨大な研究助成金が核電産業に流れ込んだのだ。疑念が抱かれた場合には、「安全性研究」という名義に書き換えて助成された。そのような目的なら、たしかに誰も口を挟めないから。こうしてドイツでは、エコロジー的・社会的市場経済フォーラムの情報によれば（エコロジー的・社会的市場経済フォーラム 2010 p.7）、２０１０年までの核電産業への累積研究助成金が１４３２億ユーロにも達した。これは２０１０年の物価水準では１９４９億ユーロに相当し、実勢価格ないし物価では核電力キロワット時当たり平均４・３セントの助成となる（１９５０～２０１０年の核電力総発電量は４５１１テラワット時であり、２００９年のそれは１３５テラワット時であった）。

こうした状況にあって、ヨーロッパ連合はエネルギー転換でいったいどんな役割を果たせるのだろうか。ヨーロッパ連合は「ヨーロッパ連合域内市場」や「エネルギー特別委員」という形式を整える点では積極的だが、本部ブリュッセル水準のロビー活動は複雑だ。エネルギー特別委員のギュンター・エッティンガーは統一的な核炉の耐性試験（ストレス・テスト）を各国に実施させようと誠実に努力したが、実施させるだけの能力がヨーロッパ委員会にはなかったので、安全性を検証する問題では国毎の自発的な措置にとどまった。他方、ヨーロッパ連合は気候政策の領域では何年もの間熱心に取り組んできた。たしかに地球温暖化の問題は緩慢にしか認識できないが、その防止はヨーロッパ連合と世界経済全体にとって重大な挑戦である（ラティフ 2010）。温暖化効果ガスの削減という課題設定は、生産と人口の世界的な増加のなかで、まさに包括的で時宜に適った対抗措置を必要としている。

ヨーロッパ議会の目から見れば、エネルギー転換の課題は「ヨーロッパ内部」の国境を超えた重大な挑戦だが、緑の党の見方はそのスケールの点で、きわめて異なる。同党の代議士であるギーゴルト（2011 p.186）は福島の事故後の状況について、次のように書いている。

「今私たちは、再生可能エネルギーへの急速な転換にヨーロッパ規模で真剣に取り組む好機を迎えている。ヨーロッパの統合は平和のプロジェクトとして、前世代にとってはほとんど思いもかけない成功の歴史であった。それは見事な成果をあげたので、当初の理念はどんどん見失われていった。現在ヨーロッパ諸国は、再度の歴史的挑戦に直面している。今日の問題は、惑星のエコロジー的限界の下での豊かさと、社会的公正さとを結びつけることだ。この目標は、平和の維持と同様に、ヨーロッパ全体が共同して取り組まなければ達成できない。つまり、一方では、社会的・エコロジー的改革の多くの重要な要素は、巨大な経済的統一のなかでしか実際には担うことはできない。他方では、国際舞台上でのヨーロッパの共通性が求められなければならない。ヨーロッパの社会的・エコロジー的目標を国際社会に受け入れてもらうには、ヨーロッパは声を一つにしていかなければならないのだ。そうなれば、豊かさと持続可能性の統合という21世紀の課題も克服できるのだと、ヨーロッパは共同して言えるだろう。そして、そのようなヨーロッパは内的にも対外的にも魅力的なモデルとなり、新たな影響力をもった偉大なヨーロッパとしてその理念を提示できるだろう」。

この展望は興味深いが、現実的かどうかは疑問視されるかもしれない。少なくとも、各国が核発電からの脱却をヨーロッパ連合共通の環境政策、共通の利害として理解できるかどうかは疑わしい。平和への願い、相互利益を生む貿易への願望、これらは明らかに共通の利害に基づくものだが、これに比べて、核電力経済からの脱却は、核発電をしている国々にとっては何よりもまさに「解体の企て」だ。資本と先端技術の価値がなくなってしまうからだ。ただし、核発電の解体で直接失われる職場はわずかでしかない。この部門は労働集約的ではないからだ。それでも、核発電が総発電に占める割合は国によって異なるから、核脱却のオプションにたいする抵抗の強さも異なってくるだろう。フランスとベルギーでは強力な抵抗が起きるかもしれない。ヨーロッパ各国の、さまざまに異なる現実を見てみよう。

・たしかに全体としては核発電の割合が高い。
・しかし、国によっては高度に中央集権化され、影響力がきわめて強い核発電がある。しかも、フランスの場合は国営企業である（フランス電力公社〔２００４年に改組され、現在のフランス電力（政府の株式保有85％）となった〕）。
・ベルギーの金融・経済状態は明らかに不安定だ。政治システムが安定せず、信頼できる統治をつくる能力もほとんどない。はっきりした多数派が存在しないから、場合によっては核電力からの脱却はきわめてむずかしくなるだろう。
・イギリスでは核経済が、フランスの投資によって大きく影響され、経済状態も予算も厳しい状況にある。だから、核脱却とエネルギー転換を早急に実現するという政治的好機はほとんど望めないだろう。唯一展望が開けるとすれば、風力パークの拡張が相対的に進んでおり、風力エネルギーを利用する条件がきわめて良好であるという点だ。強風（年間の大部分を通じて沿岸では豊富に存在する）は、風力ファーム事業者にとっては金の値打ちがある。発電能力は風速の３乗に比例するからだ。その価値を充分知るべきである。

・スペイン、ポルトガル、イタリア、ギリシャ、南フランスでは当然のことながら、太陽光電力の拡張にたいして相当の関心がある。いずれも自然条件が好都合で、とりわけイタリア、スペインには供給報奨制度がある。フランスは風力エネルギー利用や太陽光エネルギー利用の領域ではまだ相対的に遅れており、その潜在力を高める力はまだまだ弱い。これらの国々ではまずヨーロッパ連合レベルで、研究・開発助成の方策を根本的に見直すことが提案された。つまり、核電力の技術革新プロジェクトを助成する道から、風力や太陽光その他の再生可能エネルギーの研究・開発を助成する方向への転換である。これに加えて、蓄電媒体とスマート電力網の技術革新も重要とされた。このような新式の電力網が整備されれば、家計と企業の電力需要は柔軟に制御され、供給側は最高負荷(ピークロード)を明らかに減らして発電所容量も少なく抑えることができるだろう。これらすべては多くのヨーロッパ連合諸国に共通する利害と言えるから、ヨーロッパ連合の予算支出においても新しい重点部門を生み出すことだろう。たとえば、農業全般にたいして補助金を出すこれまでのやり方ではなく、全体状況を把握した上で、バイオマス・エネルギーにたいする助成の方向へ重心が移されるだろう。あるいは蓄電池施設の分散化も課題と見なされるだろう。現在の鉄道路線に沿った、国境をまたぐ送電線の建設には、ヨーロッパ投資銀行を通じて融資がされるだろう。

・北アフリカの「デザーテック」プロジェクトに期待されているのは、ヨーロッパ連合諸国(やその企業)の共通利害を、エネルギー転換における共通利害として発展させることである。このプロジェクトは、地中海のアラブ諸国で太陽光電力と風力電力を大規模に生産する計画を立てており、その一部はヨーロッパ連合に販売されることにもなっている。いずれにしても、北アフリカ諸国の民主主義と法治国家化を支援することはヨーロッパにとっての利益につながるが、新しいパートナーシップの枠組のなかでエネルギー部門の近代化を支援するこの試みも、その一つなのである。この投資プロジェクトに投資する北アフリカ諸国は、ヨーロッパ連合へ電力輸出をすることによって、近代的な発電所技術の購入代金等における投資分を回収できるだろう。

ヨーロッパ経済や世界経済は、願望的思考だけでは前進しない。もし核脱却の好機を真剣に議論しようとするなら、経済と政治の重要な行為主体の利害を視野に入れなければならない。現実の利害を視野に入れなければ、エネルギー転換は成功しないのだ。

まず、ヨーロッパ連合加盟国のなかの東ヨーロッパ諸国に目を向けてみよう。リトアニアとブルガリアは、ヨーロッパ連合加盟の条件として、旧ソ連製の核炉を停止しなければならなかった。だがそれは、たとえばリトアニアに核電力にたいする欲望がなくなったということではない。いずれにしても、バルト3国〔エストニア、ラトビア、リトアニア〕は興味深い経済圏である。それというのも、リトアニアは、飛び地のカリーニングラードを通じてロシアと国境を接しているからであり、またロシアおよびリトアニアと国境を接するベラルーシは、ロシア製の核炉をリトアニアとの国境に設置することに強い関心を寄せているからである。ここに、ヨーロッパ連合が実現可能な核脱却戦略を発展させられるかどうかに関わる対立領域ないし問題領域がある。ベラルーシは、リトアニアの首都ビリニュスからおよそ40キロメートルしか離れていない国境付近の川岸に核電を建設する計画をもっている。また、すでにロシアの核電が、リトアニアとポーランドの間にある飛び地カリーニングラードで建設中である。ロシアが恐れているのは、バルト諸国の電力網と西のヨーロッパ連合諸国の電力網が連結されて、飛び地カリーニングラードがエネルギー問題で崩壊することだ。リトアニアがラトビアとエストニアの融資に支えられて、今後核電の建設に向かう可能性もゼロではない。バルト3国がこれまでヨーロッパ連合諸国の一員として協調してきた経験と意思はあまりに少なすぎる。ヨーロッパ連合にとっては、カリーニングラードやベラルーシから安い核電力を輸入・調達するのは魅力的なことこの上ないかもしれない。あるいは逆に、その「隠れた補助金」を指摘してロシア、ベラルーシ、ウクライナからの電力輸入を止めさせることもできる（これらの国々の核電事業者が適正な賠償義務保険を支払っていないという理由で）。だが、そのような態度が通用するのは、ヨーロッパ連合諸国の政府自身が、自国の核電にたいする賠償義務保険を最低限の要求額まで引き上げる場合だけである。５０００億ユーロの保険、つまり拡大しないガウ、福島のような限定範囲の事故にたいする保険が、国際基準として実行すべき最低限度なのだ。とすると、はたして核電の建設で元が取れるのかどうかが次の問題となる。ヨーロッパ連合がベラルーシ、ウクライナ、ロシアのような国々にたいして実際に核電の建設を確実に断念させられるのは、再生可能エネルギーの領域で広範な同盟を提案できる場合だけということになる。実際、この問題は経済協力開発機構内でも持ち上がっている。30以上の工業先進国（現在の加盟協議が終了した後ではロシアも（２０１４年３月、ロシアのクリミア共和国併合により、加盟競技は中断した））を組織しているパリの経済協力開発機構は、ヨーロッパ連合、日本、ウクライナ、ロシア、そして韓国を協議の場につかせるには適切なフォーラムである。

核電力コンツェルンはチェルノブイリ後数年間は守勢に回っていた。しかし、西ヨーロッパでその後持ち出された流行の見解は、たとえばこうだ――「ソ連の核電は社会主義的な脆さを引きずっており、安全基準が甘い。ヨーロッパや日本、アメリカではそのような核電は基準から除外される」。西ヨーロッパや日本の安全基準は、かなり大きな事故にも耐えられる充分な厳しさをもっているというわけだ。専門家は、核事故の確率は10万年に1回だと語った。だが、それはゼロのように聞こえるし、少しも具体的ではない。しかも、ドイツやアメリカの核産業はごまかしに満ちた賠償義務保険で解決を図り、日本でも核電力企業の無限責任という偽りの決まり文句を謳い続けてきた。通常の保険市場ではたしかに多くの危険性が担保される。たとえばオリンピック競技では自然災害やテロ攻撃にたいして保険がかけられる。ところが、核炉はそうではない。核発電は明らかに、ほとんど計算不可能な、巨大な危険性と向き合っているのだ。核発電部門自身が偽の保険をつくり上げ、ブッシュ（子）大統領はさらに、自国の核電製造業者の利害を守ろうと国際的な核炉相互保険をつくろうとした（本書１３０頁参照）。これは彼の在職中にはうまくいかず、ほどなくして福島の衝撃に見舞われ、頓挫した。いずれにせよ、現在では国際的賠償義務保険制度をつくるのはもはや見込みがないであろう（オバマ政権下では、核発電諸国の賠償義務保険協定を締結する考えは後景に退いた）。

アメリカ政府は、Ｇ20グループの枠組（これは本来、銀行および金融市場の安定化を課題にしている）でなら、国際的賠償義務保険制度という主題を議題化できるかもしれない。Ｇ20グループに代表を送っているヨーロッパ連合諸国もイニシアティブを執れるかもしれないし、とりわけドイツは、エネルギー政策上の特殊な道を回避するために実際にイニシアティブを執ることになるかもしれない。ピッツバーグのＧ20会合〔二〇〇九年〕の最終コミュニケがその手がかりとなる可能性がある。そこでは、持続可能性と気候保護のために化石エネルギー源にたいする補助金を漸次廃止することが課題として強調された。つまり、世界の超大国の政府は、化石エネルギー源にたいする補助金が理に適っていないことを一致して認めたことになる。もし化石エネルギー源への補助金が税金の無駄遣いであり、気候保護の脅威にもなるという根本的な認識に立つなら、国家が採用してきた核電力への途方もない「隠れた補助金」も、ピッツバーグ・コミュニケの精神に基づいて協議されるべき問題となる。この主題を議題に乗せ、独自のイニシアティブで自ら先頭に立てるかはドイツのやり方次第だ。

もちろん核発電の費用ないし危険性にたいする評価の面では、経済協力開発機構のそれは、核電力経済の擁護にはっきりと傾いた長い歴史をもっている。このことは指摘しておかなければならない。たとえば、福島の数ヶ月前に発表された同機構の記録文書では、さまざまなエネルギー源の事故による死亡例が大雑把に比較分析されているが（経済協力開発機構／国際エネルギー機関 2010）、そこでは主に、核発電が時とともに危険性の度合を減らしてきたこと、石炭やガスの死亡例に比べて明らかに少ないことが強調されている。だがこれは、福島の重大事故以前の評価であるばかりか、チェルノブイリ事故で犠牲となったおそらく5万人以上の死者のことも無視している。こうしてスーパー・ガウ時に予測される多数のガン患者数についてと同様、実際の核電事故による犠牲者の例は記録から徐々に消し去られていく。

今後、中期的な核脱却計画を逸してしまった国々は、危険なエネルギー供給の道にはまり込んだ誤ちを、そしてエネルギー転換から生じる経済・社会・政治的な推進力の波に乗らなかった失敗を、認めざるをえなくなるだろう。２０４０年に考えられるシナリオの一つでは、エネルギー転換の過程でアメリカ、ロシア、中国の何百万もの人々が西ヨーロッパへと移住する。その理由は、彼らの国々で新しい福島が生じたからである。もしそれが中国なら、すぐに共産党の支配は片付いてしまうだろう。これほどの人口密集地域でそうした事故が起これば、中国共産党の威信と面目の喪失は決定的となるだろう。現在、中国の核炉の拡張に青信号を与えているのは、人々が安い電力を期待し、そこから中国経済の奇跡の継続を今後も何十年と期待するからである。だが、安い核電力の歴史はグロテスクな誤算でしかなく、核発電の高い危険性にたいする保険を単に断念したことの上に成り立っているにすぎない。福島が示したように、核電の危険性は強烈なものだ。巨大都市、東京に住む３０００万人以上の人々〔ママ〕が、少しの風向きの違いで避難せざるをえなくなる状況にあった。また、放射性物質による大気や太平洋に注ぐ河川の汚染濃度次第では、日本からアラスカに至る幾千人もの人々がガンによって死ぬことになっただろう。

チェルノブイリの衝撃後とは違い、福島後はドイツのみならず、その他多くの諸国も、永続的なエネルギー転換の道へと進むことができるのだろうか。それとも、福島後のエネルギー転換は、「ドイツの特殊な道」というエネルギー政策上の隘路に向かうのだろうか。エネルギー転換を批判する人々は、こう主張する。中国や、アメリカ、フランスその他いくつかの経済協力開発機構の国々は核電力の拡張に賭け、エネルギー集約的な工業生産のために安い核燃料に期待している。これにたいしてドイツは高すぎる費用をかけてエネルギー政策を行い、核電力なしの夢の国を建設しようとしている、と。再生可能エネルギーのモデル、このドイツ・モデルをヨーロッパ規模で、そして世界規模で実現する現実的な好機は存在するのだろうか。

ドイツ政府は２０２２年までに核脱却を完遂するつもりだし、全電力に占める再生可能エネルギーの割合については２０２０年までに35％、２０３０年までにはおよそ50％を予定している。しかし、ドイツにおけるエネルギー転換の推進者は中央政府だけではない。むしろ、その自立した推進者はドイツの各州であろう。バーデン・ヴュルテンベルク州は社会民主党と緑の党の連立政権の下で、従来存在した再生可能エネルギーへの障害（風車や風力パークにおけるハードルの高さなど）を取り除き、たとえばガス発電所の増設を進めている。またバイエルン州も、2022年までに核電力からの脱却を明確に決めた。バイエルン州の農民にとってこのエネルギー転換はきわめて魅力的な展望を示している。まず、バイオマス・エネルギーの割合は2010年の1％から2020年には10％へと上がる予定だ。次に、ガス発電所の増設によってその期間の効果を比較すると、天然ガスの割合は10％から46％に急上昇し、水力の割合は15％から17％に微増、太陽電池の割合はおよそ5％から16％に跳ね上がる。さらに風力エネルギーの同期間の割合は1％から約10％になる見込みである。他方、石炭の同期間の割合は5％から1％に落ち、地熱の割合は控えめに見て、2020年には1％の水準にまで上げられるかもしれない。もし指導的な「工業国家バイエルン」（バイエルンは、ドイツの全州のなかで2番目に高い生産性、技術水準をもつ）が12年以内に本当に核脱却を達成できるとすれば、世界の他の工業先進国もこれを達成できないことはない。

もちろんバイエルン州は、水力、風力パーク、太陽熱に関して地政的な好条件に恵まれている。しかし、もしバイエルン州やバーデン・ヴュルテンベルク州と並んで、ノルトライン・ヴェストファーレン州やニーダーザクセン州、さらにブランデンブルクその他の州が同じ方向を示せば、ドイツは2025年までにエネルギー転換を実現できるだろう。それは、技術的・経済的にはむずかしい即時脱却ではけっしてないが、1960年代、1970年代、1980年代のエネルギー戦略に疑義を呈し、部分的には政治的決定の誤りを修正するものとなるだろう。だがもし、2010年に核電力の割合が22％だったドイツが、そしてその割合が58％だった州であるバイエルンがこれほど短期間のうちにエネルギー転換を完遂できたとすれば、一体全体、世界の他の国がそれを実現できないことがあるだろうか。当然のことだが、この世界には何もせずに改革が生じることなどけっしてない。だからこそ、エネルギー政策上の問いかけを同盟者へ行い、あるいはエネルギー転換への刺激をヨーロッパ連合内に与えることが肝心なのだ。しかも巨大電力コンツェルンの代表は、利回りの匂いにただ従うだけである。つまり、ひとたび核電力が、たとえば法外に高額な保険割増金によって儲からないとなれば、経済という乗換機械装置の方が自動的に動き出すことになるのである。

再生可能エネルギー領域でのドイツ・モデルのプロジェクトはどうやったら成功できるのか、同時にそのようなプロジェクトはどうやったら世界に根づけるのか、この二つの問いにたいする答は、核エネルギーからの断固たる脱却にとって決定的な意味をもっている。もしドイツだけが核電力事業から脱却するなら、高価値の仕事を行ってきたドイツ国内のエネルギー集約産業が大挙して国外に流出する結果となり、脱却を失敗と見なす側からの大きな政治的抵抗がすぐさま盛り上がるだろう。反対に、多くの工業国がエネルギー転換の導入に成功すれば、ドイツ国内には政治的吸引効果が生まれ、国内の実質失業率に大きな打撃を与えることはないだろう。多くのヨーロッパ連合諸国で電力価格が同時期にゆっくりと上昇するなら、ドイツのたとえばアルミニウム産業や鉄鋼産業における流出圧力は相対的に弱くなるからである。たとえばドイツや中央ヨーロッパの自動車工場を相対的に遠く離れた国へ移転することは、経済的に意味をなさない。つまりそうなると、自動車生産者にとっては輸送費用が高くなりすぎ、ロジスティックの時間的危険性が大きくなりすぎるからである。これに加えて、多くの国が風力や太陽光エネルギー、あるいはバイオマスや水力エネルギーへの転換に参加すればするほど、転換費用はそれだけ安くなるだろう。というのは、再生可能エネルギーの市場が大きくなればなるほど、それらのエネルギー源の費用そのものも低下し、技術的進歩の実現を容易にするからだ。固定費用が、より多くの風車や太陽光集熱器等々の生産に切り替えられれば、再生可能エネルギーへの投資財においても大量生産の利点が容易に発揮されるのである。

ドイツが単独でエネルギー政策の特殊な道を歩み、長期的にはフランス、チェコその他の国々から核電力を絶えず輸入することになれば、ヨーロッパの問題児となってしまうだろう。それは、ドイツの家計と企業がドイツよりも安全基準の低い他国の核電力を不断に輸入することを意味する。そうなれば、ドイツの安全技術と安全哲学はヨーロッパで広く信頼を失い、一種の「オーストリア・パラドックス」に陥ってしまうかもしれない。オーストリアの住民は、１９７８年の国民投票で多数〔50・5%〕が自国の核発電に反対の意思を表明したが、国境を接する隣国〔チェコ〕では２００３年段階では6基の核炉が稼働しており、2基が計画中だった。これらの核炉は、一部は西側の構造物で、一部は（若干の特別な安全問題を抱えた）ソ連の構造物だったが、これによってオーストリアは真剣な安全論争を余儀なくされた。オーストリアの国境から１００キロメートル以内に4基〔ドコバニ核電〕、１５０キロメートル以内にはさらに2基〔テメリーン核電〕が稼働していた。放射性物質の放出を伴う重大事故の場合、半径30～80キロメートルが強制避難にさらされるが、輸送網も人間・動物・財産の移動も、安全対策上不充分な状況に置かれる可能性が高い。つまり、自国では核電力を断念したのに、隣国の核炉によって避難を強いられるのだ。

いずれにせよ、オーストリアで行われた核電力利用に関する国民投票は、基本的には世界のどの国でも選べる政治的オプションの一つではある。しかし、国民投票のような大きな政治的前進を超えたところで、議会を通じて実際的な脱却と転換の歩みを主題化することもできる。まずは自国でエネルギー転換を実行するにしても、相応の政治的前提ないし多数派が必要である。経済的正当性あるいは理に適った経済的刺激策があってこそ、目の前にある技術的潜在力をエネルギー転換に動員できる。たとえば、エネルギー蓄蔵の領域における技術革新のダイナミズムをもっと多く動かしたり、高圧領域の送電線網を拡張したりすることも重要な刺激策の一つだ。ドイツ政府の諮問機関であるネット庁は、当初２０１０年か２０１１年春にも、北ドイツの風力拡張に際して３０００キロメートルを超える新たな高圧送電線が必要だと主張していた。北ドイツ沿岸の風力エネルギー・ファームから南ドイツの工業センターに送電するためというのがその理由である。だが、少し熟考すればもっと簡単な別の解決策があるという議論になった。というのも、新たに高圧送電線を引く場合、何年も要する認可手続きに制約され、経験上完成までに10年はかかることが予想されたからである。これにたいして、改めて議論されたオプションは、鉄道所有の送電線網を利用するというもので、これが相対的に簡単な方法で高圧送電線の拡張を加速させる真の出発地点となった。もちろん、ドイツの多くの地域で鉄道所有の送電線網を強化しなければならないから、部分的に新しい認可手続きが必要なのは確かだが、第1に、認可手続きの規則は変更可能だし、第2に、ドイツ鉄道にとっても合理的な投資の刺激となる点で、既存の送電線網内で電力網の拡張を図ることは比較的簡単であり、費用も安くなるという結論になった。

　このような「鉄道による解決」こそ、一見しただけでは「ドイツの特殊な道」にしか見えないものの、世界的な広がりをもつ解決への道なのだ。あらゆる経済協力開発機構の国々が（北アメリカの一部を除いて）、国内にある鉄道所有の送電線網を利用できるし、少なくともこのドイツ式解決策はすべてのヨーロッパ諸国に提案できる。この場合、ヨーロッパ鉄道連盟はヨーロッパ委員会と並んで、どのヨーロッパ連合諸国内でも鉄道送電線を電力網拡張に利用できるようにするために、重要な役割を担うだろう。このようなヨーロッパ式解決法ないし戦略は、これまで経済や政治の側からは提出されてこなかった手法だが、数年のうちにすぐに実現可能となる。

　もしヨーロッパ連合内の12の国有鉄道会社が、再生可能エネルギーへの期待が高まる現在の環境のなかで、電力網の拡張の好機を新分野の仕事につなげることができれば、新しい利害の構造も生み出される。在来型の発電構造に固執したがる少数の核電力コンツェルンではなくて、経済的な潜在力と政治的な影響力をもつ鉄道会社のロビー活動によって、再生可能エネルギーの大幅拡張を支持する側が力を得ていくだろう。そのときドイツは、ベルギーやフランスといった核発電の割合の高い国々による核脱却への緩慢な歩みを容認しつつ、スカンジナビア諸国やイタリア〔１９８７年および２０１１年の国民投票で核脱却。２０００年までにすべての核関連施設閉鎖〕、スイス〔２０３４年までの核脱却を決定〕、スペイン、ポルトガル、ギリシャ、そして多くの東ヨーロッパの国々と一緒になって、再生可能エネルギーの拡張を急速に前進させることになるだろう。

　ドイツやヨーロッパ連合が提起するこれらのエネルギー転換問題は、それ自体ですでに世界経済にとってきわめて重要なサインとなるだろう。ヨーロッパ連合は、中国とロシアにとっては主要な貿易パートナーであり、アメリカや日本にとっては伝統的なパートナーであり、さらにアセアン（東南アジア諸国連合［ＡＳＥＡＮ］、アジア10

ヶ国）やメルコスル（南アメリカ南部共同市場［ＭＥＲＣＯＳＵＲ］、ラテンアメリカ７ヶ国（現、加盟国４、準加盟国６））にとっても重要なパートナーである。エネルギー転換問題は、アセアンとの間では定期会合で提起できるし、日本や中国との間では再生可能エネルギーの領域において特別な技術革新パートナーシップが考えられるだろう。古来より日本を襲ってきた地震と津波の脅威は、福島の事故の後では再生可能エネルギーを全面的に主題化する方向へ日本のエリート、電力コンツェルン、市民層を向かわせるだろう。福島の事故後、中国においてさえ、共産党が核電力の拡張計画を延期した。中国においてすら、核電力が政治システムに及ぼす脅威について議論されている。中国の伝統的な考え方に従えば、支配者にはつねに自然災害の防止と人民の生存の保障に責任があるが、中国共産党の指導的人物の間では今、次のことが問題になっている。もし福島のような重大な核事故が中国で起こったら、それは共産党の支配の終わりを意味するのではないか。核電の重大事故、つまり何百万人もの人間が国外に移住し、放射性物質による健康被害のために多くの人々が何年も何十年も医療措置を受けなければならないような大事故が起きたら、共産党にとってそれは政治的なスーパー・ガウを意味するのではないか、と。実際、ソ連とソ連共産党の終わりの始まりもチェルノブイリ核電の大事故だった。エネルギー転換問題におけるドイツのイニシアティブは、ヨーロッパと世界のエネルギー転換にとって充分な出発点となる。それはつまり、「特殊な道」を回避し、国際的なエネルギー転換への国際的な出発台を、成功裡に建設することだ。

第7章 ドイツの持続可能なエネルギー転換の展望

第1章の分析から明らかになったように、ドイツだけではなくて世界中で核エネルギーの利用に反対する重要な経済的論拠が語られている。しかしひょっとすると、（まだ）高くつく再生可能性エネルギーの代替策と核電力の市場価格とを比較考量して、経済的・社会的調和の理由から、あるいは「安価な気候保護」の理由から、核の危険性にもかかわらず核エネルギーに固執するという結論に至るかもしれない。

だが、これからの分析が示すように、そのような市場志向の費用の比較考量も、実際には核エネルギーにとって都合が悪いのだ。外部費用を考慮しない費用・価格設定がその根拠である。

・もし政界、経済界、市民社会が外部費用の高額さを知れば、彼らには「虚偽の」核電力価格に基づく市場の決定を整序するという、事実に立脚した力学が働く。

・これが当てはまるのは、とくにヨーロッパの脈絡である。ヨーロッパの競争では、外部費用の算入は現在のところ実現困難だと思われるからである。

・加えて、外部費用を加えないこのやり方には単純な方法論的問題がある。もし「虚偽の市場価格」に基づいてエネルギー転換と核脱却が語られているとしたら、外部費用を算入した時点で、転換と脱却は正当な事実となる。

だから真実の問いはこうなる。ドイツその他の核エネルギーは、妥当な費用と、グローバルな気候保護にたいする適切な貢献の点で、再生可能エネルギーに取って代わられるだろうか、と。ドイツの専門家にとっての答は明確だ。そのとおり！　ヨーロッパと世界にとってのシナリオが示しているように、核エネルギーなしの国境を超えた、しかも環境と調和するグローバルなエネルギー転換は、妥当な費用で可能なのである。

だから、いわゆる「ドイツの特殊な道」という主張は、概念からして矛盾している。ウランと石油から脱却するエネルギー転換、ドイツの先行研究では数多くのシナリオで実行可能かつ経済的に妥当と考えられてきたこの転換は、ヨーロッパでも世界でも可能なのである。

おそらくドイツは世界中で最善の科学的コンパスを、たとえば基礎的データ、潜在力調査、シナリオ、システム分析、費用・便益比較という形で利用し、エネルギー効率化・太陽光エネルギー経済へ向かう目標を設定するための戦略的諸要因としてきた。それは文化とも、多様な科学的協議に基づく政治とも関連しており、後者は、エネルギーと気候を主題とする四つの〔ドイツ議会〕専門家調査委員会の設置によって発展した（ドイツ議会専門家調査委員会 2001, 2002）[(3)]。たとえば、エネルギー政策上の相反する見解に関して協議し、鑑定を得るという実践は、証明可能な経験的事実と政治的な評価とをよりよく区別するために、特別に有益であることが同委員会によって証明された。ドイツの経験を他国に生かすには、同じような協議の文化を他の国々との協同作業のなかで発展させていくことが重要である。この点では、ヨーロッパにはまだ相当な欠陥がある。国境を超えた協同組織がヨーロッパ共通のシナリオづくりを始めたのはごく最近のことだからだ。国際エネルギー機関が作成した、世界中でもっとも有力な政治的シナリオがエネルギー転換の問題に取り組むようになったのも、その創設（１９７４年）から30年以上も経ってからである。現在、国際エネルギー機関によるシナリオは、気候問題の半分以上がエネルギーの効率化向上によって解決可能かつ解決すべきであることを明確に示す重要な国際的声となっている。[4]

解決にとってとくに重要なのは、科学的な視点が個々のエネルギー源の考察に充分取り入れられることと、より効率的な利用が中心に据えられることであり、さらに、エネルギー消費と資源消費の統合的分析が持続可能性の鍵となることである。たとえば土地は、バイオマスにたいする競合した要求（食料、緑の資源、バイオ燃料、バイオエネルギー）にとっては希少性要因である。再生可能エネルギー、電気による移動〔交通〕、エネルギー効率化が急速に進展すれば、エネルギー転換上の戦略的な「重要金属」（たとえば希土類（レアアース）。これはエネルギー分野や情報通信技術分野のダイナミックな成長に利用されている）が不足するかもしれない。こうした分析視角が重要になる。

このかぎりでドイツの、見かけ上では孤立した核脱却は、統合的なエネルギー転換計画に適切に包含されており、科学的探究の模範を提供しうると言える。

だが、ドイツでも福島の結果を短兵急に、電力システムの構造転換や、核脱却の性急さ、核電力に代わる代替電力への転換、といった問題とストレートに結びつけて議論する傾向が強い。気候保護と資源保護は、もっと包括的な回答を求めているのだ。

普通に言えば、福島の悲惨な結果は、全体として間違ったエネルギー政策・資源政策への警告の兆候にすぎない（ヘニッケ／ミュラー 2005、ヘニッケ／ボーダッハ 2010も参照）。もっとはっきり言えば、もしエネルギー転換と資源転

（３）「未来の核エネルギー政策」（１９８１〜１９８３年）、「大気保護にたいする事前配慮・大気保護」（１９８７〜１９９５年）、「人間と環境の保護」（１９９４〜１９９８年）、「グローバル化とリベラル化の条件下における持続可能なエネルギー供給」（２０００〜２００２年）。

（４）経済協力開発機構／国際エネルギー機関 2010を参照。

換に首尾よく成功すれば、核エネルギーが不要になるだけでなく、持続可能な発展に向かう「巨大な転換」の好機が増えることを意味するのだ。これが国家的規模にも世界的規模にも当てはまることは、後で示そう。私たちの命題は、ドイツのような世界経済上重要な技術大国が、エネルギー転換の「実行可能性」を紙の上だけでなく、実践でもしっかり実証できれば、世界規模で絶大なシグナル力をもつということだ。ドイツのエネルギー転換が成功すれば、世界にとってはそれが青写真となり、技術政策手段、経済、（巨大な社会的転換へ向かう）市民社会参加との協働に関する社会的学習の実験場になるだろう。そうなれば、他の国々は何を自分たち特有の条件に移転できるのか、どの時点で自分たち特有の追加的な技術革新や転換が必要なのか、よりよく、より早く見つけることができるだろう。

２０１０年9月にドイツ政府が「エネルギー計画」を決定したとき、すでに政府がエネルギー・システムの改造全体を、つまり気候・資源・社会と調和するエネルギー転換の実行可能性を検証していたことは明らかである。そのかぎりで、「エネルギー計画」の主要目標は、徹頭徹尾「革命的」（メルケル首相、２０１０年9月28日）であったと評価できる。もちろん、それを達成する手段（とくに核電の稼働期間延長）は不適切だったと批判されなければならない（ヘニッケ／他 2011）。

「エネルギー計画」にたいするこの評価は福島の事故を経ても何ら変わっていない。しかも、福島後、ドイツその他の国々で核エネルギーにたいする社会的評価は根本的に変化した。すでに２０１０年以前からドイツ国内で激しく議論されていた「エネルギー計画」上の核電稼働期間の延長問題は、福島の事故とドイツのもっとも古い7基の核炉の（当初）３ヶ月停止後、もはや真剣な議論にはならなかった。したがって、「エネルギー計画」の主要目標の方は、福島後もその妥当性を要求できるものとして以下の分析においても基礎をなす。私たちのもう一つの命題は、この主要目標に基づいた超党派的かつ社会的な合意が可能だということである。もちろん核脱却（法的な基盤による最終的な脱却）は、ドイツでは元々２０００年の「核合意」で予定されていたように、**遅くとも**２０２４年までに実現されなければならなかった。この法的な基盤は、２０１１年7月31日の第13次核法改訂でも維持されている（ドイツ官報 2011 41号）。そこではとくに、最新の3基の核炉にたいする稼働の認可が遅くとも２０２２年に取り消され、その他の核炉は段階的に遅くとも２０１５年、２０１７年、２０１９年、２０２１年までに取り消されることが予定されている〔本書41頁訳注＊参照〕。この法律の絶対性を保証する前提、たとえば基本法〔ドイツ憲法〕の規定は（まだ）なされていないが、以下の分析で用いられる核脱却のための費用査定は、基本的にはこの比較可能な２０００年の「核合意」の脱却行程表に基づいている。これまでのところそれ以外に信頼できるシナリオ分析がないからである（２０１１年4月現在）。一般に流布している矛盾だらけの費用情報の理由は、増え続ける脱却の**追加費用**だけを計算しており、たとえば現存建物にたいするエネルギー的近代化の促進費や、計画されていた再生可能発電施設・在来型発電施設の建設費、あるいは送電線網の費用などについては**全部**が足し算されているからである。しかも、エネルギー転換上の**国民経済的効果**（輸入依存の縮減、新しい雇用、競争上の利点）についてはほとんど考慮されていない。

第*1*節　強靭な戦略——気候保護と核脱却

福島の核炉で最初に水素爆発が起きたとされる２０１１年3月14日、ドイツ政府は州首相たちとの申し合わせのなかで、もっとも古い7基の核炉の稼働期間延長に代えて安全性検証のために全核炉を3ヶ月間一時停止とした（「モラトリアム」）。核政策におけるこの驚くべき１８０度の転換は、政治的地震を引き起こし、（ここでは議論しないが）選挙戦術上の思惑をもたらした。この7基の核炉の最終的な脱却（２０００年のいわゆる「核合意」に従

えば、いずれにせよ2011～2012年には停止されていただろう）が2011年の第13次核法改訂の枠組内でなされたという事実によって、四つの局面が前面に出てきた。第1に、ドイツの核電は、それ以前に政界と事業者がつねに主張していたほど「安全」ではありえないことが明らかになった。第2に、政府のこの決定によっておよそ7300メガワットの発電容量が停止されても、「明かりが消える」という予測はほとんど的外れであることが分かった。むしろこの決定とそれが引き起こしたフランスへの電力輸出容量の低減によって、（エネルギー効率化の視点からすれば完全に非効率的な）電気暖房での熱供給を行うフランスでは冬季に大幅な電力供給不足に陥った（シュナイダー 2011）。今も新築の75％が電気暖房を使用するフランスは、それによって核電の新設を正当化しているのだが。第3に、核脱却の法律が超党派で比較的速やかに政治的な最小公倍数として、また全核炉にたいする最長の停止期間として決定できたのは、2000年の脱却行程表という先例があったからに他ならない。第4に、これによって、矛盾する費用情報による住民と経済界の残された不安も、急速に解消されることになった。稼働期間の延長という間違った決定以前から、すでに核脱却については**専門家による明確な合意**があったのである。それを簡単に要約すると、ドイツでは2050年までに「穏健な核脱却」（2000年の「核合意」に従っておよそ2024年までの脱却）によって充分な気候・資源保護が可能であり、核エネルギーを前提とした従来の準拠シナリオの推移（「従来どおり（ビジネス・アズ・ユージュアル）」のエネルギー政策の推移）よりも国民経済にとっては有利であるということだ。これが多数の長期的なエネルギー・シナリオによって実証され、以下の分析が依拠する核心的なメッセージである。

キリスト教民主・社会同盟と自由民主党の連立政権は、政府公約のシナリオ分析に基づく「エネルギー計画」（2010年9月）のなかで、すでに福島以前に、2050年までの数値的な主要目標を定式化しており、それは数年前ならエコロジー的幻想として片づけられるはずのものであった。それが今では、つまり稼働期間の延長を断念した後では、超党派の「エネルギー合意」による一束の目標として重要な意義をもつまでになっている。この「エネルギー計画」によって、主要な工業先進国ではじめて、エネルギー転換にたいする必要な「数値的骨格」と、経済・社会にたいする理念的方向づけが確定されたからである。

さて、このことは次のような問いに即して探究する必要がある。エネルギー効率化と再生可能エネルギーの**技術**は、中・長期的にどのような射程をもっているのか。それらは核電力を、また石炭・天然ガス電力を逐次的に負担可能な費用で代替するのに充分なものなのか。効率化技術によって、エネルギー消費は全分野において絶対的に縮減できるのか。ドイツ政府はエネルギー計画と気候保護シナリオ**すべて**のなかで、それらの問いにどのように答えていくのか。

そしてこれらの問いは、次の命題によって答えるべきである。第1に、持続可能性に至る「架け橋」は、エネルギー効率化と再生可能エネルギーの**統合**によってこそ形づくられる。第2に、それは、国民経済にとって魅力的な資源効率化とエネルギー効率化の**相乗効果**によって生み出される。第3に、より高い資源効率化の戦略は、「**知足の文化**」のなかに宿る。

第2節　「エネルギー計画」の目標——自己拘束の政治か、予測の政治か

過去のドイツ政府はすべて、「エネルギー計画」の数値目標の確定にはきわめて慎重だった。目標が行動力を測る尺度として受け取られかねないことをとても恐れていたからだ。しかし２００９年、ヨーロッパ委員会はドイツの助言のもとで、２０２０年までの数値目標「目標20：20：20」*（２０３頁）をはじめて打ち出し、ドイツはこれを自国のエネルギー・気候保護政策として採用することにした。それまで世界中のどの政府もこうした野心的なエネルギー政策目標を掲げることはなかった。だから、たとえこの数値目標が拘束力をもたないとしても、それが福島以後のエネ

表7　ドイツ政府「エネルギー計画」(2010年）の数値目標

発展の道筋	2020年	2030年	2040年	2050年
二酸化炭素排出	−40%	−55%	−70%	−80から95%
最終エネルギー総消費に対する再生可能エネルギーの割合	18%	30%	45%	60%
電力総消費にたいする再生可能エネルギー発電の割合	35%	50%	65%	80%
１次エネルギー消費(基準年2008年)／年平均2.1%のエネルギー生産性の向上(経済省「共同鑑定2010年」では経済成長は年0.8%上昇)	−20%			−50%
電力消費(基準年2008年)	−10%			−25%
建物近代化率の年１%以下から２%へ向上。2050年に80%のエネルギー消費減				−80%
交通分野のエネルギー消費の削減(基準年2005年)	−10%			−40%

出典：ドイツ環境省／ドイツ経済省 2010 p.5に基づいて独自に作成。

ルギー転換にとってどのような価値をもっているのか、という問いは立てられる。ドイツ政府による２０１０年の「エネルギー計画」は、表7に示された数値目標を含んでいる。

まず二酸化炭素（温室効果ガス）の排出は、２０５０年までに80～95%削減されることになっている。興味深いことに、（二酸化炭素回収・貯留あり［ＣＣＳあり］の）石炭火力発電所が建設されるにもかかわらず、２０５０年の電力割合の80%が再生可能エネルギー由来であることが可能だと見なされている（２０５０年には再生可能エネルギー発電の１００%目標も達成可能とする研究もある（ドイツ環境庁 2010、《環境問題》専門家諮問委員会 2010））。とくにドイツ政府の１次エネルギー消費の削減目標は野心的であり（２０２０年までに20%減、２０５０年までに50%減）、年平均２・１%のエネルギー生産性の向上と、最終エネルギー総消費にたいする再生可能エネルギー発電の割合（２０５０年までに60%）が連結されている。これまでの投入1キロワット時当たりの国内総生産の成長率は約１・６%であったが、向こう40年間（！）エネルギー生産性が年２・１%になるということだ。これは技術的には実現可能だが、より持続可能な生産と消費のモデルを計画的に促進し、史上前例のない戦略的な効率化のイニシアティブを必要とする内容である。つまり、それによってドイツ政府は「高成長」の考えに別れを告げることを企図している。2050年までに1次エネルギー消費を絶対的に50％削減すれば、経済成長とエネルギー消費とを絶対的に分離することは可能であり、それはエネルギー生産性の年向上率が経済成長率を明白に上回る場合に限られる。[5] 他方、電力消費の削減（2020年までに10％減、2050年までに25％減。いずれも2008年比）と、交通分野のエネルギー消費の削減（2020年までに10％減、2050年までに40％減。いずれも2005年比）もきわめて水準が高い目標であると評価できる。建物近代化率も、年実質1％以下から野心的な2％へと倍加され、2050年には現在の熱需要の80％減をめざしている。

この「エネルギー計画」の決定当時、同時期に計画されていた核電の稼働期間の延長によってこの野心的な目標は達成不可能になると批判された。もし稼働期間の延長が撤回されていなかったとしたら、4大電力コンツェルンは再生可能エネルギーの新規参入者と技術革新を犠牲にして市場の支配をいっそう強める結果になっていただろう。同時に、電力パークのエコロジー的近代化と分権化も、あるいはエネルギー効率化への構造転換も遅れることになっただろう。その結果として、「エネルギー計画」のなかで優先された再生可能エネルギーの拡張は、大幅に妨げられることになっただろう。この矛盾を、電力事業者側にたいする追加利益の部分的な回収〔核燃料税の新設〕で解消しようとしたのかもしれないが、それでは何も変わらないだろう（ヘニッケ／他 2001）。

2011年に決定された稼働期間延長の撤回とそれと結びつく核脱却は、このような根本的矛盾を大幅に取り除くことになった。これによってはじめて、ドイツ政府は「エネルギー計画」のシナリオが孕む重大な欠陥を除去す

＊（201頁）　2020年までの目標として、二酸化炭素排出量を1990年比で20％削減、最終エネルギー消費に占める再生可能エネルギーの割合を20％、総電力消費に占める再生可能エネルギー電力の割合を20％とすることが掲げられた。本書65頁参照。

（5）　エネルギー生産性（国内総生産÷1次エネルギー消費）が年2・1％向上し、1次エネルギー消費が2050年までに（2008年比）50％直線的に減少すれば、経済成長率は年およそ0・9％にとどまる。これは現実的ではあるが、政界、財界、経済学が考えている高成長への期待と対立することを意味する。

る現実的な好機も手にすることとなった。つまり、技術的なエネルギー市場の構造転換モデルを、どのようにして**社会的転換戦略**のなかに埋め込むかといった課題は未解決のままなのだ。これはとくに、経済全体のエネルギー消費を、目標どおりに劇的かつ絶対的に削減するという課題に直結する。削減目標の達成は、現在の効率化戦略の潜在力に基づけば技術的にはたしかに可能である。だがそれは、〔構造転換の〕実現に必要な条件ではあるが、けっして充分な条件ではない。この構造転換を十全に実現するための概念的かつ政治的枠組については本章第7節「エネルギーの効率化――パラダイム転換が必要だ」において詳しく取り上げる。

ここでは、ドイツのエネルギー転換の目標において、これまでの枠組条件が根本的に変化したことを指摘しておこう。第2次世界大戦以後の電力エネルギー市場の布置関係をたどり直してみると、4大電力コンツェルン、つまり〔現在の〕エーオン社、ライン・ヴェストファーレン・エネルギー社、バーデン・ヴュルテンベルク・エネルギー社、ヴァッテンファル社による市場支配とその成長過程が目につく（ヘニッケ／他 1984、ヘニッケ／他 1997、ボントゥラップ／マルカール 2010）。この4大電力コンツェルンの（ほとんど）留まることを知らない躍進は、巨大技術である核電力と褐炭電力の寡占・独占的所有と結びついていたし、現在でも（依然として）そうである。だが、今やその権力的地位は国内的にみると、気候保護政策の進展と核脱却の流れによって失われようとしている（たとえ現在のドイツ政府が「4大企業」のために巨大な海上電力パーク事業を後押しして、その市場権力を部分的にこれらの企業に保持させているとしても）。4大コンツェルンは現在、ドイツの核脱却に呼応して、ヨーロッパにおける自前の核電建設などを通じて権力的地位を国際化しようとしている。ライン・ヴェストファーレン・エネルギー社とエーオン社は共同でイギリスに6基の核炉を建設すると予告した（グリーンピース 2011）。同じく、ライン・ヴェストファーレン・エネルギー社は東ヨーロッパで、エーオン社はフィンランドで9基の核炉の建設を計画している（ベルリン日日新聞 2010、〔ドイツ〕商業新聞 2011）。しかし、ブルガリアのベレネとルーマニアのチェルナヴォーダでの事業に参画しようとするライン・ヴェストファーレン・エネルギー社の試みは、現地の大衆的な抗議によって当面中断している。４大コンツェルンによるこの危険性の国際化が成功するかどうかは、これらの国々の市民社会と政治によって、もちろんヨーロッパ委員会の姿勢によっても、決定的に左右される。

いずれにせよ、４大コンツェルンによる国内での核電力推進戦略は大々的に失敗し、もはやその推進派が多数を占める状況にはない。もっとも象徴的な例は、４大コンツェルンが現在のドイツ・エネルギー・水事業連盟(6)のなかで異議申し立てを受け、これまで何十年も保持してきた支配的地位を失っていることだ。電力産業はエネルギー政策と気候政策を規定する主体の一つである。だから、市場を支配する４大コンツェルンの企業利害は、事実上エコロジー的転換にたいする拒否権として機能してきたとも言える。だが、現在生じている電力企業の多様化と競争による一足毎の「脱権力化」は、エネルギー転換の枠組条件を決定的に改善する方向へと向かっている。

以下のシナリオが示すように、エネルギー転換が完遂できれば技術の分権化も完成する。そうなれば、エネルギー市場における巨大技術の市場集権は、エネルギー節約の流れのなかで供給側・需要側を問わず解体されてしまうだろう。

第3節　シナリオの比較——気候保護と資源保護の専門家合意

ドイツのエネルギー・気候保護政策は、複数の複雑なシナリオを基礎に正当化される度合いをますます強めている。こうした流れによって、政策が含意する健全さ、透明性、指針の確かさが高まるのであれば、歓迎すべきこと

(6)　ミュラー 2011を参照。

である。シナリオは、専門家やその委託者による「もし〜ならば、こうなる」という想定に基づいて作成される。気候保護の場合、たとえば2050年までの所与の二酸化炭素削減目標を立てることがこれに当たる。こうした目標シナリオが正当化されるのは、「バック・キャスティング」[*]という方法を基礎にして、その目標がどのようにして、またどのような含意をもって達成できるかを探究するからである。一定期間を経て、あるシナリオの実際の結果がマイナスかどうかを市民にもよりよく検証できるようにするためには、異なる専門家や委託者によるシナリオとの比較が不可欠である。それによってはじめて、事前の想定とは独立して、その後の行動の選択幅や代替策を明らかにすることができる。もちろん、一つのシナリオが、将来の現実と誤解され、公共社会に**政治の代用品**として供されることがあってはならない。

ボックス1　シナリオは重要な道具だが、政治の代用品などではない

エネルギー・シナリオは世界中で重要な役割を果たすことができる。それは、政策や公共的な討議の場で利用することができる。それはまた、一面では実行可能な道を見つけるために利用され、他面では自らの決定を正当化するために利用されることもある。エネルギー・シナリオは、将来のエネルギー供給の、数値によるシミュレーションに基づく設計図であり、ある特定の国に、またより大きな経済的地域圏に、あるいは全世界に通用する。設計図では通常10年から50年の期間が考察される。それは望ましい目標を達成したり望ましくない結果を回避したりする目的をもち、特定の可能性を切り開く条件を示すとされる。したがってほとんどの場合は、まったく異なるいくつものシナリオが提示され、相互に比較される。ただし、どのシナリオも、「もし〜ならば、こうなる」という条件の下で考えられうるあらゆるエネルギー供給の将来的な発展を、限定的な形で選択したものしか記述しない。

エネルギー・シナリオはエネルギー予測と等置はできない。「予測」の方は、しばしば10〜15年間とい

う短い期間に限られているため、出来する問題に政治的な解決を求める傾向が強く、政治的実現率の高いエネルギー供給の推移を記述する。エネルギー経済界にとってそれは、巨大な投資計画を決断する際の土台として役に立つ。これにたいしてエネルギー・シナリオの方は、通例もっと先の将来を見据え、意識的により大きな変動を認める。「予測」は予想される推移に反応できるようにするためにあり、「シナリオ」は目的意識的に推移に影響を及ぼすためにある。

エネルギー・シナリオはエネルギー部門のさまざまな行為主体によって作成される。そして部分的にはきわめて異なる利害をもって作成される。個々のシナリオには特定の目標も記述される。たとえば、温室効果ガス排出の削減努力とかエネルギー供給にたいする核エネルギーの割合といった目標をあらかじめ設定しなければならない。また、一連の仮定も設定されなければならない。たとえば、将来の人口増や経済成長、石油価格の上昇などの比率などである。さらに、その目標が達成できる前提や、まったく望ましくない副次的効果が発生する場合の具体例も示さなければならない。もちろんそれぞれのシナリオの想定と結果には、大きな不確実さや、ひょっとしたら隠れた利害関係が存在することもありうる。しかし後者については、競合するシナリオを通じて明らかにできる（ヘニッケ／ミュラー 2005）。

シナリオの比較――概観(7)

最近、さまざまな委託者と研究組織によるドイツのエネルギー・シナリオが公にされている。これらの研究の目的は、さまざまな持続可能性の目標を堅持しながら、どのようにしてドイツのエネルギー需給を向こう40年間展望

＊　将来目標を設定することで、現在から将来への過程を推測する方法。過去のデータを積み重ねて将来を予測するフォア・キャスティングと対比される。

（7）　このシナリオ比較は、ヘニッケ／他 2011所収の「ドイツ科学者連合の背景文書」に基づく。

表8　各シナリオのエネルギー・システムの主要指標概観

九つのシナリオ	国内総生産の想定：年平均成長率（2010-2050年）	エネルギー・システムの中心的指標			国内発電の割合		
		エネルギー起源二酸化炭素排出（1990年比）	エネルギー効率化の年平均改善（2010-2015年）	１次エネルギー供給に占める再生可能エネルギーの割合	再生可能エネルギー	核エネルギー	CCS発電所電力
①主導シナリオ 2010A（ドイツ環境省／他 2010a）	0.9%	−85%	2.1%	55%	84%	0%	0%
②CCSなしの技術革新（世界自然保護基金 2009）	0.7%	−91%	2.7%	76%	97%	0%	0%
③CCSありの技術革新（世界自然保護基金 2009）	0.7%	−90%	2.7%	59%	73%	0%	22%
④プランB（グリーンピース 2009）	k. A.	−97%	k. A.	90%	100%	0%	0%
⑤シナリオ３（エネルギー経済研究所 2009）	1.3%	−68%	2.4%	36%	～50%	～12%	～3%
⑥シナリオⅡB（ドイツ経済省 2010）	0.8%	−85%	2.1%	50%	83%	0%	8%
⑦《環境問題》専門家諮問委員会 全シナリオ（同委員会 2010, 2011）	k. A.	k. A.	k. A.	k. A.	100%	0%	0%
⑧エネルギー計画2050（再生可能エネルギー研究者協会 2010）	k. A.	k. A.	k. A.	k. A.	100%	0%	0%
⑨地域圏連合（ドイツ環境庁 2010）	0.7%	k. A.	k. A.	k. A.	100%	0%	0%

注：k. A. ＝記載なし。
出典：サマディ 2011。各シナリオ研究の情報に基づいて独自に作成。

できるかというものである。世界の研究事例を見渡してみても、ドイツほど気候・資源保護およびエコロジー的なエネルギー転換の長期的な技術的・経済的パースペクティブを、競合する複数のシナリオによって包括的に探究してきた国はない。

以下で比較する九つのエネルギー・シナリオ（**表8**）は、八つの最新のシナリオ研究から取っている。その結果の一部を短く紹介してみよう（詳細はヘニッケ／他 2011）。

「エネルギー・システム全体」に関する研究には、ケルン大学エネルギー経済研究所・経済構造研究協会・プログノス社の共同鑑定書『ドイツ政府「エネルギー計画」にたいするエネルギー・シナリオ』（ドイツ経済省 2010）がある。比較のためにこのシナリオから「シナリオⅡB」(8)〔表8⑥〕を取ってみる。ドイツ政府が2010年に決定した平均12年の稼働期間延長と対応しているからだ。世界自然保護基金ドイツの委託を受けたプログノス社とエコ研究所の研究『ドイツ・モデル―2050年までの気候保護』（世界自然保護基金 2009）が同じグループに属する。この研究の特殊性は、発電所部門のCCS技術利用のシナリオ(9)（CCSありの技術革新〔表8③〕）とそれを断念したシナリオ（CCSなしの技術革新〔表8②〕）の比較である。両者のシナリオは、二酸化炭素の90%減（CCSあり）ないし91%減（CCSなし）に立脚している。

　これらのグループに属するもう一つの重要な研究は、環境省の委託を受けたニッチュとヴェンツェルの『ドイツの再生可能エネルギー拡張の長期シナリオと戦略―主導シナリオ2010』（ドイツ環境省 2010a）である〔表8①〕。同じく4番目には、市場を支配する4大電力コンツェルン、バーデン・ヴュルテンベルク・エネルギー社、エーオン社、ライン・ヴェストファーレン・エネルギー社、ヴァッテンファル社の委託を受けたエネルギー経済研究所の『エネルギーの未来　2050』（2009）が来る〔表8⑤〕。さらにヨーロッパ連合テクノロジー・エネルギー／マネージメント社が作成したグリーンピース・ドイツの研究『気候保護：プランB　2050』（2009）の考察がある〔表8④〕。加えて『エネルギー計画2050―エネルギー効率化と100%再生可能エネルギーに基づく持続可能なエネルギー計画の展望』研究は、本章で比較するシナリオで唯一、完全に再生可能エネルギーに基づいたエネルギー・システムを記述している。この研究は、再生可能エネルギー研究者協会（2010）に結集するさまざまな研究所が作成した〔表8⑧〕。

（8）ここでは（「高成長」とは正反対に）ドイツ政府が穏健な成長率を受け入れていることが注目に値する。

（9）CCSとは、二酸化炭素の回収・貯留、つまり、発電所と工業過程から出る二酸化炭素の分離と処理のこと。

他方、重点である「**再生可能発電**」については二つの研究がある。第1は《環境問題》専門家諮問委員会の『100%再生可能発電への道程―特別鑑定書』(2011)〔表8⑦〕および2010年5月の同委員会によるシナリオの公表(『2050年までに100%再生可能電力供給を』(2010)〔同、表8⑦〕)である。後者ではさらに二つのシナリオが考察される。一つは、自給自足的な電力供給と相対的に低い電力需要に基づく「シナリオ1a」、もう一つはスカンジナビアとの融通に基づく、相対的に高い電力需要を伴う「シナリオ2・2b」の考察である〔図9参照〕。

第2は、2010年に出版された『エネルギー目標2050―100%再生可能エネルギー源による電力』(「地域圏連合」ドイツ環境庁 2010)による比較研究である〔表8⑨〕。

シナリオの基本的仮定

表8と図7は、以下で対照されるシナリオの要点に関する概要を示している。表8では将来の国内総生産の想定(年平均成長率)、エネルギー・システムの三つの中心的な指標、国内発電において選択されたエネルギー源ないし発電技術の割合、図7ではエネルギー源別1次エネルギーの供給量に関する2050年時点でのそれぞれの仮定が挙げられている。

ここに示されたシナリオはすべて、ドイツ統計庁の予測に基づいて2050年までのドイツの継続的な人口減少を想定している。想定では、現在およそ8200万の人口は、世紀中葉までに約7200万(世界自然保護基金/他 2009)から7500万人(ドイツ環境省 2009a、グリーンピース 2009)の水準で減少する。この人口減少は、それと関連する需要の低下によって、「気候保護・エネルギー消費と経済成長の分離」という各シナリオの目標にたいしてある程度「自動的に」貢献することになる。

このシナリオ比較では、いくつかの共通性がすぐさま明らかになる。

・いずれのシナリオも今後40年間の気候保護の実現と1次エネルギー需要の明白な減少を挙げ、両者を経済成長から絶対的に分離させる技術的な可能性を証明している。２００９年比〔図7では２０１０年比。以下同〕で1次エネルギー供給は少なくとも39％（「シナリオ3」〔表8⑤〕エネルギー経済研究所 2009）から65％（「プランB」〔表8④〕グリーンピース 2009）まで減少する。(10)

・再生可能エネルギーの絶対的な割合は、２００９年から２０５０年までの間に何倍にもなる。少なくとも２・５倍（「シナリオ3」エネルギー経済研究所 2009）から３・６倍（「ＣＣＳなしの技術革新」〔表8②〕世界自然保護基金／他 2009）まで上昇する。

・石炭利用はほとんどのシナリオで、２０５０年には２００９年の利用を84％から１００％まで下回る。それが確実に意味するのは、40年の技術的寿命で**２０１０年から新しい**（**ＣＣＳなし**）**石炭発電所**を建設しなくともよいということだ。「シナリオＣＣＳあり技術革新」（世界自然保護基金／他 2009）と「シナリオ3」（エネルギー経済研究所 2009）だけ、75％ないし60％の少ない削減となっているが、これはとくに前者のシナリオの場合、発電所部門で相当のＣＣＳ利用が想定されており、また「シナリオ3」では野心的な気候保護目標が断念され、想定された石炭利用量に関連する二酸化炭素の排出が許容されているからである。

・天然ガスと石油の利用もすべてのシナリオで劇的に減少するが、もちろんその程度は異なる。そのかぎりでドイツでは技術的オプションの多様性によって、核エネルギー利用が終焉した場合、充分な気候保護が２０５０年までに、天然ガスと石油の輸入依存の劇的な低下と結びつきうることが示されている。

(10)　1次エネルギー需要のこの明白な減少は、何よりも二つの理由に起因する。一つは、すべてのシナリオで最終エネルギー効率の明らかな改善が目標とされているからである。もう一つは、すべてのシナリオでとくに再生可能エネルギーの利用を大きく増加させることによって、電力部門の転換効率が向上するからである。つまり、風力、水力、太陽電池による発電にとっては、1次エネルギーの電力への転換で１００％の効率となるのである（効率化方法）。

同時に、このシナリオ比較では、エネルギー・システム間の若干の相違によって、次のことが明らかになる。

・石油利用の低下に関しては、とりわけ交通分野における石油製品の代替可能性の問題で、シナリオ間においては相当異なる評価につながる。

２００５年における石炭の利用度は、巨大施設の二酸化炭素の分離・輸送・貯蔵が技術的かつ経済的に実行可能と証明される場合、あるいは追求される気候保護目標が低い場合には、無視できないほどの高さとなる（「シナリオ３」エネルギー経済研究所 2009）。

エネルギー起源の二酸化炭素排出の削減

１次エネルギー需要の明白な削減はすべてのシナリオで確認されたが、その結果、１次エネルギー源の構造が再生可能エネルギー優位に変わることで、二酸化炭素の排出もすべてのシナリオで劇的に削減される傾向を示した。一つの例外（「シナリオ３」エネルギー経済研究所 2009）を除けば、他のすべてのシナリオでエネルギー起源の二酸化炭素の排出は少なくとも85％（「主導シナリオ２０１０Ａ」〔表８①〕ドイツ環境省 2010a）から95％（「プランＢ」グリーンピース 2009）までの削減が可能と見なされている。「シナリオ３」だけが約70％という比較的低い数値を示しているが、その内容は図７によって確認できる。つまり、「シナリオ３」の場合、１次エネルギー消費はそれほど低下せず、再生可能エネルギーの拡張は、他のシナリオにおける拡張の後塵を拝したままなのである。

エネルギー効率化の劇的な上昇

１次エネルギー需要の明白な減少（図７）を実現する重要な前提は、これからの40年間の最終エネルギー強度[11]の

図7　エネルギー源別1次エネルギー供給量（2050年、2010年）

（ペタジュール／年）

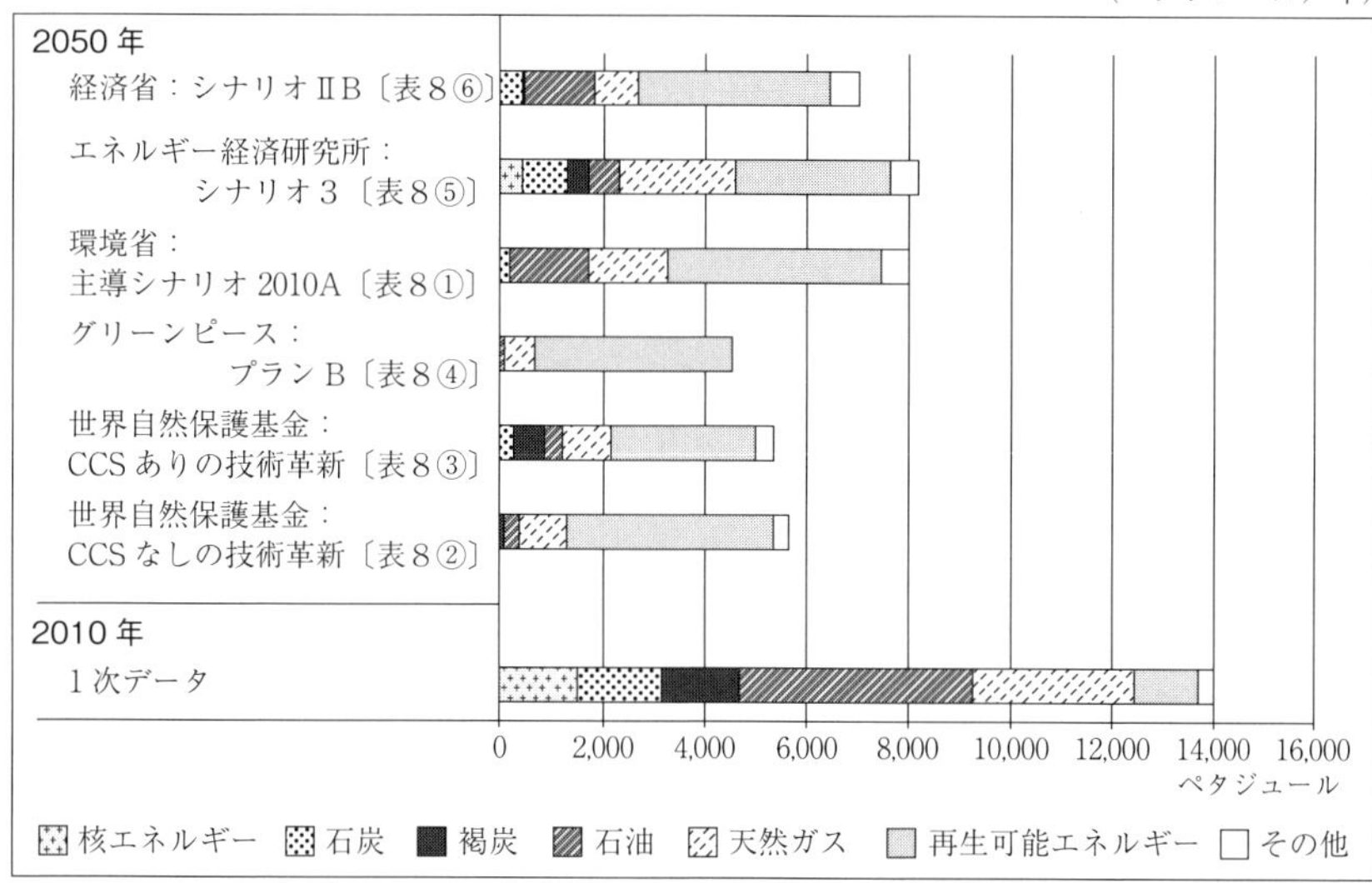

注：ジュールは仕事およびエネルギーの単位。1ペタジュール＝1000テラジュール＝100万ギガジュール＝10億メガジュール＝1兆キロジュール。1000ペタジュール＝1エクサジュール。
出典：サマディ 2011。各シナリオ研究の情報に基づいて独自に作成。2010年の1次データは、エネルギー・バランスシート社『データ2011』2011の暫定情報である。

図8　最終エネルギー強度の平均的な低減率（1991〜2010年、2010〜50年）

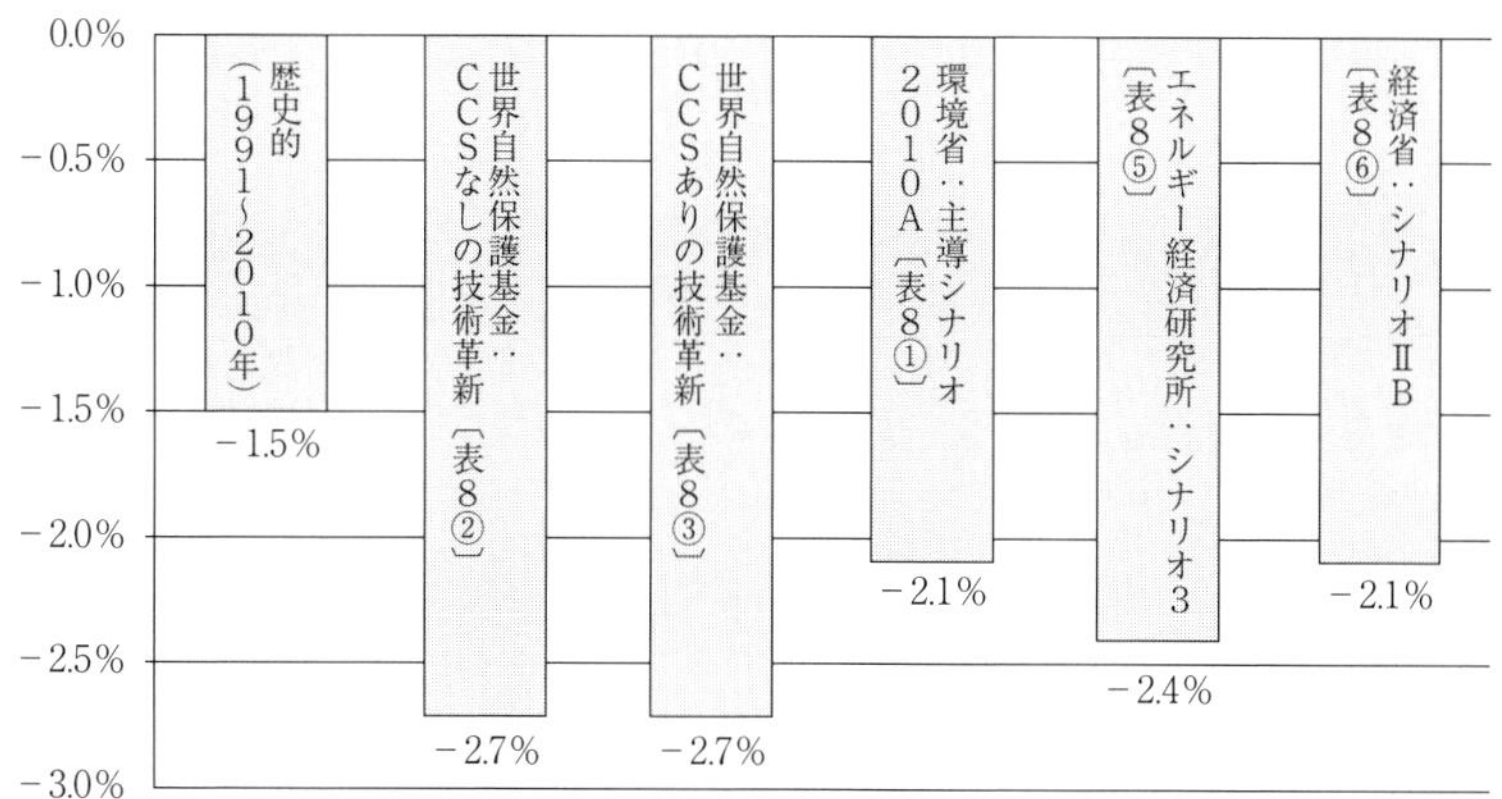

出典：各シナリオ研究の情報により独自に作成。歴史的データは、エネルギー・バランスシート社 2011とドイツ統計庁 2011に基づく。

大きな低減にある。図8がそれぞれに想定された最終エネルギー強度の推移に基づいて、このことを明確にしている。図が示しているように、今後40年間のすべてのシナリオで、最終エネルギー強度の平均的な低減率は直近20年間（1991～2010年）に観察された率と比べて明白に高い。きわめて野心的な世界自然保護基金の研究「シナリオCCSありの技術革新」では、最終エネルギー強度の平均的な低減率はマイナス2・7％であるのにたいして、直近の20年間ではマイナス1・5％である。ここで強調すべきは、過去の低減率が部分的には〔東西ドイツの〕統合〔＝併合〕と関連した効果に負うところがあり、この効果がなければ低減率はもっと低かっただろうということである。[12]

第4節 根本的な変革を前にした電力市場

気候保護の理由から、今後40年以内に電力供給の根本的な変革が必要であることは明らかである。変革の本質的な期間は2030年まで続かざるをえない。発電に占める再生可能エネルギーの割合が、現在の2～4倍以上になるからである。再生可能エネルギー源の現在（2009年）の電力量はすでに約95テラワット時だが、2050年にはこれが最低でも230テラワット時（「シナリオ3」エネルギー経済研究所 2009）から430テラワット時（「エネルギー計画2050」再生可能エネルギー研究者協会 2010。再生可能エネルギーに基づく純電力輸入を含む）になるとされている。加えて、電力需要は（少し）減少すると予測されているから、在来型の石炭発電所と核電による発電は、明白に減少することになる。[13]

図7から読みとれるように、発電所部門の二酸化炭素回収・貯留（CCS）は、楽観的な技術発展と費用の推移

を想定した場合ですら、発電全体に占める割合は高くない。２０５０年時のその割合（ＣＣＳありの石炭・褐炭火力発電所の割合）〔図７の石炭および褐炭の比率を指す〕は、「シナリオⅡＢ」（ドイツ経済省 2010）で６％、「シナリオＣＣＳありの技術革新」（世界自然保護基金／他 2009）では18％である。この二つのシナリオ同様、在来型発電所出力の定義において経済的に楽観的な発電所モデルを採用している「シナリオ３」（エネルギー経済研究所 2009）でも、ＣＣＳありの石炭発電所は２％〔ママ〕しか達成しない。再生可能エネルギーの割合が増大するにつれて**存続する発電所パーク**の**柔軟性**はますます重要になるが、これによって再生可能エネルギーによる供給の増大と変動に伴う問題の大部分が調整できる。また、このより柔軟な運転方式によって年間のフル運転時間は短くなり、高額の資本費用を伴う発電所タイプ（これにはＣＣＳありの発電所と核電も数えられる）は顕著な不利益を引き起こす。

異なる発電所タイプがもっている実際の柔軟性は、こうした技術のみに依存しているだけでなく、費用構造（たとえば変動費と固定費の比率）や負荷〔電力需要〕の比較調整措置（デマンド・サイド・マネージメント。スマート・メーター化／スマート・グリッド[14]）にも依存している。《環境問題》専門家諮問委員会やホーマイヤーは、表９に示すような〔表９省略、表６に同じ〕、異なる発電所タイプの出力勾配と起動時間から出発する。

たとえば核電の場合、最高負荷の約60％（沸騰水型軽水炉）ないし50％（加圧水型軽水炉）の閾値までしか運転できない。それ以下では停止しなければならず、およそ50時間後にはじめてフルに再起動される（ホーマイヤー 2010 p.12）。

（11）最終エネルギー強度は、国内総生産１単位の生産に必要な最終エネルギーであり、それは、１年間に生じる最終エネルギー需要を（実際の）国内総生産で割ることによって計算される（最終エネルギー需要÷国内総生産）。

（12）２０００〜２００９年の低減率も、約マイナス１・４％でしかなかった。

（13）分析したシナリオのほとんどで、２０３０年時の電力がもはや核電で生産されない以上、２０２０年直後の核脱却が前提となる。

（14）「スマート・メーター化」と「スマート・グリッド」によって、エネルギー需要が、複雑な情報通信技術で変動するエネルギー供給にたいしてよりよく対応する。「スマート・メーター化」によって、実際の使用量の読み取りがインターネット経由で可能になる。

図9　総電力消費とエネルギー源別の充足（2050年）(16)

（テラワット／年）

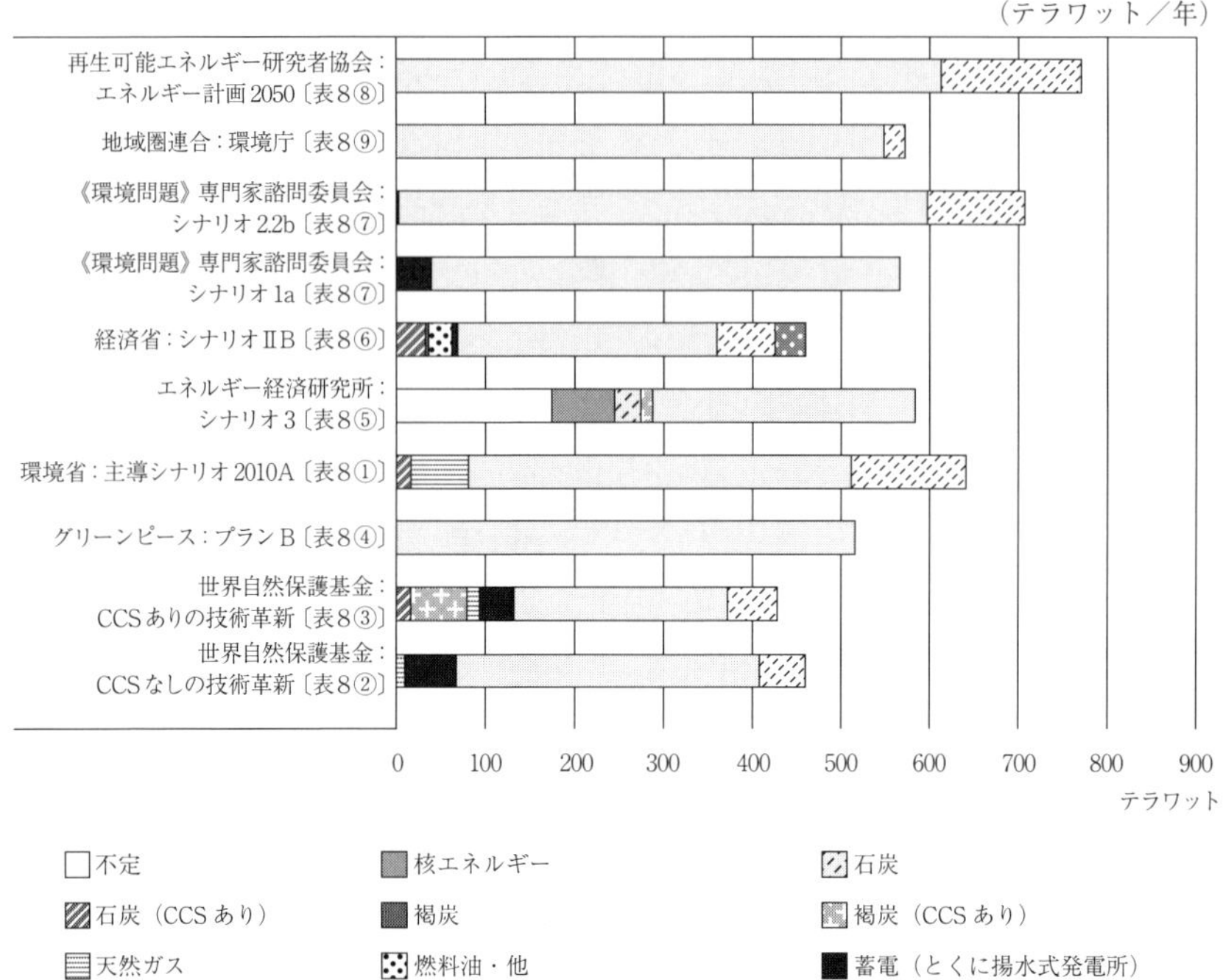

出典：サマディ 2011。各シナリオ研究の情報に基づいて独自に作成。

現行の再生可能発電の**優先供給**を前提すれば、核電による利用可能な出力のうち、どれだけをまだ投入できるかは、**時間毎の残余負荷**（電力網の総負荷から風力・太陽光その他再生可能エネルギー源電力の供給量を差し引いた負荷）次第である。ホーマイヤーの研究では、ドイツ政府が核電の稼働期間の延長に固執した場合でも、現在の再生可能発電の成長傾向のまま風力・太陽光電力が拡張すれば、遅くとも2020年には核電の多くが停止する―「ドイツの核電の稼働期間が45年間あるいはそれ以上延長されれば、2020年にはまだすべての核電が運転している計算になる。しかし、残余負荷が11・4ギガワットを下回れば、すべての核電を停止しなければならない。というのは、再生可能電力の供給が一貫して拡張されれば、２０２０年における残余負荷は大幅に低下するからだ」[15]（同上書 p.13）。そうなれば、２０２０年には核電はもはや基礎電力発電所として継続的に運転することができなくなり、すべての核電の運転時間は部分負荷時間による稼働あるいは完全な停止に取って代わる。もしドイツ政府の電力節約目標（２０２０年までに10％の削減）が達成され、再生可能エネルギーの割合が大幅に高くなれば（ドイツ政府によれば35％。ドイツ再生可能エネルギー研究連盟によれば約48％）、核電は部分負荷稼働と停止、あるいはその片方を余儀なくされる。

そのかぎりで、稼働期間延長の撤回は、疑いもなく国民経済的合理性にも適っている。それによって不必要な発電所容量にたいする不必要な費用（「埋没費用」）が避けられるし、柔軟な代替策に投資することもできるからだ（たとえばもっと容易に制御できるガス発電所、最高電力(ピークロード)の変動に関する「負荷マネージメント・プログラム」、基礎電力(ベースロード)にたいする節約プログラム［たとえば家計の冷蔵・冷凍領域や中小企業部門］）。

世紀中葉までにほとんどすべてのシナリオで、総電力消費に占める再生可能エネルギーの割合は80％から１００％になる（図９）。その例外はここでも「シナリオ３」（エネルギー経済研究所 2009）で、そこでの割合はおよそ50％にしかならない。また、大部分のシナリオは国内電力に加えて、輸入電力を想定しているが、輸入電力は、２０５０年には１５０テラワット時〔総電力需要の約19％〕（「エネルギー計画２０５０」再生可能エネルギー研究者協会 2010）から総電力需要の21％〔約２５０テラワット時〕（「主導シナリオ」ドイツ環境省 2009）までを占める。ほとんどのシナリオで示されているように、この輸入電力は完全に再生可能エネルギーに由来している。

そこではとくに南ヨーロッパと北アフリカからの太陽光・風力電力の輸入が想定されている（デザーテック計画〔本書１８５頁参照〕）。ただしドイツ政府「エネルギー計画」にたいする「シナリオⅡＢ」（ドイツ経済省 2010）は例外である。

（15）11・4ギガワット（だから総負荷のおよそ54％）の残余負荷から、平均的な核電のタイプの違いに関係なく停止時点に達すると想定されている。

（16）発電所の発電は、必ずしもすべてのシナリオで別々に記載されているわけではない。

ここでは、総輸入電力に占める再生可能エネルギーの割合は3分の2しかない。残り3分の1に当たる在来型輸入電力の出所は厳密に規定されていないが、基本的にはヨーロッパ域内の核電から来るとシナリオでは語られている。

電力部門のシナリオを比較すると、次のような側面が目につく。

・再生可能エネルギーによる発電は、すべてのシナリオで２０５０年までに明白に増加する。国内発電だけを見ても、一つの例外（「シナリオＣＣＳありの技術革新」世界自然保護基金 2009）を除いて、再生可能エネルギーの絶対的生産は２０５０年までに少なくとも3倍化する。全シナリオのうち四つ（「エネルギー計画２０５０」再生可能エネルギー研究者協会 2010、「地域圏連合」ドイツ環境庁 2010、「シナリオ２・２ｂ」と「シナリオ１ａ」《環境問題》専門家諮問委員会 2010）のシナリオでは6倍化する。[17]

・海上風力エネルギーは、２０５０年にはどのシナリオでも発電のもっとも重要な再生可能エネルギー源となっている。再生可能エネルギー由来の国内総発電に占める割合は32％（「シナリオＣＣＳありの技術革新」）から55％（「シナリオ１ａ」）である。

・海上風力エネルギーは同時に、供給の不安定性においてはどのシナリオにおいても絶対値で最高である。この技術の絶対的な割合は、２０５０年に80テラワット時（「シナリオＣＣＳありの技術革新」）から３１７テラワット時（「シナリオ１ａ」と「シナリオ２・２ｂ」）である。

・ほとんどのシナリオが、２０５０年の陸上風力エネルギーを６０テラワット時（「シナリオⅡＢ」ドイツ経済省 2010）から91テラワット時（「シナリオ２・２ｂ」）と計算している。だが二つのシナリオ（「エネルギー計画２０５０」と「地域圏連合」）は、およそ１７０テラワット時というもっと大きな寄与が可能だと想定している。これは、現在の陸上風力エネルギーによる発電の4倍を意味する。

・すべてのシナリオが水力を相対的に小さな拡張しか望めないと見ている。それ以外の再生可能エネルギー源

（バイオマス、太陽電池、地熱）の寄与度についての評価は、シナリオ間で明白に異なっている。

ドイツ政府が自身の「エネルギー計画」（２０１０年）について研究を委託したシナリオ（「シナリオⅡＢ」）は、再生可能エネルギーによる国内発電の点で、ここで考察した他のすべてのシナリオ（唯一の例外は、「シナリオＣＣＳありの技術革新」世界自然保護基金 2009）と比べて後退している。その根本的な理由は、著者たちが採用した仮定、つまり、ドイツでは２０２０年以降、もはや再生可能エネルギー由来の発電には助成していないだろうという仮定に立っているからである。その代わりに想定されているのは、ヨーロッパ域内規模で統一的な助成が行われることによって、再生可能エネルギーの拡張はヨーロッパ内の、発電にもっとも適したところで行われるということだ。このモデル計算によれば、２０２０年から再生可能エネルギーによる国内発電は大きく減少することになる。[18]また、シナリオのほとんどが、２０２０〜２０３０年に始まり２０５０年まで増大する再生可能エネルギー電力の輸入増大を想定している。二つのシナリオ（「主導シナリオ２０１０Ａ」ドイツ環境省 2009a、「エネルギー計画２０５０」再生可能エネルギー研究者協会 2010）では、２０５０年の再生可能エネルギーの輸入電力は総発電の約20％に達する。

再生可能エネルギー電力の輸入を想定しているほとんどのシナリオでは、その電力の大部分が南ヨーロッパと北アフリカの太陽光発電所ないし風力発電施設から来ると仮定しているが、「シナリオ２・２ｂ」（《環境問題》専門家諮問委員会 2010）では、スカンジナビアの、とくに水力と風力エネルギーを仮定している。

ここで一つの問題提起だが、４大電力コンツェルンは現在、また将来、ドイツにおける再生可能エネルギー領域

(17) 再生可能エネルギーの割合に関してシナリオ間に部分的だが明白な違いが生じているのは、いくつかの理由による。再生可能エネルギーを利用する施設の技術的・経済的発展に関する想定が違うこと、温室効果ガスの排出が少ない他の技術を利用する際の想定が違うこと（とくにＣＣＳと核電）、気候保護目標に差異があること、などがそうである。

(18) この想定によっても、世紀中葉から、再生可能エネルギー源であれ核電であれ、大量の電力が輸入される。

表10　ドイツの４大電力コンツェルンにおける再生可能エネルギー電力の割合（2007年、2009年）。水力の有無によるドイツ平均との比較

		エーオン社	ライン・ヴェストファーレン・エネルギー社	ヴァッテンファル社	バーデン・ヴュルテンベルク・エネルギー社	ドイツ平均
再生可能エネルギー電力						
2007年	絶対量（テラワット時）	9	4	0.9	8.4	
	総発電にたいする割合	7.3%	2.3%	1.2%	11.4%	14.2%
2009年	絶対量（テラワット時）	7.9	3.9	0.8	7.8	
	総発電にたいする割合	7.1%	2.6%	1.2%	11.2%	16.4%
新たな再生可能エネルギー電力（現存の水力発電所は考慮しない）						
2007年	絶対量（テラワット時）	1.8	0.7	0.8	0.1	
	総発電にたいする割合	1.4%	0.4%	1.1%	0.1%	10.8%
2009年	絶対量（テラワット時）	1.1	0.8	0.8	0.3	
	総発電にたいする割合	1.0%	0.5%	1.2%	0.4%	13.1%

出典：ヒルシュル／他 2010、エコロジー経済研究所 2011。

のエコロジー的変革にとってどのように位置づけられるのだろうか。グリーンピースの委託を受けたエコロジー経済研究所の経験的分析は、これについて興味深い数字を収集した。表10が示しているように、すべての電力コンツェルンにおいて、２００７年の総発電に占める新たな再生可能エネルギー電力（現存の水力発電所は考慮しない）の割合は低く、２００９年段階でも副次的なままだった。つまり、その途方もない資本力と溢れんばかりの流動資産にもかかわらず、再生可能エネルギー領域のエコロジー的変革にたいする電力コンツェルンの寄与は、ドイツ平均（２００９年で13・１％）に比べてかなり控え目なものだった。

電力コンツェルンが独自に提出した**２０２０年までの拡張計画**を見ても、再生可能エネルギー電力の割合はわずか10％（バーデン・ヴュルテンベルク・エネルギー社）から15％（エーオン社、ヴァッテンファル社、ライン・ヴェストファーレン・エネルギー社）の間であり、ドイツの平均（ドイツ政府が公式に挙げた最新の数字は38・６％（ドイツ環境省／他 2010b））の半分にも及んでいない。コンツェルンの総投資にたいする割りのいい取り分は、ドイツとヨーロッパにおける２００９年の計画段階では依然として核電と石炭発電所に使われることが決まっていた。つまり、この段階でコンツェルンが、気候保護と危険性最小化の点で社会的な要請を受けていないと判断していたことは明白である。どうすればこのような状態をドイツ政府とヨーロッパ連合の新しいエネルギー政

策の重点に沿って変更させることができるのか。また、どのような形でそれを変更させることができるのか。コンツェルンの株主たちは、コンツェルンの戦略転換が長い間時機を失してきたことをどのように評価するのか、何とか知りたいものだ。

第5節　電力網の拡張と改造

ドイツの電力網は再生可能エネルギーのいっそうの拡張にとって容量が少なすぎる。これがドイツにとっては再生可能エネルギー時代に進む「隘路（ボトルネック）」（ジャーマン・ウォッチ 2010）となっている。風力発電の割合が高くなるために、北から南への給電の流れが変化する。核電力なしの時代に移行するためには「電力アウトバーン」〔北部の電力を南部に送る基幹送電線網〕が必要になる。もちろんその数が増えればよいというわけではない。電力網の拡張も、分散型電力網のスマート制御や、分散的な供給の強化、負荷のマネージメント、蓄電などによって縮小できるからだ。

おそらく電力網拡張の意義を最大限に評価しているエネルギー庁の「電力網研究Ⅱ」（ドイツ・エネルギー庁 2010）によれば、2020年までに電力供給の39％を占める再生可能エネルギー（2025年の展望を含む）を今後成功裡に統合するには、明らかに、従来想定されていた（「電力網研究Ⅰ」ドイツ・エネルギー庁 2005）電力容量の不足分以上の部分を補わなければならない。そのためにエネルギー庁は、電力網の拡張を三つに種別して具体的に検討した（表11参照）。

それによると、ドイツの送電線網には、3600キロメートル（蓄電装置なしの基本シナリオ）ないし3500キロメートル（架空送電線監視装置）の高圧送電線が不足している。100キロメートルの差は、架空送電線監視

表11　電力網拡張・改造需要

種別	送電線網の回線拡張需要	改造回線距離	費用
蓄電装置なしの基本シナリオ BAS000	3,600km	0km	9億4600万ユーロ／年
架空送電線監視装置 FLM000	3,500km	3,100km	9億8500万ユーロ／年
高熱送電線 TAL000	1,700km	5,700km	16億1700万ユーロ／年

出典：ドイツ・エネルギー庁 2010。

装置による送電網容量の改善によって説明できる。もちろんこの場合にはさらに３１００キロメートルの送電線によって、改造回線用の建設が必要になる。

電力網の拡張と改造（海上風力発電パークの接続、送電ロス、空電力補償を含む）に必要な費用は、蓄電装置なしの基本シナリオの場合には年９億４６００万ユーロ、架空送電線監視装置の場合には９億８５００万ユーロになる。

もう一つの場合は高熱送電線の設置が考慮されており、一方で拡張部分を１７００キロメートルに縮小し、他方で既存の５７００キロメートルの送電線を改造しなければならない。費用は16億１７００万ユーロになり、基本シナリオより明らかに高い。高熱送電線は送電ロスがとくに大きいためである。

過去には電力網の拡張と改造はひどくなおざりにされた。２００５年のエネルギー庁「電力網研究Ｉ」では、２０１５年までに８５０キロメートルの追加が必要と計算されたが、それから「電力網研究Ⅱ」が発表されるまで約90キロメートルしか実現していない。電力網の拡張がこれからこのテンポで進むなら、あるいはドイツ政府が拡張の促進を明確な政治課題にしなければ、政府の「エネルギー計画」で提起された目標の真剣さと信頼性には疑問符がつく。

分散的な発電を補うためには、国境を超えたヨーロッパと北アフリカの高圧送電線網の建設も必要である（再生可能エネルギー研究者協会 2010）。

電力網の拡張に関する「エネルギー計画」の評価

ドイツ政府が自身の「エネルギー計画」（２０１０年）において電力網という社会基盤

の拡張を認めたことはたしかに高く評価してよい。だが現時点では、提起された計画で本当に電力網の社会基盤を促進できるのかどうか、できるとすればそれはどのような形になるのか、再生可能エネルギーによる電力供給の要請に電力網が充分応えているのかどうかを含めて、比較判断されなければならない。そのためにとくに求められるのは、電力網の拡張にたいする経済的刺激であり、また計画立案の政策化である（ジャーマン・ウォッチ 2010）。

実際、中央の政治主体（四つの送電線事業者、州、政府自体）による協議の場が経済省の管轄下に置かれることになってはいる。だが問題は、そこに環境連盟や地域圏組織など、正当な利害をもった主体がパートナーとして含まれておらず、環境省もそこに加わっていないことだ。

電力網の改造——最適化と強化

ドイツ政府の「エネルギー計画」は、**電力網の拡張**措置の実施にあたって、必要な**電力網の改造**には踏み込んでいない。拡張のみならず、電力網の最適化と強化もなされなければならない。これに関して再生可能エネルギー研究者協会のシナリオ「エネルギー計画２０５０」は、電力網の集約的な構造の拡張と並んで、分散的な構造への改造も考慮しなければならないと明確に注意を促している。

「スマートな」電力網（スマート・グリッド／スマート・メーター化）

政府の「エネルギー計画」ではいわゆる「スマートな」電力網（**スマート・グリッド**）の改造が予定されている。同時に、「エネルギー計画」ではエネルギー需要をエネルギー供給に適合させるために、最新の情報通信技術による発電、蓄電、消費者、電力網との調整の重要性も認めている。「スマートな」電力網を実現するためには、家計が「**スマートな**」**積電電力計**（スマート・メーター）を備えることが必要な前提であり、これも「エネルギー計画」では考慮されている。「エネルギー計画」にはさらに次の点も盛り込まれている。まず、２０１１年から給電に応じた電力価格が提示される。これはきわめて魅力的に設計されているから、受容されるだろう。情報通信技術を効率的に投入する試験プロジェクトについてもいっそうの促進が計画されている。エネルギー経済法は、屋根を覆う「スマートな」電力計の設置が可能となるよう対応することになっている。ここでは測定器令が改定され、「スマートな」積電電力計にたいする投資費用の是非が検証される。

蓄電容量

再生可能エネルギーをさらに拡張するためには、供給の安定性を保証する蓄電容量の拡張と統合も不可欠である。とりわけ風力エネルギーの統合の点で蓄電池は重要な役割を果たす。これによって需要が少なく風が強い時期には風力エネルギーからの過剰電力を、たとえば揚水式発電所に蓄電し、需要が高まったときにそこから供給できるようになる（ホーマイヤー 2010）。

政府の「エネルギー計画」は、再生可能エネルギーのいっそうの拡張手段として蓄電容量の拡張の必要性についても基本的に認めており、たとえば「技術的・経済的に可能な枠内で」ドイツの揚水式発電所の潜在力を開発したり、ノルウェー、アルプスといった外国の揚水式発電所の潜在力を利用したりすることを推奨している。後者の潜在力はさらにまた国境接続基地の拡張を必要とするだろう。

「エネルギー計画」はまた、新しい蓄電技術の領域として圧縮空気蓄電、水素蓄電、「水素源メタン製造」にも言及しており、これらの研究強化の必要性にも触れている。「水素源メタン製造」は、再生可能エネルギー研究者協会の「エネルギー計画２０５０」にも依拠している。ここでは「新しい転換技術」としていわゆる「**再生可能メタン**」が重要視されている(19)（再生可能エネルギー研究者協会 2010）。再生可能メタンは再生可能エネルギー電力と二酸化炭素から製造することができる。製造されたガスは、いつでも利用できるエネルギー源として天然ガス網に供給できるだろう。この蓄蔵の特別な利点は、発電所および天然ガス蓄蔵施設を含めて、現存の天然ガス網を利用できるところにある。こうして現存の天然ガス網は、発電や熱生産部門、さらには再生可能燃料による交通部門への供給にたいする「バーチャルな蓄蔵」網になるだろう。ガス網の蓄蔵範囲は、現在毎月２００テラワット時に上る。それと並んで、「エネルギー計画」にある電気移動〔交通〕も、蓄蔵の可能性を広げる（「電気自動車用蓄電池」）。ただし電気移動については、蓄蔵需要全体の小さな部分しか生み出せない（同上書）。

さらに「エネルギー計画」では、バイオマスの潜在力の拡張についても、その投資誘因を早急に検証するとしている。バイオマスは風力や太陽光による変動を調整する。だが、持続可能ではないバイオマスの電力化は、批判的に評価する必要がある。

需要に応じた電力供給

需要に応じた再生可能エネルギー電力の供給は、制御可能な生産（バイオガスによる地域熱電併給、マイクロ・ガスタービン）および条件付で制御可能な生産（風力と太陽光）と、上記の揚水式発電所（同上書）とを組み合わせる（連結する）ことで可能になる。そのような「再生可能エネルギー連結発電所」（図10参照）によって、再生可能エネルギーからの電力供給は、いつでも確実に行えるようになる。

供給の安定性を最終的に保証するのは、個々の生産を「スマートに」結合できるかどうかにかかっている。「厳密な予測方法」、「大きな貯蔵容量」、「柔軟な消費者」の組み合わせ（連結）も重要になる。

---

(19)　いわゆるサバティエ過程〔水素と二酸化炭素を高温高圧状態に置き、ニッケルを触媒としてメタンと水を生成する化学反応〕、つまり水素と二酸化炭素の反応によって、直接メタンを製造できる。また、製造されたメタンは現存の天然ガスの回線網と蓄蔵を通じて、発電事業者に供給することができる。エネルギー効率（再生可能メタン・エネルギーの転換比率）は、研究情報によれば、60％以上（熱電併給利用のときのみ。それ以外は約38％）である。その場合二酸化炭素は原材料として利用される。この結果として、発電所・バイオマス施設・合成ガス生産における二酸化炭素のバランスシートは中立となる（再生可能エネルギー研究者協会 2010参照）。費用については研究には情報はない。

図10　再生可能エネルギー連結発電所

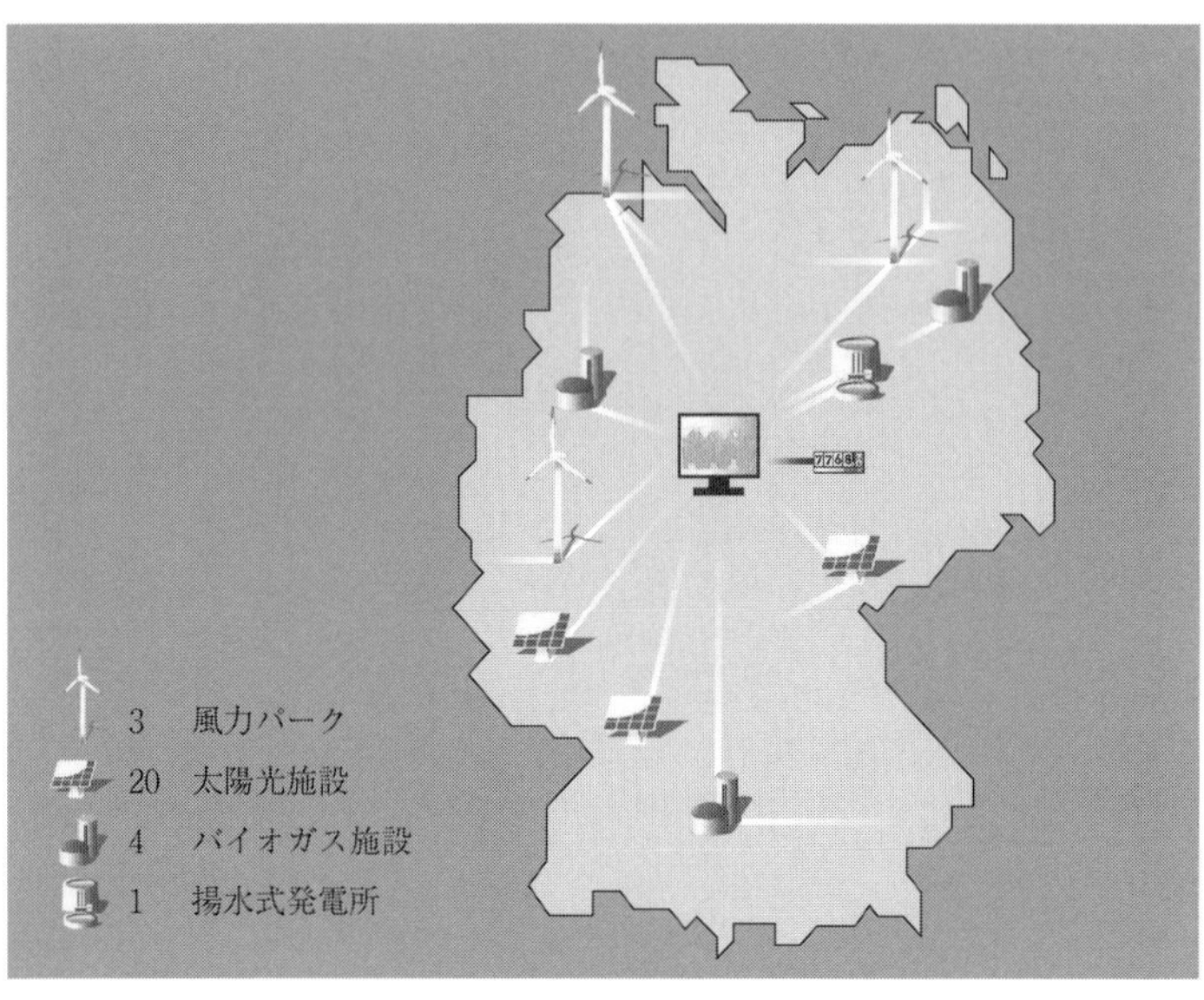

出典：フラウンホーファー風力エネルギー・システム技術研究所に基づいた再生可能エネルギー研究者協会 2010 p.28。

集約的な構成要素（たとえば海上風力パーク、揚水式発電所）と分散的な構成要素（太陽光施設、熱電併給施設）の組み合わせ（連結）も大切で、これが未来のエネルギー供給を確実にする。

再生可能エネルギーの市場統合とシステム統合

ドイツ政府によるこの「エネルギー計画」によって、「電力網と蓄蔵の拡張」、「市場統合とシステム統合」、「需要に応じた生産の問題」の相補関係が明らかにされたのは高く評価できる。また、電力網の拡張を援護し、再生可能エネルギーの市場統合を促進する具体的な方法が挙げられている点も評価に値する。

「再生可能エネルギー法」の改訂にあたっては、「再生可能エネルギーによる電力にたいして最大限の市場割増金を導入」することについての是非が検証されなければならない。もちろんこの導入は、再生可能電力の生産者が市場で販売する際、市場割増金によってだけ助成されることを意味し、これまでの固定された報奨構造〔固定価格買取制度〕の代替策にするということだ。その結果、供給の優位が「裏で」悪化するかどうかは未解決のままである。

また、緑の電力の市場化は「市場に適合した行動への刺激」を生み出すよう「さらに発展させられ」なければならないが、もちろんそれによって、再生可能エネルギー賦課金が引き続き上がってはならない[20]。

ここで強調すべきは、これらに関連するドイツ政府の予測には広く解釈の余地があり、それらがどのように実行されるかがきわめて重要であるということだ。もし将来、現行の**再生可能エネルギーによる電力の優先供給**のあり方が疑問視されるようなことになれば、政府自らが設定した拡張目標は反古になってしまうだろう。レットゲン環境相は、そのようなことは断じてないと公に発言した。

環境への影響と住民の受容

中・長期的に見ると、電力網の拡張と改造が成功するのは、関係するすべての行為主体の利害が考慮される場合だけだ。とりわけ、利用をめぐって生まれる自然・景観保護（ドイツ環境援助 2010）との対立を考慮しなければならない。だから、責任ある行為主体は、新電力回線の近くで生活している行為主体（住民）との透明な**対話**を早くから行うべきであった。また、（郡や市町村自治体のような）地域圏および地域の行為主体との対話も重視すべきであった。このような行為主体同士の同意を無視して巨大な新電力回線構想を進めることは、無条件に避けなければならなかった。責任ある行為主体は、構想当初から、送電技術の内容や電力網拡張の意義と必要性について、他のさまざまな行為主体、とくに市民との討論を重ねていく必要がある。

(20)　再生可能エネルギー法に基づく賦課金は、2011年よりキロワット時当たり70％、額にして2セントから3・5セントに明らかに上がるが、このままの形では翌年は続かないだろう〔2018年は6・8セント〕。

そのような**早期の対話**のなかでしか、有効な問題解決の方法や社会的対立の最小化は生まれてこない。ドイツ環境援助は、2010年の戦略文書「プランN」のなかで、地域の受容を生み出す方法を盛り込んだ詳細な行程計画を作成している（同上書）。

透明な市民対話と並行して、市民が関連施設の建設や運転への融資に直接あるいは間接に（基金や協同組合を通じて）参加できる制度を設ければ、現地の受容を高める重要な一歩となる。大切なことは、建設された施設が現地および地域圏のエネルギー転換計画のなかに組み込まれれば、エネルギー供給の「再-社会化」〔巨大企業ではなく、市民社会の諸主体による供給体制をつくる〕も構想でき、長期的な展望が開けるということだ。「100%再生可能エネルギー地域圏」の運動（http://www.100-ee-kongress.de/）は、まさにこの方向をめざしている。この運動における「再-社会化」構想の特色は、とりわけ農村部に建設された持続可能なエネルギー利用システムが、効率化向上のための多数の活動を包括し、また電力の消費地における、より分散的で新しい再生可能エネルギー生産の多様性も包括していることだ。都市と農村との間、それぞれの都市公社間、商業的エネルギー生産と（小型発電所と太陽電池に基づく）分散的で「私的な」供給との間でなされる新しい協働形態が、「再-社会化」を増大させるのだ。その場合、新しい市民は「プロシューマー」〔生産・消費者〕として、たとえば屋根に自分の太陽光設備を付けて再生可能エネルギーの生産者兼消費者であるような新たなエネルギー市場の行為主体として動き出すことになる。これが当てはまるのはとくに未来の建物（「プラス・エネルギー住宅」Ⓡ）であり、そのエネルギー的に最高の屋根によって（たとえば屋根の太陽光施設で）、消費するより多くのエネルギーを生産することができる。

ドイツ政府の「エネルギー計画」は「透明性と受容」（ドイツ環境省／ドイツ経済省 2010 p.32）という標語の下に電力網拡張の重要性を謳ってはいるが、説得力のある戦略に結びつける責任がある。いわゆる「電力アウトバーン」（現存電力網とネットワーク化される新電力網）は、北部の生産センターから西部と南部の消費センターへとドイツを横切って再生可能電力を送るものだが、広範な住民の間ではその建設をめぐっていまだに多くの議論がなされている。電力網の拡張は急がれている。したがって、包括的で透明な、コミュニケーションと参加の場が求められている。ドイツ政府がこの点でまだ入り口に立ったままであることは先に述べた。政府はその情報キャンペーン、「環境を大切にするエネルギー供給のための電力網」を再び用いることになるだろう。

他方、電力網拡張にたいする現地の反対派は今後も強大であり続けるだろう。現地の市民イニシアティブは、「この拡張は核電の長期にわたる残余稼動期間や石炭火力発電所の追加的建設を利する」と危機感を抱いているからだ。こうしてドイツ政府が隘路に陥れば、早期のエコロジー的な電力網改造も疑問視される可能性がある。市民にとって恐れなければならないのは、自分たちの抗議が〔ドイツ政府の〕自業自得的な遅延（電力システムの拡張と改造の未達成）の理由として持ち出され、市民の側がその尻拭いをさせられることだ。

第6節　拡張・改造の費用と経済性

総費用のダイナミズム

再生可能エネルギーに基づくエネルギー・電力システムの拡張と改造にあたっては、中・長期的に見てどのくらいの費用がかかるのだろうか。この費用は次の10年にどうなるのだろうか。再生可能エネルギーに基づくエネルギー供給の転換は、従来準拠した道筋より高くつくのだろうか安くつくのだろうか。この問いを深く分析し、分かりやすくそれに答えることは、エネルギー・システムのエコロジー的拡張と改造の受容にとって第一義的な意味をもっている。というのは、メルケル首相とレットゲン環境相は連立政権のなかで、自分たちが核エネルギー問題について本気で熟考し、考え直すことをほとんどしてこなかったからだ。その理由は、電力事業者や産業界、メディア

や専門家が、矛盾する費用評価について悪しざまに歪曲してきたからである。

たとえば「フランクフルト評論」紙は、２０１１年4月18日、こう報じた。環境相レットゲンは、２０１０年の政府シナリオ「エネルギー計画」に基づいて、「核脱却が加速すれば」電力価格がキロワット時当たり０・１～０・９セント、緩慢にだが上昇すると計算した。これにたいして、エネルギー庁のシュテファン・コーラー長官は、全電力消費者の追加的な負担が年間２００億ユーロとなるのに伴い、価格上昇が「およそ5セント」になると計算した、と。エコロジー研究所の専門家、フェリックス・マッテスは、「これはなんの根拠もないゾッとする支払い」（同上紙 第5面）だと述べ、環境相の見解を確認した。核脱却の加速による追加費用は、差引勘定をすれば「賄えるのである」。

私たちは、このような生々しい費用論争には関わりたくない。往々にしてリンゴ（どっちみち必要な気候保護）とナシ（「加速された?」核脱却の追加費用）が比較されるからだ。これに加えて、一方では「再生可能エネルギー法」による家計と小規模事業者への電力費用の押しつけが、国家の補助金と誤解されるのにたいして、他方ではそれより多い企業の（賦課金の）免除の拡大は無視される。さらに太陽電池の過剰供給（２００９～２０１０年）による市場の過熱が将来も続くとされながら、再生可能発電の費用の低減と雇用効果には言及されない。最後に、再生可能発電による電力価格低下の効果は、電力取引所では反映されない。

このような理由すべてから、よく「安直」と評される「早すぎる核脱却」の短期的な脱却費用についてここで語るのは無意味なのだ。それより私たちは、「２０００年のエネルギー合意」〔いわゆる「核合意」〕による脱却の基礎になっている、すでに福島以前に提示された長期的なシステム・費用分析に立脚することにしよう。

以下で示されるように、エネルギー・システムの改造は国民経済的に割が合い、中期的な費用の上昇は不可避だが、それは負担できるのだ。それについてまず、２０５０年の相異なる拡張目標を追求している二つの研究を引き合いに出そう。一つは、環境省の「主導シナリオ」（２００９／２０１０年）で、これは２０５０年に１次エネルギーの55%を再生可能エネルギーで賄うとしている。それと並んで、比較のために再生可能エネルギー研究者協会によるシナリオ「エネルギー計画２０５０」を出そう（再生可能エネルギー研究者協会 2010）。後者が描くシナリオによれば、２０５０年にはすでにエネルギー供給全体が再生可能エネルギーに基づくこととされている。

改めて強調するが、国民経済的な積極的構造改革の効果が一貫して過小評価されているのは、外部費用を考慮に入れていないからだ。

環境省の「主導シナリオ」

将来に関する費用表示の理解にとって重要なのは、二つの異なる発展の道筋における**差額費用**がしばしば問題になるということだ。往々にして政治・経済・社会は、エネルギー・システムの変革（たとえば核エネルギーなし、充分な気候保護）を目標とする発展の道筋（目標シナリオ）が、従来どおり（ビジネス・アズ・ユージュアル）の発展の道筋（準拠シナリオ）とどう違うのかについて興味をもつ。だから、目標シナリオと準拠シナリオの間の「差額費用あるいは追加費用」についても語られるのである。

図11は、環境省の目標シナリオである「主導シナリオ２０１０Ａ」に基づくもので、２０５０年までに1次エネルギー全体に占める再生可能エネルギーの割合を50%に拡張するという目標を設定した場合、価格道筋Ａ（２０２０年の原油主導価格＝94ドル［２００５年時］／バレル。２０２０年の二酸化炭素価格＝39ユーロ［２００５年時］／トン）[21]に従った、再生可能エネルギー拡張の年毎の差額費用を示している。差額費用は、従来どおり（ビジネス・アズ・ユージュアル）の準拠シナリオと異なり、エネルギー・システムの再生可能エネルギーへの拡張費用すべてを含む。

ここから分かるように、全部門（電力、熱、交通）の差額費用は当初上昇する（基準年は２０００年）。頂点は

（21）環境省の「主導シナリオ２００９」（ドイツ環境省 2009a）より。

図11　価格道筋Ａによる価格上昇に伴う、
「主導シナリオ 2010A」の再生可能エネルギー拡張全体の差額費用

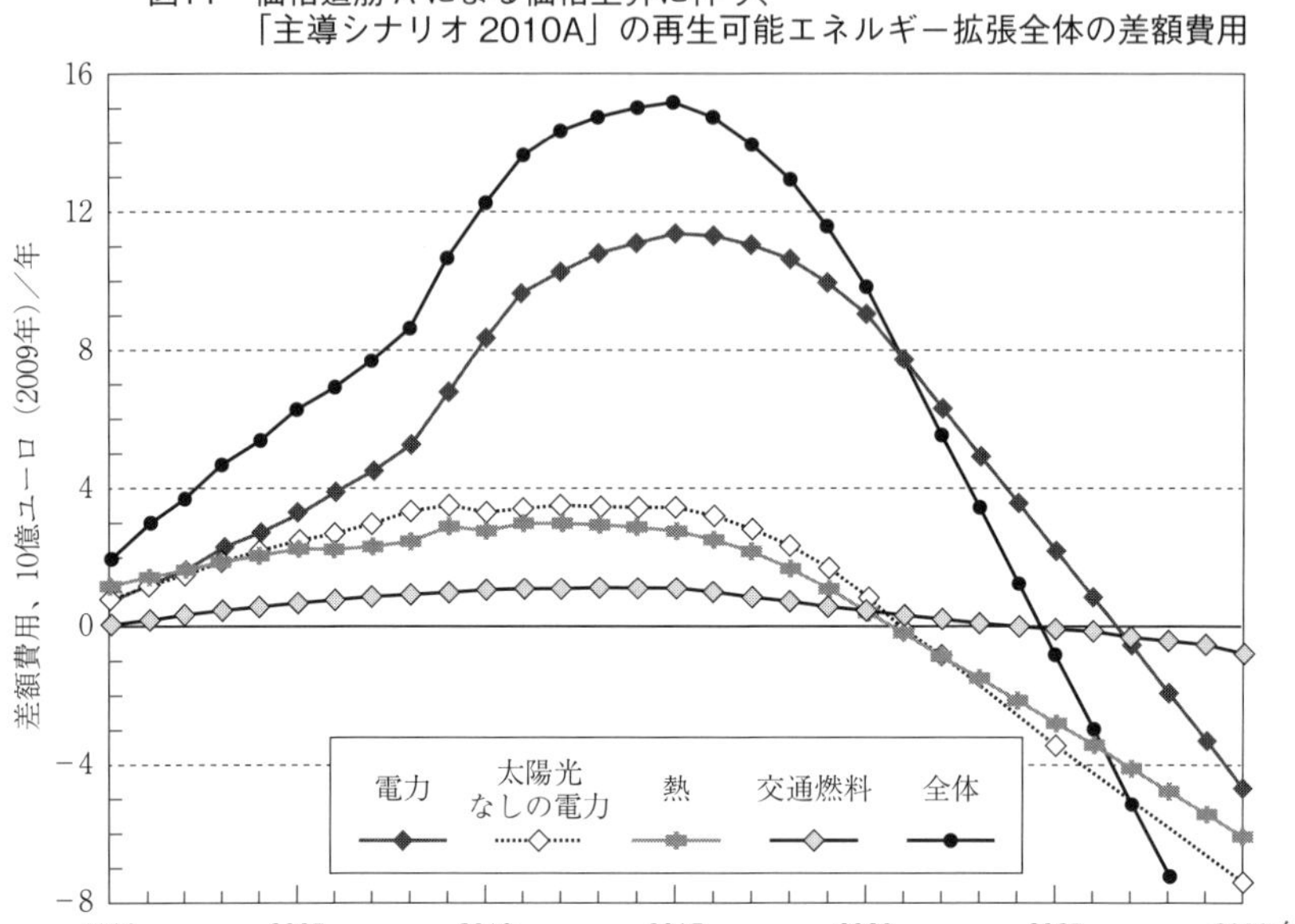

出典：ドイツ環境省 2010a。

この「主導シナリオ２０１０Ａ」モデルでは、２０１５年に全体でおよそ１５０億ユーロに達するが、その後は明白に下がり、およそ２０２５年にはもはや差額費用は発生しない。さらにその後差額費用はマイナスに転じる。つまり再生可能エネルギー生産は、国民経済的な費用の節約を手に入れることになる。[22]電力費用の法外な上昇の原因は、とくに２００９〜２０１０年に太陽光発電による供給が過熱したことにあり、差額費用を、現時点から見れば非生産的に（もちろん一過性にすぎないが）数十億ユーロ膨らませた。

化石燃料の不足が増え、在来型の発電所のエネルギー転換費用は亢進する傾向があるのにたいして、投資が引き起こす、再生可能エネルギーの追加費用は、技術的な学習効果と経験的効果によって少なくなり、全体的には２０２５年段階でいわゆる「５分５分の点」に達する。この時点から再生可能エネルギーは、化石燃料領域の節約によって国民経済的には追加費用ではなく、マイナスの費用つまり節約に達する。

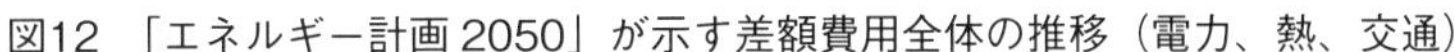
図12 「エネルギー計画 2050」が示す差額費用全体の推移（電力、熱、交通）

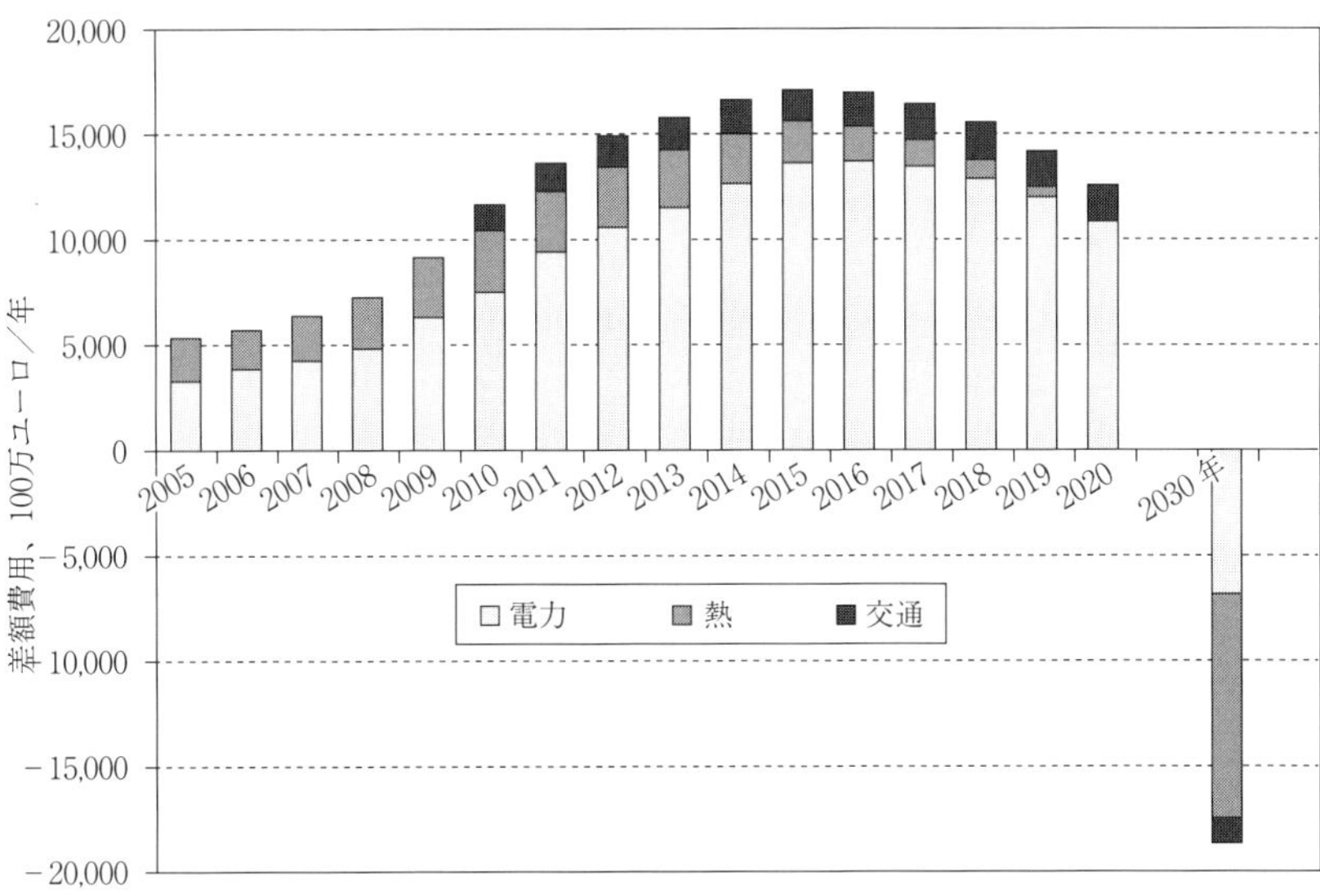

出典：バーデン・ヴュルテンベルク太陽光エネルギー・水素研究センターに基づいた再生可能エネルギー研究者協会 2010 p.43。

再生可能エネルギー研究者協会によるシナリオ「エネルギー計画2050」

環境省の「主導シナリオ」（2009／2010年）では2050年まで、（気候関連では支持できないとはいえ）残余エネルギー需要でまだ化石エネルギー源が算入されているのにたいして、再生可能エネルギー研究者協会の目標シナリオ「エネルギー計画2050」（再生可能エネルギー研究者協会 2010 p.43）では、2050年までに全部門で完全な再生可能エネルギー・システムをめざすことから出発する。しかし、このシナリオでも「主導シナリオ」同様、再生可能エネルギーの拡張は中期的には明白に費用の増加を引き起こすだろう（再生可能エネルギーのエネルギー生産費用と化石エネルギー源のエネルギー生産費用との比

(22) この国民経済的な費用の節約が、さらに進んだ積極的な（副次）効果と結びついていることを指摘しておかなければならない。たとえば気候・資源保護にたいする寄与、輸入依存の低下、外部効果の削減、世界の先導的市場にたいする新事業の創設、未来を担える職場の創出がそれである。

較において）。さらにこのシナリオの場合も、「主導シナリオ」が示すエネルギー・システム全体にたいする費用のダイナミズムが確認できる。つまり、差額費用の頂点はここでも同じように２０１５年になる（図12）。ただし、「主導シナリオ２０１０Ａ」に見られた太陽光発電費用の急激な変化は、ここでは考慮されていない。

差額費用は、「主導シナリオ」に比べて「エネルギー計画２０５０」の方が高い。その理由は、このシナリオが２０５０年にはエネルギー・システムを完全に（１００％）再生可能エネルギーに転換するという目標をもっているからである。だから、市場参入が進むにつれて再生可能エネルギー・システムの拡張・改造度は高くなり、差額費用がマイナスに転じる「５分５分の点」は「主導シナリオ」よりも後からになる。図12ではその厳密な年次を空白にしているが、期間帯は２０２０年と２０３０年の間であることが読み取れる。このシナリオの出発点は、２０１５年８％〔ママ〕という差額費用の最大値（再生可能エネルギー研究者協会 2010 p.13）が、エネルギー費用負担全体と比べても、危険性を最小化するエネルギー・システムの拡張と改造の強化にとって、費用支出としては担い切れるというものである。

電力費用のダイナミズム

電力領域の差額費用のダイナミズムは、基本的にはエネルギー・システム全体のダイナミズムと比較できる。予想される化石エネルギー源の価格上昇が高ければ高いほど、再生可能発電の拡張による差額費用と追加費用の額はそれだけ下がり、いっそう早く「５分５分の点」に到達する。排出権取引による二酸化炭素価格の上昇という想定から、ダイナミズムの比較ができるようになる（これについては、「主導シナリオ２０１０」のＡとＢの価格道筋〔図11で示されるのはＡのみ〕を参照）。

図11の価格道筋Ａに従うと、電力領域の再生可能エネルギーの差額費用（図の「電力◆」印の曲線）に関して分かることは、２００８年の年47億ユーロが、２０１５年には年１１０億ユーロまで上昇するということだ。次いで２

027年からマイナスに転じる。在来型を含むエネルギー供給全体と比べると、発電の差額費用は高くなっていき、「5分5分の点」は後になる。その場合、再生性可能エネルギー源による発電の割合は2050年に90%を占めると想定されている。

ところで、図11、12の示唆における共通点のなかでも、とくにはっきりと強調しなければならないことがある。この二つの差額費用の考察方法は、いずれも従来の経営学的な計算法に基づいており、在来型の発電の外部費用（たとえば石炭火力発電所の有害物質の排出、核廃棄物の最終貯蔵、事故による損害の費用等々）や、まさにグローバルな外部費用と呼ばれるもの（たとえば気候変動による費用）が考慮されていないことだ。外部費用を価格に入れたら、描かれる国民経済的な費用のダイナミズムは、再生可能エネルギーに有利になり、その拡張を大きく促進するだろう。外部費用を貨幣で評価できるようにすれば、すでに現在でも再生可能発電の組み合わせの方が、化石・核という競合する発電より費用的に格安になるはずだ。

再生可能エネルギー源の個別的なキロワット時当たりの発電費用と、在来型エネルギー源のそれとの比較が、《環境問題》専門家諮問委員会の「見解」でもなされている（《環境問題》専門家諮問委員会 2010。図13）。「見解」では2050年までに「100%再生可能エネルギー電力」が想定されている。

図13に見るとおり、その想定では再生可能エネルギー源による発電費用は、2017年まで在来型エネルギー源のそれと同様の経過をたどる（両方の価格道筋を図示した）。短・中期的にはまだ上昇する。しかしその後は、補助金の減少する化石エネルギー源と、技術のいっそうの発展（学習カーブ効果による費用減）のために下落する。それにたいし、化石エネルギー源（在来型エネルギー源）による発電費用の方は、燃料価格の推移と汚染権（二酸化炭素排出権証書）にかかっており、継続的に上昇する（《環境問題》専門家諮問委員会 2010 p.78）。

図13が示しているように、2029年から2044年の期間に、化石エネルギー源の価格の推移に応じて、（外部費用を考慮しなくとも）再生可能発電が在来型発電より有利になりうる（「主導シナリオ2008」シナリオA

図13　個別的発電費用の推移

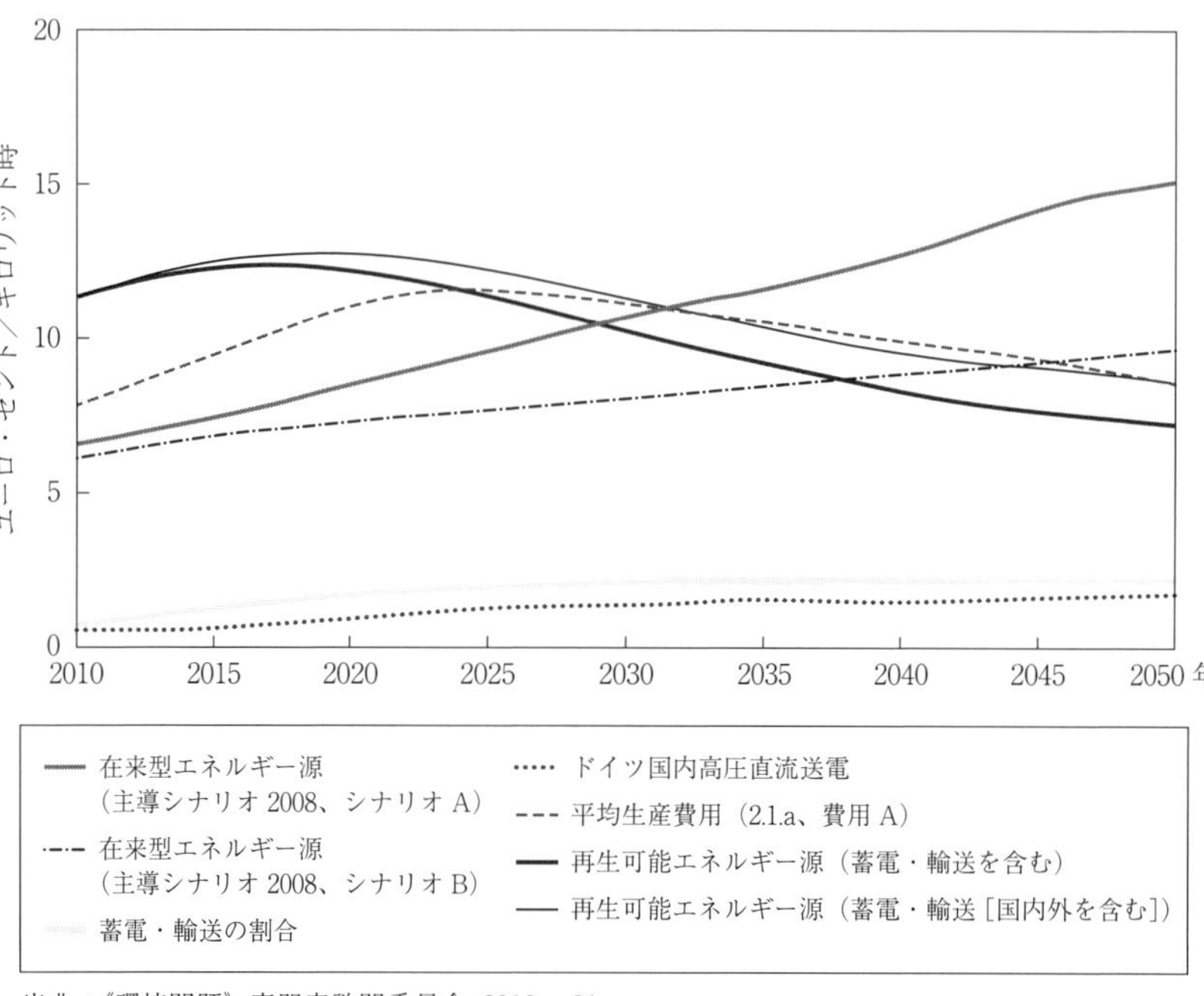

出典：《環境問題》専門家諮問委員会 2010 p.81。

では交点は２０２９年頃である）。見方を変えれば、、再生可能エネルギーの強化に参加することは、従来の費用計算では、優に20年間の不可避的な費用の上昇効果を伴うということである。だから、エネルギー収支を安定させ電力システムにとって必然的な、エコロジー的改造の社会的受容を脅かさないためには、全部門でのエネルギー効率化の向上によってできるだけ費用の上昇を抑えることだ。また、電力網の拡張の場合と同じように、電力価格の上昇に関わるエネルギー転換においても、コミュニケーションと対話を重視した長期的な取り組みを通じて支援される必要がある。だがこの啓蒙作業は、不可避的な電力価格の上昇に関する透明性を明らかにすることだけが目的ではない。電力節約プロジェクトを通じて行われる社会的弱者の家計への援助、あるいは、電力集約的な産業にたいする賦課金（再生可能エネルギー法に基づく）の

図14　環境省「主導シナリオ2009」に基づく再生可能発電への投資額

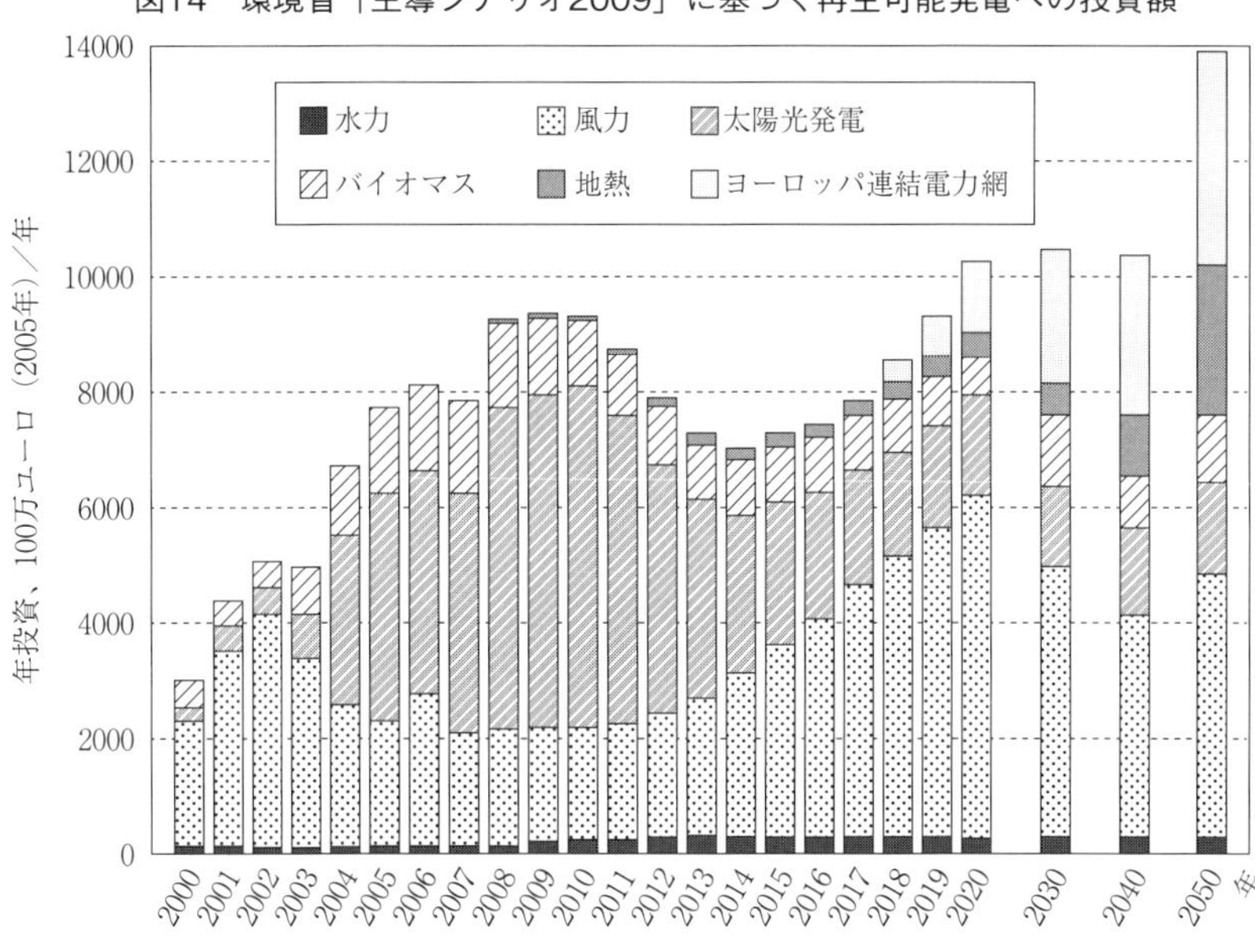

出典：ドイツ環境省 2009a p.61。

上昇分に対応したエコロジー的改造を実現するための共同融資（トラーバー／他 2011）、とりわけエネルギー・システムのエコロジー的改造が経済全体にもたらすプラスの効果に関する情報、これらもまた、より包括的な啓蒙作業の重要な一部である。

説得力と受容

社会・経済と調和するエネルギー・システムの改造（「エネルギー転換」）とその受容を実現するには、経済的効果全体のダイナミズムを説得的に解明し、コミュニケーションをとることが特別に重要である。再生可能発電の拡張戦略にたいする投資額の推移を、環境省の「主導シナリオ２００９」から引用した（図14）。これが示しているように、年毎に投資が顕著に行われるなかで、その技術的学習効果によって太陽光発電への投資が低下する一方、とりわけ風力施設への投資の割合が相対的に将来にわたり大きく成長する（陸上施設の拡張）。したがって、現在（２０１０年）の電力費用の上昇（およそキロワット時当たり３・５セント）は、長くは続かない。

再生可能エネルギー・システムの改造（ここでは電力供給にたいする1次エネルギー全体の50％。「主導シナリオ２０１０Ａ」（ドイツ環境省／他 2010a）を参照）が成功すれば、図14からはっきり分かるように、これからの10年間は継続的に顕著な投資がなされることになる。この改造が長期的には国民経済的にプラスの効果をもたらすことは、先に示した。

この場合、特別な意味をもつのが、地域圏と自治体における改造活動である。それは、エネルギー転換に直接関わる行為主体や現地（地域圏、都市、州）だけでなく、投資と経済力の地域的な変動や分散化にも当てはまる。以下では、ミュンヘンのような大都市での取り組みや、「１００％再生可能エネルギー自治体」の建設をめざす地域圏での運動の例を示してみる。

ミュンヘン2058

『ミュンヘン―二酸化炭素ゼロの未来への道』（ヴッパータール研究所 2009）は、気候保護にとって都市の役割がどれほど重要かを指摘している。全世界に投入されるエネルギーの75％が世界中の大都市で利用され、全世界で排出される人為的な二酸化炭素の80％がやはり世界中の大都市で排出されている。２０２５年には世界人口のおよそ60％が大都市で生活する。この点で都市は、世界的な気候変動にたいしてもっとも貢献しなければならない。もちろん、気候変動をもっとも肌で感じているのも都市である（合言葉は「熱帯夜」）。こうした事実から、大都市には他の地域圏にとって先例となりうる「気候と調和する生活と経済」をつくり出す好機が開かれる。ミュンヘンの例は、そのような変革の道筋を示す一つのモデルとなった。

エネルギー効率化を改善し、二酸化炭素の削減を行う、ミュンヘンにおける一連の措置全体がそのモデルとなるだろう。まず、現存建物の包括的な断熱化、効率的な熱電併給、経済的な電気機器と照明システム、再生可能な、したがって二酸化炭素の少ない発電などがその措置として数えられる。こうした措置の経済性についての考察が示しているように、当初高価だったエネルギー効率化技術への投資は通例、製品のライフ・サイクルのなかで節約されるエネルギー費用によって支払われた。

古い建物が高効率的なパッシブ・ソーラー・ハウス基準を満たすためには、21世紀中葉までに１３０億ユーロ（各ミュンヘン市民に年間約２００ユーロ）を当てなければならないだろう。これはたとえば年間のガス代の３分の１に相当する。この追加費用は、２０５８年には年間16～26億ユーロのエネルギー費用の節約を生み出し、一人当たりにすると１２００～２０００ユーロとなる。50年間の節約規模は３００億ユーロ以上となるだろう。

技術的な可能性以外では、市民の行動面も主題となる。ここでの中心は、人々をつねに、環境と調和した経済的な技術に投資するよう、また環境と調和した交通手段を利用するよう励ますことだ。

それと並んで、どうしたら二酸化炭素ほぼゼロの州都への転換が、社会基盤の面でも技術的な面でも完遂できるかが鍵とされる。そのためにはまず、あらゆる節約の可能性を利用しながら、再生可能エネルギー源に基づく電力供給へ向けて完全な改造を行うことである―他の地域圏での発電も含まれる（本章第5節「電力網の拡張と改造」を参照）。集合住宅団地をつくり、自動車による個人的な交通から自転車・バス・鉄道へと部分的に乗り換え、あるいは電気自動車へと移行することもそれに貢献する。このように、ミュンヘンにおける次の30年間は二酸化炭素の少ない都市空間として発展できる。エネルギー的な最適化の費用は、長期的には節約したエネルギー費用でカバーされる。

二酸化炭素ゼロの目標を都市において徹底して追求することは、その都市にとって巨大な好機の潜在力を含んでいる。今示したエネルギー・建物構造への投資は、費用の節約のみならず、大きな経済的刺激も伴っており（たとえば手工業の職場）、都市の生活の質そのものを維持・改善するのに寄与するのである。

100%再生可能自治体と地域圏

気候・資源保護の潜在的な勝者は自治体と地域圏だ。数年前から、ドイツの多くの自治体と地域圏では再生可能エネルギーによる完全供給をめざす動きが始まっている。これにはエネルギー供給とエネルギー生産での再-自治体化（都市公社の新設、合言葉は「バイオ・エネルギー村」）、あるいはエネルギー回線の独自運営（合言葉は「市民の手によるエネルギー」）も含まれる。それによって生じた価値創造効果が、自治体と地域圏における発展の推進力となっている。

きわめて多くの価値創造の措置を大別すると、次の四つの段階に分けることができる。その全段階にわたって、地元の人々は分散的なエネルギー転換から生じる利益を得る（エコロジー経済研究所 2010）。

・施設への投資：分散的なエネルギー供給施設（たとえば風力施設）とその技術的構成要素は地元の投資によって成り立つが、その無数の技術的構成要素への投資が多くの価値創造を生み出す。職場が生まれ、自治体は税（営業税、所得税の割り当て）の徴収を通じて利益を得る。

・施設の計画と設置：この価値創造段階も、多くの価値創造の措置を誘発する。それは技師事務所による施設の設置計画から具体的な開発、設置、回線接続にまで及ぶ。

・技術的な運転：設置された施設は何十年も整備・修理されなければならない。自治体と地域圏はそこから利益を得る。

・経営会社：自治体と地域圏内の経営会社は分散的なエネルギー供給から新たな利益を得る。

エコロジー経済研究所は、1キロワットの風力エネルギー（陸上）を例にして、これからの20年間で生じる自治体と地域圏の価値創造効果を具体的に評価した。それによれば、自治体と地域圏の価値創造は、「施設への投資」

の段階（第1段階）ではとくに地元の雇用による純収入の形で生じる（誘発されたおよそ250ユーロの価値創造の半分以上が取り分になる）。「施設の計画と設置」の段階（第2段階）では、価値創造の力は明らかに小さくなる。約75ユーロがほぼ丸々地元の従業員の収入になる。飛躍的な価値創造は、施設のライフ・サイクルの過程ではじめて生まれる。それは「技術的な運転」の段階（第3段階）で、設置された1キロワット出力毎に400ユーロを超える刺激が生じる。3分の2は税引き後地域企業の利益となり、3分の1弱が従業員の純収入となる。最大の取り分は「経営会社」の段階（第4段階）で生じ、1キロワット当たりおよそ700ユーロとなる。内、500ユーロ以上の価値創造が、主として私的経済の利得の形態で生まれる。

ここに描かれた価値創造効果の推進力は、「分散的なエネルギー転換の中心的な推進者」にたいして巨大な刺激を生み出す（同上書）。そこでは、価値創造の圧倒的部分が利得の形で経営会社に流れ込むと予想されている。だが、ここで、自治体と地域圏におけるエネルギー転換の受容にとって、市民参加がいかに重要かを再度描いておこう（もちろん、雇用効果や収入効果も、地元でのエネルギー転換の受容に貢献していることは言うまでもない）。

エネルギー転換の社会的受容にとって、この市民参加による地元での効果は、国民経済的な技術革新・投資・競争といった具体的なプラスの効果と同じく、重要な役割を果たしている。

たとえば、もし風力・バイオマス・地熱・水力施設の建設や運転で生まれる価値創造の圧倒的部分が、税収や利得として地域の経済循環のなかで維持され続けるなら、市民融資による地元でのエネルギー転換受容は疑いもなく前進する。たしかに、風力施設は自然愛好家が言うように景観を壊すが、こうした施設を外部の会社が動かし、儲けを自分のものにするのと、地元の市民が景観保護とエネルギー転換の間で議論し、ある妥協点を探って施設を受け入れるのとでは、大きな違いがある。しかも、地元の市民がそうした市民資本による施設の中身を文字どおり正しく知ることができれば、エネルギー転換がめざす経済と融資の循環についても受け入れやすくなるだろう。

とりわけ経済領域で、ドイツ社会全体がエネルギー転換を積極的に受け入れていくためには、次のような問いに基づく分析も興味深い。国民経済的な投資と技術革新の需要はドイツの個々の産業部門においてどのように発展していくのか、投資割合の上昇によってドイツではどのような国民経済的好機が生まれるのか。一般的に注意しなければならないのは、どのような構造転換であれ（市場経済なかで自動的に発展する絶えざる転換過程も含めて）、勝者と敗者を生みだ出すということだ。国家に助成された気候・資源保護の産業的構造転換においては、とくに実質的な効果が決定的となる。つまり、国民経済的な利得が総額として、考えられる損失を上回るかどうかが問題だ。この場合、マイナスの構造的、職場的効果をできるだけ抑えなければならない。そのためには、想定される「敗者」部門にたいする多様化戦略を、産業政策上、あるいは地域政策上、注意深く支援していかなければならない。

それが可能かどうかを判断するためには、投資割合の国際比較に目を向けることが肝心だ（環境省にたいするイェーガーらの研究。イェーガー／他 2009）。図15に示されているように、ドイツの投資割合は何十年来、傾向（トレンド）から大きく後退している。１９７１年の総投資割合は、まだ国内総生産の約30％（純生産の15％）ほども占めていたのに、直近の10年では17％（純生産では５％）にまで落ち込んでいる。21世紀を迎えて以来、ヨーロッパ連合や経済協力開発機構の平均よりもはるか下になったままだ。投資割合の後退は、資本ストックの抑制や技術的進歩の弱体化につながる。潜在的な学習過程が時間とともに減速するからである。その結果、成長と雇用のダイナミズムも弱体化する。

エネルギー・システムの改造には追加的な投資が必要となるが、これは投資割合を引き上げる傾向にある。同時にその改造は、高価なエネルギー輸入を節約し、需要側（市民、企業、国家）の負担を軽減する。二つの効果、つまり追加的な投資とエネルギー輸入の節約による負担軽減は、相互に強め合い（乗数効果）、気候・資源保護技術にとってはきわめて望ましい成長と雇用の刺激を生み出す。つまり、徹底したエネルギー・システムの改造は、競争力を高め、輸入依存を下げ、追加的な雇用を生むのである。実際、１９９８年から２００９年の間に、再生可能エネルギー部門でおよそ33万９５００人の雇用（プラス45・１％）を生んだ（ドイツ環境省／他 2010d、エートラー／

図15　投資割合の国際比較

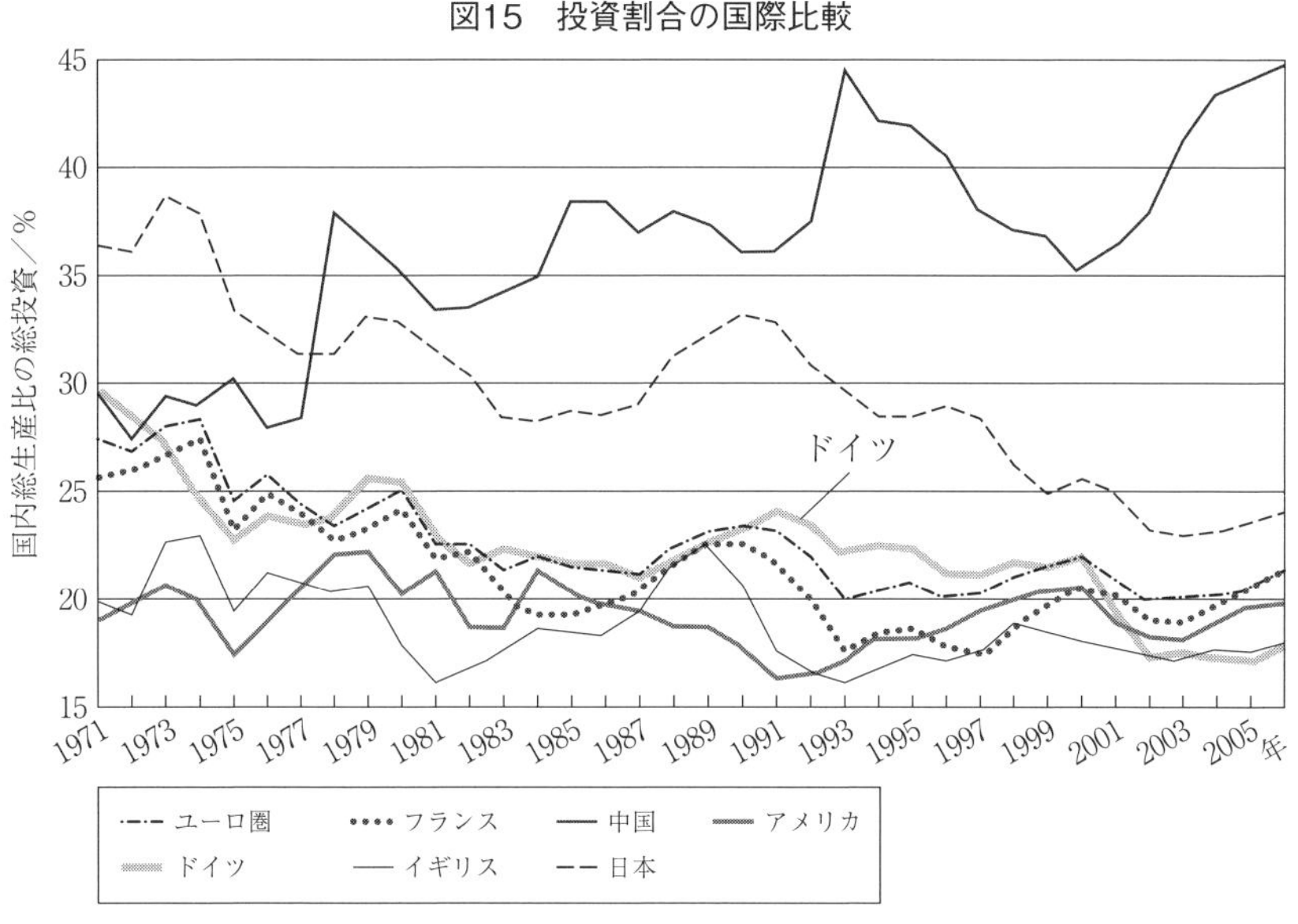

出典：イェーガー／他 2009 p.13。

オシュリヴァン 2010）。ある研究（ドイツ環境省／他 2008）の結論は、こうなっている。ドイツにおける２０２０年までの二酸化炭素40％削減の実現は、エネルギー費用の節約、（純）輸入補助金効果と（純）乗数効果によって２０２０年までにおよそ50万人、２０３０年までに80万人の追加的な雇用をつくり出すことができる、と。

エコロジー的改造の社会的**受容**を安定させるためには、事実に基づくこのような効果を目に見える形で伝える作業が不可欠である。だがそれと並んで、一時的に上昇するエネルギー費用の負担を被る当事者を詳細に分析し、支援策によって負担を軽減することも重要だ。だから企業の側では、鉄鋼産業や化学産業といった電力集約的な巨大部門の負担が重くなりすぎて雇用を危機に陥れないことが大切だ。ここではエネルギー効率化策にたいする支援・助成が大きな役割を果たす。基礎電力の節約（冷房・冷凍機器用）を目的とした組織的なＤＳＭ(23)プログラムによって、たとえば電力集約的な企業の電力供給容量を高めることができる。

家計の側にたいしては、エネルギー価格の上昇を社会政策的に和らげることが重要である。エネルギーにたいする家計の相対的な支出割合がより高くなると、家計のエネルギー価格の上昇、とりわけ電力価格の高騰は、所得の低い家計を直撃する（ドイツ統計庁 2007：最新の経済計算）。とくに譲渡所得の当事者〔国家〕（「〔失業保険金の計算機〕ハルツ４」）は過去、予定率を超える家計にたいするエネルギー（とりわけ電力）の請求書を補填するという深刻な問題を抱えてきた（コパッツ 2009）。ここでは譲渡所得の適切な計算と並んで、とくにエネルギーに関する家計への助言や緊急支援（たとえばエネルギー節約的な電球の支給）が、エネルギー効率化の改善として勧められる（これについては「節電チェック行動」を参照。ヨーロッパ対外サービス機関／ドイツ・カリタス救援事業／コパッツ／他 2010参照）。

中間的総括

このような技術的・経済的シナリオ分析の中間的な成果が示しているように、危険性を最小化するエネルギー効率化・太陽光エネルギーによってエネルギー・システムを改造することは、高度技術国のドイツでは可能であり、経済全体としても魅力的であることが分かる。エコロジー的改造によって回避される、現在の化石・核システムの外部費用(24)が考慮されれば、そのプラスの成果はさらに大きく強化されるだろう。その意味で、次のような認識がシナリオ比較から導き出せる。ここで論究してきたドイツの長期的なエネルギー・シナリオに基づくなら、危険性を最小化するエネルギー効率化・太陽光エネルギーの経済による「エネルギー転換」は、次の40年間のうちに実現は可能である、と。

一つの例外を除く一連の気候保護シナリオによれば、次のような1次エネルギー供給は可能だと思われる。つまり、２０５０年までに少なくともその50％を再生可能エネルギー源で賄うということである。それによってエネルギー起源の二酸化炭素の排出削減は、１９９０年比でおよそ80％から95％を達成することになるだろう。唯一の例外とは、４大電力コンツェルンが委託したエネルギー・シナリオのことだ。

他の四つのエネルギー・シナリオ〔環境省、経済省、グリーンピース、世界自然保護基金〕が示しているように、野心的な気候保護シナリオにおいては、ほとんど革命的な1次エネルギー消費の削減と、あらゆる化石エネルギー源の利用を同時的かつ劇的に減少させる再生可能エネルギーの強力な拡張が求められている。

これらのシナリオでは、これまで以上に急速なペースで、最終エネルギー集約度を低下させることがこの野心的な目標を達成するための中心的な前提となっている。

二酸化炭素の排出削減を最低でも80％達成するとしたこれらすべてのシナリオで、電力システムによってすでに２０３０年には少なくとも47％という高い再生可能エネルギーの割合を指摘している。この再生可能エネルギーの大部分は流動的なので（とくに風力エネルギー。そして太陽光エネルギーも）、予備発電所はよりいっそう定常的なエネルギーに備えなければならない。在来型発電所の経済性は、相対的に高額の資本費用と相対的に低い運転費用（核電と二酸化炭素回収・貯留あり［ＣＣＳあり］の石炭火力発電所）のために悪化する。

核電の稼働期間の延長がドイツの野心的な気候保護目標に寄与する前提であるといった根拠は、右の四つのどのシナリオからも、またそのシナリオ比較からも出てこない。核電の稼働期間の延長は、未来の持続可能なエネルギー・システムの「緑の両支柱」〔気候保護と再生可能エネルギー拡張〕にたいする必要な投資を遅らせるだけであろう。とくに危惧の念を抱かざるをえないのは、核電が最終的に停止した後に投資が行われても、そうした投資の遅延は、必要な拡張のテンポをどんなに早めても、気候保護にとってはもはや取り返しがつかないということだ。

(23)　ＤＳＭとは、Demand Side Management（需要側管理）のこと。

(24)　化石・核に基づくエネルギー・システムが、経営経済学的費用計算には含まれない高額の費用（いわゆる外部費用）というツケを環境、同時代の人々、後世の人々にまわすということに議論の余地はない。気候変動や核の惨事による途方もない損害がそうだ。そのような損害の貨幣換算額と発生確率についてはさまざまな議論がなされてきた。だから外部費用に関する一定の幅をもった実際的な仮定には意味がある。環境庁は、発電の外部費用をキロワット時６・１セント（石油）、６・８セント（石炭）、８・７セント（核）の間だとしている。ドイツ環境庁 2007および注21も参照。

再生可能エネルギーに基づくエネルギー・システムの改造にとって、中・長期的な融資の継続は可能だろうか。複数のシナリオが示しているように、中期的にはもちろん費用の増加は不可避だが、長期的にはこの改造は報われるのである。

第7節 エネルギーの効率化——パラダイム転換が必要だ

エネルギー・システムのエコロジー的改造が気候や資源、あるいは経済全体にもたらす重要かつ積極的な効果は、再生可能エネルギー費用をいかに漸減できるかにかかっているとともに、次の二つの前提を満たせるかどうかにもかかっている。つまり、シミュレーションに基づく技術的に可能な効率化の潜在力は、第1に、効率化戦略の強化のもとで実際に実行することで、第2に、効率化による特別利得が再び成長効果・快適さ効果（いわゆる「リバウンド効果」）によって無に帰さないよう、政治的パッケージのもとで可能な限りそれを防止することで発揮される。そしてそれが可能なのは、エネルギー政策のパラダイム転換が想定され、それを後押しする社会的転換戦略が想定される場合だけである。

こうしたメッセージは、国際エネルギー機関（『世界エネルギー概観２０１０』経済協力開発機構／国際エネルギー機関 2010）、世界エネルギー評議会（世界エネルギー評議会 2011）、マッキンゼー（マッキンゼー・グローバル研究所 2009）、あるいは非政府組織に近い専門家（エコフィス／世界自然保護基金／他 2011）などによる多数のシナリオにおいても一般的な傾向として共有されている。とくに、従来どおりの発展の道筋（準拠シナリオ）では、エネルギー効率化は２０５０年までに二酸化炭素をおよそ40～60％削減するとされ、気候・資源保護のあらゆるオプションのなかでは経済的にもっとも魅力的とされている。だから今では既成の制度ですら、「効率化革命」の好機について語るのをもはやはばからない。こうして原理的に充分な、気候・資源保護のために必要な条件が既存の制度にも到達した。だが、技術的に可能なことがどのような社会的条件の下で実際に転換されるべきなのかについては、多くの行為主体の間でまだ承認されているとは言えない。

ドイツのような高度技術国家にとってのエネルギーの流れ（フロー）を見ると、なぜ「効率化革命」が技術的に可能なのか、なぜ**エネルギーに関する新しい思考**がいわば「頭のてっぺん」（1次エネルギーの「調達」）から「足の爪先」（エネルギー・サービスの具体的な利用）まで提起されなければならないのか、納得がいく。2007年におけるドイツの1次エネルギー消費は、1万4061ペタジュール（100％）であったが〔図7も参照〕、そこから非エネルギー的消費*、電力の対外取引残高、エネルギー部門の自家消費、エネルギー損失（とくに発電所）を差し引くと、最終エネルギー消費は8585ペタジュール（1次エネルギー消費の61・1％）となる。最終エネルギーから利用エネルギーへの転換過程では、機器、建物、乗り物、プロセス熱**などによって最終エネルギー関連の消費がそこからさらに約50％差し引かれる。したがって、エネルギー「消費者」のもとで最終的に高温熱（たとえば溶鉱炉プロセス熱）、低温熱（たとえば建物暖房）、力学・機械的なエネルギー（たとえば電動機や内燃エンジン）、照明（たとえば室内照明）、情報通信技術（たとえばコンピューター）といった形態になるのは、わずか4403ペタジュール（1次エネルギー消費の31・3％）となる。

1次エネルギーから私的・産業的・公共的エネルギー消費者の具体的な利用に至る、この損失だらけの転換過程は、利用エネルギーがエネルギー・サービスへと転換した後にはじめて終わりを告げる。照明（「明るさ」のエネ

---

*　エネルギー源を原材料として利用すること。たとえば石油からポリエチレンをつくる。

**　多くの産業（化学、パルプ・製紙、石油精製、製鉄、食品加工、製糸・織物など）で供給される熱エネルギー。通常5～7気圧、150～200℃程度の蒸気状態。

ルギー・サービス）はさまざまな転換の効率化によって、たとえば白熱電球、蛍光体・燐光体電球（「エネルギー節約」）、発光ダイオード電球によってつくり出すことができるが、エネルギー源の量は窓や壁の色、照明源に応じて上下する。

ドイツの例で示したこのようなエネルギーの流れは、原理的には世界中に当てはまる。非効率的な世界のエネルギー機械は、再生可能エネルギーを使って効率化の向上と結合することでしか改善されない。この機械を、「まだ高価な再生可能エネルギー」という代替エネルギーだけによって動かそうとするのは、幻想であり経済的にも不可能だ。良識が味方するのは、エネルギー転換の全段階でエネルギーの損失を劇的に減らし、少ないエネルギー投入でより多くのエネルギー・サービス（冷やしたコカコーラから1トンの鉄まで）を用意することによって、まずはその穴を塞ぐことだ。そうすれば、再生可能エネルギーの割合を高め強化する取り組みは、実際に意味をもつ。しかも、分散的な再生可能エネルギー生産（たとえば自分の家の屋根につけた太陽電池）は転換時の損失をさらに少なくする。これに関する根本命題はこうだ。効率化革命から太陽光経済へ。

豊かな国々がこの点で先導的役割を引き受け、その成果を実証すれば、増大する世界人口の下で生じるエネルギーの飢餓は劇的に改善され、南の適切な生活水準の向上はより効率的かつ急速に満たされるだろう。そして今なお優勢な化石・核による発展型は廃棄されるだろう。

だが、国家レベルでの**先駆者的な役割**が存在しなければ、これは美しいが、到達不可能なユートピアだ。世界は変化できるし変化しなければならない。その意味でドイツが獲得したエネルギー転換の成功は、現在のグローバルな〔傾向に反対する〕シグナル作用の始まりとなるだろう。１９５０万人のニューヨーカーは、７億９１００万人のアフリカ人よりもはるかに多くの電力を消費している[25]。この現実を直視し、ドイツで実践されている文化革命を思い浮かべよう。インターネットを通じた電光石火の時代、グローバルなコミュニケーションと情報化の時代にあって、エネルギーの代替モデルによるこの文化革命は途方もない動機づけ（モチベーション）と技術革新の推進力になるだろう。中国、インドその他の「新たな消費者階級」にとって今なお支配的な先例となっている「アメリカ的な生活様式」は、その光り輝く力を失っていくだろう。とりわけ、環境、同時代の人々、後世の人々にたいする、その無責任な結果が暴露されたならば。

利用者の視点（パースペクティブ）——格安のエネルギー・サービス

エネルギー利用システム（プロセス熱、建物、乗り物、機器等々）の効率化を実現するには、何が必要だろうか。このことを**利用者の視点**から構想すると、ドイツにおける利用エネルギーの供給量は、（転換網を遡れば）1次エネルギーで一人当たり3キロワット時をカットできる。したがって政策立案者、計画立案者、開発関係者、技師事務所、教育関係者等々は、エネルギー・サービスの需要から出発して、いわば転換網の過程を遡り、最終エネルギーに注目して、建物、プロセス熱、乗り物、機器といったエネルギー利用システムを最適化しなければならないだろう。また、それ以外のエネルギー需要をどれだけ再生可能エネルギーによってカバーし切れるのかという問いにも答えなければならないだろう。合理的なエネルギー利用によって効率化の向上を図るには、**転換網の短縮が追加され**、分散的な再生可能エネルギーによる電力と熱を通じて（たとえば屋根の太陽光発電や太陽熱を通じて）損失の減少が追加される必要があるのだ。

先ほど確認した矛盾〔技術的に可能なことが社会的には受け入れられていない状況〕には根拠がある。[26] それは、「エネルギー市場」のほとんどの行為主体は実際にはまずエネルギー供給について考え、決断するからだ。これは現在の刺激の構造においては、とくにエネルギー供給企業に当てはまる。そのほとんどは所有形態、経営理念、市場での位置、エネルギー源の種類にか

(25)『世界エネルギー概観2010』経済協力開発機構／国際エネルギー機関 2010に基づく。
(26) ヘニッケ／ミュラー 2005、ヘニッケ 1999を参照。

かわらず、依然として衰えることのない（エネルギー）販売者の視点を追求する。社会的・エコロジー的責任意識という企業哲学をはっきりと掲げる自治体のエネルギー供給企業ですら、実際の競争条件下では、あるいは現在の枠組条件と刺激の構造の下では、顧客と環境にとって**よりよいこと**を徹底する余地がほとんどない。つまり、より効率的なエネルギー利用に投資するのではなく、より多くのエネルギー供給の方に投資する。ところが、効率化技術、あるいは同等のエネルギー・サービスのための組織や行動によってエネルギーを節約することは、たいていの応用例では基本的に、エネルギー購入よりも安くつくのである。

政治の代用品としてのシナリオ？

エネルギーの節約という目標に関しては、最近30年間のエネルギー政策をめぐる議論とは正反対に、シナリオの専門家や政治家の間には「効率化の楽観論」とでも言うべきほとんど過剰な競争がある。この競争は「社会的な鎮静化」に向かって作用するのに成功した。国際エネルギー機関のシナリオからドイツ政府にたいする共同鑑定に至るまで、見かけ上の鎮静化というメッセージが出されている。つまり、「私たち」は生活様式や成長モデルを転換することなしに、技術的な効率化の向上だけで気候・資源問題の半分を解決できる、と。

そのかぎりで、エネルギー政策上の効率化の討議はほとんど反対物〔エネルギーの浪費〕に変化する。かつては政界や財界による効率化シナリオへの頑なな拒否が、集権的なエネルギー供給構造の拡張計画を正当化していた。これにたいして、現在では見かけ上簡単に実現できるエネルギー効率化の潜在力が、全党派の政府にとっては気候・資源政策上の偽薬（プラセボ）となっている――こう推測せざるをえない。ところが政策枠組が変化しないなかで、機器、乗り物、建物等々における**個々の**効率化の向上だけが評価されていくと、たとえば経済成長や快適さの効果によって過剰な消費をもたらし、したがってシナリオで想定された**経済全体の**エネルギー節約目標は反古にされる可能性がある。だから、持続可能な消費に関する広範な社会的討議のあり方については、いっそう批判的に主題化されなければならない。

その点では、ドイツのエネルギー効率化政策は二重にないがしろにされている。第1に、技術的に充分な根拠をもつ途方もない効率化の潜在力が、効果の大きな効率化政策の実施にほとんど結びついていない、第2に、野心的な効率化技術（たとえば2リットル自動車、パッシブ・ソーラー・ハウス、プラス・エネルギー・ハウス、情報通信技術など）を万遍なく実現していくために必要な補完的計画（持続可能な消費への転換計画）や、浪費的な生活様式を変える支援措置が、ほとんど取られていないということである。

人口減少が進む高度技術国家ドイツ（2010～2050年でおよそ1000万人減）における、2050年までのさまざまなシナリオを見ると、従来どおり（ビジネス・アズ・ユージュアル）の「準拠シナリオ」の条件下ですら、緩慢な経済成長（2030～2050年の間、年間およそ1％）の達成とエネルギー消費の削減は**絶対的**に切り離せるということが前提とされている。経済省にたいするケルン大学エネルギー経済研究所、経済構造研究協会、プログノス社の共同研究の「準拠シナリオ」でも、たとえば1次エネルギー消費は2010～2050年の間に、経済成長を維持しながらおよそ50％削減できるとしている。

1980年代にはエネルギー効率化の潜在的可能性は非常に過小評価され、野心的なエネルギー節約戦略の実践は、「費用のかかる〔国家による〕経済管理」あるいは「エコ独裁」として誹謗中傷された。だが現在ではそれに代わって、さまざまなシナリオに基づく「集団的な効率化の多幸感」（国際エネルギー機関は「効率化第一」について語っている）が登場している〔原書250頁の下から2～5行目に当たるこの段落の最初の4行は、著者へニッケから送られた差し換え原稿に基づく〕。もっとも、（成長効果と快適性効果による反作用を体系的に考慮するための）政策の組み合わせ（ポリシー・ミックス）を提案するシナリオないし公式の政府エネルギー政策文書はこれまで一つも発表されてこなかった。だが、次の認識が必要なのだ。**技術に基づいた効率化の向上と、再生可能エネルギーの強力な拡張を抜きにして、またそれだけによって、充分な気候・資源保護を長期的に考えることは実際には不可能なのである。**エネルギー転換の実現には、持続可能性の政治における、エコロジー的・経済的・社会的・文化的次元のすべてを考慮しなければならない。これには知足（「節度」）の問題を、未来を技術的に支配するエネルギーの倫理的付録として理解するのではなく、未来を担えるエネルギー政策モデルの中核的構成要素として理解することも含まれる（次項参照）[27]。

「準拠シナリオ」だけではなく、適切な気候保護目標（２０５０年までに二酸化炭素を少なくとも80～95％削減）を備えたいわゆる「**目標シナリオ**」を伴ってはじめて、政治家と専門家は、ほとんどすべての消費部門でエネルギー消費を大胆に減らす政策に着手することになる。このような節約効果が技術的に可能であり、また劇的な効率化の向上が気候・資源保護にとって必要であることに疑問の余地はない。ただし、その前提は、政治、経済、社会が枠組条件と措置パッケージ（たとえば租税、二酸化炭素排出権証書、基準のレベルアップ、マイナス・ボーナス制度〔基準・契約を超えるエネルギー消費にたいする賦課金支払い〕）の下で協調し、モデル化された形でエネルギーの節約を実現していくことだ。というのは、そうした枠組条件や支援措置がなければ、たとえば効率化の向上によって国民経済的なエネルギー費用が低下しても、その節約効果を台無しにする「リバウンド効果」によって、投資・生産・サービスの代替的使用に向かう可能性があるからである。

効率化だけで充分か

今見てきた近年におけるエネルギー・気候保護シナリオの多くでは、以前とは様変わりして、１次エネルギー消費と経済成長の明白な**絶対的分離**が前提とされている。こうしたモデル化の技法は、通例、（外因的に）国内総生産の現実的な成長率（年０・７～１・３％（本章第2節参照））が明らかに想定された**気候政策上必要な**（シミュレーションに基づく）年間効率化向上率（年２・１～２・７％の間）を下回っていることから、必然的に生じる。

そのかぎりで、以前のモデル化と対比して、エネルギーの効率化に向けたたくさんの新しい潜在力研究によって一般的な楽観論がはびこり、それは今や反対物〔エネルギーの浪費〕に転化しそうになっている。エネルギー消費の**絶対的**

削減を実現する**前提**、つまり政治や経済、消費者による効果の検討を除外したために、誤ったシナリオの結果が政治的に見かけだけ都合よく現実と等置されたのだ。そうである以上、「効率化の理論家」や前提抜きのエネルギー効率化に見られる過大な強調を厳しく批判することは正当である。[28] 個々バラバラに生じる効率化の進展は明らかに、浪費という一束の対抗的な効果によって妨げられ、あるいは完全に無に帰す可能性があるからだ。

たとえば、この20年間、グローバルな資源生産性は25％上昇したが、経済成長の上昇率は82％だ（ブリンゲッツ／ブライシュヴィッツ 2009）。フォルクス・ワーゲンの30馬力のビートルは、１９５５年当時１００キロメートル走るのに７・５リットル消費していたが、新ビートルは75馬力をもつために、同じ距離でまだ７・１リットル消費する。ドイツの自動車は１９７３年当時、平均しておよそ60馬力を必要としたが、現在では１００馬力を超えている。２０３０年までのドイツの暖房需要は、１平方メートル当たりの暖房需要を２分の１に減らせたとしても、一人当たりの居住空間がこれまでより50％増えれば、総需要は変わらないままだろう。超大画面のテレビは、今までよりはるかにエネルギー節約的だが、大型プラズマ画面の購入によって、効率化の成果はまたもやすでに無に帰してしまった。

成長と豊かさのリストは、疑いもなく伸ばせるだろう。経済学理論では「リバウンド効果」について語られるが、これは今述べた成長効果の一部にすぎない。[29] エネルギー効率化の上昇を妨げるこのような効果の推進力と原因は、異常に多種多様だが、まだ体系的な研究はほとんどない。[30] いわゆる「不測の結果（バックファイヤー）」作用には、次の現象によってエネルギーの浪費が過剰に進展することも含まれる。個別的な効率化の成果（たとえば家庭用機器、情報通信技術、自動車、建物）が再度、同一製品の消費の増加（子ども部屋や寝室のテレビ）や、贅沢の増加（より馬力の大きな

---

(27) フォン・ヴァイツゼッカー／他 2010を参照。
(28) ジャクソン 2009、新経済財団 2009、ミーゲル 2010、ピーチ 2010を参照。
(29) 経済理論の視点からのリバウンド効果の定義に着いては、シェットカット 2009を参照。

自動車）、あるいは絶対的な数量の増加（家庭のパソコンや機器）や、資源集約的な代替品の増加（アパートではなく持ち家）などがそうである。さらに、節約したエネルギー費用を、たとえばエネルギー・物質集約的な遠距離旅行に使うことも含まれる。情報通信技術の場合を見れば明らかなように、電力や原材料の消費を増やす、新しく「つくり出された?」需要もある。(31) 単身家庭の増加のような人口学的な要因、高齢社会化、あるいは居住の快適さへの願望は、一人当たりの居住面積、家庭用機器の調度、したがって暖房と電力需要を押し上げる可能性があるのだ、以前と比べてはるかに効率的な建物や機器であるにもかかわらず。

これらのマイナス効果は、次のようなグローバルなドラマとしても展開する。新興国や開発途上国の「新しい消費者階級」が金融力をつけ急速に成長している。彼らは工業先進国が範を示す物質的な消費モデルを身につけ、それによって資源消費による成長の効果を指数関数的に強化する。この「新しい消費者階級」の絶対数は、2002年時点で中国でもアメリカでもおよそ2億4000万人だが、全人口に占める割合は、中国ではようやく19％、アメリカでは83％である（ベントレー 2003）。もしいつか中国人全体の80％が、現在の平均的なアメリカ人（あるいはヨーロッパ人）のような生活を送り、消費するとしたら、いったい何が起きるだろうか。

中国の自動車利用がもたらす資源消費の崩壊の可能性が、それを明確にする。もしアメリカの自家用車の密度（1000人当たり約800台）を中国に移したとしたら、中国は世界の石油生産の全部を自国だけで使わなければならない。すでに上海は長い間、世界の自動車産業の標的になっている（「商業新聞」閲覧日2011年4月20日）。ドイツのプレミアム・クラスの自動車メーカー（ビー・エム・ダブリュー、ダイムラー、フォルクス・ワーゲン）は、中国での販売数で第2位を占める。彼らは、北京や上海の交通渋滞が世界の巨大都市のなかでもっとも深刻化することに協力しているのだ。たとえ電気移動〔電気自動車など〕を普及させても、電力が石炭や核エネルギーに由来するかぎり、移動問題と環境問題には何の変わりもない。

中国の計画立案者はこの問題を全部自覚していて、すでに北京では自動車認可の割り当てを決め、これをクジで配分している。中国、インドをはじめとする新興国にとり、原材料（とくに金属、石油、水）や平地の利用可能性は、現在の成長テンポを将来も維持する決定的な要因となっている。資源の効率化を強制的に向上させることは、これらの国々においてはずっと以前からの絶対的要請である。よりエコロジー的で効率的な生産、循環経済、リサイクル、さらにはより資源効率的な消費が、ますます重要な課題になっている。そのかぎりで、中国やインドのような国は、「新しい消費者階級」の急成長が見込まれる立場にあるにもかかわらず、いっそう持続可能な生産と消費のモデルを発展させなければならないという点で、アメリカ、日本、ドイツといった過剰消費国がすでに何年も前から抱えている問題と同じような問題に向き合っていかなければならないのである。

　これは、北の伝統的な成長モデルが南にも広がり、より持続可能な消費と生産のモデルの追求が豊かな北だけに当てはまるのではないということの明々白々な兆候にすぎない。

「自然はどれだけの経済成長と人為的な介入に耐えられるのか」、この根本的な疑問が、広範な社会・政治的帰結とグローバルな緊急性を伴いながら、再び議題に上ってきている。指数関数的な経済成長と自然の制約との両立不可能性は、**遠い将来にはじめて登場するのではなくて、**すでに私たちの目の前にあり、今現在緊急かつ集中的に、国家的にも国際的にも取り組まなくてはならない「不都合な真実」なのだ。

---

(30)「ファクター5」〔資源効率の5倍化〕は注目すべき例外である。これを提起した著者たちは正しくも、「リバウンド効果」に丸々1章を割いている。見かけ上「決まり文句のファクター4」との関係で、生活の質と資源消費の分離が自動進行過程でありうるという誤った印象が生まれるかもしれない。だからこそ、「リバウンド効果」の原因とそれを制限する措置を明確に扱うことが重要だ〔ファクター4は、資源消費の半減によって豊かさを倍化するという、技術的進歩の新たな方向（効率化革命）を示す１９９０年代の定式〕。フォン・ヴァイツゼッカー／他 2010を参照。

(31)　２００６年に世界中で販売された約10億の携帯電話、２億２５００万台のパソコンとラップトップは、（金属の1次生産で）２１０万トンの二酸化炭素を放出し、４７５トンの銀、74トンの金、12万２０００トンの銅が使われた。ハーゲリューケン「２０１０年1月11日のフランクフルト講演」2010（http://www.gdch.de/vas/sovas/ch_hagelueken.pdf）を参照。

将来を見据えたエネルギー・気候保護政策は、この根本的な問題から逃れることはできない。もし成長戦略をこれからも同じように続けていくとしたら、（資源）効率化の戦略のみで地球はどれほどもちこたえることができるのか。これにたいする答を効率化政策は示さなければならない。豊かさを持続するための代替的な指標、つまり、構造（質）、必要性（社会・租税制度による財政的支え）、配分の余地などに関する議論は、「緑の経済成長」側面と並んで、とうの昔に期限を過ぎているのだ。経済協力開発機構諸国の経済は、もはや戦後期の程度をはるかに超えて成長しているのだから。

資源効率化はエネルギー節約にも役立つ

一般的な認識レベルで欠落しているのは、（「緑の経済成長の限界」に関しても）エネルギー問題と資源問題が今なお切り離されて論じられることだ。これはドイツ政府のエネルギー・気候計画にも、また先に見たエネルギー・気候保護シナリオの多くにも当てはまる。「エネルギー効率化」と（太陽光エネルギー経済を念頭に入れた）「エネルギー転換」計画は、今後はもっと「資源転換」を視野に入れて位置づけられなければならない。エネルギーの利用と資源の利用の間には多様な相互作用があるからだ。[32] 以下ではその重要な相互作用のなかから、とくに二つの側面を取り出そう。

1　再生可能エネルギーの拡張を促進するには、戦略的に重要な金属の、考えられる資源不足を考慮に入れなければならない（バイオマスの持続可能な利用についてはすでに述べた）。

2　気候保護政策と資源保護政策とを**統合する**志向を示さなければならない。ここでは、統合を強化する相乗効果およびそのための特別な投資・技術革新のダイナミズムをどのようにして発展させるかが課題となる。

1について：資源不足からくる潜在的な資源紛争は、重要な資源の場合、大規模な経済的破綻だけでなく、エネルギー転換にとってもマイナスの影響をもたらしうる（ドイツ原料庁／ドイツ地球科学・原料局 2011）。これは化石・核エネルギー源に当てはまるだけではない。未来研究・技術評価研究所／フラウンホーファー・システム技術革新研究所（アンゲラー／他 2009a, 2009b）や、アメリカ原子力規制委員会（2008）、そしてエコロジー研究所（ブーヒェルト／他 2009）による研究は、主要な未来技術（再生可能エネルギー、情報通信技術、電気移動）のダイナミックな成長によって、希少金属に重大な不足が生じる可能性を論じるところから出発する。たとえば未来研究・技術評価研究所ほか（アンゲラー／他 2009a）の予測によると、太陽電池の薄層電池を生産する場合、ガリウムとインジウムの需要は2030年まで増加し、また燃料電池を生産する場合、プラチナの需要は現在の産出・リサイクル容量を大きく超える（部分的には6倍）。とくに問題なのが希土類（レアアース）（周期表の17金属）で、この資源は地殻内においては希少ではないが、その経済的・技術的利用可能性が制限されており、しかも現在の高度技術の領域では代替品がほとんどない（同上書）。希土類は現在、高度にダイナミックな技術クラスター（たとえば触媒、磁石、冶金、電気自動車、風力、ガラス繊維、高温超電導体、発光ダイオード）の応用分野や製品で頻繁に使われているが、個々の最終製品にはごくわずかな量しか含まれていない場合が多く、これがリサイクル過程をむずかしくしている。エコロジー研究所（ブーヒェルト／他 2009）も、未来の技術が期待どおりの早さで発展すれば、やがて重要金属の利用に本格的な影響を及ぼしうるとしている。同研究所は電気・電子機器、太陽電池技術、（電気自動車用）蓄電池、触媒等のクラスターを例にとって、現在のリサイクル容量を考慮しながら、ガリウム、インジウム、テルル、タンタル、リチウム、プラチナ、希土類といった戦略的金属に生じうる危機を分析した。それによれば、とりわけテルル、インジウム、ガリウムの場合、現在のリサイクル容量の下では向こう5年以内に劇的な不足が発生する可能性があ

（32）ここでの「資源」とは、グローバルな原材料消費の全体と理解する。ブリンゲツ／シュッツ 2008を参照。

る〔2017年現在、都市で廃棄される家電機器に含まれる希少金属の山、つまり「都市鉱山の採掘」は始まったばかりである〕。したがって、再生可能エネルギーの拡張シナリオは、戦略的に重要な金属の、グローバルな利用可能性の問題と関連づけて作成される必要があるのだ。

2について：だが、このような「エネルギー転換」と「資源転換」（原材料）に生じるジレンマの克服と並んで、気候保護政策と資源保護政策とが相互に強化し合って生み出される統合作用も重要だ。ドイツ議会専門家調査委員会（2002）がはじめて試みたエネルギー効率化の潜在力の研究によれば、この統合は**循環過程**〔リサイクル〕**の強化とエネルギー集約的な原材料および製品の利用の改善**によって開発できる。どの種類の、どれだけの量のエネルギー集約的な原材料が特定の製品と投資財に含まれているのか、またどんなエネルギー需要がその製造・加工・輸送・利用、および最終的な処理と再利用のために生み出されているのか、これについては投資家や利用者の間でほとんど知られていない。原材料、補助材、自動車燃料の採掘、輸送、加工が直接の生産には寄与せず、**残余素材**（たとえば廃棄物、廃水、換気、除熱）として再処理されなければならない場合にも、エネルギーと費用は費やされる。こうしたライフ・サイクルの分析（「生まれてから死ぬまで、あるいは再生するまで」）やシステム最適化の分析は、しばしばエネルギー節約の巨大な潜在力を明らかにし、経済的費用の節約においても顕著な成果を生み出すことができる。ドイツ議会専門家調査委員会によれば、従来どおりの発展シナリオ（「準拠シナリオ」）においても、素材効率化の向上に積極的な政策が加わった場合、２０３０年までにドイツは、次の**追加的な**エネルギー節約を達成することができる。

- リサイクルの強化（１２８ペタジュール）
- 個別的な素材需要の削減（１９３ペタジュール）
- 素材代用（１１８ペタジュール）
- 利用強度の強化（65ペタジュール）

この委員会の分析は、「準拠シナリオ」の場合でも、すでにおよそ４６５ペタジュール（２００２年当時のエネルギー需要の約５％）と、意識的な資源政策によってさらにほぼ同等の潜在力を開発できるとしている。

しかし、これでも素材効率化とエネルギー効率化の関連は部分的に説明されたにすぎない。「資源効率化」の向上という統合戦略で実現できる経済的費用の節約に関する潜在力は、まだまだ汲み尽くされてはいない。従来の考察方法ではエネルギー部門の向上とエネルギー政策が主要な課題であり、素材効率化の向上はいわば**エネルギー費用の節約手段**としか見なされていなかったからだ。だが、加工業の費用構造をより厳密に眺めれば、**資源節約政策の強化**によってエネルギー費用も抑えられるという、いわば「積極的な副次効果」が、さらに類のないほどの高い経済的意味をもっていることがはっきりする。(33)

加工業の費用構造（ドイツ統計庁 2008）を一瞥すれば、２００６年の統計では約19%が人件費、約２％がエネルギー費用、約43%が原材料費用となっている。(34) 加工業の原材料費全体は、２００７年には絶対額でおよそ８２６０億ユーロだった（ドイツ統計庁 2009）。ここで、どのような統合戦略によって原材料効率化とエネルギー効率化(35)をともに上昇させるべきか、また、どのようにしてこの効率化に有効な枠組条件と国家的刺激をつくり出さなければならないのかという問題が提起される。

「原材料効率化と資源節約」プロジェクトにおける気候・資源保護政策の統合シミュレーション（ディステルカンプ

(33)　以下についてはディステルカンプ／他 2010とクリストーフ／ヘニッケ 2010を参照。

(34)　官庁統計によれば、原材料費は、原料その他の半製品、（部品、エネルギー、水、燃料、事務・宣伝材、非資産の経営財を含む）補助材、動力燃料の総体と定義される（ドイツ統計庁 2008）。そのかぎりで、ある企業の原材料費は、先行納入業者の、原材料と結びついた（賃金・資本費用を含む）先行給付を含んでいる。原料、補助材・動力燃料を控除することで、先行納入業者のその他の先行給付費用を同様に回避できる。

(35)　密接な相互作用が働いているという点から、以下ではエネルギー効率化の向上を、つねに資源・原材料効率化の不可欠の構成部分として理解する。

／他 2010）が示しているように、この「パンタ・レイ・モデル」（図5を参照）を使ったシミュレーションでは、プロジェクトが提起する政策手段のうち資源保護政策上の限定的な投入によって、２０３０年には次の効果が得られる（２０３０年に温室効果ガスの削減54％を保証する、積極的な気候保護政策の「準拠シナリオ」と比較して）。

・原材料消費の絶対的な削減が約20％
・国内総生産の増加率が約14・１％
・雇用の増加率が約１・９％（人口学的な要因および生産性に基づく賃金上昇を考慮して）
・２５１０億ユーロの国家債務削減

全体としてこのシミュレーション計算に基づく結論は、次のようになる――「徹底的な脱物質化政策によって、ドイツの国際競争力は強化される」。そして、マクロ経済的なこのモデル計算によって、高度技術国家にたいしてははじめて、次のことが実証されたと述べている。「積極的な気候保護政策と原材料効率化政策を結合することで、経済成長と資源消費の絶対的分離が達成できる」、と。説得力のある別の議論が支持しているように（クリストーフ／ヘニッケ 2010）、ここで提示された積極的な資源保護政策の経済全体への効果は、積極的な気候保護政策と結合されて基本的に強化されるだろう。

このモデルの結果は大きな射程をもっている。まず、この統合戦略は、それがたとえ複雑で欲張っているとしても、政治・社会・経済にたいして望ましくない副次効果や遅延効果の発生を避けることができる（たとえばエネルギー部門における闇雲なバイオマス利用）。次に、たとえば原材料効率化とエネルギー効率化の統合といった核心的な戦略の定式化によって、相互に強化し合う積極的な国民経済的成果を伴った相乗効果をもたらすことができる（同上書。「原材料効率化と資源節約」プロジェクト・連合通信、２０１０年7月7日も参照）。それだけではない。積極的な気候・資源保護政策が狭い環境政策（と環境省）を脱して、環境・経済研究の統合政策という新たな包括的プロジェクトに成長する契機をつくり出すことができる。経済省と環境省の伝統的な縄張主義にはもはや居場所はなくなる。縄張戦略が協調的・調和的戦略に転換すればするほど、経済効果も環境効果も、より有効に働くことになるのである。

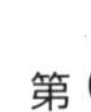

第8節　エネルギー需要の（絶対的）削減への道

20年間にわたるドイツのエネルギー政策および気候保護政策を振り返ると、次のことが目につく。一つは、障壁の分析および政策の組み合わせ（たとえば、再生可能エネルギーによる発電の拡張を成功裡に促進した）において顕著な前進があったことだ。もう一つは、「統合エネルギー・気候保護プログラム」によって、政党と部門を超えた包括的な政策の組み合わせが開始されたことだ[36]。しかし2010年9月のドイツ政府「エネルギー計画」は、独自の野心的な目標の体系に向かってこの始点を意識的にさらに発展させるのではなく、中心的な計画の点ではこれを後退させた。エネルギー・気候保護政策を技術的な側面に、なかでも電力供給技術の方に大幅に集中させたからだ。提案された多様なエネルギー・気候保護シナリオを、社会・経済的な展望や社会的な転換計画のなかに織り込むのではなく、シナリオに政策の肩代わりをさせたのである。

これはとくにエネルギー効率化戦略の転換に当てはまるが、この欠陥は政治側の拒否を示しているだけでなく、

(36)　2007年12月の政府「統合エネルギー・気候プログラムの第1次パッケージ」と2008年6月の同「第2次パッケージ」を参照。

ドイツのエネルギー・気候保護政策における理念的欠陥とも結びついている。

未来へ向けた統合的なエネルギー・資源政策を構想するには、従来以上に集中的に、次の課題といっそう取り組む必要がある。製品および製造過程に特有の技術革新とともにエネルギー効率化の潜在力をどのようにして**同時に**開発できるのか、あるいは反生産的な成長効果と贅沢効果を（たとえば代替的な所得支出等によって）どのように制限できるのかという問題である。この場合、課税や証書、制度（たとえば交通燃料消費の規制、トップ・ランナー計画、ボーナス／マイナス・ボーナス制度、累進基準）の活用が、（ここでは詳述できないが）反生産的な逆効果を制限する可能なオプションとなる。(37)

一つの提案は、国際的なキャップ・トレード（排出権取引と結合した二酸化炭素排出の量的上限）証書制度の拡張を、国家的な「長期エコ税」と結合することである。(38) それによって「化石・核エネルギー」システムの外部費用が逐次的に価格に内部化され、またエネルギー費用の節約がキャップ・トレード証書制度や（エネルギー生産性に応じて継続的に緩やかに上昇する）エネルギー税に吸収されれば、(39) エコロジー的構造転換や公共財（たとえば教育効果や文化）への助成にも積極的に取り組むことができ、経済全体のリバウンド効果の制限につながるだろう。いずれにしても、よりよい教育効果によって複雑な自然循環と経済循環にたいするよりよい認識が可能となるならば、そこで得られたよりよい知識が消費の増大を制限することは確かだ。そうなれば、効率化の向上で節約されたエネルギー費用が、これまでのようにエネルギー集約的な利用目的（たとえば空の旅、陸屋根、スポーツ用多目的車、(40) 一人当たり居住空間の拡大等々）に支出され続けることも少なくなるだろう。

《環境問題》専門家諮問委員会の特別鑑定書は、電力量の絶対的削減について、より根本的な問題提起を行っている。つまり、従来の政策（白い証書、* エネルギー効率化基金、最低効率化基準、エコ・デザイン指針、エネルギー・マネージメント・システム）では電力消費の**絶対的な**削減は達成できないという認識を示した上で、他面では、その**絶対的な**削減が太陽経済に向かう架け橋になると述べている――「効率化の向上が生み出す効果のなかでも電力消費の削減は、もっとも費用効果の高い『架け橋の技術』である。［…］電力消費が少なくなればなるほど、再生可能エネルギーに基づく完全供給の国民経済的（内部および外部）費用はそれだけ低くなる。しかも、エネルギー節約に基づく電力システムの転換は容易になる。というのは、エネルギーの節約は、時とともに再生可能エネルギーや電力網、蓄電を拡張するのにより大きな時間的余地をつくり出すからだ。したがって、効率の向上は、電力システムの転換にとって決定的な前提である」（《環境問題》専門家諮問委員会 2011 p.249）。

二酸化炭素の排出を削減するキャップ・トレード証書制度（これによって排出量の上限が決められ［キャップ］、最小費用による転換過程が促進される［トレード］）がそうであるように、電力需要の削減は、**拘束力のある電力消費目標**によって達成できる。「《環境問題》専門家諮問委員会は［…］グローバルな電力消費の上限を規定する取り組みが有効だと考える。それはまず電力供給者によって始められなければならない」（同上書 p.359）。電力供給者の提供対象である家計の数から作成された「電力顧客モデル」に従って、家計当たりの概括的な供給量がエネルギー供給企業に記入され、「［…］電力供給証書がエネルギー供給企業に、家計数に応じて割り当てられる」（同上書 p.259）。それによってエネルギー供給企業は、エネルギー・サービス企業に転換する刺激を受ける。つまり、エネルギー・サービス企業は、顧客にたいして費用効率的な電力節約計画を実行し、それによって獲得した証書を効率化の低い他のエネルギー供給企業に販売する。《環境問題》専門家諮問委員会は、「モデルの検証と継続的発展」、とりわけそれを深く掘り下げた「憲法に基づく検証」＊＊（265頁）も勧告している。

（37）たとえば家庭用機器については、ヨーロッパ・エネルギー効率化経済協議会「効率化で充分か」2010を参照。エネルギー節約オプションの供給価格表については、ベルトルディ／他 2009が主張している。

（38）フォン・ヴァイツゼッカー／他 2010を参照。

（39）同上書。

（40）オフロード用セダン。

＊　省エネ目標を達成した企業等に与えられる「省エネ・効率化証書」のことで、取り引きの対象となる。

このような形でグローバルな価格（エコ税）を設定し、量（電力顧客モデルと証書）を規制していく継続的な発展およびその促進は、疑いもなく重要である。だが同様に重要なのは、絶えず次の点を指摘することである。つまり、部門と目標群に特有の政策の組み合わせによってしか、また、（成長の新しい限界のもとでも、あるいは社会的弱者にとっても）より高い生活の質をめざす社会的対話によってしか、効率化経済と太陽経済への道を均すことはできないという点だ。たしかに課税や証書は、それがうまく働けば新しい生活様式と自己充足について熟考する刺激を提供できるが、それだけで持続可能な価値転換やより公正な社会の将来像を基礎づけることはできないのである。

さらに、統合によって**拡張**された気候・資源保護政策の組み合わせにおいては、驚くべき乗数効果がもたらされる可能性もある。これに関しては「原材料効率化と資源節約」プロジェクトにおいてたくさんの提案がなされているが、これもまたエネルギーの効率化と温室効果ガス排出の削減に有益である。たとえば、2次的原材料の拡張の強化、1次建築材料税の導入、資源効率化をめざす付加価値税率の区分などが提案されている。ただし、実行に移すには市場経済の原則とどの程度速やかに結合できるかを検証する必要がある。

リバウンド効果を考えても、また気候保護政策と資源保護政策の相乗効果を考えても、持続可能性研究の応用に基づく新しい道を歩むことが大事だ。そうすれば、基礎のしっかりした計画に基づく発展的政治行動をとることができる。必要なのは、科学的な気候・資源保護政策を審議する「専門家の共同体」とそれが描くシナリオの方法論を、統合エネルギー・原材料分析や社会経済的転換研究にいっそう強力に組み込んでいくことである。

気候保護政策と資源保護政策の相乗効果を考えることは、国民的エネルギー転換をつねに国際的エネルギー転換の脈絡で理解することでもある。90億に膨れ上がる世界人口に、安価で持続可能なエネルギー・サービスを用意するという重大な挑戦を忘れてはならない。この挑戦と向き合わなければ、ドイツのエネルギー転換はわずかな人間のいわば「贅沢」な課題として終わるだろう。「福島核電事故後を経たエネルギー転換」は、何よりもまずグローバルな次元をもっているのだ。いったい持続可能な世界エネルギー・システムへと向かう地図はあるのだろうか。飢餓と低開発、そして化石・核時代のエネルギー的破局から脱出するための道しるべはあるのだろうか。

第9節 将来像（ビジョン）――持続可能な世界エネルギー・システム[41]

今、世界中の人々は「私たちの知っていたような世界〔これまでの世界〕の終焉[42]」を体験している。世界全体のエネルギー・システムにはその結果ともども、この定式が二重の意味で当てはまる。エネルギー政策的なオールタナティブはこうだ――「このまま」破局に至るのか、それとも持続可能なエネルギー世界に向けて「旅立つのか」。両方とも、私たちの知っていた世界を根本的に変える。現在、どちらの道を選ぶのも可能である。未来は「古いエネルギー世界」によって瓦礫の山と化すのか、それとも「持続可能なエネルギー世界」という新たな希望をもたらすのか。

エネルギー・システムが「従来どおりの」傾向にとどまるなら、私たちは30年以内に、これまで悪夢のなかでしか思い浮かべられなかった世界を生きることになるだろう。２０３０年まで化石エネルギー源と核エネルギー源をさらに投入し続けることは（経済協力開発機構／国際エネルギー機関『世界エネルギー概観２０１０』2010を参照）、極度

＊＊（２６３頁）　二酸化炭素排出の上限値設定について、新設の施設に関しては問題ないが、既設の施設に関しては、憲法第14条の私的所有権保護規定に照らして妥当かどうかが問題になる。同委員会は、法律による制限は可能とする立場であるが、さらに検証が必要だとする。他方、「ドイツ環境援助」の見解によれば、気候保護という普遍的利害は、14条が保護する発電事業者の私的利害に優先する（同上書 p.260）。

（41）　本節については、ヘニッケ／ボーダッハ 2010、ヘニッケ／フィッシェディック 2007を参照。

（42）　レッゲヴィー／ヴェルツァー 2009。

な気候変動や資源戦争の可能性、あるいは文明的・軍事的な核の破局による脅威を意味するからだ（他の世界エネルギー概観プロジェクトも参照）。

これにたいして、分権的で「温和な道」[43]の将来像が何十年も前から対置されてきた。そこでは、エネルギー・システムは自然および社会と調和するよう変革される。ここで「分権的」という言葉が意味するのは、エコロジー的・社会的な調和をつくり出し、危険性を最小化し、エネルギー・コンツェルンの権力から独立し、技術革新、競争、民主主義を促進し、南の国々におけるエネルギー利用を高める（貧困との闘いへの寄与）ということだ。

このビジョンの輪郭は今日、すでに世界のいくつかの地域で（たとえばドイツで）可視化されており、それが世界全体に広がれば、人類は今世紀中葉までに、現在私たちの知っている脅威的なエネルギー世界の終焉を実際に体験できるだろうと考えられる。だから以下の頁では、この展望が何を可能とするのか、またこの展望があらゆる障害や挑発にもかかわらずなぜ実現の好機と捉えられているのかを、まず「物語る」ことにしよう。その場合、長期の未来（２０５０年まで）を見通し、行為主体や技術、地域などあらゆる側面からグローバルな多様性を「語ることができる」（つまり数量的に把握できる）ようにするために、次のステップでは改めてシナリオ技法を用いることにしたい。

「分権か」それとも「集権か」のオールタナティブについて熟考し直さなければならない。もっと適切に言えば、「効率的で再生可能か」それとも「非効率的で化石・核か」である。太陽光、地熱、海上風力パークを動かす巨大な発電技術は、たしかに再生可能エネルギー源に基づいてはいるが、とても分権的とは言えない。それでもその危険性は化石・核と比べれば比較にならないほど小さく、長期的な成果の見込みは化石・核エネルギー源に比べてはるかに大きいので、それを「温和な道」と位置づけるのには問題はないだろう。

「温和」と「分権」というのは一つの隠喩にすぎない。つまりそこには、「自然・人間と調和するグローバル化の形態という好機が生まれるのは、その形態が地元や地域で確実に決定される場合である」という意味が込められている。地元の好例とプロジェクトは無数にある。強力で低廉なエネルギー効率化の潜在力、エネルギー節約の威力、再生可能エネルギーのとてつもない多様性とダイナミズム、これらが達成不可能なユートピアを脱して、現在では実行可能な「温和な道」を認識させてくれる。大いに期待されるこの気候・資源保護のオプションは、そのほとんどが地元密着型であり、しかもそれは、豊かな北から貧しい南まで当てはまる。変革の力は「草の根運動」や分権的な社会基盤の行為主体（たとえばドイツの都市公社や「100％再生可能エネルギー地域圏」）を通じてますます勢いを増している。また、そこではしばしば地域圏的あるいは国家的な政治的・技術的革新が、「温和な道」に至るグローバルな発展の推進役を果たしている。こうして周知のモットー「グローバルに考え、地元で行動しよう」は、新しい意味、「グローバルな変革のために、地元で行動しよう」を獲得する。野心的な気候・資源保護政策が社会的・経済的な発展を妨げることなく、逆に促進することが地元、地域圏、国家的な例で示されないなら、有効な世界的規模の気候保護体制はつくられないだろう。

だから、持続可能な世界エネルギー・システムのパースペクティブ分析は、北の豊かな国と南の貧しい国の「共通だが差異のある挑戦」[44]という上書きのもとでも提起できるのだ。その意味は、持続可能な世界エネルギー・システムのための次の要点・目標のパースペクティブのなかにある。まず、豊かな工業先進国はその経済成長をエネルギー消費から**絶対的に**切り離さなければならない。実際の生活の質を同時に上昇させながら一人当たりエネルギー消費を、たとえば3分の1に低減しなければならない[45]。これが可能となるのは、エネルギー効率化の劇的な向上

(43)　エイモリー・ロビンズはこの概念を、展望の開ける論文「エネルギー戦略―採用されなかった道？」（1976）のなかではじめてつくった。ロビンズ 1978も参照。エコ研究所はこの概念をはじめてドイツ用に数量化した。クラウゼ／他 1980。

(44)　国際委員会〔1992年リオデジャネイロの国連環境開発会議〕の中心命題は、「共通だが差異ある責任」と謳っている。これは気候変動の共通の脅威と原因を強調しているが、暗黙裡に工業先進国の特別な責任と、その求められる指導的な役割も指摘している。

(45)　本章第7節および国際NGO「一人当たり2000ワット協会」を参照〔「一人当たり2000ワット協会」の記述は本書ボックス2を参照〕。

（「効率化革命」）および再生可能エネルギーの市場参入と並んで、持続可能な生産・消費モデルとその未来を可能とする（「自立自存的な」）生活様式が実現できる場合だけである。またこの場合、緑の先導的市場が一段と拡張され、危険性のある市場（たとえば化石と核）が縮小されることによって、選択度の高い（「質的な」）成長が生み出されなければならない。

他方、開発途上国と新興国は、よい意味での独自の利害に沿って、「当初から」できるだけ近代的な効率化技術のもとでエネルギー消費の成長率を減らし（「相対的な切断」）、「生活水準の向上」、「農村の電化」、「貧困との闘い」においてできるだけ持続可能な生産・消費モデルを促進しなければならない。その場合、できるだけ多くのプロジェクト（たとえば建物、自治体、地域圏）で近代的な効率化技術と再生可能エネルギーとの直接連結が行われる必要がある。そのことが、不必要にエネルギー集約的だったこれまでの発展段階や工業先進国における現在の誤った発展を回避し、持続可能な発展モデルを推進していく鍵となる（太陽光エネルギーによる照明、固定電話でなく携帯電話、見かけの低廉住宅ではなく低エネルギー住宅など）。開発経済学者は、この古くて誤った技術モデルからの「飛躍」を「カエル跳び」（「リープ・フロッギング」*）と表現した。実際、現在の開発途上国と新興国は工業化の歴史的発展段階を「跳び越える」ことができるだろう。18・19世紀の工業化過程では夢見ることしかできなかった多様な資源効率的な技術・交通手段・製品・品質・組織形態が、今では試され済みだからである。

もちろんこのような「差異のある挑戦」だけにとどまっているかぎり、工業先進国と開発途上国とが「同じ目線」で永続的な技術・気候保護パートナーシップをつくるのはむずかしいだろう。だから教育制度から始めて技術的・政治的・社会的革新へと進み、南北に共通する解決方法を構想しながら、北から南、南から南、（部分的には）南から北への技術・資本・ノーハウの移転および促進を図ることが重要なのである。

以下の目標は、南北の多くの国で共通している。

①持続可能なエネルギー・システムは、頑健な技術的回廊の上に、つまり「三つの緑の主柱」（合理的なエネルギー利用、熱・冷電併給、再生可能エネルギー）の上に築かれなければならない。
②特別な巨大技術および化石・核の１次エネルギー構造に依存した道がつくられてはならない（そうした発展方向への歴史的固定化を回避する）。その道が気候・資源保護や社会的受容の点から永続しないことは見極めがついている。
③エネルギー・システムの分権化・自由化・グローバル化に向けた制度的転換が積極的に推進されなければならない。
④エネルギー生産性だけでなく、一般的な資源生産性（バイオ・非バイオ原料全体を含む）も飛躍的に向上させなければならない。
⑤とりわけエネルギー関連企業は、国家主導の政策によって、「全面的な外部化機械」からエコロジー的にも社会的にも責任ある企業に転換されなければならない。

すでに示したように、最後の点は北でも南でも特別な注意に値する。どの産業部門にとっても「化石・核エネルギー複合体」の費用を環境や同時代・後代の人々に転嫁することは許されない。したがって、どのような企業も化石・核エネルギーによる製品とサービスの大々的な生産（直接・間接を問わない）から利益を得ることは許されない。

たしかにこの間、エネルギー・コンツェルンも、公共社会からの圧力と新しい国家的な枠組条件によって「製品にたいする責任」をより多く引き受けるようにはなった。だが、大気の過剰利用（二酸化炭素の大量排出）や、海

＊　工業先進国が歩んできた持続可能ではない発展段階を跳び越えて、持続可能な発展の道を歩みはじめること。

洋の石油化（たとえばブリティッシュ・ペトロリアム社の石油深海掘削施設「ディープ・ウォーター・ホライゾン」）、あるいは〔核〕燃料サイクルの途方もない危険保険等にかかる費用は、これまで部分的にしか電力価格に内部化されていない。

アメリカのミッチェル教授は、この「化石・核エネルギー複合体」において支配的な企業形態のことを、適切にも「全面的な外部化機械」[46]と呼んだ。ニコラス・スターン卿の学術的な定式化、「気候変動問題〔にたいする責任回避〕は、かつて存在したもののなかで最大かつもっとも広範な市場の拒否だ」[47]も、同じ方向を採っている。この定式が産業・社会政策的な爆発力をもつのは、原因者が明白に名指しされ、責任をとらされる場合だけである。外部費用が途方もなく大きくなる経済秩序、つまり経済理論のなかではたしかに主題化されても実際には「虚偽の価格の日常生活」に満足するような経済秩序は、永続的に生き延びることはできない。誤解しないでほしいが、これは「化石・核エネルギー複合体」だけでなく、規制のない私的資本の価値増殖システムにも、また、かつての東側諸国や現在の中国といった国家資本主義形態をとった中央集権的統制経済にも当てはまる。

だが、本書の主張は、憂慮しながらも楽観的な次のような認識に立つ。つまり、適切な気候・資源保護に関する技術・戦略・措置のパッケージは広範に知られ、部分的に実行されている（たとえばヨーロッパの排出権取引）だけでなく、すでに世界中では「細々（こまごま）とした」何百万回もの実践を通じて地道に一般化がめざされてきたということだ。

プリンストン大学の科学者、ソコロフとパカラの両教授は、２００４年、技術的・経済的な気候保護戦略の包括的な概観を、完全に楽観的な一文にまとめた――「私たちが、現在すでに知っていることをただ増やすだけで、人類は今世紀中葉には石炭と気候の問題を解決できる」[48]。

人類が気候保護の領域で現在すでに知っていること、行っていることを「ただ増やせばよい」とは、いったいどういうことだろうか。少なくともソコロフとパカラは、気候保護のために核エネルギーを「増やす」ことの評価で、矛盾に陥らざるをえない。それを増やすことは、危険性の最小化というグローバルな目標と矛盾するからだ。核エネルギーの場合には、できるだけ早く「減らす」ことが目標ではないのか。気候・資源保護にはもっと別の、よりよい代替策があるのに、なぜ問題をずらし（気候問題から核エネルギーの利用へ！）たり、危険性の拡散（核エネルギーとの組み合わせだけが目標を先導する！）を受け入れたりしなければならないのか。

彼らは、化石エネルギー源の燃焼を減らし、人為的な気候変動の主因となる二酸化炭素排出を削減するには、原理的には次の四つの周知の技術的オプションが考慮の対象になると主張する。

・エネルギーの転換・利用における効率化の向上。
・再生可能エネルギーの投入。
・気候に与える影響の少ないエネルギー源（たとえば天然ガスやウラン）の利用。
・二酸化炭素の保管（二酸化炭素の回収・貯留［ＣＣＳ］）。

ソコロフとパカラは、このオプションから15の戦略（「くさび」）を展開するが、それらの戦略が２０５５年までに10億トンの二酸化炭素を減らすのに役立ち、この10億トンが明確な方向転換と充分な気候・資源保護へのダイナミズムを導くのに充分な量だというわけだ。この種の限定的な目標に向けた技術戦略は、旧来の技術に懐疑的な政策担当者や政治家をも行動に駆り立て、気候外交そのものを限定的な目標に向けた技術プログラムで揺り動かすかもしれない。だが、主たる問題は技術ではなく、見かけだけの単純な「規模増大」なのだ。しかも二人は、危険性

(46)　ミッチェル 2002。
(47)　スターン 2006。
(48)　ソコロフ／パカラ 2004。

の少ない技術的オプションがもつ潜在力を汲みつくしてはおらず、「危険性のずらし」（たとえば核エネルギー）をオプションとして許容している。

現在、国家に支援された積極的な気候保護への構造転換が、経済的に、危険性ではなく好機を含んでいることにほとんど疑う余地はない[49]。とくに２００６年のスターン報告は、支配的な気候保護の費用便益分析で１８０度の驚くべき転換にとりかかった。おそらく気候保護にとって決定的な年となった２００９年（コペンハーゲンの国連第15回気候変動枠組条約締約国会議）から２０１０〜２０１１年（「最後の1分」*。世界共同体の徹底した気候保護の現実的合意！）にかけて、気候保護と経済的発展との原理的な結びつきに関する公的な研究・分析が爆発的に始まった[50]。このような経済的思考の急転回は、実際の市場のあり方への批判、つまり市場による国家の拒絶、市場の障壁の問題が10年前よりもはるかによく、まさにエネルギー市場に理解されるようになったこととも関連している。当時現場の技師や専門家は、まだ経済学者の偏見と闘っていた。つまり、「経済的なエネルギー節約の潜在力などもう存在しない、というのは、いつでも効率的に機能する市場メカニズムがとうの昔にそれを発見していたからだ」という偏見がまかり通っていたのだ。昔からの洒落そのものではないか。新古典派経済学者とその息子が散歩していると、突然息子が地面に20ユーロ紙幣を見つけた。喜んだ息子はそれを拾って父親に尋ねた、お札をもってっていいの？　すると父親は答えた、馬鹿なことを！　そこにお札を置きなさい、それはずっと前に発見されていたんだよ！

気候保護の費用便益分析を支配してきたネオ・リベラリズムの信仰箇条、つまり「野心的な気候保護は高くつきすぎ、生活水準を下げ、競争力を脅かす」という信仰箇条は、この間急速かつ根本から崩れたので、現在では違った警告がもち出されているように思われる――「国家は、気候保護のぐずぐずした主体として、無実の弁明に駆り出されるべきか、それとも気候保護の主役として鼓舞されるべきか」。数ある研究からはまだ明確な答は出されていない。国家が「正しい」価格を設定しさえすれば、経済的節約の潜在力は突然際限なく大きくなる。だから、たとえばマッキンゼー・グローバル研究所[51]の世界分析が示しているように、二酸化炭素の費用がトン当たり60ユーロで上昇を続けるかぎり、2030年までに200～300億トンの二酸化炭素が「儲かるようになり」、その結果として減らせるという議論も出てくる。この場合、諸国家の共同体による唯一の課題は、世界の「キャップ・アンド・トレード」の証書システムを実現し、排出のまだ許される量（「キャップ」）をこの価格（60ユーロ）になるよう劇的に制限する点に絞られることになるだろう。しかし、このような効果をもった世界証書システムが存在するのかどうか、あるいはいつ存在するようになるのか、これは完全に未解決のままだ。それが出現するまで世界は二酸化炭素排出の増加を甘受すべきなのだろうか。証書システムはあくまで気候保護政策の強化にとっては一部分でしかないが、現在もっとも差し迫った統合政策上の重要な部分であることも確かだ。ここでもまた、ヨーロッパ連合やアメリカのいくつかの地域圏で行われている排出権取引システムの先駆者の取り組みは、重要な学習の場を提供している。政策上の問題で世界が合意するには、気候保護政策が部門間、国家間、世代間の極端な配分格差を伴い、けっして「簡単には」実現できない以上、むずかしくて長い時間を要する。むしろ重要なのは、新しい優先順位の設定である。つまり、それは思考と行動のパラダイム転換であり、とくに政治と経済のパラダイム転換、消費モデルと生活様式のパラダイム転換なのである。また、効率化革命の核心は、おそらく「自然との慎重な関わり方」と「過ちを許容する技術」に関する文化革命のなかにある。解決しなければならないのは、政治的・経済的・文化的・社会

（49）スターン 2006、ヘニッケ／他 2007を参照。

＊ アメリカ科学振興協会は、2012年に「終末時計」（地球の終わりを告げるシグナル）の針を1分進めた。2018年には「滅亡時刻」の午前0時まで残り2分となった。

（50）これについては、ドイツ環境庁 2008、フラウンホーファー・システム技術革新研究所／他 2009、マッキンゼー・グローバル研究所 2009、ポツダム気候研究所／他 2009、世界自然保護基金／他 2009、アダム 2009を参照。

（51）2010年の二酸化炭素CO_{2e}排出は、およそ年間53ギガトンと予測されている。2eの〝e〟は「等価」を意味する。つまり、他のすべての温室効果ガスが、最重要の温室効果ガスである二酸化炭素等価として考慮されている。

できるのである。

的自然に関わる根本問題であり、その解決によってこそ技術的な「スケールアップ」は可能となり、世界に一般化

「自由放任」という「ネオ・リベラリズム」的な信仰箇条と対決する新しい経済倫理が求められている。そのかぎりでメルケル首相が、たとえ権限が制限されすぎていたとしても、国民的なエネルギー転換のために、国家が介入できる範囲と強度に関しても判断できる「倫理委員会」を設置したのは正しかった。「倫理委員会」には次の点での合意が存在するからである。つまり、気候・資源保護の課題は、政治の広範な無力化の下では解決できず、公共財（「グローバル・コモンズ」）を（束縛を解かれた）市場の全能者（外見上の優勢者）に引き渡し、連帯や公正といった根本的価値を空洞化させては解決できないということである。国際的な気候保護問題で貧者・富者間、大国・小国間、犯人・犠牲者間のグローバルな「戦列」を分析する人は誰でも、次のような率直な判断に至るだろう。「気候・資源保護問題は究極的には、多数の人口を抱える開発途上国や新興国での政策に関して、世界社会が正義に基づく行動で了解し合ってはじめて解決できるだろう」、と。

そうなれば、技術的な「スケールアップ」も比較的「容易に」なるはずだ。これまでの技術研究や世界エネルギー・シナリオを一瞥すれば分かるように、「効率化＋再生可能エネルギー」の組み合わせが気候問題を解決するもっとも簡単で、技術的潜在力からしても原理的に充分な定式であることは明らかだ。ソコロフとパカラの誤りがはっきりさせたように、もし世界中で「効率化＋再生可能エネルギー」の「スケールアップ」が適時にかつ包括的に実行されないなら、人類は気候・資源保護のために危険な技術のポートフォリオを付きつけられてしまうだろう。少なくとも個々の国は、核エネルギーのような問題だらけの技術や、二酸化炭素回収・貯留あり（ＣＣＳあり）の石炭の利用、あるいは環境を破局に追いやる石油・石炭の金儲け術、進んだ加工技術（たとえばタールサンドや石炭液化）、過度のバイオマス利用を頼りにすることになるだろう。

だから、「充分な気候保護と危険性の最小化は、国際的な協調によって実現できるだろうか」という問いは、次

図16　収縮と収斂

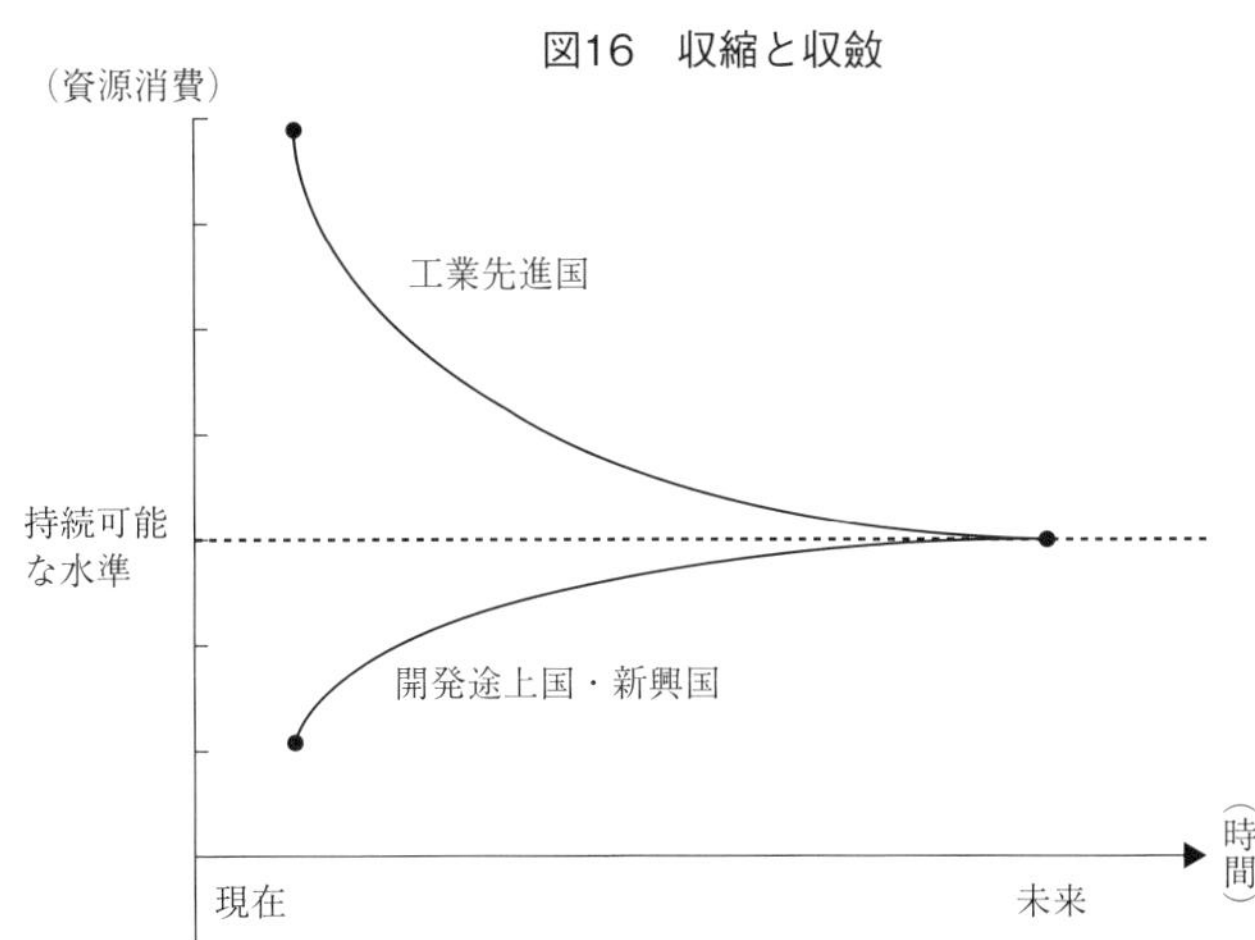

出典：独自に作成。

の根本問題で頂点に達する。「エネルギー効率化と再生可能エネルギーは、充分な範囲で、必要な速さで、できるだけすべての地域圏で、積極的な経済的・社会的意義をもつ形で実現できるのだろうか」。

このグローバルな根本問題を諸国家の共同体の協調によって解決できれば、世界共同体は持続可能な発展と世界的な協働作業に向かって質的飛躍を遂げるだろう。そうなれば貧困との闘い、生物多様性の破壊、資源紛争、民間・軍事の核の危険性、経済的・社会的不安定化といったグローバルな問題も、よりシンプルな形で解決できるようになるだろう。

収縮と収斂

このような社会政策を背景にして、エネルギーの節約、エネルギーの効率化、再生可能エネルギーの投入は世界平和の保障にも貢献し、非民主的な既成のエネルギー経済からの脱出と、新しいエネルギー経済による民主化過程を促進しなければならない。現在石油、天然ガス、ウラン、石炭の独占化によって巨大な資本権力と政治権力を意のままにしている「エネルギーの世界権力」（ヘニッケ／ミュラー 2005）は、将来、「エネルギー効率化＋再生可能エネルギー」の力強く普遍的な利用の下で「再

図17　持続可能な発展の必要条件：生活の質、経済成長、自然消費の分離

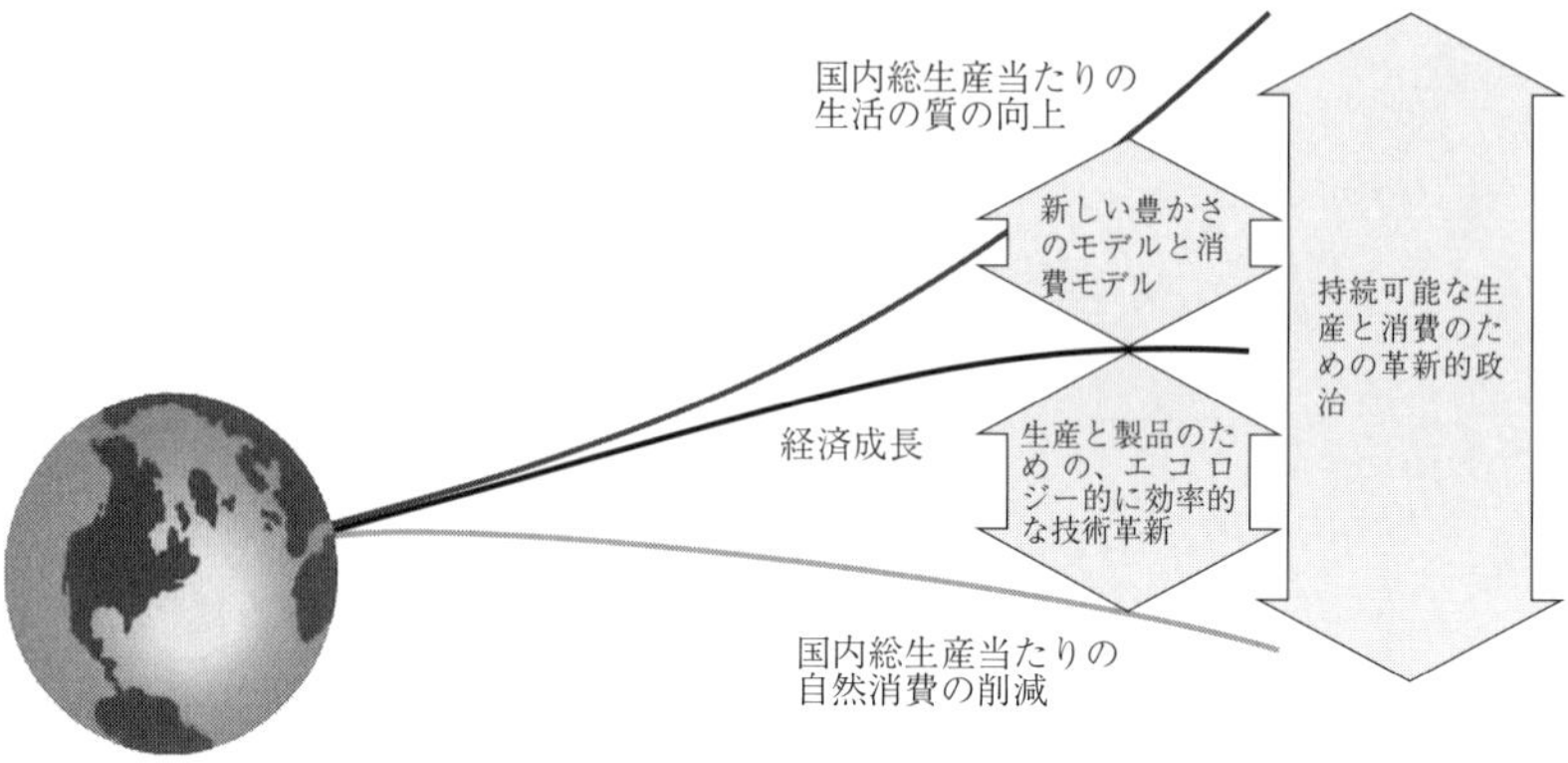

出典：人工ビジョン・知能システム研究室（ヴッパータール研究所）に基づいて独自に作成。

社会化」されるだろう。ここで削減された量（エネルギー節約）は、新しい質（分散的な供給者の多様性）に転化するだろう。そして、エネルギーの生産と利用は、再び高度に近代的かつ多様な形態で消費の場所（家計や経営）に「帰還」し、過去とは比べものにならないほど分散的な、技術のポートフォリオによって再編されるだろう。

たとえ再生可能エネルギーの拡張によってつくり出される新たな集権的結合システムが、再生可能エネルギーの完全供給の点で意味をもつようになるとしても、再生可能エネルギーが内在的な民主化の潜在力をもっていることに変わりはない。再生可能エネルギー・システムは大きな技術的多様性、（技術革新における）巨大な世界市場、創造的な技師の着想がつくり出す富に基づいており、これらが超国家的エネルギー・コンツェルンの市場権力を解体し、輸入依存およびエネルギーの価格変動を縮小させる。そして、資源をめぐる冷たい市場経済のグローバルな紛争が、熱い軍事的なグローバル紛争になる前に、必要な資源の削減を助けるのである。

持続可能なエネルギー供給を世界的に保証するためには、開発途上国にとって不可欠なエネルギー消費の増加と経済発展を可能とするために、工業先進諸国の一人当たりエネルギー消費を劇的

に減らしていかなければならない。同時に、開発途上国にとって不可欠なエネルギー消費の増加を、（開発と工業化の始まりから）近代的なエネルギー転換技術によってできるだけ低く保たなければならない。図16はこの持続可能な将来モデルを具体的に示している（いわゆる「収縮と収斂」）。つまり、一人当たりの資源消費を、開発途上国が拡張するよりも早いスピードで工業先進国が削減する（収縮する）ことで、将来はすべての国が共通の目標回廊で出会うことができる（収斂する）。この回廊は、生命圏の環境収容力内部にとどまり、持続可能な世界の発展という時間の回廊のなかにとどまることになる。

持続可能な発展に向かうもっとも重要な世界戦略は、自然消費と生活の質の（絶対的な）分離である（図17）が、これは二重の分離過程を前提にしている。つまり、国内総生産を形づくるそれぞれの単位からより高い生活の質を導き出し、かつその単位は、より少ない自然消費と結びついていなければならないということである。そのためには、現在の持続不可能な消費・生産モデルを根本的に変革し、新しい豊かさのモデルを発展させなければならない。大切なのは「耐乏生活をする」ことではなく、資源消費のより少ない製品を利用し、たとえば文化・教育といった非物質的なサービスを充実させることである。必要なのは一方では、より高い資源生産性をもたらすエコロジー的・効率的技術革新であり、他方では、よりエコロジー的な知足・自足の文化によって、財の過剰消費つまり原材料とエネルギーの過剰消費に終止符を打つことだ。この戦略の核心は、良き生活の断念ではなく、「より少なく、より豊かに！」によって生活の質の新たな獲得あるいは再獲得へと移行するところにある。

ボックス2　収縮と収斂――「一人当たり2000ワット社会」（図16参照）

資源利用の持続可能な水準は、二つの原理によって達成できる。まず重要なのは収縮の原理である。これは工業先進国に関係する。資源消費を絶対的に削減するためには、資源生産性（資源の効率化の尺度）の上昇率が国内総生産の上昇率を上回ることだ。この場合、経済成長と資源投入の「絶対的な分離」が生じ、資源消費全体が縮小（収縮）する。

他方、開発途上国と新興国の場合は、資源生産性が国内総生産の上昇率とは独立に上昇すれば充分だ。つまり、資源消費はたしかに絶対的には増大するかもしれないが、その増加率は緩和される。ここでは資源消費と経済成長の「相対的な分離」について語ることができる。そして工業先進国の絶対的分離と開発途上国の相対的分離が一緒になると、持続可能な水準に収斂する。これが収斂の原理である。

ヨッヒェムらは、この二つの原理をスイスのエネルギー消費に適用し、「一人当たり２０００ワット」の持続可能なエネルギー消費値に至った（ヨッヒェム／他 2004）。これは、たとえば現在のヨーロッパの一人当たりエネルギー消費の３分の１に相当する。もし、世界の国内総生産が２０５０年までに一人当たり３分の２増えるとしたら、「一人当たり２０００ワット社会」を世界が達成できるのは、エネルギーの効率化が４～５倍に向上する場合だけであるとされる。これを達成するには、技術革新システムの転換や、原材料効率化戦略とエネルギー効率化戦略の統合、２０５０年までの再投資サイクルの徹底的な利用（たとえば建物分野〔既存建物を壊して再建築するのではなく、建物再生に投資する〕）、そして生活様式の変革が前提となる。他方、開発途上国は「カエル跳び」、つまり近代的な効率化技術の投入を続ける。これによって世界は「一人当たり２０００ワット社会」に向かって収斂する。

効率化、質的成長、エコロジー的利用

先述のように、図17はこの二重の分離過程を示しているが、その二重性は、経済成長（国内総生産で計る）が自然消費と絶対的に分離されなければならないために必要である。本章第7節中の「資源効率化はエネルギー節約にも役立つ」の項では、ドイツのモデル計算を例として、この絶対的分離がまさに資源消費全体にとって原理的に可能であることを示した。根本的な前提は、資源生産性（国内総生産と原材料消費全体〔ＴＭＲ〕[52]の比で計られる）

が国内総生産より早く上昇することである。国内総生産とエネルギー消費の発展は相似関係にあるので、エネルギー生産性、つまり投入されたキロワット時当たりの効率は国内総生産より早く増加しなければならない。ドイツのような高度に発展した工業国家では、この流れがほとんどのエネルギー・シナリオによって将来的に可能であることを示した（本章第3節「シナリオの比較」を参照）。

図17で注目すべきは、第2の本質的な分離過程である。国内総生産の各単位からより高い生活の質を得ることに成功すれば、自然利用にたいする経済活動の圧力も減少する。この第2の積極的な分離過程が実際に生じると、現在ほとんどの経済協力開発機構諸国で典型的なマイナスの発展傾向は逆転しなければならない。多くのシナリオが証明しているように、経済実績の増加（だから国内総生産の上昇）という現在の形態は、１９７０年代以降もはや生活満足度の上昇には役立っていない。そのかぎりで「成長の質」は変化せざるをえない。つまり、国内総生産の測定に当たって「貨幣」で評価・集積されてきた財とサービスは、質的見直しを迫られる。企業と最終消費者にとって従来よりもはるかに高く評価される別の便益をつくり出さなければならない。私的・物質的消費は、たとえば公共財とサービスの増加（公園、プール、近隣保養地、博物館、劇場、図書館、文化施設等々）によって置き換えられ、「脱物質化」される。あるいは、素材集約的な消費形態（格安航空、大画面のプラズマ・テレビ、オフロード用セダン）は、非物質的なサービス（文化、余暇、社会的なもの、教育）の購入に取って代わられ、伝統的なエネルギー・素材集約的な消費は、便益の等価な製品とサービスに代替される（パソコンの代わりにシンクライアント〔クライアント端末がサーバーに接続するための最小限のネットワーク機能〕等）。共同利用（カーシェアリング、多世代共生住宅）、再利用、リサイクル、リース（所有ではなく利用）という新たな形態もまた、原材料・エネルギーの消費を減らすだろう。

そのかぎりでエネルギー領域の持続可能な発展においては、次の三つの一般的な基準を導き出すことができる。

（52）「必要原材料総量」。

・エネルギー効率の向上と、(成長・便利さ効果の制限による)エネルギー消費の絶対的削減。
・気候と調和するエコロジー的な成長・収縮過程(「質的成長」)。
・自然的循環への埋め込み、つまりエコロジー的条件の厳守。

エネルギー効率の向上とエネルギー消費の絶対的削減は、持続可能なエネルギーの未来を実現するもっとも重要で、もっとも費用のかからない前提である。ただし、実際のエネルギー消費を経済成長から適切かつ相対的に分離するだけでは充分ではない。すべての将来シナリオ(本章第3節)が示しているように、本当の「効率化革命」、つまり「エネルギー消費と豊かさとの絶対的分離」は、エコロジー的な物質の喪失を緩慢にしてくれるだけでなく、よりよい転換措置のための時間を獲得する必要不可欠な要素となるのだ。しかもシナリオの潜在力としてではなく、現実として。

エネルギー効率を革命的に向上させれば、増加する世界人口にも対応できる。こうした効率化革命がなければ、人口増によるエネルギー消費の急速な増大のために、工業化の問題はさらに引き延ばされることになる。このジレンマからの出口は、意識的な方向転換にある。つまり、非再生可能エネルギーをより少なくしたエネルギー利用の世界的普及が、エネルギー領域における持続可能性戦略の目標を確実に実現する。その意味は、「生活の質」の見直しへと意識的に向かうということだ。

ところで、このような根本的立場は、実にさまざまな行為主体によって今でもなお疑問視されている。エネルギー経済の領域ではここ何十年にもわたり供給志向の見方が支配していたが、現在では独特の方向転換も生まれている。だが、既成の公的エネルギー界はたしかに口先ではエネルギー効率化を発見はしたが、転換に必要な措置など少しもとっていない。とくに、行動と生活様式の変革については何も触れることもなく、大々的にエネルギー技術と取り組んでいる。これが今度は、水と一緒に赤子を流す「『緑の』効率化批判者」を競技場に呼び出すことになった。つまり、問題の原因は「効率化のあり方」にあるのではなく、「効率化の向上」という目標そのものにあると説明されるのだ。流行となったこのようなエネルギー効率化にたいする批判（たとえばピーチ 2010を参照）は、もちろん原因と結果を取り違えている。それは不当な一般化に基づいており、エネルギー効率化やエネルギー消費に関する的確な分析も提供せずに、「一部の行動」だけを取り出して「全体的な行動」の変化を推論している。

本書はこのようなエネルギー効率化批判といろいろ論争する場ではないが、少なくとも効率化批判者の根本的立場を視野に入れれば、エネルギー効率化をめぐっては次の二つの議論があることは確認しておかなければならない。一つは、技術的な効率向上の限界と社会・経済的な前提を批判的に問う議論（たとえば本節中の「効率化だけで充分か」の項で強調したような）、もう一つは、エネルギー効率化を気候・資源保護の手段と見なすことをきっぱりと拒否し、あるいはエネルギー効率化をエネルギー消費増大の原因として説明する議論である。この二つの議論の基準には、取るべき政治的対応に関して正反対の違いがある。第1の基準の場合、プロセス熱、機器、乗り物、建物等の「真の効率化革命」（社会的・技術的革新！）を始めると同時に、それを妨害する成長・便利さ効果を政策の組み合わせによって抑えることにすべてをかけることになる。第2の基準の場合、コミュニケーション戦略、すなわち行動の呼びかけ、代替的な消費・生活形態の促進に集中することになる。また、この第2の基準は、豊かな北の国々では気候・資源保護を支持する戦略となりうるが、新興国・開発途上国での生活の現実や、貧困との闘いの問題、あるいは持続可能な開発のプログラムを無視することにもなる。だから、もしエネルギー効率化の技術と再生可能エネルギーの拡張を北でも南でも疑問視したとすれば、生産的にはならない。

今述べた第2の基準は、エネルギー効率化と気候・資源保護を経済全体の成長との脈絡で結びつけており、それは反生産的な意味を示している。簡単に言えば、この基準のもとで気候・資源保護が考えられるのは、再生可能エネルギーとエネルギー効率化を実現する技術製造部門が急速に成長し、化石・核エネルギーの危険性部門が徹底的に縮小する場合だけだ。縮小の対象は、原材料の基盤が直接（石炭・石油経済や石炭の電力化など）的にも間接（交通燃料集約的な移動形態など）的にも化石燃料に依存するあらゆる製品の製造と販売にたいして当てはまる。しかし、「緑の成長」部門と「危険性の縮小」部門の経済全体にたいする純効果が経済成長を高めるのか否か、それとも一定に保つのかについては未解決の問題だ。本章第7節中の「資源効率化はエネルギー節約にも役立つ」の項で、包括的なシミュレーション計算を使って例示したように、統合された野心的な気候・資源保護という想定の下では、国内総生産とグローバルな原材料消費を絶対的に分離することが「緑の成長」と雇用増の一体化につながるとされ、繰り返しこう指摘された。効率化の向上だけでは充分ではない、と。だからエコロジー的利用〔エコロジー的原材料サイクル〕という基準が立てられることにもなる。これは永続的な自然との調和を表現している。具体的に言えば、自然の中に埋め込まれたエコロジー的に調和したエネルギー・システムは、循環・太陽光経済のなかでしか考えられないということである。この第3の要素のなかにこそ、持続可能な未来へ向けた長期的な戦略を決定する鍵があるのだ。

これを背景とすれば、持続可能なエネルギー・システムには次のマネージメント規制が必要になるだろう。

・どのようなエネルギー形態であろうと、できるだけ効率的に利用されなければならない。生産過程、建物、乗り物、機器へのエネルギー投入は最小化されなければならない[53]。

・再生可能エネルギーの割合は、完全な再生可能エネルギー・システムという目標をもって着実に拡張されなければならない（太陽光経済）。

・エネルギー目的のバイオマス利用は持続可能でなければならない。同時に、その利用の優先度は、食料と緑の産業用原材料のための土地利用にたいして後順位でなければならない。

・核燃料サイクル全体（ウラン採掘から濃縮、発電、再処理まで）の危険性はできるだけ早く縮小され、すべて取り除かれなければならない。

・化石エネルギーは、気候と調和する範囲内で利用してもよいが、過渡的にだけ投入され、太陽光経済への移行を加速するのに役立てられなければならない。

世界規模の拒絶状態――「巨大な転換」か、それとも破局への道か

ここまで、持続可能なエネルギー効率化、太陽エネルギー経済への移行の筋道について語り、その革新的戦略、要点、マネージメント規制を紹介してきた。残念ながら、世界はまだ、「温和な」と名づけたこの道に方向転換するにはほど遠い状況にある。グローバルなエネルギー転換は実行可能なレベルにあるが、一刻の猶予も許されないという意識を研ぎ澄ますには、世界規模の拒絶状態と厳しく対峙しなければならない。この目的のために、よく知られている国際エネルギー機関『世界エネルギー概観』（経済協力開発機構／国際エネルギー機関／他 2008）の「従来どおり」シナリオ（準拠シナリオ）とエコフィス／世界自然護基金「世界シナリオ」による持続可能性戦略（エコフィス／世界自然保護基金／他 2011）、いわゆるエコフィス・シナリオ（目標シナリオ）とを対照したい。

先に述べたように、シナリオとは「もし～ならば、こうなる」という条件下での未来の「可能性の幅」を示すもので、エネルギー・システムの数量的予見が「どれほど確実か」といった予想は、通例しないことを想起してほしい（ボックス3参照）。ただし、ほとんどのシナリオ専門家の合意と方法論的信念として、（異なる目標と手段をもった）代替シナリオ（目標シナリオ）を、不変の技術・政策傾向（準拠シナリオ）と比較して記述することはある。国際エネルギー機関の「準拠シナリオ」は、一般にはエネルギー・システムにおける不変の発展傾向を示す「公認の」世界予測（準拠例）の基礎とされているものである。「準拠シナリオ」の特徴は、たとえば気候・資源保護といった社会的に受容された目標の達成にどのような行動が求められるかを、政治・経済・社会的な数量化によっ

(53) この結果として、たとえば建物の計画は一つのシステムを志向する計画となり、それは初期投資費用を考慮するだけでなく、建物のライフ・サイクル全体の費用（耐用年数分のエネルギー消費と管理費用）も考慮するものとなる。

てできるだけ現実に即し、記述する点にある。

ボックス3　『世界エネルギー概観』

国際エネルギー機関は経済協力開発機構諸国による国家間組織で、毎年『世界エネルギー概観』（２０３０〜35年までの、世界のエネルギー供給の推移に関する研究）を作成している。同機関はとくに化石エネルギー（石油と天然ガス）による供給問題を重視し、経済協力開発機構の管理下で長い間保守的な親核エネルギーの態度をとってきた。ところが、気候変動、資源不足（「石油の頂点（オイル・ピーク）」（石油生産量が最大になる時期））に直面し、さらには核事故の可能性への懸念が高まるにつれて、その態度には変化が見られはじめている。

『世界エネルギー概観』は普通、「従来どおり」シナリオ（「現在の流れの政策」（準拠シナリオ））に基づいて、エネルギー部門の現在の傾向と政策が継続するという想定の下で、世界のエネルギー需要の推移と供給構造を探究する。したがって、このシナリオではエネルギー領域の国家的政策における将来の効果が研究され、その時点時点の基準年まで確定される。そして、新しい措置がとられないという条件の下で、２０３０〜３５年までのシナリオを描く。そこから、差し迫る危険と、想定される危険性を回避するためには、どこでどのように進路を変更しなければならないかが数値化されて示される。

図18は、２００８年の「従来どおり」シナリオに基づく世界1次エネルギー需要の推移を示したものである。２０３０年まで世界の1次エネルギー需要は、年率１・６％の水準で、全体では43％増加する。エネルギー供給では化石エネルギー源が優勢で、なかでも石炭と石油が全体の3分の1以上を占める。また、全エネルギー消費増の87％が開発途上国と新興国（非経済協力開発機構諸国）によって占められ、そのうち1次エネルギー消費の割合は現在（２００８年）の51％から62％へと上昇する。そのおよそ半分以上を中国とインドが占める。これは強力な経済成長の継続の結果である。「従来どおり」条件の下では、石油

図18　『世界エネルギー概観2008』の「従来どおり」シナリオに基づく世界１次エネルギー需要の推移

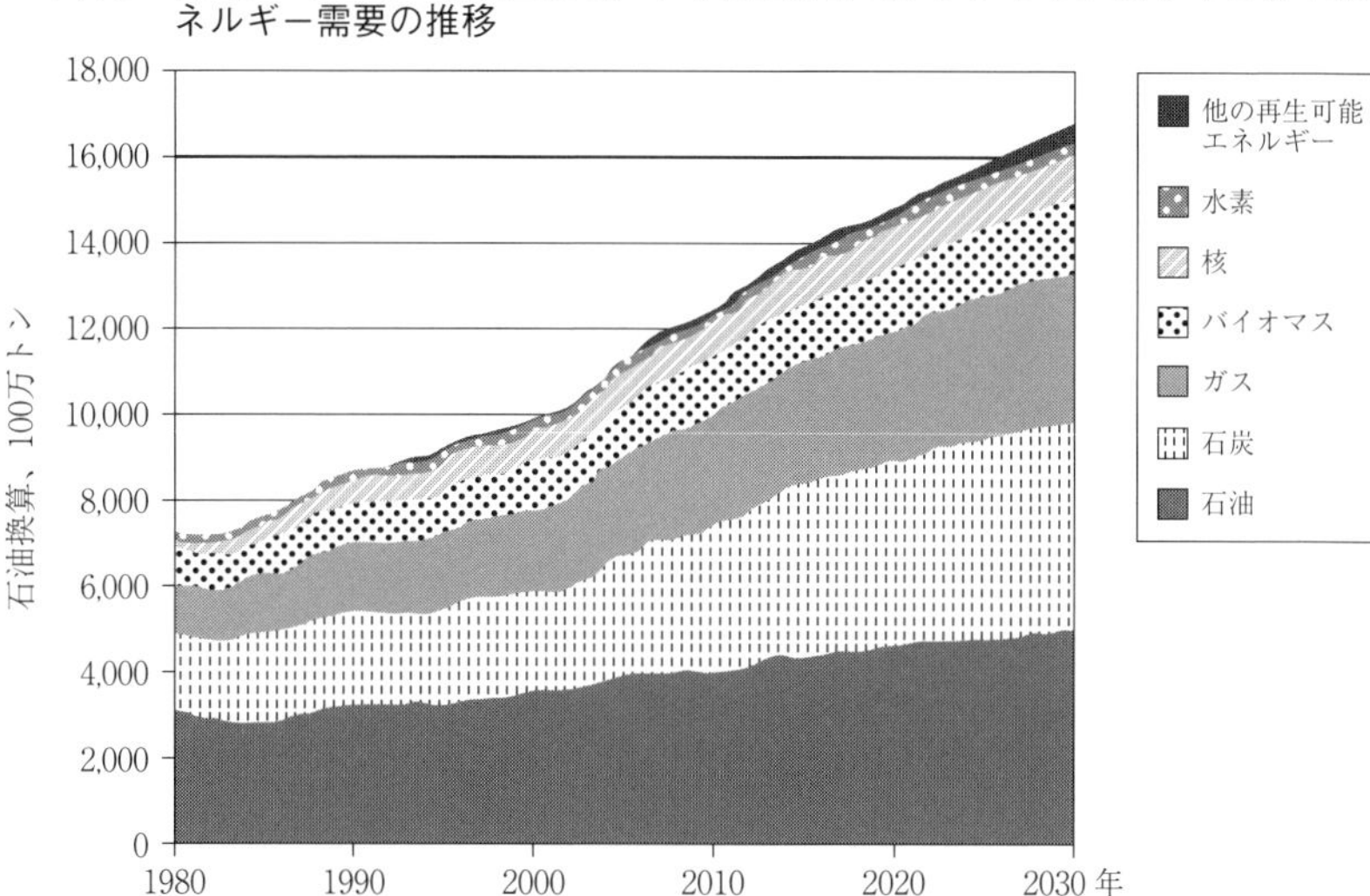

出典：経済協力開発機構／国際エネルギー機関 2008。

が将来も重要な役割を演じるが、どこの石油源によって需要増がカバーされるのかは未確定である。図19は、同じく「従来どおり」シナリオに基づく世界石油生産の推移を表したものである。これを見ると、現在採油中の原油はすでに生産の頂点を超えており、今後も減少が続いていく。新しい源泉の開発が急務であるとシナリオは説明する。増大する需要をカバーするには、２００７年から２０３０年の間に純産出容量は１日64メガバレル開発されなければならない。それは、サウジアラビアの原油産出容量の６倍に相当する。だから「従来どおり」シナリオでは、２０３０年までに必要な、石油・ガス経済にたいするエネルギー領域の投資は主として開発途上国と新興国の鉱床の開発ということになる。

そこから、世界市場で原油産出供給が不足する確率はとても高いとみなされる。現存の油井の産出費用が高騰すると、価格はさらに上昇し、エネルギー費用の支払い可能性の面でも重大な

図19　国際エネルギー機関「2008従来どおり」シナリオに基づく世界石油生産の推移

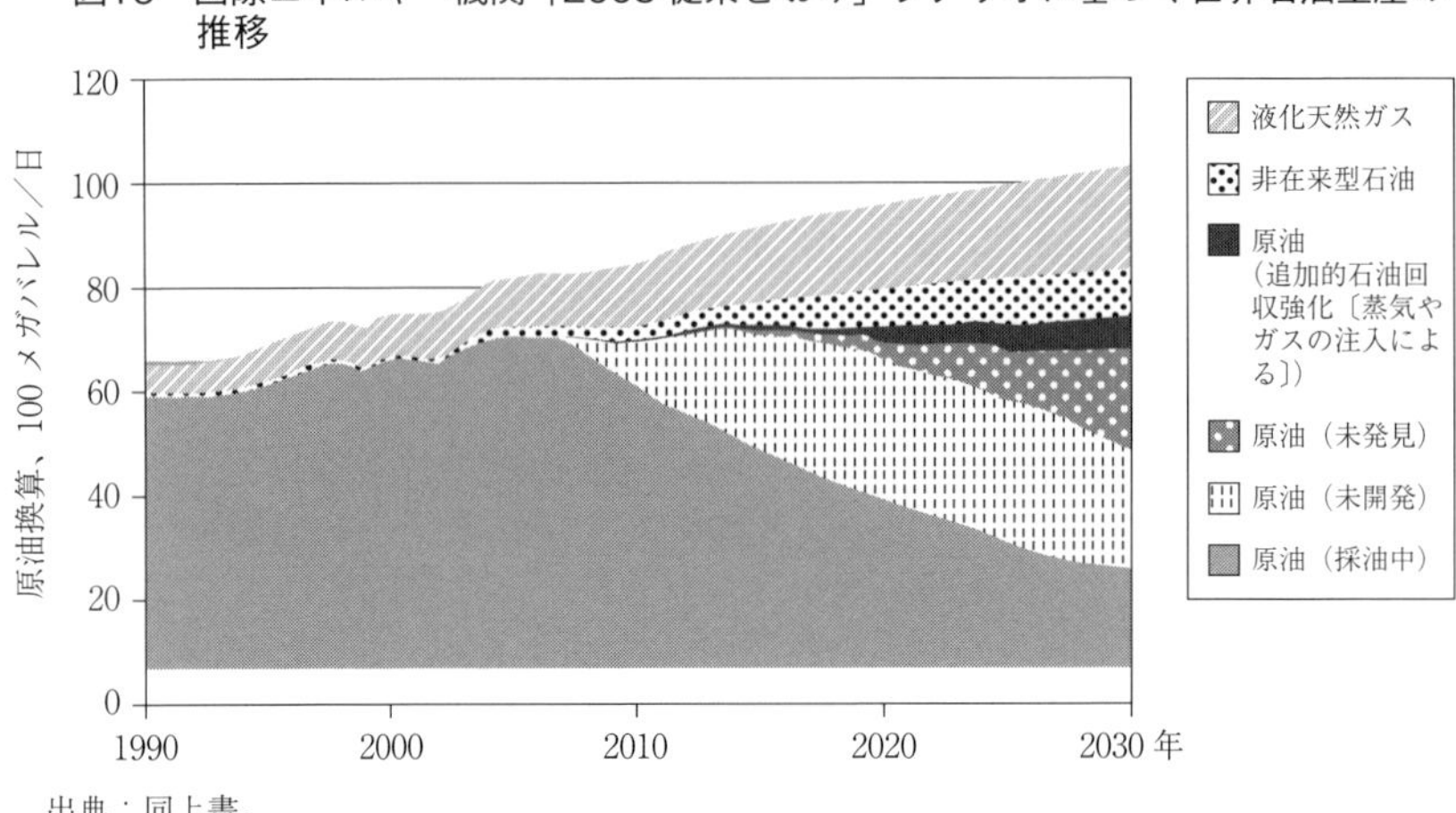

出典：同上書。

結果を招く。「従来どおり」シナリオでは、追加的石油・天然ガス供給の大部分が、少数の経済協力開発機構諸国からの充分な投資を前提に、これらの諸国から注文されると断言している。

さらにシナリオの説明は続く。現在の傾向が続けば、エネルギー起源の温室効果ガスの排出が不断に増大し、長期的には高い確率でグローバルな気温上昇が年平均6℃を超える。たしかに増加の97％は開発途上国で起こる。しかし、これらの国々の平均排出は将来も、工業先進国の排出よりはるかに少ない。2006年から2030年までの間に世界の都市化率は71％から76％に上昇し、最大の上昇はこれらの開発途上国で起きる。都市住民は将来も、農村地域の住民よりもたくさんのエネルギーを消費し、それによって一人当たりの排出の増加を引き起こす。

まとめると、国際エネルギー機関は、エネルギーの供給と消費における現在の傾向ではエコロジー的・経済的観点からも社会的観点からも未来を担えないと断言する。しかし、これはきわめて控えめな表現だ。的確に言えば、国際エネルギー機関はこう断言してもよいのだ。現傾向の条件下では、けっしてあってはならない破局的世界が生まれる、と。ブレーキのかからない極度な気候変動によって、不足する石油をめぐる資源紛争がますます増え、核の危険性がいっそう高まる世界である。こうした背景の下で、国際エネルギー機関は２００８年にはじめてエネルギー供給の根本的な変革を要求した。このとき同機関は「エネルギー革命」、つまり断固とした政治的行動によってしか目標を達成できないような革命の必要性についても語っている。

最近の気候保護シナリオ（経済協力開発機構／国際エネルギー機関 2010）は、こうした国際エネルギー機関内部の学習過程を示しており、経済協力開発機構諸国の支配的な視点から、２０３５年までの「エネルギー革命」の推移をまとめている。「４５０シナリオ」〔本書注61参照〕は、温室効果ガス（ここでは二酸化炭素排出等価CO_{2e}で表現する）の濃度が４５０ｐｐｍ以上にならないことを前提とする。これにより、世界的に承認された２℃目標（２℃は工業化以前の状態におけるグローバルな平均気温の最大上昇温度を指す）は（本質的に）超えないと想定される。驚くべきことに、かつては完全に供給志向だった国際エネルギー機関がこの間に、エネルギー効率化（48％）を温室効果ガス削減効果に数え、しかもその効果を核エネルギーにたいする控えめな希望（８％）とＣＣＳあり（二酸化炭素回収・貯留あり）にたいする相対的に大きな期待（19％）と結びつけているのだ（図20）。いずれにしてもこれによって「４５０シナリオ」は、先に引用したプリンストン大学の「くさび」構想〔ソコロフとパカラによる〕に近づいている。つまり、危険性の高い技術の受容を共有し、その技術すべてを社会的な転換戦略に埋め込めるだろうという完全に誤った考えを共有しているのである。

さて、ここから次項にかけては、持続可能な世界エネルギー・システムの展望をもつ未来へ小旅行を試みてみたい。これは最新のシナリオ哲学とシナリオ技術を表現するものである。注目すべきことに、この世界像はドイツのシナリオ比較〔本書２０７頁以降参照〕がもたらしたものと並行関係にある。「できるだけ理に適い、必要なだけたくさんエネ

図20　「従来どおり」（「現在の政策シナリオ」）と比較した「450 シナリオ」の排出

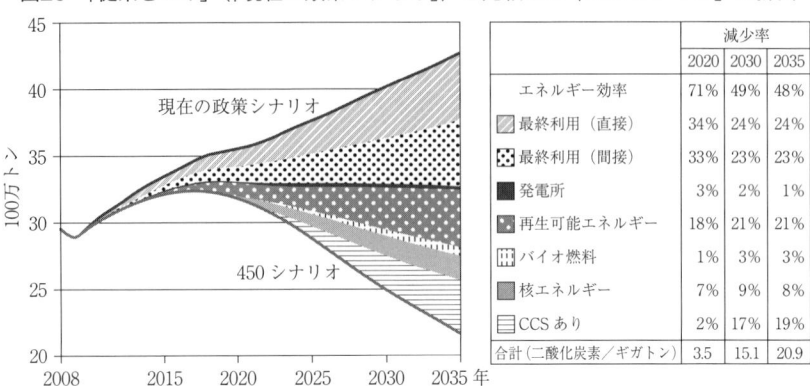

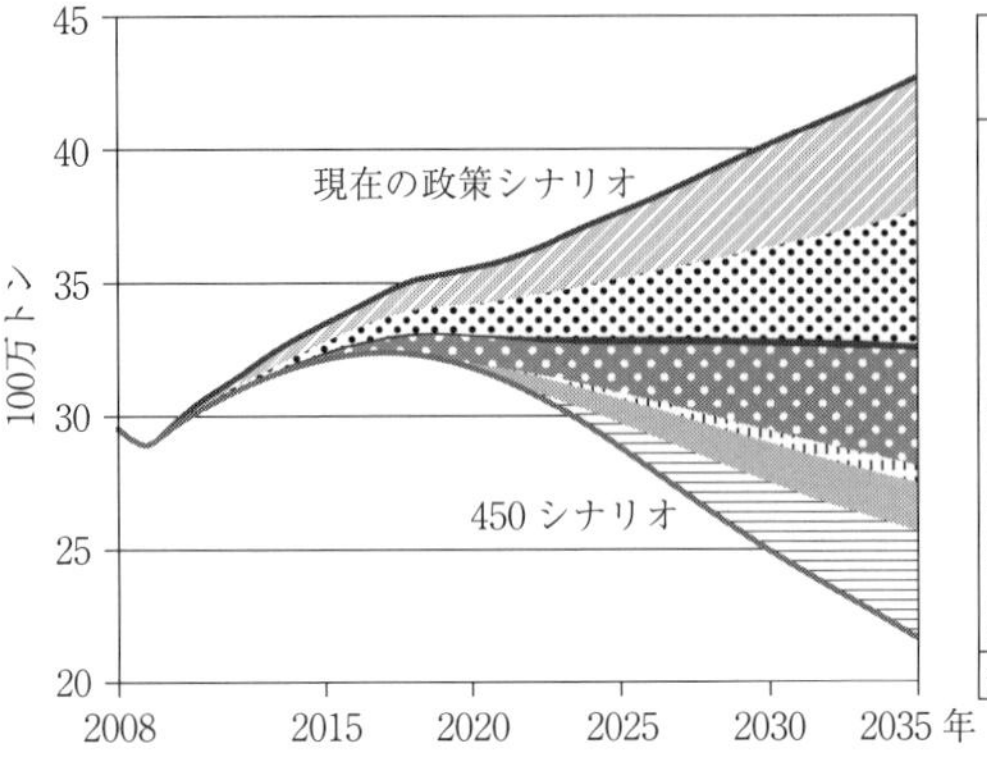

	減少率		
	2020	2030	2035
エネルギー効率	71%	49%	48%
最終利用（直接）	34%	24%	24%
最終利用（間接）	33%	23%	23%
発電所	3%	2%	1%
再生可能エネルギー	18%	21%	21%
バイオ燃料	1%	3%	3%
核エネルギー	7%	9%	8%
CCS あり	2%	17%	19%
合計（二酸化炭素／ギガトン）	3.5	15.1	20.9

出典：経済協力開発機構／国際エネルギー機関 2010 第２部 p.122。

ルギーを節約すれば、残余エネルギー需要はそれだけ早く再生可能エネルギーによって満たされる」という根本原則は、以下で取り上げるエコフィス・シナリオ（目標シナリオ）でも首尾一貫して応用されている。これによって改めて、国際的エネルギー転換にたいするドイツの先駆的役割と機関車的機能の可能性が主題化される。「エネルギー効率化＋再生可能エネルギー」と定式化されるパラダイム転換は、シナリオの世界から現実世界へと歩みを進めなければならないのである。

将来像（ビジョン）――１００％再生可能エネルギーの世界エネルギー・システム

これまで次のことを示してきた。エネルギー転換におけるドイツの国家的な「先駆者の役割」は、たとえ世界中がそれに従わないとしても、危険性の部分的な縮小と国民経済的な積極的効果の点で意味をもつだろう。だが情報化の時代、グローバル化した技術市場において、[54]エネルギー転換の先導的・技術的指導者としての経済大国・ドイツの意義に照らせば、「永続的な単独行」はとてもありそうにない。おそらくその反対が真実だ。つまり、エネルギー転換の先導的市場における競争だけが他の国々にたいして、よきドイツの先例にできるだけ早く追いつくよう促す。それが次には、気候・資源と調和する技術的・社会的革新へとつながり、望ましい世界の動きを形づくっていくだろう。というのも、ドイツと同じようなエネルギー転換は、すべての指導的な経済強国（たとえばＧ８）において可能であり、また、エコフィス・シナリオが明確にその推進力・世界的傾向（メガ・トレンド）を示しているように、世界規模でも現実的な展望をもっているからである。

　パラダイム転換の発想、化石・核エネルギーの世界像からの転換構想はいつから始まったのだろうか。厳密には誰にも言えないが、優に40年にわたる一連の偉大な出来事がそれに貢献した。経済史家はひょっとしたら将来ローマ・クラブのメドウズ報告（１９７２年）や、石油価格危機（１９７０年代）、チェルノブイリ（１９８６年）、リオデジャネイロの国連環境開発会議（１９９２年）、気候変動による異常現象（極氷と氷河の溶融、ハリケーン・カトリーナ、洪水、熱波）、そして福島を、エネルギー的理想像と公的意識にとっての決定的なエネルギー・資源政策の転換点と認めるだろう。これに加えてドイツでは、ドイツ議会専門家調査委員会がすでに１９８０年以来、最近の「《成長》専門家調査委員会」に至るまでたくさんの社会・経済・資源・エネルギー・気候関連の問題と取り組んできたし[55]、その結果としてきわめて多様な、科学者による政治的協議が幅広くなされてきた。環境庁や政府・州の環境省といった組織、非政府組織（環境連盟、教会、いくつかの労働組合）、それにオットー社、テレコム社、ジーメンス社、ボッシュ社等々のパイオニア的大企業も同様に、大きな役割を果たしてきた。そのかぎりでドイツの政界、経済界、啓蒙された公共社会はエネルギー転換にたいして相対的にうまく準備が整っていると言える。

　たしかにアメリカ、ロシア、日本、フランス、韓国、中国、インドのような国々では、このことはドイツのよう

(54)　ドイツ環境庁 2008を参照。
(55)　「未来の核エネルギー政策」（１９８１〜１９８３年）、「大気保護にたいする事前配慮・大気保護」（１９８７〜１９９５年）、「人間と環境の保護」（１９９４〜１９９８年）、「グローバル化とリベラル化の条件下における持続可能なエネルギー供給」（２０００〜２００２年）。

な仕方では前提できない。だが、たとえば日本にも何年も前から潜在力シナリオ研究がある。そこでは、日本は資源が制約された島国でありながら、2050年までに核の割合を劇的に低減させ、二酸化炭素の排出を少なくとも70％削減できるとされている（国立環境研究所／他 2008、レーマン／他 2003参照）。かりに福島の事故が世界の核電諸国にたいして、過去以上にはるかに精力的なペースで国家的代替シナリオ（ウラン、石炭、石油からの脱却）へと向かわせることにならないとしたら、言語道断と言えよう。この点でドイツの科学者による政治的協議は、すでに先例となっている。

国際的な調査・コンサルティング研究所のエコフィスは、2007年以来さまざまなパートナーの委託を受けて、またそれらと協働して世界エネルギー研究を進めてきた実績があり、そこには、たとえば中国、インド、アメリカ、ヨーロッパに関するかなり詳細な国別研究も含まれている。世界自然保護基金の委託による「エネルギー報告―グローバルな持続可能・再生可能エネルギー・システムは、2050年までに可能だ」（エコフィス／自然保護基金／他 2011）は最新のもので、いくつかの分野（産業、バイオマス）のなかではもっとも興味深い世界エネルギー研究の一つである。以下ではその要点を手短かにまとめてみよう。

エコフィス・シナリオ、つまりエコフィス／世界自然保護基金「世界シナリオ」に基づくグローバルな最終エネルギー需要の推移と構成（2000〜2050年）は、図21に示されている。とくに劇的な構造転換（原油、天然ガス、石炭、核エネルギーからの脱却と、きわめて多様な再生可能エネルギーへの移行）が目につく。さらにはっきりするのは、この分析では核エネルギーが世界規模で周辺的な技術的エピソードにすぎなくなり、石炭と天然ガスのわずかな残余（およそ5％）を除けば、2050年までにエネルギー・システムはほぼ完全に再生可能エネルギーに移行することである。図からは直接読み取れないが、この最終エネルギー動向は、現在の傾向下における成長シナリオ（国際エネルギー機関による補正された「準拠シナリオ」の場合、2050年の最終エネルギー需要は約520エクサジュールにまで増える〔1エクサジュール＝1000ペタジュール〕）に対抗して達成される。現傾向下で到達する最終エネ

図21　エコフィス／世界自然保護基金「世界シナリオ」に基づくグローバルな最終エネルギー需要の推移と構成

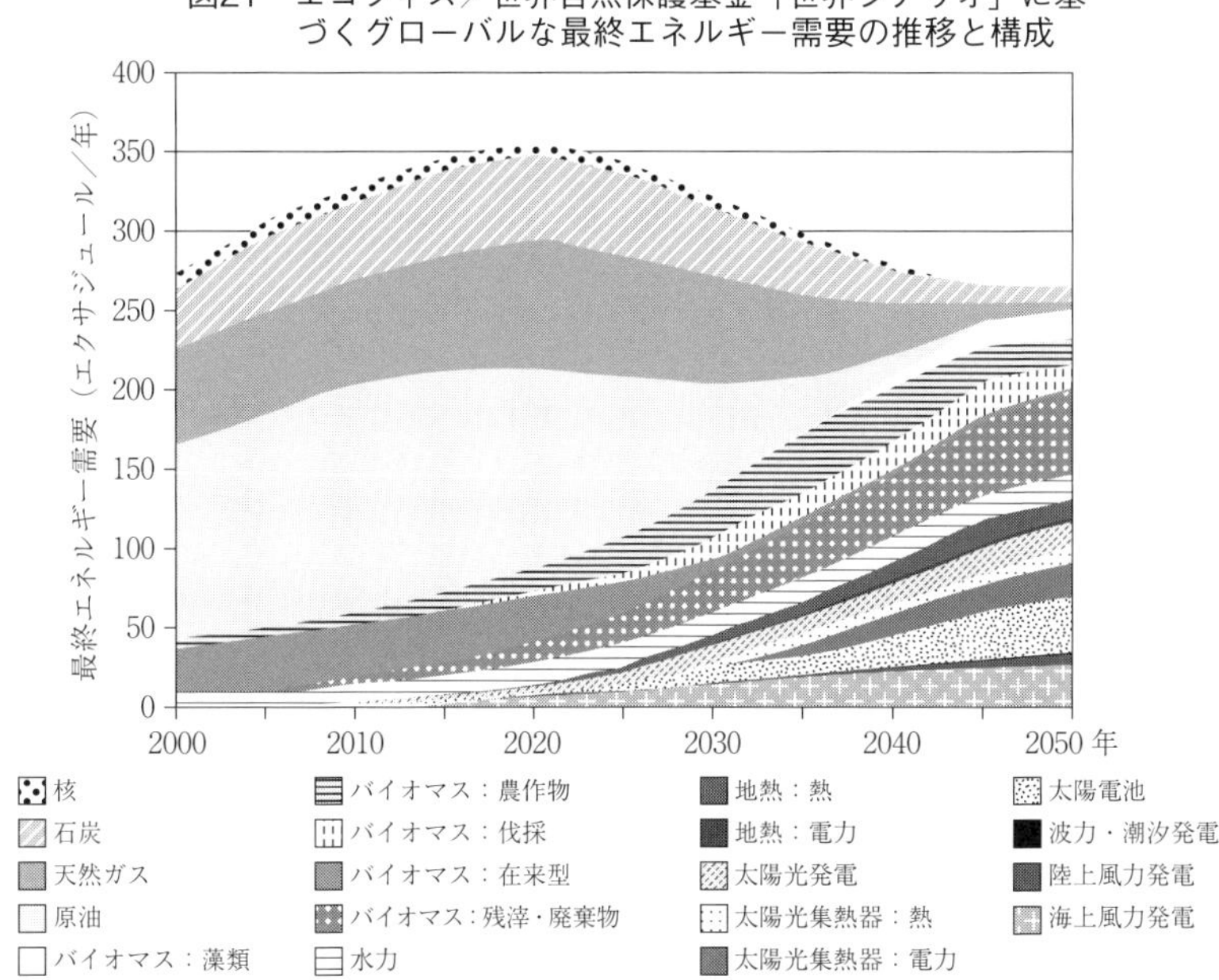

出典：エコフィス／世界自然保護基金／他 2011 p.92。

ルギー需要の破局的な大量さにたいして、このエコフィス・シナリオは劇的な効率化の向上を目標としている。エコフィスは、世界的なエネルギー需要の半減に向けた戦略を短い命題にまとめている。「積極的な最終エネルギー利用の節約と電化」（同上書）、と。

これが意味するのは、世界人口が、予測される２０５０年までおよそ90億に増えるにもかかわらず、一人当たり最終エネルギー消費を年30ギガジュール（２０００年時、年約45ギガジュール）に減らすことであり〔1ギガジュール＝100万分の1ペタジュール〕、疑いもなくきわめて野心的な目標である。しかし、その詳細な分析が示しているように、（バイオマスを別にして）再生可能エネルギーの潜在力は、２０５０年にはまだまだ汲み尽くされてはいない。他のシナリオは、たとえば海上風力発電、太陽光集熱器（電力）、地熱の潜在力を高く見ているが、これは現在時点で実現可能な利用度を想定している。そのかぎりでエコフィス・シナリオには自由度があり、未達成のエネルギー節約目標は将来に向けた再生可能エネルギーの推進力によって補える。したがって、エコフィス・シナリオの中心的な要点は、次のようにまとめることができるだろう。

・２０５０年のグローバルな最終エネルギー需要は、２００５年のそれより15％少なく、（たとえば『世界エネルギー概観２０１０』（経済協力開発機構／国際エネルギー機関 2010）のような）従来どおりの「準拠シナリオ」とは正反対である（「準拠シナリオ」は、エネルギー消費と二酸化炭素排出の顕著な継続的増大を前提している）。このような大幅な最終エネルギー需要の削減が技術的に可能であり（これはエコフィス・シナリオが立派に実証している）、実践的にも実行できることは、ドイツのシナリオと重ね合わせても充分立証できる。

・エネルギーの節約と効率化の目的は、２０５０年のおよそ90億の人口に、再生可能エネルギーによって１００％供給することが大前提である。すべての部門がエネルギーの節約に大きく貢献できるし、また貢献しなければならない。

1　これはエネルギー集約産業（たとえば鉄鋼、アルミニウム、セメント、製紙、化学）にも当てはまる。現在利用できる「最良の技術」の利用、廃棄物の削減、原材料の効率化の向上、２次原材料の利用、リサイクル、循環によって、産業用の世界エネルギー消費は２０５０年には、たとえば２０００年の水準に再び低減できる。

2　住居面積は２０５０年までにほぼ倍化するけれども、この節約と効率化戦略は建物における世界中のエネルギー消費にも当てはまる。その前提は、２０３０年からすべての住宅が「ほぼゼロ・エネルギー利用基準」（ドイツのパッシブ・ソーラー・ハウスのような）で建設され、年２・５％の近代化率が達成されることである。

3　交通における最終エネルギー需要は、旅客と貨物輸送の飛躍的な成長の下で、２０５０年までに約10％

（地域と交通の種類によってはその2分の1から5分の1）低下する。エネルギー節約の基礎は、エネルギー集約度の低い移動形態（鉄道、近隣旅客公共交通）と電気移動に積極的に転換することである。

・すでに図21から目につくように、エコフィス・シナリオではバイオマスが突出した役割を果たす。２０５０年までに再生可能エネルギー供給を95％まで保証するためには、バイオマスがとくに交通燃料の生産や、暖房、産業用の緑の原材料としても用意されていなければならない。たとえば、２００６年には21エクサジュールの1次エネルギーが、原油（生産）、天然ガス、石炭の形で石油化学の原材料として使われていた。シナリオではこの1次エネルギー需要が２０５０年までに66エクサジュールに増えるが、この増大分は持続可能なバイオマスによって賄われる。この場合「持続可能な」というところに力点がある。つまり、この多様なシナリオ分析の丸々1章では、２０５０年までにバイオマスが産業と交通にたいして持続可能な形で供給できるかどうか、必要な場合にはどのような方法で供給できるかが問題にされている。また、その実現のために、生物多様性、食料の安全保障、水の消費、「人間の発展」といった競合する要求に伴う過剰利用を、どのようにして避けるかが問題にされている。エコフィスの著者らは、多数の手段（バイオ廃棄物の利用と削減、ミクロ藻類の栽培[56]、経済協力開発機構諸国における一人当たり肉消費の２００５年比50％の削減など）によって持続可能なバイオマス利用の担保を願っている。

とくに興味深いのはエコフィス・シナリオの経済分析である。この種の長期的でグローバルな経済分析では基礎的データが極端に不確実で、したがって破格な予測が提供されるので、エコフィス・シナリオでは、年間投資費用

（56）「我々のエネルギー・シナリオ」〔エコフィス・シナリオ〕は、バイオマスの残滓・廃棄物、次世代原材料による石油需要ではなく、藻類石油を利用する。他方、保守的なシナリオ〔準拠シナリオ〕は、ミクロ藻類由来の藻類石油しか含んでいない。「後者は、海水で耕作できない土地の泉で生産される」（エコフィス／自然保護基金／他 2011 p.187）。

図22　エコフィス／世界自然保護基金「世界シナリオ」に基づくグローバルな費用／年

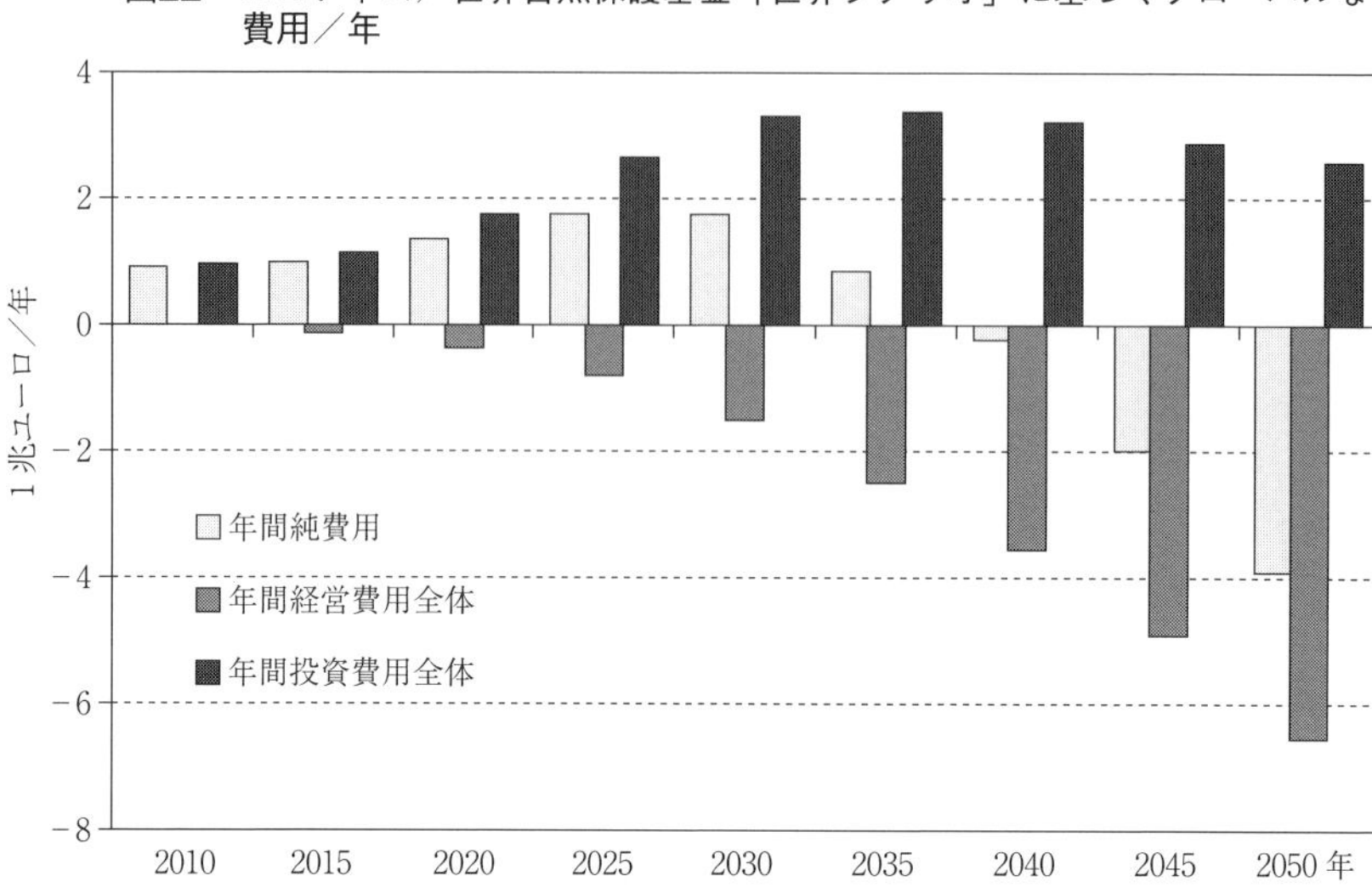

出典：エコフィス／自然保護基金／他 2011 p.196。

と年間経営費用（再生可能エネルギーの場合はわずかな燃料費の節約も考慮する）の比較という、相対的に堅実な形態を利用する。

図22は、年間投資費用と年間経営費用の金の流れ（マネー・フロー）、および年間純費用の推移を示している。

これが示しているように、グローバルな年間投資費用は2035年にはほぼ3・5兆ユーロに増える。だが同時に、2045年頃からは投資を明らかに上回る節約（年間経営費用の削減）も進む。グローバルな国内総生産の発展との比較も興味深い。「年間純費用は2025年には相対的な頂点に達するが、それはグローバルな国内総生産の2％以下にとどまる。節約は継続的に上昇し、2050年にはグローバルな国内総生産の3・5％に達する。これは2％の純節約になる」（エコフィス／自然保護基金／他 2011 p.197）。

このグローバルな費用・便益のダイナミズムは、原則としてドイツのシナリオと同様の推移形態を示している。もちろんエコフィスによる世界経済の考察では化石エネルギー源が再生可能エネルギーによって代替されるから、石油、天然ガス、石炭の燃料価格は相当低下し続けることも念頭に入れるべきであろう。しかし、ここで計算している費用は従来どおりの「準拠シナリオ」との比較が重要であると理解できるから、この「準拠シナリオ」の燃料価格に沿って計算するのは方法的に妥当だと思われる。また、ドイツの費用・便益見積もりでもそうだが、この考察では外部費用、つまり補助金による上乗せ分をまったく計算に入れていない。これも理解できるだろう。エコフィス・シナリオの著者たちが現在の市場関係の下での費用評価をどれほど「より確実な側面」で行っているかは、化石エネルギーだけにたいする、より明解に把握できるグローバルな補助金額と比較してみればよい（核エネルギーにたいするグローバルな補助金もおそらく似たような額だ）。国際エネルギー機関と経済協力開発機構の最近の調査（国際協力開発機構／他 2010）によれば、化石エネルギーにたいするグローバルな補助金だけで**年間**約７０００億ドルに上るが、これは、持続可能なエネルギー・システムへの転換に要する、現時点から２０２５年までの投資額のおよそ20～50％にも当たる（同上書p.216）。エコフィス・シナリオには現れないこの額が、実際には上乗せされることになる。だからエコフィス・シナリオの分析を要約すると、危険性の少ないエネルギー効率化と太陽光エネルギー経済に向かう世界戦略は、技術的にだけでなく、世界経済的にも実行可能ということになるだろう。

最後に、エネルギー問題がなぜ「巨大な転換」の文脈のなかで提起されなければならないのかを、そして持続可能なエネルギー転換がどのように国家と世界の相互作用のなかに位置づけられなければならないのかを詳論することが重要だ。

第10節 核抜きポスト化石燃料時代への「巨大な転換」

グローバル化した世界で国民的なエネルギー転換および核脱却をめざすとなると、その国家的な先駆者的役割の好機と結果にたいしては、きわめて単純化すれば二つの相反する不安が顔を出す。一方は、早く登場しすぎて競争に負けたらどうするのか、他方は、遅れて登場しすぎて苦労する羽目になったらどうするのか、と。私たちの出発点はこうだ。もしドイツで、経済と社会に調和したエネルギー転換を実行できることが実証されれば、少なくともヨーロッパにたいしてはドミノ効果をもつだろうし、競争力の確保という理由からだけでもそうなるだろう。これにエネルギー転換と結びついた社会・政治的なシグナル作用が加わるはずだ。この理由から、エネルギー転換に関する議論は一国的な狭い範囲ではなく、「社会的な転換」という、より広い脈絡のなかで立てられる必要がある。

ドイツの核エネルギー政策をめぐる激しい対立と、福島によって解き放たれた「政治的地震」が示しているように、未来のエネルギー・気候保護政策においてはたんなる「(間違った)核エネルギー政策」以上のものがはるかに重要だ。経済の部分的利害にたいする政治の優位は、社会発展の根本問題に関わる直接民主主義(「人民による支配」)の形態および行使についても争点化する。その場合、一面では政治・経済・社会の行為能力と制御能力、つまり「創生する国家」*(ドイツ政府・《グローバルな環境変動》科学諮問委員会 2011)の問題が提起される。最近の金融・経済危機で明白になったように、制御されない金融市場経済には未来の経済問題を解決する能力がないだけでなく、(気候変動、核政策、資源の欠乏への現在の対策がそうであるように)反対に問題をさらに悪化させるばかりだからだ。その意味で大変革にとっての根本的前提、つまり国家と制約的枠組(「ガードレール」)の役割が解明されなければならない。他方、「政党国家」と市民との距離が非常に離れてしまった結果、単純な（ポピュリズム的）解決を求める声が大きくなっている。これは民主主義をさらに弱体化させ、政治の優位を事実上不可能にする。以上が、エネルギー転換という複雑で長期的なプロジェクトにとっての困難な社会政策的前提である。

資本主義的な経済・金融危機がもたらしている永続的な不確実さ、ヨーロッパ民主主義が陥っている右派ポピュリズム的な浸食の潜行（「フランクフルト評論」紙、２０１１年4月19日）、これらを背景にすれば、科学に基づいた議論と息の長いコミュニケーション戦略が求められている。その戦略によって永続的な多数派を獲得できれば、核脱却と気候変動対策におけるドイツの先駆者的役割は、危険性を最小化し、経済的にも広範なドイツ市民に資することができる。

核脱却を「ドイツの特殊な道」と非難する人々によるお気に入りの論拠は、隣国〔たとえばチェコ〕の核の破局であり、ヨーロッパの競争相手〔たとえばフランス、チェコ〕による核電力の輸出増〔つまり、自国の核脱却と外国からの核電力輸入という矛盾〕であるが、二つの論拠は真の問題を見過ごしている。前者について言えば、停止された核炉はどれもすでに統計的に大事故の発生確率が低い。だから、ヨーロッパ全体の「残余の危険性」はむしろ核炉の数とその稼働年数にかかっている。後者について言えば、（高額の「陰の補助金」によって成り立つ）ダンピング価格の下での核電力の輸入は、ドイツ国内の技術革新のダイナミズムにブレーキをかけ、エネルギー政策上の信頼性そのものを損なうだろう。だから、「核電力の輸出」にたいする真の戦略はむしろ、世界貿易機関やヨーロッパ連合とともに法に則って（たとえば真の費用と見合う高額の関税によって）、輸入を阻止することにかかっているのだ。ただ、この戦略がとくに当てはまるのは、実は「ヨーロッパの競争相手」ではない。ドイツの電力コンツェルンが見かけ上国内の核脱却政策に従いながら、ヨーロッパ諸国のドイツ製核炉の輸入電力で、その裏をかく密かな望みを抱いている場合である。

＊　対立する両側面、つまり、政治的多元システムに優先順位をつける強い国家と、市民参加とを媒介する新しい国家概念。

ドイツ政府・《グローバルな環境変動》科学諮問委員会の見解は、化石経済システムが国際的に根本的な転換期にあるという認識から出発している。委員会はこう語る。「構造転換はこの委員会によって、持続可能な社会に向かう『巨大な転換』の始まりと理解されており、持続可能性という惑星の制約的枠組（ガードレール）の内側で行われなければならない。しかも福島の核の不幸は、核エネルギーのない、気候と調和する未来への道に早急に歩を進めなければならないことを明らかにした」（ドイツ政府・《グローバルな環境変動》科学諮問委員会 2011 p.1）。これによって同委員会は、「惑星の限界」（「惑星のガードレール」）（ロックシュトレーム／他 2009）という学問的な国際標語の下、シナリオに基づく「巨大な転換」（ストックホルム環境研究所／テルス〔地球〕研究所〔ボストン〕2009）構想によってすでに何年も前から行われてきた議論を取り上げている。グローバルな推進力やエネルギー・資源転換の社会・経済的な影響を評価し、また適切な転換戦略を評価するためには、この議論はとても重要だ。したがって以下では、この議論を簡潔に要約しておこう。

自然は限界を設定している(57)

持続可能ではない（豊かな）北の国々の成長と発展の形態は、今日すでに世界社会を基本的な自然の制約と衝突させ、とりわけ（貧しい）南の国々の重荷とさせている(58)。豊かな世界の生産－消費の様式が将来90億の人間を引き受けるとしたら、破局的な結果とともに自然の制約は踏み超えられてしまうだろう。一握りの豊かな国々の住民が享受している生活と経済の様式は普遍化不可能である。このような認識と、共通だが差異のある責任行動へのグローバルな強制が必要であることには、ほとんど疑う余地がない。しかしながら、これまでこの認識が、気候・資源保護政策のなかでグローバルな根本的方向転換に向かうことはなかった。

ロックシュトレームらは、自然の制約を自然科学的な方法論によって分析し、綱領とも言うべき表題の『惑星の限界―人類のために安全に作動する空間を探究する』（ロックシュトレーム／他 2009）にまとめた。そして、多くの不確実さと研究の欠陥を残しながらも、気候変動、海洋の酸性化、成層圏オゾンの縮小、窒素と燐光物質の生化学的循環、真水の利用、土地の変化、生物多様性といった七つの定量的な自然の制約を確認した。それによれば、人類は気候変動、種の多様性の喪失、グローバルな窒素循環においてすでに自然の制約を部分的には相当踏み超えており、直線的で突然の、不可逆的でひょっとしたら破局的な環境変動をもはや排除できなくなっている。エネルギー問題はこの問題領域と多くの仕方で結びついている。成長と発展の原動力の面で、あるいは排出源の面で、はたまた生物多様性に劇的な影響を及ぼす競合的な土地利用の面で。

このことは、経済の資源の側面に関する私たちの理解にとてつもない軌道修正をもたらす。たとえばエネルギー効率化・太陽光エネルギー経済への移行をめざす限定された「エネルギー転換」構想は、「資源転換」という拡張された理解のなかに埋め込まれなければならない。具体的には、（非再生可能な）エネルギーの投入だけでなく、（非再生可能な）資源の消費全体（エネルギー、原材料、水、土地）も、経済成長と生活の質の向上から絶対的に切り離されなければならない。したがって政策的課題としては、エネルギーと原材料を区別する孤立的な効率化戦略ではほとんど意味がなく、統合された戦略を構想しなければならないのであって、望ましくない副次効果や問題のすり替えを回避し、積極的な相乗効果の最大化をめざさなければならない。

ここで選択した「自然の制約との衝突」という隠喩は、グローバルな支配下にある生産・消費様式の望ましくない「出力（アウトプット）」や、「低減の限界」に目を向けさせてくれる。このような負荷のすべては、過大すぎる「入力（インプット）」とも関連しており、それは経済循環における過剰で絶えず増大する資源消費へと流れ込む。だから、資源の効率化によって、資源消費をどのようにして生活の質の向上や経済成長の発展と切り離せるか、場合によってはどの程度切り離

(57)　以下の考察は、クリストーフ／ヘニッケ 2010に基づく。

(58)　このような大雑把な単純化の場合には、巨大な新興国（たとえば中国、インド、ブラジル）の興隆によって新たな地政的状況が生まれ、南－南の協調が新たな紛争を生み出すことも忘れてはならない。

せるかといった問題が鍵を握ることになる。持続可能な発展という難題とは、より少ないキロワット時、金属トン、土地ヘクタール、水立方メートルによって、増加する世界の住民に持続可能な利益とよりよい生活の質をいかに提供できるかということである。この課題の克服にとって経済成長はエスカレーターのようなものだ。つまり早く進めば進むほど、逆行するのはいっそうむずかしくなる。別の言い方をすると、不可欠で絶対的な分離をめざすのなら、経済成長が大きければ大きいほど、資源生産性（エネルギー生産性）の成長率はそれだけいっそう高くなければならない。

これによって（古い）根本問題、「どの程度までの経済成長と人間による介入が自然と調和するのか」という問題が火急に、また広範な社会・政治的帰結を伴いながら再登場する。すでに１９７０年代に『成長の限界』（メドウズ／他 1972）が人口に膾炙していた。およそ40年後の現在、この議論が多くの追加的な要素を伴ってルネッサンスを体験している。メドウズらのこの先駆的著作が、資源消費にたいする価格・市場・技術的進歩の影響を過小評価していたのは疑いないにしても、今日ではほとんどの政治・経済の政策決定者が、制限された惑星の下で指数関数的な経済成長を永遠に続けるのは不可能だという認識を共有している。もちろんこの認識から充分な帰結が引き出されているわけではない。しかし、指数関数的な経済成長と自然の制約との非調和は、**遠い未来にはじめて**登場するのではなく、すでに現在、国家的レベルでも国際的レベルでも緊急かつ集中的に取り組まなければならない課題となっていることは「不都合な真実」なのだ。

近年、「緑の」成長・脱成長・ポスト成長をめぐる議論がダイナミックに展開されている。現在では、経済成長と自然の制約についての問題は経済的、エコロジー的、社会政策的な観点から同時的に、１９７０年代よりも根本的かつ専門的なレベルで討論されている。そこで問われているのは、「福祉は成長なしで可能か」（ジャクソン 2009、ミーゲル 2010）、「緑の成長は自然の制約から絶対的に切り離せるのか」（国連環境計画 2009）、「資源効率化戦略は数量効果とリバウンド効果によってどの程度否定されるのか」（つまり「効率化で充分か」）（ヨーロッパ・エネルギー効率化経済協議会 2010）、「工業先進国では、より多くの経済成長と生活の質の向上との肯定的な関連はまだ存在するのか」（レイヤール 2005）といった点だ。

先見的なエネルギー・資源政策は、この根本問題を避けて通れない。今後も闇雲に成長戦略を追求した場合、目標とされる野心的な効率化戦略はどの程度もちこたえることができるのか、という問いにも答えなければならない。もっとも、経済協力開発機構諸国の経済はとうの昔から戦後のような規模ではもう成長していない。

豊かさを考え直す

成長と豊かさにたいする新しい理解は、経済の危機と自然の危機を防止するには決定的に重要だ。だから持続可能性の構想は、より確かな基礎づけに基づいて、すべての社会集団との対話のなかで決定された目標に従い、これまで以上の転換を志向して組み立てられなければならない。このような理解と行動計画（私たちはこれを短く「持続可能性　２・０」と呼ぶ）こそが、社会的変革過程を促進し、その流れを批判的に主導することになるだろう。

社会的変革過程で重要なのは、技術的な構造転換だけではない。政治と経済の分野には、科学と市民社会が日々行っている、持続可能な経済の展望に関する根本的な論争的対話を引き受ける勇気が求められている。実際、持続可能な経済をめぐる次のような根本問題がすでに活発に議論されている。

・どのようにしたら経済システムを持続可能性という目標に向けられるのか（「経済秩序にはどのような変革が必要なのか」）。
・何が成長可能で、何が成長に値する部門なのか（「持続可能な経済ではどの部門が成長し、どの部門が縮小するのか」）。
・成長は広範な住民層にどのような生活の質をつくり出すのか（「量的な成長ではなく質的な『よい生活』へ

の志向は、どのようにしたら具体的に生み出せるのか」)。

・このような根本的問題には簡単な答はない。

従来の発展を注視するなら、一つのことは明白になる。技術的な効率化革命だけによって、つまり技術に基づいた資源効率化戦略の強化だけによって、必要な雇用を生み出し、かつ自然を節約するタイプの新しい「緑の」技術的・社会的進歩に成功した例はかつてどこにもないということである。したがって、成長する経済の下に位置づけられた技術的な資源効率化の向上の価値にたいしては現実的な評価を加えなければならない。厳しく言えば、技術に基づく効率化の向上なしに有効な気候・資源保護は考えられないのと同様に、そのような向上だけによってもやはり保護は考えられないのだ。

「自然生態系の欠乏が、価格メカニズムと市場メカニズムの働きによって長期志向的で目標志向的な原材料政策の管理を保証する」という展望も欺瞞的だ。これまでのエネルギー的・非エネルギー的原材料価格の推移を見ても、明らかに、世界経済に持続不可能な発展の道を放棄させるには充分でも急速でもなかったからである。原材料価格には、将来の欠乏傾向やその経済的含意を適切に反映することも、完全な「エコロジー的真理」を語ることもできない(気候の破局、種の多様性や雨林の喪失、それらによる何千人もの犠牲者の「費用」はいったいいくらになるのか(ヘニッケ/クリストーフ/ドルナー 2009))。

2009年、思いもかけないグローバルな金融・経済危機の激動とそれに伴う需要の後退によって、多くの原材料価格が爆発的に上昇した。それにもかかわらず、その後は下落した。「もし世界の景気が再活性化し、原材料価格が徐々に再上昇するなら、原材料価格の問題は改めてきわめて大きな課題として登場する」(マッキンゼー・グローバル研究所 2009)というのはたしかにありそうだ。しかし、重要なのは、価格変動や短期的な価格予想とは独立して、自然の制約の過剰な突破に歯止めをかける政策(気候・資源保護政策等)を、より強力に、長期的かつ予防的に整え、他の政策分野（とくに研究政策・経済政策）との統合によって一貫して推進することである。

自然の危機と経済の危機をともに克服する

この認識の帰結は、自然の危機と経済の危機の相互作用、部分的には共通する両者の原因をよりよく理解し、かつ統合的にこれと闘う方法を探究しなければならないということである（ロックシュトレーム／他 2009）。世界規模の金融資本と生産資本の過度の分離は、金融危機を伴ったと同時に、多くの自然消費によって「短期的な価値増殖強要」と「環境費用の外部化」には有利に働いた。もし経営陣と企業が短期的で高額の利回り期待や4半期の決算に駆り立てられているとしたら、彼らは人間を保護し自然を保護するための費用をできるだけ広く世界社会に転嫁する特殊な傾向をもっている。他方、技術領域とエコ領域との複雑な相互作用、およびグローバルなエコロジー的危機と世界経済の危機とを結びつける原材料の流れに関わる相互作用については、現在のところ適切に認識されていない。このことは、世界経済の危機を防止する「景気プログラム」の範囲、構造、課題をめぐる論争において世界中で明白になった。しかし、たしかにこの論争では、景気・経済的危機と100年に1度のエコロジー的危機の結びつきがはじめて世界中の主題になったとしても、「景気プログラム」を優先したためにこの主題は不充分にしか反映されなかった。両危機の差異は次の点にある。エコロジー的危機の場合、自然生態系の取り返しのつかない消費はすべての後続世代に関わる未来からの借金であり、その返却は不可能である。これにたいして、景気・経済的危機の場合、信用貸しの「景気プログラム」は将来の潜在的な租税収入（これは賢明なプログラム・デザインの下では「誘発される投資」、その「国民経済的な乗数効果」、そこから生まれる国家収入によって再融資できるとされている）からの借金である。この点で「景気プログラム」は、積極的にエコロジー的近代化を推進したり、エコロジー的危機にあっては迅速に解決に接近する手立てとして利用することもできたはずである。

このような見方を示す理由は、何よりも残された時間がないからだ。問題なのはもはや、「景気プログラム」が緑の技術への投資をなぜ長期的に促進すべきなのかだけでなく、その投資をエコロジー的近代化の促進過程においてどの範囲で重点的に行われなければならないのかにもある。

絶対的でグローバルな自然の欠乏によって21世紀の経済と社会は、史上はじめて、何十年にもわたり基本的な技術革新全般が持続可能な方向をとるよう余儀なくされている。つまり、技術革新は全体として自然節約的でなければならず、社会的凝集力という理由でできるだけ雇用も生み出さなければならず、また生活の質と自然の消費の分離にも寄与しなければならない。そうでなければ、人口増大と経済成長の矛盾を、そして破滅的な自然消費と困難な社会的凝集力の矛盾を解決することはおそらくできないだろう。

世界規模の「景気プログラム」の計画、範囲、構造、課題（「リカバリー・パッケージ」）に関しては二つの主要な潮流がある。ほとんどの政府は、気候・資源保護問題の先鋭化にもかかわらず、旧来の経済危機防止策を今も延々と実践している。これにたいして、他の政府は、長期的な視野に基づく「グリーン・ニューディール」（国連環境計画 2009、ミュラー／ニーベルト 2009、ヨーロッパ緑基金 2009）を要求しはじめている。「グリーン・ニューディール」は世界経済危機と気候・資源保護との統合された短期・長期の構想を結びつける。その重要な考え方は、気候・資源保護をエコロジー的な絶対的命令とした上で、それと結びついた技術革新と投資が、経済的な世界的傾向（グリーン・テクノロジー）や「緑の」成長、あるいは豊かさのモデル等を誘発できるとしている点にある。要点をまとめると、「エコロジーによって危機を脱する」（ミュラー／ヘニッケ 1994）となる。

生命を支える自然的基盤を世界的規模で維持していくには、もはや「北における生活の保障（将来世代にとっても）」と「南における貧困との闘い」というグローバルな問題を切り離して考えることはできない。環境相のレットゲンはこのことを次のようにまとめた。「現時点での実際の危機の克服に何十億ユーロも支出しながら、長期的な政策に一銭も払わない人間は、将来世代の生きる機会にたいする罪人だ」（「フランクフルト一般新聞」２００９年12月２日）。だが「景気プログラム」はこれまで、経済危機との戦いを、エコロジー的近代化への勇気ある路線転換

図23　エコロジー的近代化の好機は知られているが、ほとんど利用されていない：世界「景気プログラム」(2008／2009) に占める「緑の割合」

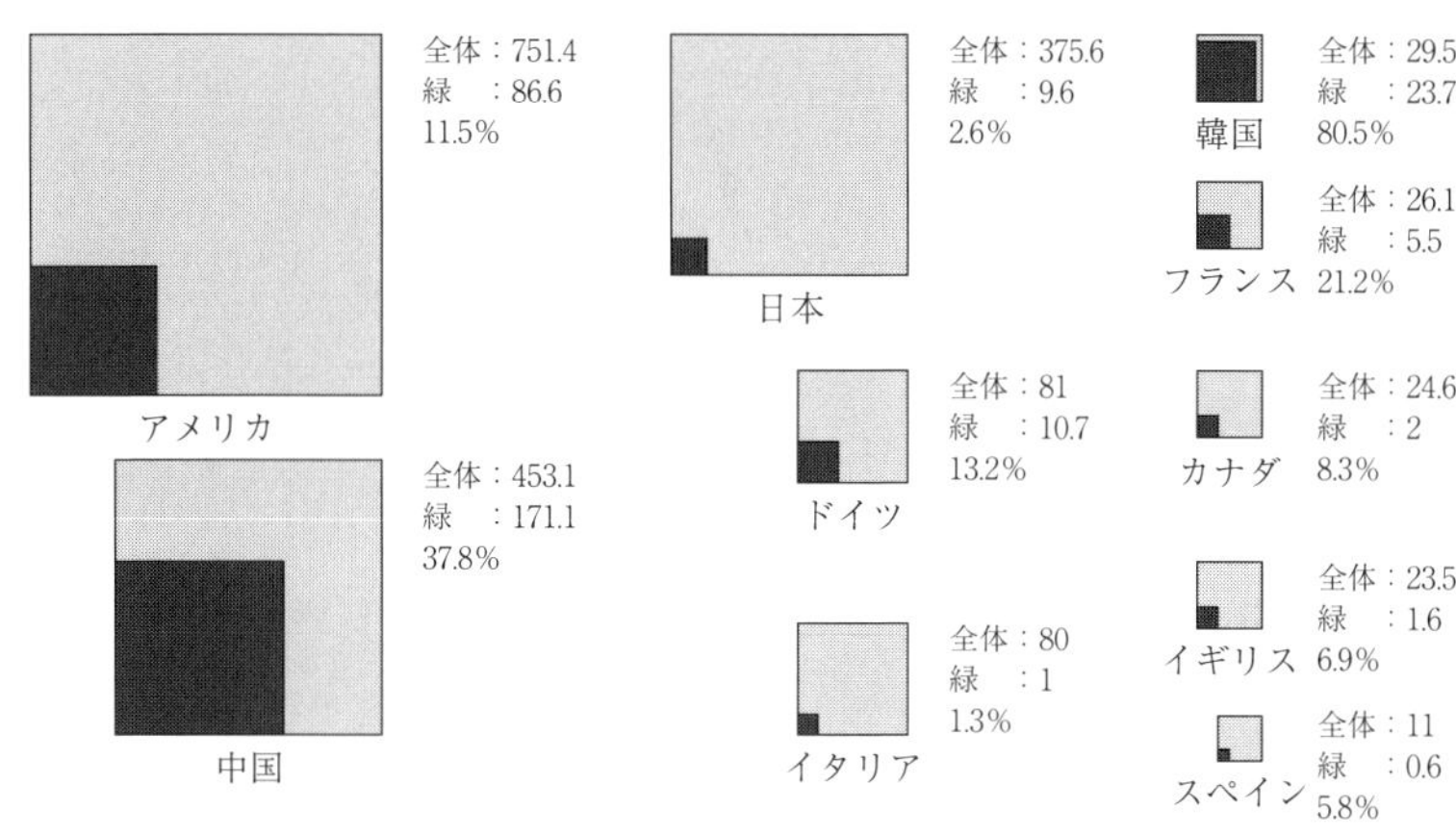

注：単位は10億ユーロ。
出典：イギリスHSBC銀行 2009、シュペルマン／他 2009。

と中途半端にしか結びつけてこなかった（図23参照）。

それでも、「景気プログラム」の広大な範囲と目標設定を見ると、一面ではエコロジー的近代化が認識としてではなく、まさに現実によって強制されたものだから、「創生する国家」（ドイツ政府・《グローバルな環境変動》科学諮問委員会）が改めて日の目を見たということが明らかになる。規制のない（金融）市場は経済と政治を、国家なしでは（つまり納税者による長期的な集団的責任がなければ）システムが崩壊するほどの崖っぷちにまで追いやったが、それがエネルギー転換にとっては好機の増大につながる。「創生する国家」が将来再び有効なエコロジー的産業国家として信頼を得て、規制のないエネルギー市場の誤った管理の方は従来にも増してはるかに厳しく信用を失うからである。

しかし他面では、「景気プログラム」の範囲と目標設定はたしかに広大かつ急速になされたものではあるが、依然として控えめなエコロジー的質によってしか「創生する国家」がそこに介入しなかったことも示している。とりわけまさにドイツにおいては、政治の欠陥が歴史的に増大していることは明白だ。つまり、環境・気候保護政策と経済・財政政策との旧態依然とした分業がいまだに克服されていない。エネルギーの転換政策を相も変わらず時代遅れの孤立した〔縦割りの〕管轄政治によって行い、エコロジー的変革、長期的な競争力の強化、技術革新力の増大、部分的な脱グローバル化（輸入依存の低減、地域圏循環の強化）のためのプロジェクトとしては位置づけてこなかった。ここが最大の問題である。このかぎりで、ドイツ政府・《グローバルな環境変動》科学諮問委員会が提案している「巨大な転換のための社会契約」も、「希望の原理」から見るとはるかに後れをとり、まだ公式の政治舞台には登場していない。しかしながら、ドイツ政府・《グローバルな環境変動》科学諮問委員会のような著名な委員会がこれらの問題を総じて主題化していることは新しい出来事であり、よき未来を展望するものである。

第11節 転換を軌道に乗せる

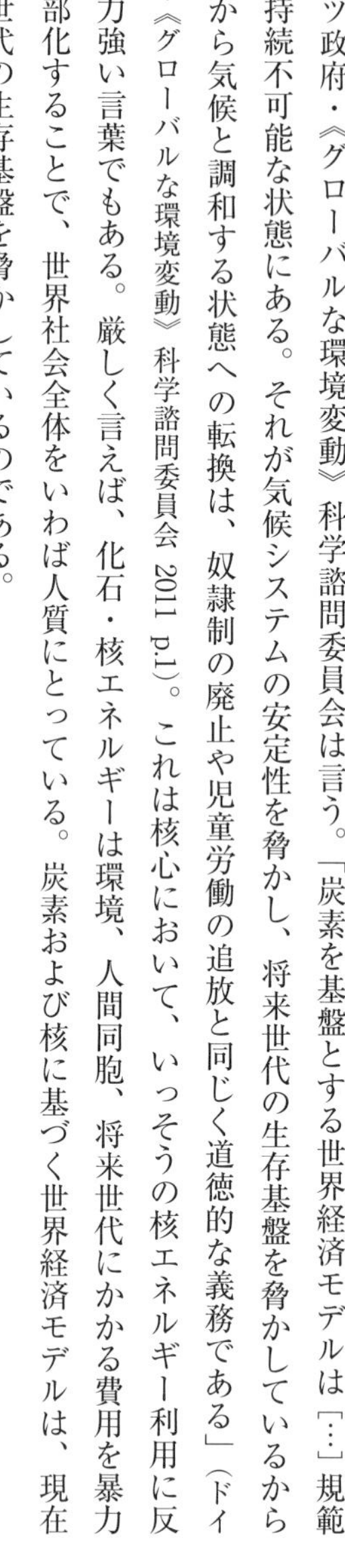

ドイツ政府・《グローバルな環境変動》科学諮問委員会は言う。「炭素を基盤とする世界経済モデルは〔…〕規範的にも持続不可能な状態にある。それが気候システムの安定性を脅かし、将来世代の生存基盤を脅かしているからだ。だから気候と調和する状態への転換は、奴隷制の廃止や児童労働の追放と同じく道徳的な義務である」（ドイツ政府・《グローバルな環境変動》科学諮問委員会 2011 p.1）。これは核心において、いっそうの核エネルギー利用に反対する力強い言葉でもある。厳しく言えば、化石・核エネルギーは環境、人間同胞、将来世代にかかる費用を暴力的に外部化することで、世界社会全体をいわば人質にとっている。炭素および核に基づく世界経済モデルは、現在と将来世代の生存基盤を脅かしているのである。

ここでは「残された時間」が突出した意味をもっており、変革という点では技術的改革や技術官僚的改革を凌駕する。同委員会はさらに言う。「社会は新たな『取り組みの基盤』の上に打ち立てられなければならない。重要なことは、気候と調和する持続可能な世界経済秩序のための新しい世界的社会契約だ」（同上書 p.2）。エネルギー政策と気候保護政策を世界経済政策の核心的領域に据えること、この思想は、国家的水準においてはエネルギー、資源、気候、経済政策の統合という先に述べた要請と照応している。

成長と豊かさに関するこの新しい理解は、経済危機と自然の危機の防止にとって決定的だ。持続可能な代替案を打ち出す「よい」政治の唯一の成功指標は、「明白な資源転換」と「国内総生産〔という神話〕からの離脱」以外にはないということだ。この転換と離脱を積極的に表現すれば次のようになるだろう。「経済が首尾一貫して『緑の』成長領域に乗り換えれば乗り換えるほど、また、公正な新しい豊かさのモデルをめぐる対話が信頼に基づいてなされればなされるほど、経済と社会はそれだけいっそう危険性の発生を減らすと同時に、未来の成功を可能とする」。気候・自然保護政策の成功は、持続可能な世界経済秩序を前提にして、どの国家的エネルギー転換もそこに向かって歩むことを意味する。そのかぎりで、通貨と数値に関連する要点についても、ここで提起した分析との興味深い並行関係が明らかになる。ドイツ政府・《グローバルな環境変動》科学諮問委員会は、気候と調和する社会への転換に必要な世界規模の追加的投資需要を、２０３０年までに「年２０００億ドルから約１兆ドル(59)」と見積もっている。「〔…〕投資需要の増大には時間的なずれはあるが、いずれにしても投資と同じ量の節約、そして危険な気候変動にたいする莫大な費用の回避がこれに対応していなければならない。この課題は革新的な取り組みのモデルと融資計画によって首尾よく解ける」（同上書 p.4）。

さらに興味深いのは、目標年に当たる２０５０年までの世界エネルギーの推移に関し、同委員会がこれまでの道

(59)　ドイツ政府・《グローバルな環境変動》科学諮問委員会は、投資需要がなぜ「２０３０～２０５０年に明白に増加する」のか、理由は挙げていない。

から間接的に降りていることだ[60]。つまり、2003年に修正された「気候変動に関する政府間パネル」シナリオに基づく「典型的なドイツ政府・《グローバルな環境変動》科学諮問委員会の道」[61]では、2050年までに世界の1次エネルギー消費が3倍化する目標から出発していた（2000年のおよそ400エクサジュールから2050年のほぼ1200エクサジュールへ）[62]。ところが、2011年にはこう述べるに至った。「委員会の視点から転換シナリオを一瞥すれば、2050年までのグローバルな最終エネルギー消費が400〜500エクサジュール以上に増大しないことは明らかだ。つまり実質的な価値は年およそ350エクサジュールとなる。だが政治的な方針転換がなければ、最終エネルギー消費は2倍以上になるかもしれない。したがって工業先進国でも急速な経済成長を続けている新興国でも、この消費の削減が決定的な課題である」（同上書 p.8）。すでに示したように、この「削減」には世界共同体にとっての難題がある。しかしエコフィス・シナリオが実証したように、この課題は原理的には世界規模で解決できる。そしてドイツのシナリオ比較が証明したように、これにはドイツが一番準備が整っており、その先駆者の役割を引き受けることができる。

私たちの最初の問いはこうだった。核エネルギーからの脱却は、負担可能な費用とグローバルな気候保護への適切な寄与で実現できるだろうか。ドイツにとっての答は明白だ、「できる」。ヨーロッパと世界を射程に入れたドイツのシナリオは、気候と調和するグローバルなエネルギー転換を、核エネルギーなしに、確実に国民経済的利益に結びつけることが可能なのだ。

グローバルなエネルギー転換の成功は、持続可能な世界社会に向かう巨大な転換の土台であり加速者である。これは闘うに値する展望ではないか。ドイツのエネルギー転換の成功は、ヨーロッパと世界の将来像に重大なシグナルをもたらすことになるだろう。

(60)　ドイツ政府・《グローバルな環境変動》科学諮問委員会 2003を参照。

(61)　「Ａ１Ｔ４５０シナリオ」のこと。Ａは高い経済成長、１は北と南の協調的な収斂モデル、Ｔはダイナミックな技術的発展、４５０は二酸化炭素濃度の安定化水準を意味する。

(62)　１次消費と最終消費の区別は、転換部門の損失（ロス）と再生可能エネルギーの評価方法によって決まる。

第8章 エネルギー転換のグローバルな乗数

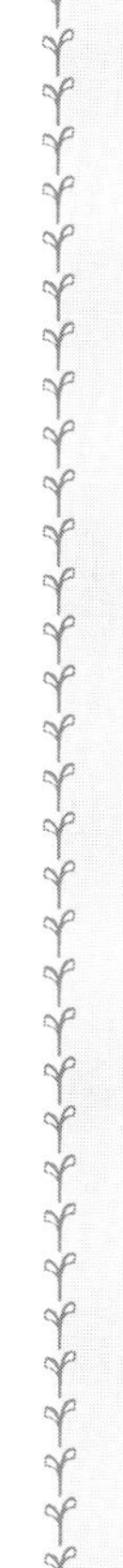

グローバルな水準から見ると、核発電は、その危険性や適切な安全費用の漸減の下にありながら、少なくとも向こう何年間かはまさに新興国にとってはまだ魅力的であり続ける。また、核電の指導的な輸出業者（アメリカ、ロシア、フランス、中国）は儲かる輸出市場の眺めに今も心引かれている。だとすれば、核エネルギーからの脱却を伴う世界規模のエネルギー転換は、自明であるとは見えないだろう。したがって、２０４０年から２０５０年までのグローバルなエネルギー転換にとっては、いくつかの工業先進国が脱却と転換で模範となる計画を示すことが大切であり、重要な国際的行為主体や機関も巻き込まなければならない。

・非政府組織のなかでは、グローバルなネットワーク組織として影響力のある世界自然保護基金が重要な役割を果たすだろう。

・太陽光発電関連の上部組織である国際再生可能エネルギー機関は、太陽電池を発展させて長期的な影響力を保持するだろう。

・同様に世界再生可能エネルギー評議会（World Council on Renewables）も、公的な議論で大きな影響力をもつ再生可能エネルギー領域の行為主体となる。

・国際組織では国連・気候変動会議が大きな影響力をもっている。また「気候変動に関する政府間パネル」は２０１４年の報告で、グローバルなエネルギー転換の主題に包括的に取り組んでいる。その作業部会Ⅲの予備報告は、２０１１年5月、国際的に耳目を引いた。

・核心的な分析を行う研究諸機関の国際的ネットワークは、エネルギー転換に関する知的議論、啓蒙を世界中で促進することができる。当然インターネットやメディアを通じても。

・ヨーロッパ連合の27構成員諸国〔２０１３年のクロアチア加盟で、現在28ヶ国〕の大多数は、地域圏のエネルギー転換やグローバルなエネルギー転換を促す政治に参加する用意がある。

・影響力をもつ国際政治組織としては、パリに本部を置く経済協力開発機構（34の構成員諸国〔２０１６年のラトビア加盟で、現在35ヶ国〕）がある。この組織はグローバルなエネルギー転換の調整委員会となる可能性がある。その構成国の一つである日本は、今度の地震や津波で改めて、核電力政策と一線を画す圧力にさらされている。もちろん日本にとっても脱却費用は多額であるから、これまで政府の側は何年にもわたって再生可能エネルギーの拡張をなおざりにしてきた。だから日本には大きなイニシアティブは期待できないが、アメリカには中期的に、グローバルなエネルギー転換で積極的な役割を果たす具体的な用意があるかもしれない。この点でまず指摘しなければならないのは、２００８～２００９年の環大西洋銀行危機後の景気後退を克服するいわゆるオバマ景気プログラムが、まさに再生可能エネルギーの拡張のための重要な手段を準備したことだ。しかも、個々の州単位でその努力が進められた。とくにカリフォルニア州は、太陽光・風力発電と情報通信技術の領域で技術的指導力をもつ州として、重要な鍵を握っている。同州内の大学と研究施設では、アジア各国からやって来た何千人もの学生や専門家が知的七つ道具を携えている。たとえ最初の提案が異様に聞こえたとしても、ドイツとカリフォルニア州のエネルギー転換パートナーシップ（技術革新と投資の共通プロジェクトを基盤とする）は、持続可能なエネルギー転換をめざす国際的同盟の組織へ向けて、有益な基盤をつくり出すだろう。

・開発政策の協働においては、ドイツは他のヨーロッパ連合諸国とともに、開発途上国や新興国を再生可能エネルギーの領域で援助する新たな努力に取りかかるべきである。公的信用制度に基づくドイツ復興金融公庫の積極的な利用と、世界銀行を含む国際ネットワーク組織の動員、これらはドイツ政府の新たな優先目標とならなければならない。

どのようにすればドイツのエネルギー転換が隘路に陥らず、グローバルなエネルギー転換へ向けて長期的な歩みを続けていけるのか、これについては実にたくさんの可能性が開かれている。もちろんエネルギー転換の先進国はその利点を経済的にも政治的にもグローバルな同盟のために利用できる。最初に核電から脱却し、再生可能エネルギー時代への一歩を踏み出す国となるのだから。

国家的、国際的エネルギー転換が可能であり理に適ったものであること、そしてその実現には賢明な準備と積極的な国際的協調が必要なこと、これには何の疑問もないだろう。その点ではG7、G8、G20も結節点を提供できる。そうなれば、核電力の拡張という歴史的誤りも極度の損害なしに長期にわたって修正できるだろう。何十年もしないうちに新たな福島が生まれ、世界のあらゆる地域の住民が窮乏と貧困、核電からの強制追放に苛まれることもなくなるだろう。さらには、事故国の国家財政の混乱が新たな国際金融危機を引き起こすことも回避できるだろう。グローバルなエネルギー転換は、賢明な省察、新しい枠組条件への大幅な投資、辛抱強い技術革新政策、そして国際的協働によって実現できる。しかもそれは、未来のすべての世代（彼らはそれぞれの時代に応じて生産・消費の課題を解決しなければならないが、もはや核電というグローバルかつ高度な危険性の下で生きざるをえないという圧力からは解放されている）にたいする持続可能性という名の配当を伴って。

まとめ

福島の出来事は日本の経済と社会を震撼させ、世界中の人々を考え込ませ、ドイツの核経済界から言葉を失わせた。不幸な状況の連鎖から生じる重大な核事故が、世界の工業先進国や新興国で今後も発生する可能性がある。このことは誰にとっても明々白々だ。日本のような地震と津波を体験した高度な工業国家の核炉が今も爆発の可能性を残し、何百万トンもの汚染水を何週間にもわたって垂れ流している〔当時〕とすれば、核電の危険性が、政界と核電力経済界が何年にもわたって私たちに信じ込ませようと望んでいるよりもはるかに甚大であることは明らかだ。この状態からどうやったら抜け出せるのか。それは単純なことでも即座にできることでもない。工業先進国の私たちはすでにあまりにも核電力に依存しすぎており、核電力がもっとも安価なエネルギーの生産形態だと信じ込まされているからだ。あまりにもたくさんの強力な利害が核電力を継続させている。

現代の経済理論の主要命題は次のように語っている。市場経済における経済分析は合理的な計算に基づき、経済生活の全面にわたって費用・効用・危険性の明確な評価と比較考量を行い、業績競争に参加する各人に公平に収入を割り当てるものである、と。ところが、誰もがすぐに何度も思い浮かべられるように、現実はこの命題を二重に素通りした。まず、アメリカと西ヨーロッパでは、いくつかの巨大銀行と投資基金が環大西洋銀行危機を前哨戦として、不動産融資による信用パッケージで巨大な国際的取り組みを進め、何年かは高い経済成長に寄与したものの、2008~2009年には1930年代以来の世界経済危機と呼ばれるもっとも厳しい銀行危機に陥った。アメリカ政府が政治的に望んだニューヨーク・リーマンブラザース銀行の破産、そして西の銀行システムの炉心溶融という脅威を伴って。「利得の私有化」と「損失の社会化」が銀行危機を解決するやり方となったが、これこそ市場経済における根本命題のカリカチュアだ。次に、日本では福島の核電事故によって、市場経済が孕む克服しがたい別の巨大な危険性が目に見えるようになった。膨大な損害につながる核電における激烈な核事故の危険性である。

　銀行危機の費用が世界中でおよそ2兆ユーロと見積もられたのにたいして、不幸な経過を辿った福島の事故の費用はもっと巨額の損害を意味するかもしれない。だが、これまで世界のどの核電にも、「スーパー・ガウの場合、最大損害6兆ユーロ」と書かれた値札はかけられたことがない。見積もられたこの額はドイツの国内総生産の2倍以上なのだ。自動車運転手は極端な場合、何百万ユーロもの事故賠償を招く可能性があるから、国家の側はどの自動車の所有者にも賠償義務保険を課している。笑うべきことに、ドイツでは核炉1基当たり25億ユーロだけの賠償義務とされているが、なんとこれは巨大損傷事故の１００分の１にも満たず、考えられうるスーパー・ガウの１０００分の１よりも少ない。核産業経営はこんな程度の賠償義務の条件しか考えつけないのだ。国家的核コンツェルンの風下で誕生した核炉は、現在と将来の世代を犠牲にして寄生生活を送っている。世界最大の核電力コンツェルンに数えられるドイツの核電事業者たちが、スーパー・ガウによる損害額の１０００分の１以下の賠償しか期待できないような資産を自由に使ったり、信用を得たりすることはけっしてあってはならない。世界中において危険性を不断に醸成しているこの仕組が経済・政治的に理に適っていると言われても、誰が信じるだろうか。それに比べれば、たとえばイギリス石油公社がアメリカ（メキシコ湾）の「ディープ・ウォーター・ホライズン」の爆発で支払った賠償額は、巨大事故損害にたいする補償としては受け入れられるものだ〔本書１０３頁参照〕。

　現代の複雑な産業社会では、政治と経済における誤った決定はつねに生じうる。１９６０年代のアメリカ、ヨーロッパ、ロシアが核電力経済の構築に際して採用した楽観論は、現在ではほとんど受け入れられないだろう。核発電の拡張は当初、核エネルギーの平和的利用という垢抜けした表題の下で成立した。１キログラムのウラン燃料が石油２０００トンと同じエネルギーを含んでいると聞けば、感銘を受けない人はいない。もちろん、どのエネルギー形態の利用にも危険性はある。しかし問題は、見かけ上これほど魅力的な核エネルギーの利用が、その危険性においては他の化石燃料や再生可能エネルギーより途方もなく大きく、また最終貯蔵の費用面でもはるかに高くつくということだ。市場経済はつねに経営や技術革新、最終的には豊かさと関係した危険性につきまとわれているが、だからこそ危険性との取り組みは専門的な基準を満たさなければならず、保険と相応の賠償義務原則の役割が指示されるのもそのためである。市場経済や民主主義においては、現在および将来世代が被る重大な損害の可能性は、経済成長の副次的な側面として簡単に受容されるものであってはならない。このことは、危険性の高い核エネルギーから危険性のほとんどない再生可能エネルギーへの転換が容易であればあるほど、いっそう強調されなければならない。再生可能エネルギーへの転換、あるいは核電力経済からの脱却は実際数十年のうちに成功できるだろう。当初は「ドイツの特殊な道」と見られたかもしれないものが、賢明に構想され、うまく組織されれば、実は「環境・人間と調和する経済成長」という追い越し車線に乗るための軌道転換ともなるのだ。

本書は、核電力経済を成り立たせてきた国家的・国際的背景を検証しつつ、たくさんの新しい分析結果をもとに、エネルギー転換における将来のシナリオをさまざまな角度から描いてきた。核脱却と、核電力なしに首尾よくやっていける、よりよい新しいエネルギー世界への転換シナリオは、その主要項目の一つだ。ドイツ経済、ヨーロッパ経済、世界経済を見渡すと、この脱却と転換を遅延させ、妨害する動きが今も存在している。そのような核の支持者と改革の拒否者は、現在と将来の世代を代償にして、危険な核電力経済を今後も続行しようとしている。そうした誤った発展は阻止しなければならない。ドイツは模範的なエネルギー転換を通じて、福島以後の国際的な改革論争に決定的な役割を果さなければならない。ドイツの中期的な課題はまさに、ヨーロッパ連合の多様なパートナー諸国と一緒に、とりわけ環境と深く関わりながら、未来を指し示すエネルギー転換を計画・実現していくことにある。本書はそのための重要な刺激を提供するものとなるだろう。

現代の市場経済は没落の道を歩んでいる。それを確認したい人は、経済領域で続いている重大な危険性をちょっと眺めるだけでよい。金融市場と重大な核事故との組み合わせは、史上もっとも成功したとされる経済秩序を維持しようとし続けたためにでき上がったものだ。実際、規制のない金融市場は、隠された高い危険性を伴いながら特別に安価な信用という甘い毒をつくり出し、拡張する核電力コンツェルンは、長期的には経済と社会に支払えないほどの高額な勘定書を抱え込みながら、経済を鼓舞してきた。それらは家計・企業・政治にとっては一見したところ安価な提供者に映る。だが、そうした幻想がどれほど魅惑的であろうと、それに騙されてはならない。この点で福島の不幸は、世界のすべての国々、あらゆる目撃者に過酷な実物教育を見せてくれた。

福島核電事故後のエネルギー転換は、ドイツやいくつかのヨーロッパ連合諸国の大多数の人々にとっては重要課題と見なされている。では、どうしたら転換を実現できるだろうか。どうしたら転換の尻すぼみ（1986年のチェルノブイリの不幸後がそうであった）を避けられるだろうか。尻すぼみの原因は、いわば、頑迷固陋と妨害のメカニズムがたくさんあるからだ。産業側から「いつでもどこでも」脱却費用の名で貼られる電力価格の高騰がそうであり、ドイツの4大電力コンツェルンが間違いなくもっている市場の権力もそうである。なれ合いのネットワーク（政治家が席を占める1ダースほどの電力コンツェルン諮問委員会）もそうだ。そうしたなれ合い政治家たちのわずかな時間の仕事に電力コンツェルンは5桁もの金額を支払っている（ノルトライン・ヴェストファーレン州ではそのような脈絡で、女性の州議会議長が辞任せざるをえなくなった）。核経済界全体や電力コンツェルンは、経済的にも政治的にも市場経済における特別な領域をなしている。彼らは独自の掟、独自の権力サークル、強固なネットワークを使って政党と首相府を操作し、企業数の多さから国際的にも強大な影響力を行使する多くの機会をもっている。

市場経済がうまく機能しているなら、競争と賠償義務規制の原理は経済人にとって合理的な仕方で妥当するものとなる。つまり生産過程の危険性にたいしては、危険性の程度に応じて、それぞれ適切に保険がかけられる。競争は好機と危険性を伴うダイナミックな発見の過程であり、利得は市場で得られた収入枠として資本所有者に割り当てられる。他方、そこでは危険性も担われなければならず、生産過程が危険性を伴うかぎり、適切な財産保険と賠償義務保険が予定されている。再保険市場を含め、保険市場は危険性と取り組むために発展してきたが、再保険者の場合は最初の保険（1次保険）の大きなパッケージに、いわば第2段階の保険をかける。あるいは最終的に危険性と、財産保険・賠償義務保険・生命保険の市場において支払える保険割増金とのよりよい組み合わせに配慮する。このように、市場の理念では業績競争とともに、その場合の生産費用（保険割増金ないし危険性割増金を含めて）も市場で獲得されることになっている。このような原理は電力市場においても当然合理的な仕方で妥当するはずである。ところが、現実には間違った表示が存在する。以下の11項目がそれに当たる。

1　核電力には特別な危険性がつきまとっている。きわめて重大な事故やスーパー・ガウでは、5~6兆ユーロに上る損害を出す可能性がある。つまり、これはドイツの国内総生産の2倍以上である。２０１１年の福島核電事故のような中位の損傷事故〔ママ〕では、損害額は５００~２０００億ユーロ〔約6兆~24兆円〕となる。エヴァースとレニングスが１９９０年代初期に行ったスーパー・ガウの損害額の評価は約5兆ユーロであった。しかし、そこでは避難費用と健康関連の追加費用だけしか考察されていないので、生産や対外経済連関の障害によって生じる損害額を加えればもっと大きくなる。すると、ある核電のきわめて重大事故の損害計算は、およそ6兆ユーロに達する。損害の地理的範囲は、漏水や気体状の放射性物質の放出によって、潜在的には全世界の地域に及ぶ。しかもプルトニウムの放出による損害期間は途方もない。半減期が2万４０００年だからだ。これらの点から、損害の危険性の可能性に関して核発電と比較できる生産活動は一つもない。ドイツとアメリカの核電の賠償義務保険は、スーパー・ガウにおける損害のわずか1%の保証だとしても、優に25億から１００億ユーロになる。ドイツは基本法によって環境保護を国家目標に据えるべきだが、きわめて深刻な環境損傷の原因者となりうる核産業が（考えられ予想される）巨大危害の大部分に保険をかけないのをいまだに許容している。問われるべきは、こうしたことが許せるかどうかだ。つまりスーパー・ガウの場合、発生源である当該企業はもはや信用を失うと考えられるから、まさに賠償費用の最大部分はドイツ国家にかかってくる。そうなれば、国家財政は何十年にもわたって多大な賠償支払いに直面し、その結果、もはや支出の余地がなくなるか、あるいはドイツ議会が何十年にもわたって禁治産の宣告を受けることになる。これは、賠償義務保険の極小化という点で、核電稼働の合憲性にたいして深刻な疑問が生まれるということだ。同じ論理で、２０１１年4月にはドイツ議会科学機関の鑑定書が永続的な新ユーロ救済策（２０１3年予定）*にたいするドイツの合憲性に疑念を呈した。実際、ユーロ救済策の完全保証枠をユーロ圏が請け負う場合、ドイツにはおよそ１９００億ユーロの支払い義務が生じるはずだから、核電のいわゆる「残余の危険性」を従来どおり国家に転嫁することも憲法違反と見なすことができる。**ユーロ金融ガウ〔通貨ユーロの極度の信用低下など〕の場合には年に国家財政の4分の3をいわば議会決議なしに使い果たしてしまう計算になるが、スーパー・ガウ時に必要な年間賠償額も同じように大きい。しかもスーパー・ガウの場合、この状態にほぼ1世紀陥ってしまうこともありうる（長期にわたるユーロ救済策に目を向けると、会計検査院も２０１１年4月、疑念を表明した）。そのような支払いを国家が完遂するのは政治的・経済的に不可能だろうという開き直りもありうる。しかしそれは、核発電によって資産が極度に損傷され、何千、何百万もの人々の生命が大きな危険にさらされうると公言するようなものである。構造的なエネルギー不足状態がそうした危険性のある発電形態を正当化する理由にはならないのに、そのような危険性を甘受する権限が国家にあるというのは疑問だ。ヨーロッパ連合は環境保護目標を２００９年発効のリスボン条約に採用した。これによって、ヨーロッパ連合の国家助成監視のあり方にも同じように批判的な疑問が突きつけられることだろう。また、ヨーロッパ委員会がヨーロッパ連合域内電力市場を許容してよいかどうかも問われるべきだ。つまり、構成国のいくつかの国では核電にたいして高額保険の要請を行っているが、他の国々では適切な賠償義務保険なしに核発電が続けられている。ここにもヨーロッパ連合の国家助成監視の精神にたいするきわめて重大な問いかけがあるのだ。

2　「国家も社会も、核電のスーパー・ガウや重大事故が内包する『残余の危険性』には耐えられる」―公共社会に広まっているこうした言明は根本的に間違っている。実際、スーパー・ガウでは国家すなわち納税者が損害費用のほぼ99％を、だからわずかの「残余の危険性」ではなくほぼすべてのそれを担うのであって、当該の核電力コンツェルンが負担する賠償義務保険は最低限の「残余の危険性」でしかないのだ。これは市場社会の根本原理に反しており、「市場社会における生産者の完全な賠償責任」というオイケンの根本命題〔本書59頁参照〕に矛盾している。ドイツ、スイス、日本では核電事業者あるいはその親会社が損害にたいして無制限に責任をとるとされているが、これは紙の上での似非（えせ）責任でしかない。重大な核事故の場合には当該核電力コンツェルンの市場価値は激しく下落するからだ。そのとき会社の資産はどうなっているだろうか。損害賠償請求にたいしてわずか６００億ユーロ（エヴァース／レニングス（1991, 1992）やヴェルフェンス（2011b）によれば想定される損害の１％、スイスの損害にたいするスイス安全委員会の評価を踏まえると２％）だけ

＊　２００９年に始まるギリシャ金融危機にたいして、ヨーロッパ連合と国際通貨基金は２０１０年に第1次支援を決定した。その後危機はスペイン、アイルランド、ポルトガル、キプロスに波及し、「ヨーロッパ金融安定化メカニズム」（ＥＦＳＭ）と「ヨーロッパ金融安定化ファシリティー」（ＥＦＳＦ）が組織された。しかし、２０１２年に予定されていた「ヨーロッパ安定化メカニズム」（ＥＳＭ）は、ドイツが批准せず、先延ばしされた。その後、ドイツ憲法裁判所が、「ＥＳＭ参加は合憲」としたため、ようやく２０１３年に発足する見込みとなった。同時に、憲法裁判所の判決は、「現在合憲済みのドイツ負担額１９００億ユーロをさらに増額する場合にはドイツ議会の同意が必要」としているため、ＥＳＭによるヨーロッパ救済等の前途は厳しい。

＊＊　ギリシャ、スペインの債務の肩代わりは財政規律を定めた憲法に違反する。同じように、核炉の債務〔賠償義務保険〕の肩代わりも憲法違反であるという意味。

でも応じられるかどうか、世界のどんな核電力コンツェルンにとっても疑わしい。福島の核事故を見ても、核電力コンツェルンの企業価値がガウ同然の事故によってどれほど低下するか、また地域と人間、その財産の損害が遠隔地を巻き込んでどれほど甚大なものになるか、誰の目にも明らかとなった。事実上、いわゆる「無限責任」という命題は、核電力コンツェルンにとっては本質的に心地よいフィクションにすぎない。つまり責任という幻想をつくり出しているにすぎない。本来なら、完全な賠償義務保険は立法者〔議会〕の義務などではなく、核電力事業者の義務なのだ。結局、核電力コンツェルンの現状では、たとえば巨大石油コンツェルン（これは油井の重大事故で高額の賠償も支払えるし、信用力も維持できる）とは違って、もしスーパー・ガウが起こればその損害を自分の資産から資金提供することなどまったくできない。企業資産に比べてスーパー・ガウの損害はあまりにも大きすぎ、加えて、たくさんの損害賠償訴訟は高くつきすぎ複雑すぎる。そのためにこそ核電力コンツェルンは積立金を積んでおかなければならないのだが。経済的視点やまっとうな競争という視点からすれば、核電力コンツェルンには完全な賠償義務保険の義務化が求められる。逆に言えば、スーパー・ガウにたいする市場適合的な賠償義務保険の費用というのはとても高額な核発電費用を意味するので、これを義務づければ、ヨーロッパ連合内の核電はもはや競争力をもてないだろう。それにもかかわらず、実際の核電力の市場占有率は、２０１０年にドイツでは22％以上、フランスではなんと75％だった。ヨーロッパ連合域内市場で拡大するこの市場占有率の経済的非論理性は、北極に占めるヒグマの割合が５分の１と４分の３の間にあるという主張に何の違和感もなく頷くのと同じくらい信じがたいものなのである。

3

工業先進国や新興国の政府は核電事業者に、将来のスーパー・ガウにたいする少なくとも50％の保証だけでも要求すべきだが、これを断念することは国家が巨大な「隠れた補助金」を出すのと同じである。ドイツその他多くの経済協力開発機構諸国では、たとえば相対的に危険性の少ない風力発電にたいしても相当の補助金を国家財政から拠出している。もし核電力企業が適切で完全な賠償義務保険を購入しなければならないとすれば、風力電力企業は各種の補助金がなくとも競争力をもつだろう。するとそれによって節約された何十億もの金額がすぐさま減税として納税者に分配されるだろう。ドイツでは中期的に40億ユーロ以上、家計当たり年１００ユーロの減税が可能となる計算である。ヨーロッパ連合諸国内の核電力経済界にたいする莫大な「陰の補助金」は、事実上ヨーロッパ連合の国家助成監視の精神と矛盾している。ヨーロッパ委員会とヨーロッパ議会は、この問題を追及すべきである。

4　「核発電は有利なエネルギーを提供している」―こう主張する人間は、市場経済の根本原理を無視しており、将来世代に途方もない危険性を転嫁している。核発電は潜在的に、世代間公正の面でもきわめて重大な不利益となるのだ。いったい現在の世代はどのような権利があって安い核電力の利用をよしと考えるのだろうか。その追加費用は一つの核電が起こす将来の重大事故によって、高額の支払い義務や高額の資産の損害を伴って後続世代の負担となるのに。経済的な観点から見ても、高度に投機的で「廉価な生産性」をもつ核発電は、将来のきわめて大きな危険性と結びついている。使用済み燃料の最終貯蔵から生じる危険性も含めて。

5　ドイツやフランスでスーパー・ガウが生じた場合、核電にたいする従来の賠償義務規制の下では、国家が賠償の大部分を引き受けざるをえなくなるか、国家債務の激増によって短期間で国家の破産が始まるかのどちらかを意味する。しかも、それによってユーロ救済策はすぐに効果がなくなり、ユーロ圏は何十年にもわたる統合の努力の成果を大きく脅かされて重大な存続の危機に追いやられるだろう。それは核によるヨーロッパ連合の危機として、また世界政治全体の危険性として位置づけられる。他のどんな産業も、単独で世界政治を危険に陥れるいかなるものももち合わせてはいない。核発電がもつこのようなハイパー危険性を制限するのは政治の仕事だ。不吉なことに核発電は、環大西洋銀行危機のときに見られた金融部門の誤った推移とまったく同じ性質をもっている。通常営業時における高額な利得は私有化されるのにたいして、行為者やシステムが引き起こす重大事故においては、納税者が巨大な損失を社会化するよう要求されるのだ。

6 （不条理なほど低額な賠償義務保険による）核電力エネルギーの人為的な低廉化は、経済協力開発機構諸国のエネルギー集約的な産業を人為的に拡張させることになった。それが意味するのは、自称環境と調和的な核電力（核発電時の二酸化炭素排出の少なさ）が実はグローバルには温室効果ガスの排出を増加させるということだ。核発電による直接間接の影響を全体として理性的に分析・考察すれば、核発電は総じて環境を異常に損傷するという結果が明白になる。核電力に正当な価格をつければ、あるいは正当な賠償義務保険をかければ、中期的には風力エネルギーが主たる代替エネルギー源になる。つまり、核発電の外部費用を内部化する正当な価格システムへの移行によって、あるいは適正な損害賠償保険によって、経済界が核電をエネルギー集約的な生産体制（これが風下で人為的に安価な核電力を発展させてきた）から切り離し、核電施設を減価償却せざるをえないようにすれば、経済政策の何十年にもわたるシステム・エラーを経済合理性の面から正すことができる。そうなれば、今後10～20年間は続く核エネルギーからの脱却、それと並行する再生可能エネルギーへの転換は、それぞれのプロセスに応じて適応費用を配分し、エネルギー節約的な技術革新に強力な刺激を与え続けることができるだろう。

7 福島の核電事故以来明確になったように、核電力コンツェルンの株式を相対的に危険性のない資産投資と見なす多くの銀行ないし投資顧問の考え方は、根本から間違っている。したがって銀行、投資顧問、証券会社の株式勧誘はすべてこの誤りの是正に対応しなければならない。スーパー・ガウという極限的な事故の場合には、核電力企業の株式は標準的な株式と破局的な債券との混合物となり、言うまでもなく相当低い信用という不利益を伴う。そして事故がもたらす恐るべき全面的な赤字も伴う。この危険性を指摘しない投資顧問は、ヨーロッパ連合、スイス、アメリカで資産投資ないしその助言を望む顧客への情報開示義務に、明らかに違反している。当然、次には相応の損害賠償請求が迫ってくるはずだ。重大とされたドイツの金利スワップにたいする最高裁判所の判決でも、投資の助言においてはその質と密度の面で「高度の要請」が妥当だという見方をはっきりと示した。核電を運転する電力コンツェルンは、潜在的に危険度の高い資産状態にあると言わざるをえない。

8　国家およびヨーロッパ連合には、核電力にかかる真の費用を包括的に計算し、「陰の補助金」がもつ経済的歪曲効果を明らかにする作業が求められている。また、核電に積極的に保険を売る保険会社や、いくつかの経済協力開発機構諸国のいわゆる再保険会社には、包括的な透明性を確保する義務がある。たとえばそうした再保険会社の一つであるドイツ核炉保険会社が、何十億もの業務分野を保証しているにもかかわらず、〔何十億もの顧客の情報を開示せず〕一度たりともウェブサイトを運営していないのは問題である。また、この会社が個々の核炉にたいして、建設様式も立地も異なるのに一律の再保険しか提供していないというのは、個々の核炉毎に明らかに異なる危険性、あるいはあらゆる経済的な根本原理や合理性原理に照らして非常に問題がある。他方、核電力部門の保険にたいする国家による監視は、（基本的な保険原理が無視されてきたがゆえに）ドイツでも他の国々でも何年にもわたって放念されてきた。しかし、環大西洋銀行危機の後、政治の側は銀行にたいして、その規模が巨大であればあるほど（相対的に強大で潜在的なシステムの脅威はこの大きさと結びついている）、将来の危機克服基金により大きな支出を求めるようになっている。これと同じ論理で、核電についても次のように要請することができるのだ。核炉の立地が地理的にむずかしい場所であればなるほど、また人口密集地域に近ければ近いほど、適正と見なされる保険ないし再保険の割増金はそれだけ高くならざるをえない、と。あるいは、私的な賠償義務保険制度の枠内ではスーパー・ガウの危険性にほんの一部しか対応できない以上、危険性にたいする補完的な支出を、場合によっては国家が核電事業者に保険税の形で求めることになる、と。スイスの例に倣えば、核電事業者が蓄えてきた事故処理用積立金を国の特別基金に移転すれば、それが合理的ということになるだろう。いずれにしてもこの積立金は、核電力コンツェルンの自由にしてはならないのだ。

9　環境に親和的で危険のより少ない包括的な再生可能エネルギーへの転換は、経済協力開発機構諸国であれ他の国々であれ、経済合理性の面でも必然的である。だから、廃炉は社会にとって多大の費用を伴うけれども、合理的な経済システムに引き戻すためには必要な歩みである。脱却と転換は注意深く計画・実行されなければならない。送電線網の拡張、エネルギー効率化への投資、蓄電池の増設、短期的にはガス発電所との交替、これらが脱却と転換のために必要ないくつかの要素となるだろう。

10　世界中で核電が増設されることになれば、世界経済は安価な核電力という快適だが危険な幻想に逃避するか、莫大で実に無責任な危険性を現在および将来の世代に課すことになる。世代間公正の問題は租税政策、つまり現在および将来の国家債務に関する伝統的な経済的論争（そして後にはサービスと国家債務根絶に必要な課税原則）と並んで、「危険性の政治」の克服という未来も包含しているのである。

11　核発電のグローバルな拡張は持続可能な発展とは相容れない。現在世代と同様の生活水準を保つという将来世代の好機が、核電数の増加とそれに伴う危険性の上昇によって、世界中で減殺されてしまうからだ。核発電は工業化された市場経済が生んだ歴史的に誤った発展であり、その危険性は１９９０年代のはじめから科学的分析のなかでは周知であった。もしヨーロッパ連合諸国の核電力生産者が、そしてスイス、アメリカ、カナダ、日本、ブリックス諸国〔ブラジル、ロシア、インド、中国、南アフリカ共和国〕やその他の核電力生産者が再生可能エネルギーへ向けたグローバルなエネルギー転換に乗り出すとしたら、それは有意義であろう。一方では技術革新の競争が、他方では意識的な協力プロジェクトが、開始されることになる。

経済理論はこれまでのところ、極度の危険性（きわめて巨大だがきわめて稀な危険性）と人間との関係については相対的にごくわずかの知識しか提供できていない。大学のゲーム理論研究室で行われる学生たちとの実験は、それに関する一定の知識を得るにはたしかに重要な価値をもっている。けれども、そこでシミュレーションした決定状況が、たとえばマネージャーや投資家が行っている実際の決定状況とどれだけ合致しているかどうかは疑ってみる方がよい（彼ら学生はゲームをするとき、自らの知的能力の全部を投入しているわけではない）。しかもその実際の決定状況は、危険度の設定において、保険契約者の個々の家族状況からも決定的な影響を受けているかもしれない。経済と社会における極端な危険性を想定する際には、そのもとで下される決定の重要な役割をより深く探究していくことが求められる。

自由主義経済の視点から眺めれば、過去何十年かの核電力拡張に関しては、これが間違った公共政策の風下でしか可能でなかったと言える。おそらく１９６０～70年代に存在した工業先進国における政治的威信も、核電力の拡張に有利に働いた。もしこの時代、国家や社会が基本的合意のもとで核電のもつ「残余の危険性」を引き受ける決定を下していたならどうなっていただろうか。理性的に考えれば、少なくともスーパー・ガウで予想される危害の半分以上を国家が引き受けるような今日的状況から出発することはけっしてなかっただろう。むしろ、核電事業者はどの核炉でも、少なくとも3兆ユーロの賠償義務保険を迫られていただろう。保険業界での常識では、産業の賠償義務保険の上限はおよそ６０００億ユーロである。この額に従うなら、個々の核炉の適正な賠償義務保険（3兆ユーロ！）はどのような私的保険にも存在しないのだから、市場経済の視点からすれば、どの核電事業者も責任を負えず、稼動には踏み切れなかったはずだ。核電力から脱却し、圧倒的な再生可能エネルギー社会へと向かうエネルギー転換は（当然のことながら）相当の費用と結びつくだろうし、相当の適応期間も必要となるだろう。だが、１９６０～70年代の、歴史的にひどく誤った公共政策上の軌道転換を再転換する作業は急を要する。

ヨーロッパの核電力・エネルギー・気候問題における統合的次元を見ると、南ヨーロッパ諸国や海岸線の長い諸国、したがって風力エネルギーの潜在力が高い国々は、とりわけ多くの利益を得ていくだろうと考えられる。実際、一方ではヨーロッパ投資銀行が、他方では東ヨーロッパ銀行が新たな挑戦に向き合いはじめている。そのかぎりで、ひょっとしたらユーロ危機のギリシャとポルトガルにとっては、フランス、ドイツ、ベルギー、オランダ、ルクセンブルク、オーストリア等、他のユーロ諸国よりも、よりよい成長の展望がある。この地中海諸国における再生可能エネルギー領域の投資プロジェクトには助成ないし融資が行われる可能性が高いだろう。これを前提とすれば、風力による新たな電力が、プロジェクト契約の枠組内で、場合によっては廉価な固定価格で、北ヨーロッパのヨーロッパ連合諸国へと提供されることになるだろう。

資料1～8

資料1　ドイツ航空宇宙センターの研究と電力利用構造に関する注記

ドイツ航空宇宙センター、フラウンホーファー風力エネルギーシステム技術研究所、新エネルギー技師事務所の研究によれば、ドイツでは2030年までに核電力からの完全な脱却が可能だが、再生可能エネルギーへの改造においても重要な歩みがなされる。風力エネルギーは、2030年までの改造シナリオのなかで最大の割合を占め、バイオマスもこのシナリオによれば、明白に拡張が可能である。ドイツのいくつかの地域圏では太陽光発電もそうである。このシナリオでは、太陽電池の設置や市民の風力パークへの参加も象徴的な投資となる（図24）。

ノルトライン・ヴェストファーレン州は、2011年から5年間、国際地熱連盟の国際事務局を同州の都市ボーフムに招致した。州政府は、この移設のイニシアティブを財政的に支援すると同時に、地熱領域のクラスター・イニシアティブによって、ノルトライン・ヴェストファーレン州、ドイツ政府、ヨーロッパ連合内におけるエネルギー効率化およびエネルギー技術革新の向上を目的に重要な方針転換を行った。そして、同州には地熱領域で一連の指導的なドイツ企業があることから、ボーフム大学を拠点に国際的な研究者ネットワークの創設と拡大を後押しした。ヨーロッパ連合規模でなされる地域圏プロジェクトの枠組では、エネ

図24　ドイツのエネルギー転換の展望：エネルギー源別発電（テラワット時／年）

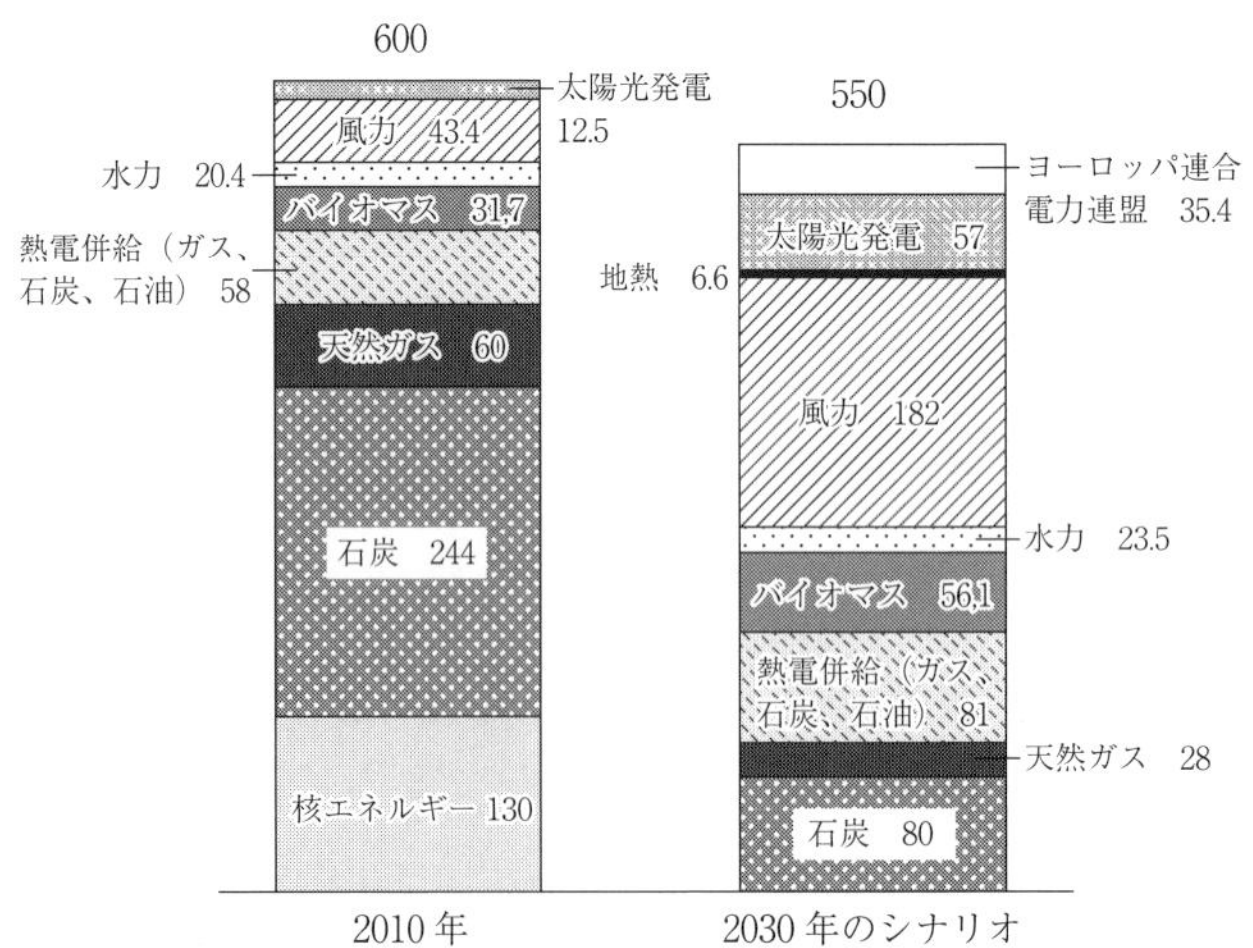

出典：ドイツ航空宇宙センター、フラウンホーファー風力エネルギー・システム技術研究所、新エネルギー技師事務所。

ルギー生産における地熱の利用は一定量の拡張が期待されている。

ノルトライン・ヴェストファーレン地熱ネットワークに関する情報

ノルトライン・ヴェストファーレン地熱ネットワークは、２００９年末、同州政府によって生み出された。同州の地熱の取り組みを束ねるこの地熱ネットワークは、ノルトライン・ヴェストファーレン・エネルギー地域圏のエネルギー経済クラスターを形づくる構造のなかに組み入れられている。

同エネルギー地域圏と同エネルギー研究におけるクラスターの管理機関は同州エネルギー庁に置かれるので、地熱ネットワークとそのパートナーは将来にわたりクラスター業務の土台と充分な接合を形成していくことができる。

約５２０人の会員からなる既存の地熱研究会と同州エネルギー庁の地熱事務所（ボーフム地熱センター、ボーフム市、ボーフム大学、首都ルール経済振興との連携）は、同地熱ネットワークの基盤を構成する。構成員は企業、科学・研究団体、公行政からなる。

同地熱ネットワークの目的

地熱は、建物の暖房と発電にとってほぼ尽きることのない源泉である。地熱利用の技術的可能性は、個々の家庭用住宅への供給（表面に近い地熱）から、巨大なエネルギー供給（５０００メートルまでの深さからとる地熱。明白に１００度以上の熱利用。深層地熱による熱と発電）にまで及んでいる。

同地熱ネットワークは、次の目的をもっている。

・地熱の周知と拡張に関する戦略の開発
・共通の理念をいっそう発展させる情報交換
・プロジェクトのイニシアティブの獲得
・地熱部門の能力の拡張

・新市場の開発
・雇用の確保と持続可能なエネルギー源の創出
・企業の誘致
・国家的・国際的な協働の集中

（出典：ノルトライン・ヴェストファーレン地熱ネットワーク 2010）

《環境問題》専門家諮問委員会は、2011年、ドイツにおける発電を2050年までに100％再生可能エネルギーで行えるだろうとする研究結果を提出した。より早期のエネルギー転換が可能であるとする同委員会によるシナリオも複数存在する。これらの転換シナリオは二つの重要な部分からなっている。

・**核施設の停止**：現存の核炉には稼働の認可期間が制度化されているので、ドイツのもっとも古い7基の核炉（それに、故障していたクリュンメル核電の核炉1基が加わる。この核炉は2011年3月、まさに検査中だった）をたとえば3ヶ月間利用停止することが制度的に正当かどうか、一般的な法的解釈に従うなら疑問が残る。だから、市場のルールに従って核発電から脱却するためには、他のすべてのエネルギー源と同様に、単純な原則を普遍的に実行することがもっとも簡単な方法と言える。つまり、外部費用を内部化し、適切な賠償義務保険に加入するよう核電事業者に要求することだ。もしスーパー・ガウの費用をおよそ6兆ユーロとすれば、いずれにしても相当の賠償義務が要求されなければならない。国内総生産の10％以上が「残余の危険性」として国家すなわち納税者に課せられるというのは許されないことだし、その費用だけでも異常な額であろう。核電事業者にはこれに最終貯蔵の適切な積立金も課されなければならない。もし石炭・ガス火力発電所を核脱却のための中位負荷領域（ミドルロード）として稼動させるなら、たしかにそれによる発電効率はいくらか低下するとしても、風力パークや太陽光集熱器で生じる一時的な発電低下をカバーするうえでは充分な予備容量をもつことになるだろう。その際には、比較的急速にフル稼働できる近代的なガス火力発電所が必要になるだろう。また、揚水式発電所の拡張も必要だし、最高出力ないし一時的な過剰供給に対処する新しい蓄電池の利用も不可欠だ。揚水式発電所の役割はよく知られている。これは過剰発電の際に、水を高い貯水池に汲み上げ、電力需要のピーク時や電力需要が大きいときに水を急激に発電用タービンの駆動装置に放水して、エネルギー源とするものである。

・**化石エネルギー源から再生可能エネルギー源への転換**：もし２０５０年までに化石エネルギー源（とくに石炭火力発電所）に別れを告げたいと思うなら、電力経済における再生可能エネルギー源の包括的な拡張や送電線網の拡張にたいする大幅な投資、あるいは追加的なエネルギー蓄蔵システムの構築に心を配らなければならない。風力と太陽光は一定の場所で1日24時間、1年３６５日、同じように利用できるエネルギー源ではない。それでもヨーロッパの電力システムを通して、ノルウェーやスイス、場合によっては非ヨーロッパ連合諸国とも連携するなら、1日24時間、年間を通じて電力の利用を改善できる。たとえば風力・太陽光電力を供給する際に生じる地域的な差異は、一般的には一国の国土内ではなく、より広いエリアでの方がよりよく調整できる。ただし、必要な送電線網を拡張する際には問題が生じることもある。それは、多くの地域圏で、新しい電力回線や架空回線の建設に反対する政治的抵抗があるからだ。いくつかの地域圏では代替案として地中ケーブルを推奨するかもしれない。しかし地中ケーブルは基本的に架空回線よりも高くつく。

北海とバルト海では風車の大型化がいっそう進んでいる。これによって、巨大な海上風力パークを通じた再生可能エネルギーの発電割合は明らかに高まる。ヴァークナー（2007 p.243）は、ドイツでは２００６年に総発電の5％だった風力エネルギーの割合が、20年以内には20％に高まると予測する。さらに２０５０年までには30％を超える可能性もあると述べている。その前提は、風力エネルギーの電力供給者としてすでにはるかに先を行くデンマークとスウェーデンに続き、イギリスが非常に大きな役割を果たしていくことだ。イギリスは風力電力ファームにとって良好な自然条件をもっている。しかもイギリスには風力パークへの融資を容易にする豊かな資本市場がある。フランスも巨大な海上風力の潜在力をもっているが、これまでのところその利用の可能性はきわめて限られている。一般に、特定の山岳地域圏では住民の抵抗が根強いが、現代の風力施設は以前のものよりもはるかに静かで、風車の美観についても適切に議論できる。この問題が解消されれば、ヨーロッパの気象図が示しているように、当該地域における陸上風力は住民にとってもきわめてよく利用できるエネルギー源となる。風力エネルギーは基本的に蓄蔵ができるので、海に沈めた気球も長期的には新しいオプションとして議論の対象になる可能性がある。

太陽光エネルギーは、日照時間が比較的短いドイツにとって、すぐには大規模な設置の対象とはならない。太陽光施設はまずは他のヨーロッパ連合諸国で、とりわけ地中海諸国で比較的重要な役割を果たすだろう。いずれにせよ太陽光発電の費用は技術進歩でさらに安くなることから、経済的観点からして、ドイツでも一定の太陽光発電を促進する充分な根拠がある。もちろん、研究助成を強化すれば、太陽光施設事業者への供給報奨は少なくなる。ドイツの太陽光発電は現在のところ再生可能エネルギー発電のわずか1・5％を占めるにすぎないにもかかわらず、2010年時点では再生可能エネルギー発電全体にたいする供給報奨の45％が太陽光施設向けだった。納税者の目から見れば、ここには大きな不均衡がある。

電力節約の努力は明らかに強化されなければならない。新築住宅のエネルギー効率化基準の強化がこれに役立つかもしれない。もっとも、低エネルギー住宅やパッシブ・エネルギー・ハウスといえども、熱生産に当たっては一定の予備ベースとしての需要や安全性需要が出てくることをはっきりさせておく必要がある。こうした住宅では、それがなければ、つまり一般的なガス接続だけではまったく割に合わない。極端に寒いときには何日間か、ガス接続以外での熱生産、つまり予備ベースとしての電力に期待するだろう。とはいえ、住宅のエネルギー効率化基準が高まれば長期的には電力需要がさらに高まるという議論は、こうした住宅の場合、見かけ上のパラドックスにすぎない。

電力節約の潜在力

エコロジー的・経済的視点に立つ電力部門の近代化とは、何も再生可能エネルギー源の包括的な拡張や送電線網の拡張にたいする大幅な投資、あるいは核炉の保険証券の増大といった問題に取り組むことだけではない。消費の側でも電力の節約を通じてこれに応えなければならない。ヴッパータール気候・環境・エネルギー研究所〔以下、ヴッパータール研究所〕の最新の研究（フィッシェディック／他 2011）によれば、電力消費にはかなりの節約の可能性がある。ドイツの電力消費は、2010年にはおよそ年530テラワット時であり、その内訳は次のように確認できる。

・産業、鉱業：243テラワット時

・家計：141テラワット時
・中小企業、商業、サービス、公共施設、農業：130テラワット時
・交通：17テラワット時

ヴッパータール研究所の見解では、節約の潜在力は向こう10年間で130テラワット時、つまり2010年時における年間電力消費の約25％である。同研究所はこう書いている（フィッシェディック／他 2011 p.10 以下）。

「核脱却と気候保護における最大の潜在力は、電力節約の戦略的な加速プログラムにある。ドイツでは2010年におよそ530テラワット時の電力を消費したが、そのうち産業と鉱業でおよそ243テラワット時、家計で141テラワット時、中小企業、商業、サービス、公共施設、農業で130テラワット時、交通で17テラワット時であった。ヴッパータール研究所の詳細な研究によれば、ドイツでは2021年までの10年間に、よりエネルギー効率的な応用技術によって電力消費全体でおよそ130テラワット時、つまり2010年時における年間電力消費のほぼ25％を節約できる。機器・施設・建物の更新や新規購入など、傾向（トレンド）として予想される技術の発展（つまり、通常の更新サイクルの枠組）によらず、個々の電力消費においてもっとも効率的に利用できるオプションを投入すれば、この節約は可能である。だが、この節約は単独では実現できない。効率的な技術とそれに基づく解決には需要側にも供給側にもたくさんの障害があるからだ。

だから、電力節約にはそれらの障害に抗する戦略的な加速プログラムが必要になる。このプログラムによって電力消費は年約13テラワット時、つまり年間電力消費の約2・5％を削減できるだろう。独自の計算によれば、その10分の1つまり年約0・25％はヨーロッパ連合による現在のエコ・デザイン措置（待機電力消費〔コンセントにつながった家電等が、電源が切れた状態でも消費する電力〕とヒートポンプの場合）や白熱電球の禁止によって達成され、残りの2・25％は追加的な取り組みで開発可能である。

潜在力を汲みつくすには、その目的のために何年もかけて信用を得てきた助言や助成金、広報活動や教育（ないし高等教育）を促進する市場導入プログラムが必要であり、また市場パートナーとの協働を改善することも必要である。

とくに建物・施設（換気、空気調節、冷房、照明、圧縮空気、生産）の全体的な最適化には、大きな潜在力が隠れている。さらに、電気蓄熱暖房、温水、プロセス熱生産を他のエネルギー源に転換する加速プログラムも同じように重要であり、高効率的な冷蔵・冷凍機器、乾燥機、ヒートポンプの意識的な市場導入プログラムも割に合う。

これらのプログラムは、（すでにドイツ政府の「エネルギー計画」のなかに構造的に組み込まれているような）エネルギー効率化基金を通じて、あるいは（たとえばデンマークやイギリスで行われているような）エネルギー経済政策における特別の義務化を通じて実施し、融資も可能であろう。エネルギー効率化基金は比較的大きな経営プログラムや広範な広報・高等教育プログラムを調整するものだが、これにたいして、エネルギー企業がとくに家計や中小企業に向けて実施する混合型プログラムも有効だろう。混合型プログラムには年間およそ15～20億ユーロのプログラム費用がたしかに投資されなければならないが、それによって投資のおよそ3倍の効果が生まれることになるだろう…」。

電力消費には相当な節約の潜在力がある。このことにほぼ疑いはない。だが、節約の成功は次の三つの具体的な要素にその多くがかかっている。それらの重要性にとくに注目する必要がある。

・相対的な電力価格とその上昇の程度を押さえておくこと。長期的な需要の価格弾力性は、一般的には短期的なそれよりも高い。ドイツの電力価格の上昇は、電力域内市場では電力輸入の増加も招き、その大部分がフランスの核電力からなる可能性も高いだろう。それだけに、ドイツとしては、再生可能エネルギー領域の割合が高い国々との間で包括的な協働をいっそう発展させなければならない。ここでの焦点はスカンジナビア諸国であり、部分的にはイギリスである。これらの国々は風力エネルギーの割合が高く、またその施設を急速に増やしている。

・ヨーロッパ連合、ヨーロッパ連合加盟諸国、州（ドイツとオーストリアの場合）が連携して、再生可能エネルギー領域の技術革新を積極的に促進すること。核電力研究にたいする助成をしばらくの間大幅に減らすことは検討に値する。

・エネルギー部門においては技術志向的な企業の設立を長期的に促進すること。助成の重点領域を明確にし、エネルギー効率化クラスターのプロジェクトを充実させることが求められる。

問題なのは、電力を大量に消費しているはずの企業が、これまで家計よりも明らかに少ない電力費用しか払ってこなかったことだ。経済全体の電力の3分の2が企業によって消費されている。その点で、企業の節約の潜在力は、家計の節約の潜在力よりもはるかに大きい。プロセス面・生産面での技術革新によってエネルギー消費の削減に大きく寄与している企業にたいし、国家が研究助成によって支援することは検討に値する。とくに重要なのは、エネルギー効率化に向けた技術革新を強力に進めるクラスターに助成することだ。

《環境問題》専門家諮問委員会のシナリオ研究でも採用された2050年という期間については、同委員会自身が述べているように、もっと短い期間で計算することもできる。福島の事故後、核電の危険性の評価に新しい認識が生まれているとすれば、この事故で明らかになった特定の経済的結果に関しても、正しい確認の下で向き合っていかなければならない。これには発電所パークの一部、とくに核炉を速やかに停止したり減価償却したりする必要も含まれる。こうした処置は経済的に三つの意味をもつ。

・国民経済における実物資本の現状に照らして、減価償却率が一時的に上昇することになる。それによって国民一人当たりの所得水準は一時的に下がる。
・核電力コンツェルンの利得は下がり、それによって国家の税収も下がる。同時に、再生可能エネルギー領域にたいしては新たな投資の可能性が生まれる。この領域はドイツで、すでに40万人ほどの雇用を保証している。したがって、この技術集約的な領域がドイツとヨーロッパ連合の輸出ダイナミズムにたいして、長期的に重要な貢献をすることは確かだ。巨大電力コンツェルンが数年のうちに風力・太陽光エネルギーに巨額な投資をして「緑の電力コンツェルン」に成長し、環境と調和するエネルギー技術を世界中に拡散する可能性もある。ドイツとヨーロッパ連合

＊　2014年、ドイツ政府は「エネルギー・気候特別基金」（2010年）のなかに「エネルギー効率化基金」を設け（経済・エネルギー省内）、企業の生産におけるエネルギー効率化・気候保護の取り組みを助成することになった。

の巨大電力コンツェルンのいくつかには、この方向での最初の兆候が見られる。

・核電の高い減価償却率によって税収・外国為替相場・利子・国家予算面ではマイナス効果も生まれるが、これは経済モデルの枠組で個別に考察できる事柄であり、またそうすべきものである。

気候保護政策に関する重要なモデル化にはルッツ（2011）の論文がある。

資料2　エネルギー転換：非難、抵抗、助成数

エネルギー転換の過程では、たとえば電力輸入の増加や石炭火力発電の上昇といった短期的だが逆説に満ちた適応のメカニズムも生まれる。もちろん、この問題も福島の事故の省察やエネルギー転換の戦略的挑戦から外してはならないが、より大事なのは、再生可能エネルギーに向かう、理に適い熟考された中期的な転換政策を構想していくことにある。転換政策は六つの根本的な歩みからなっている。

・核電事業者を適正な最低賠償義務保険に加入させなければならない。これによって、核発電は高いものになる。
・ドイツやヨーロッパ連合諸国に求められる助成のあり方は、風力エネルギーのための供給報奨によって強化されるべきである。太陽光エネルギーにたいする供給報奨は明白に削減される必要がある。後者への助成は、太陽光電力の潜在力が高いか、太陽光電力で明らかに大量かつ長期的な利益をあげる可能性があるヨーロッパ連合諸国に限らなければならない。
・送電線網は、再生可能エネルギーの拡張要求に応じなければならない。ドイツが採用している長期にわたる認可期間は短縮される必要がある。そうでなければ核電からの早急な脱却はむずかしい。《環境問題》専門家諮問委員会とネット庁はこの脈略で、電線網建設に関するドイツ政府の権限強化を提案した。州の主導する従来の計画条件では、送電線網の近代化が進まず、非効率を解消することができないからだ。
・北欧や中欧のヨーロッパ連合諸国も、成長志向の構造転換ないし新たなヨーロッパ連合協定の枠内で、再生可能エネルギーを促進していくだろう。彼らが今後、南欧のヨーロッパ連合諸国に太陽光発電にたいする補助金を暫定的に供与する可能性は大いにありうる。そうなれば、今度は長期的な契約の枠内で、太陽光電力ないし他の再生可能エネルギー電力が北欧にも南欧にも提供されていくだろう。
・持続可能性へとより力強く向かう経済構造、そして持続可能性をより多く強調する生活様式が望まれる。ドイツは再生可能エネルギーのための実践プロジェクトを、ヨーロッパ連合諸国の内外で構想していかなければならない。ヨーロッパや世界にドイツの経験例を拡散するためには、そこが出発点となる。
・ドイツと他のヨーロッパ連合諸国との間、そしてヨーロッパ連合諸国とアメリカ・中国・日本との間で特別な研究協力を進めていく必要がある。これらの国々の間には、地球温暖化の防止・最小化という共通の利害があるだけで

なく、長期的なエネルギー転換の領域でも共通の利害が確認できる。特別な研究協力の可能性としてはスマート電力網の構築が挙げられる。これは２０２５年頃からヨーロッパ連合諸国内で重要な役割を果たすだろう。電力網が「よりいっそうのスマートさ」に移行することは、エネルギー転換へと広範に歩を進め、多くの行為主体がそこで重要な貢献者となることを意味する。ドイツ政府はすでに、エネルギー経済部門と情報通信技術部門とが協働する研究チームを立ち上げている。

いずれにしても、ドイツの政府と議会が法律として提出すべき第一のものは、核電にたいしてこれまでよりも高い賠償義務保険を指示することだ。保険市場では極端な損害にたいして６０００億ユーロまでの保険はたしかに可能である。しかし、一定の条件の下では10兆ユーロまで可能となるはずだ。第一歩は、核電力コンツェルンに適正な保険をかけさせることだろう。そうすれば、核電事業者は今後、中途半端ではあっても、現実的な費用計算をせざるをえなくなるだろう。それによって再生可能エネルギーが拡大するための条件も相当改善され、このエネルギー源にたいする助成の必要性は明白に低くなるだろう。そもそもドイツやヨーロッパ連合諸国の核電力コンツェルンは、アメリカで通例行われているように、賠償義務保険の問題で実際に賠償責任資産の積み立てを義務づけられる必要があったのだ。

再生可能エネルギーへの転換には費用がかからないわけではないから、それにたいする比較的高額の一時的な補助金の拠出は、たとえば交通の社会的基盤の拡張や教育支出を成長させることを意味する（交通の社会的基盤の場合、成長速度はもっとも早い。その拡張が少なくともデジタルの技術革新的ロジスティック計画で行われれば、比較的たくさんの交通の流れを制御できるからである）。他方、他の経済協力開発機構諸国との関係で言えば、核脱却を義務化する諸国が少なければ少ないほど、ドイツの再生可能エネルギーへの転換はそれだけむずかしくなる。もし核発電からの脱却がドイツだけなら、エネルギー集約的な部門の雇用の喪失が相対的に大きくなり（エネルギー集約産業の国外流出）、風力・バイオ・太陽光エネルギーの拡張も相対的にむずかしくなってしまうからだ。だからドイツやヨーロッパの視点からすれば、実行可能で効率的な計画のもとで核脱却を進めていくことが大切になる。もし多くの工業先進国や新興国が同時にエネルギー転換に着手すれば、より大きな再生可能エネルギー市場が成立し、風力・太陽光等々の施設の拡張によって平衡的かつダイナミックな大量生産が容易に実現できるようになるだろう。

再生可能エネルギーにたいして助成する場合は、これまでよりもはるかに効率的な形で投資すべきだ。太陽光の強度は、ドイツの大部分では大容量の太陽光エネルギーを中期的に生み出せるほど高くない。だから、最終的にはとくにアジアの太陽電池の巨大製造業者に助成することになる。いずれにせよ、ドイツにはこの部門で継続的に利益をあげる職場はほとんどない。先述のとおり、２０１０年時点でドイツの発電の１・５％にも満たない太陽光産業につぎ込まれている助成ないし供給報奨は多すぎる。２００７年までにドイツに設置された太陽光発電には、次の20年間でほぼ３５０億ユーロが流れ込むだろう。電力の市場価値を引き去れば、優に１００億ユーロの補助金が残る計算だ（ドイツでは２０１０年に太陽光電力にたいする供給報奨が10％引き下げられたが、それでも国内総生産のほぼ半分という高額なのだ）。ライン・ヴェストファーレン経済研究所の報告によれば、ドイツでは太陽電池製造業者の３万５０００の仕事に補助金が出されており、その額は1職場当たり年15万ユーロにも上るが、これはドイツの石炭助成に使われた高額で根拠のないかつての補助金をも凌駕している。ドイツはむしろ風力産業の拡張に助成すべきなのだ。北海とバルト海には良好な立地が現にあるのだから。しかし、こちらも一時的な補助金に限る必要がある。風力その他のエネルギー源は、プラスに働く外部効果によって正当化できるが、独自の技術革新が認められるかぎり、長期的には補助金なしでうまくやっていくべきだ。風力エネルギーの拡張からくる大量生産の利点が大々的に生かされるならば、向こう10年間は風力部門にたいする特別な補助はほとんど不要になるだろう。他方、再生可能エネルギーの研究にたいする国家助成を増やすのは望ましい。中・長期的に見て、研究の成果が生産性を押し上げれば、それだけ各部門への供給報奨は下がるからだ。

エネルギー集約的な産業や核電力コンツェルンの側からは、エネルギー転換にたいする強い抵抗があると予想される。しかし、福島核電事故後のさまざまなアンケートが示したように、ドイツ市民の70％以上が核エネルギーからの脱却あるいはエネルギー転換を望んでいる。しかも、核電力州であるバーデン・ヴュルテンベルクの州議会選挙の結果から明確になったように、相対的に大きな産業部門をもった州ですら、政治において新しい構造的多数派を生み出している。とくにバーデン・ヴュルテンベルク州は高度な技術革新の集積地であるから、同州の技術的・創造的能力の大部分は中・長期的には環境と調和する成長戦略に大いに貢献すると期待される。

ドイツは２０１０年秋、発電に占める再生可能エネルギーの割合を２０２０年段階で35％まで高める目標を掲げた。当初決定された20％以上（後に30％以上）を明らかに上回る決定である。そして、再生可能エネルギーの拡張と核電力の縮小に際しては電力網の安定確保が留意点として挙げられた。また、核電力コンツェルンには、追加的なガス火力発電所の建設等の措置によって、再生可能エネルギーの拡張を先導し、送電線網の拡張・安定化プロジェクトに充分な投資をすることが義務づけられた。フロンデルらの二つの要求（フロンデル／リッター／シュミット 2011）、つまり再生可能エネルギーにたいする何年もの猶予（モラトリアム）と、「再生可能エネルギー法」に基づく「促進の刺激」〔供給報奨の支払い〕の当該期間中止という要求は退けられ、むしろいっそう強力にそれが推進されることになった。理由は、再生可能エネルギー領域の投資家は「計画の安全性」を求めるからである。これにより、風力エネルギーへの助成は、風力ファームがもつ大きな生産容量を２０２０年までに電力網に接続すべく、さらに徹底して増やすこととし、太陽光エネルギーへの助成の方は、逆に２０１５年まで、いくつもの低減段階を経ることとされた〔２０１８年3月現在も続いている〕。さもないと再生可能エネルギーの拡張のなかで相対的にもっとも高くつく形態〔太陽光発電〕が今後も大規模に促進される危険があるからだ。これらの決定によって、それまで保証されていた20年間の安定した標準的な助成の保証は、時間とともに供給報奨の低減モデルに置き換えられることになった。核電力が適正な賠償義務費用を負担すればするほど、再生可能エネルギー全体の助成額はそれだけ明白に減らせるという仕組である。２０００〜２０１０年にかけてドイツの最適技術に与えられた特別の供給報奨は、フロンデルらの想定（同上書）や核の「陰の補助金」を前提とした想定に基づけば、キロワット時当たり30セント（２０１０年の価格）である。これにたいして同年期の他の供給報奨は陸上風力発電がキロワット時当たり9・11セント、海上風力発電が同15セント、太陽光発電が同39・14、バイオマスが同32・34セントだった（太陽光発電にたいする高額の供給報奨は太陽光容量を大量に拡張させ、２０００年のおよそ１０００メガワットから２０１０年のおよそ1万７０００メガワットにまで上昇させた）。２０１０年の平均的な供給報奨は15・63セントで、これはライプツィッヒの電力取引所価格の3倍である。供給報奨の平均上昇率は、２０００年の2・8％から２０１０年には14・1％に上がった。中期的に見ると、再生可能エネルギーにたいする継続的な助成は、再生可能エネルギー電力の過剰供給を一時的に生じさせるという問題を生み出すだろう。簡便で安価なエネルギー蓄蔵技術が開発されないかぎり、立法者〔議会〕は再生可能エネルギーの供給優先を規制する措置に突き当たらざるをえない。重大なことにその結果、もっとも助成されたエネルギー源〔核電〕が第一の電力供給源として公的な電力網に接続されざるをえなくなり、したがって将来の供給報奨の約束もすべての新しい法律に再び入り込むことになる。

核電力をめぐる論争全体において、またフロンデルらの議論においても忘れられているのは、核の「陰の補助金」を熟考すべきだという視点である。こうした欠落は国家が適正な賠償義務保険を断念したことから発生している。「陰の補助金」による核電力への絶対的な助成額は、ドイツでも世界でも２０１０年には非常に高かった。もし２０１０年のドイツで６０００億キロワット時のうち核電力が低く見積もっても20％を占めるとすれば、１２００キロワット時が核電力によるものとなる。この場合、キロワット時当たり10セントが未払いのスーパー・ガウの保険割増金（つまり「陰の補助金」）として助成されたことになり、これは絶対額で年１２０億ユーロ、国内総生産で０・５％という額になる。キロワット時当たり10セントの「陰の補助金」は、キロワット時当たりおよそ2セントとされる公式の核電力価格（純発電費用）のおよそ５００％に当たる。仮に20セントの「陰の補助金」を想定すれば、絶対額は年２４０億ユーロとなるが、こちらの方が現実の額に近いかもしれない。疑いようもなく、核電力にたいする実際の助成は膨大で（国家が核電力にたいする適正な賠償義務保険を断念しているからだ）、年２４０億ユーロを想定すると、30年間で４０００億ユーロ〔ママ〕の助成になる（キロワット時当たり50セントの「陰の補助金」を仮定すれば、絶対額は年６００億ユーロとなるだろう。そうなれば、核電力の存立は容易ではない。核電力の需要がなくなるからである）。この額はどの補助金報告書にも載っていない。たとえば、ドイツ政府の公式の補助金報告書〔国家が拠出するすべての補助金に関するもの〕では国内総生産のおよそ１％の助成および租税減免を前提しているが、キール世界経済研究所のより包括的な補助金報告書ではこれが6～7％となっている。しかし核電力にたいする「陰の補助金」は、いずれの報告にも含まれていなかった。

もし核電力の支持者が、「石炭鉱山や石炭火力発電所では、これまで事故によって多くの死者が記録されてきたではないか」と言うなら、私たちは反対に、「石炭火力発電所の事故の費用は、核炉のガウないしスーパー・ガウの費用より確実にはるかに安い」と指摘してよいだろう。しかも、核炉の場合、後々の影響は2万４０００年（単純化のためにプルトニウムの半減期を挙げる）にも及び、廃棄物処理問題に至っては１００万年どころの話ではないだろう。フランスで計画されている核廃棄物の最終貯蔵鉱山に関して、フランス電力つまりフランスの国家コンツェルンは最終貯蔵費用の問題に軽く触れているが、それを見るかぎり、フランス電力は鉱山建設費用の見積もり額３５０億ユーロを単独で引き受けるつもりはまったくないようだ。

資料3　製造業・企業の累積排出量

表12

（キログラム／ギガワット時）

	二酸化硫黄	窒素酸化物	塵埃	二酸化炭素
風力				
4.5m／秒	16.3－34.9	24.1－50.7	3.0－6.3	16,300－35,700
5.5m／秒	10.9－23.5	16.0－34.2	2.0－4.3	10,800－24,000
6.5m／秒	8.1－17.7	12.0－25.8	1.5－3.2	8,100－18,100
太陽電池				
単結晶	270－340	320－410	100－120	247,000－318,000
複結晶	300－380	300－380	60－80	232,000－298,000
非晶質	170－220	210－270	20－30	206,000－265,000
石炭				
原材料消費	6－11	10－14	1－2	4,400－7,300
延長プロセス網内	128	137	9	93,000
発電所排出	570	570	140	781,000
計	704－709	717－721	150－151	878,400－881,300
核エネルギー				
原材料消費	5	9	1	5,400
延長プロセス網内*	28－45	55－87	5－7	13,000－20,000
発電所排出	0	0	0	0
計	33－50	64－96	6－8	18,400－25,400

*：延長プロセス網内の損失に関連した複数の想定から、数値に幅が生じる場合がある。
出典：フォス 1997 p.59－74。

資料4　職務上・公務上の危険性

表13

	職務上の危険性		公務上の危険性	
	死亡	けが／疾患	死亡	けが／疾患
	数／テラワット時[注3]	WDL[注4]／テラワット時	数／テラワット時[注3]	WDL[注4]／テラワット時
風力エネルギー				
4.5m／秒	0.02－0.08	120－300	0.008	0.35－0.38
5.5m／秒	0.02－0.05	80－200	0.005	0.23－0.25
6.5m／秒	0.01－0.04	60－150	0.004	0.18
太陽電池[注1]	0.10－0.19	600－1100	0.009－0.011	0.44－0.54
石炭	0.22	2300	0.21－0.74	0.08－12.0
核エネルギー[注2]	0.04－0.11	209－218	0.002－0.1	0.06－0.31

注１：太陽光発電の種類による差はない。
注２：公務上の危険性の数は、とくに仮説的事故に関する『ドイツ危険性研究　核発電所（段階A)』の成果を含む。
注３：施設の寿命期間中に生産される電気エネルギー全体に関連する。
注４：WDF＝生命の保険数理的価値。保険の評価額を数理的に測った場合の生命の価値。
出典：同上書。

資料５　環境部門の国別比較

図25

1）再生可能エネルギーの割合

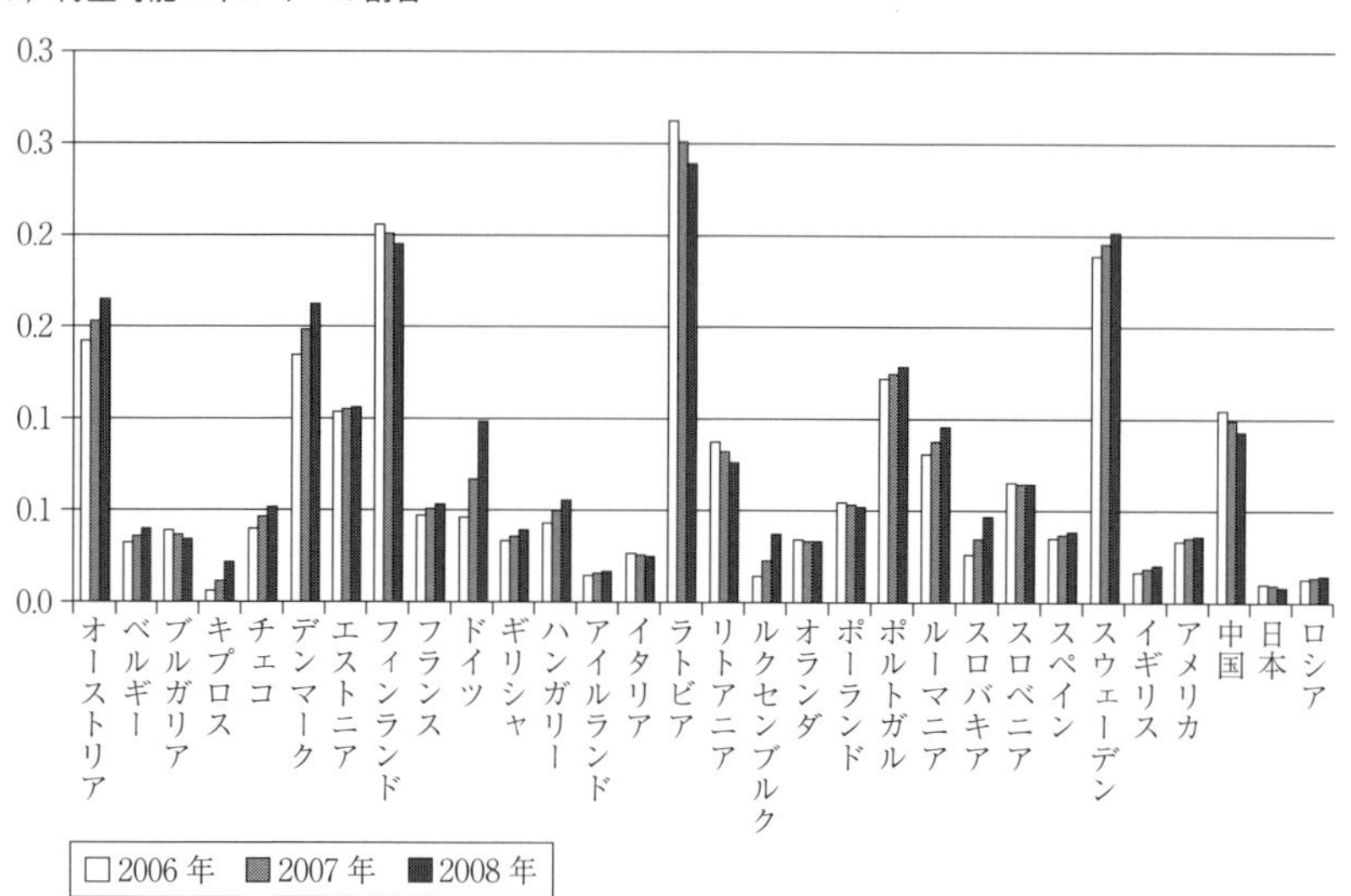

2）総節約の割合／世界銀行

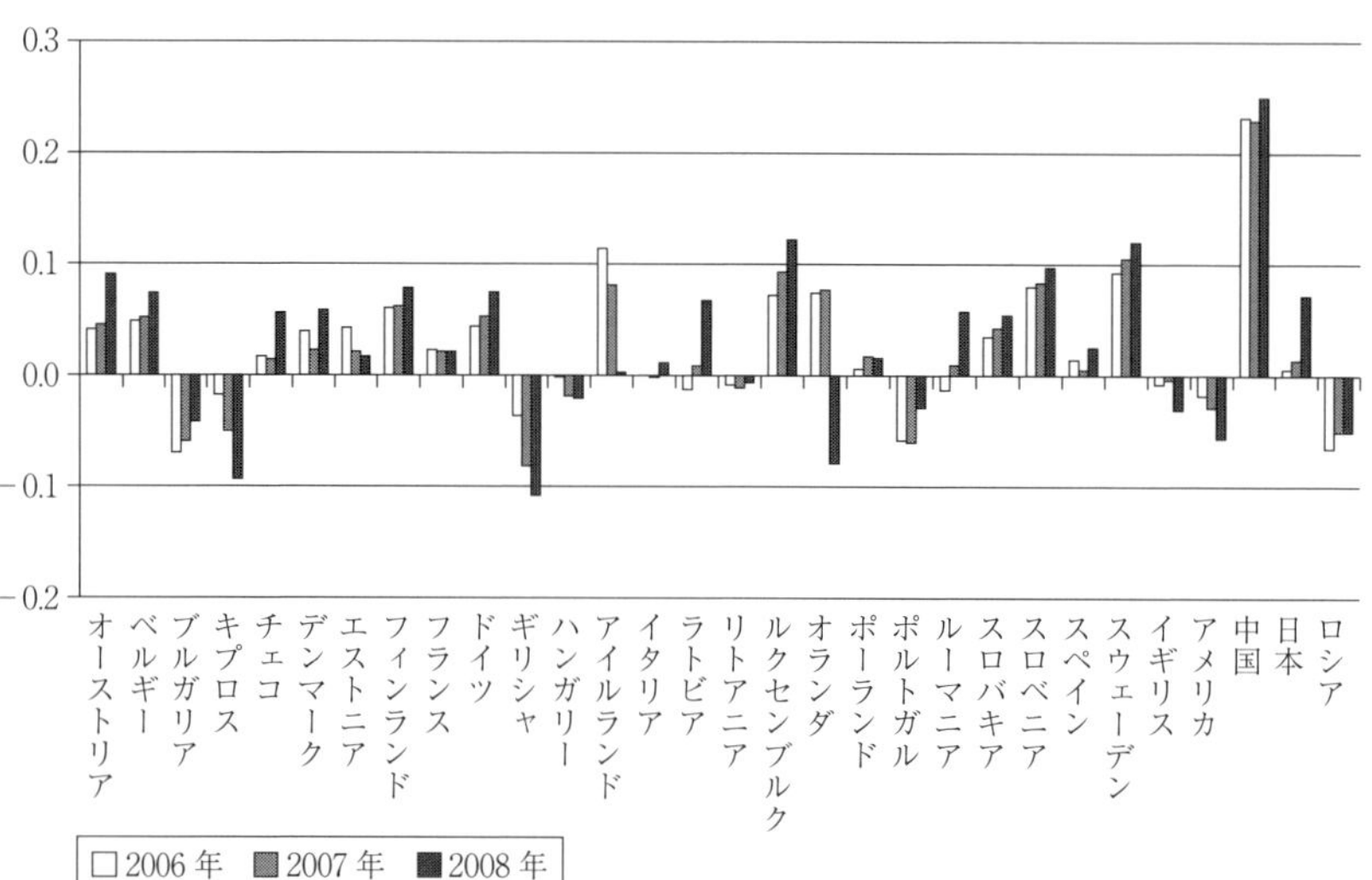

3）「環境に親和的な製品の輸出」にたいする競争力の割合

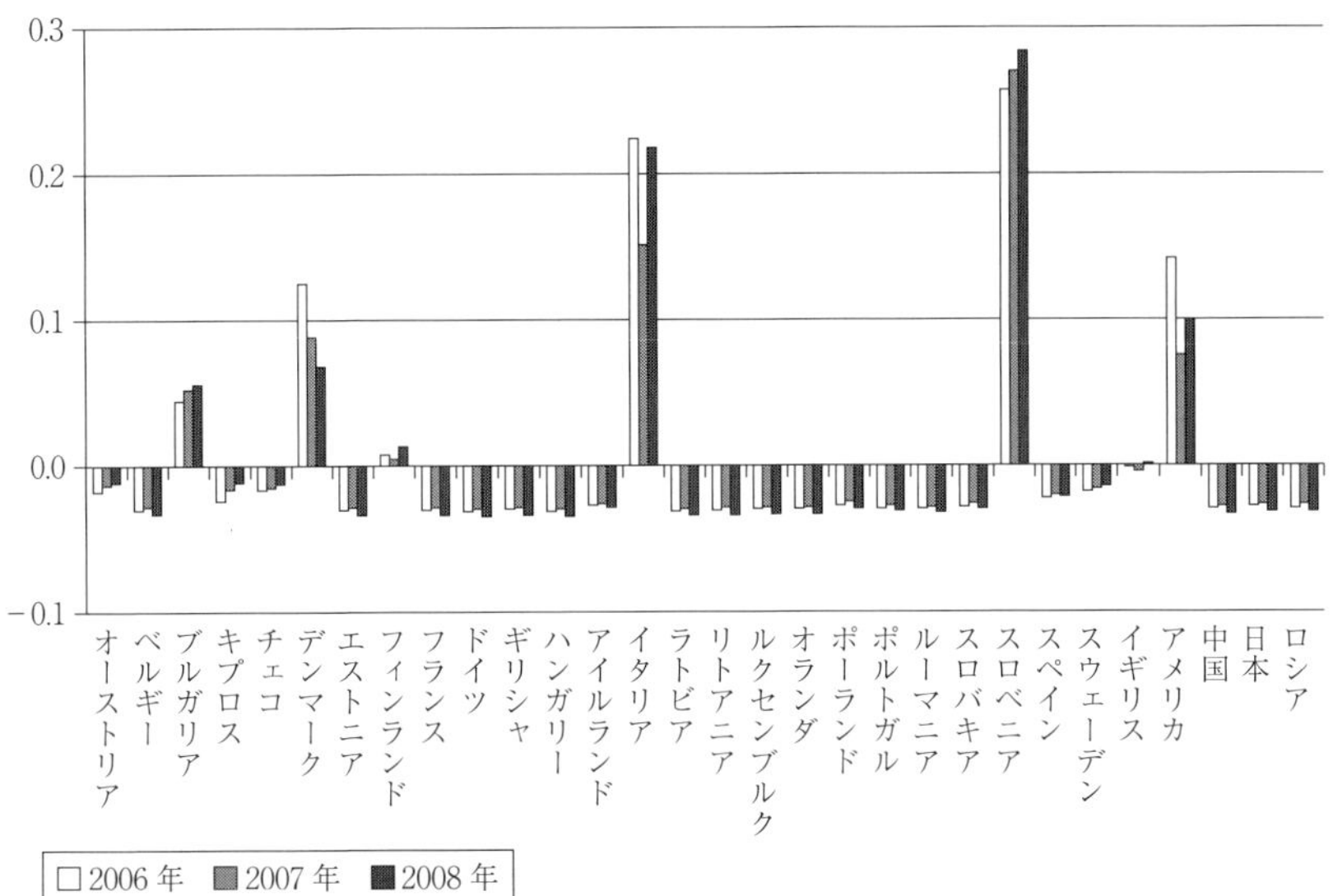

出典：世界銀行「世界開発指標」、ヨーロッパ世界経済連関研究所の計算。

資料6　発電所のエネルギー源価格：「最低価格」と「最高価格」の推移予測

表14

（セント2005年／キロワット時）

年	価格道筋	2005	2010	2015	2020	2025	2030	2035	2040	2045	2050
褐炭	最低価格	0.3492	0.3528	0.3528	0.3528	0.3528	0.3528	0.3528	0.3528	0.3528	0.3528
石炭	最低価格	0.7992	0.5904	0.6300	0.6300	0.6300	0.6444	0.6588	0.6732	0.6876	0.7020
	最高価格	0.7992	0.7056	0.7164	0.7308	0.7488	0.7668	0.7884	0.8064	0.8244	0.8460
天然ガス	最低価格	2.1996	1.7424	1.8648	1.9476	2.0196	2.1276	2.2176	2.3112	2.4120	2.5164
	最高価格	2.1996	2.6172	2.8368	3.0528	3.2076	3.3624	3.5244	3.6972	3.8772	4.0680
核エネルギー	最低価格	0.2232	0.2232	0.2232	0.2232	0.2232	0.2232	0.2232	0.2232	0.2232	0.2232
バイオマス	最低価格	2.1600	2.1600	2.1600	2.1600	2.1600	2.1600	2.1600	2.1600	2.1600	2.1600

出典：ヴィッセル／他 2008。

資料7　ヨーロッパ連合「低炭素経済行程表」に従った温室効果ガス削減の必要性

表15

温室効果ガス削減（1990年比）	2005年	2030年	2050年
全体	−7%	−40〜−44%	−79〜−82%
部門			
発電（二酸化炭素）	−7%	−54〜−68%	−93〜−99%
産業（二酸化炭素）	−20%	−34〜−40%	−83〜−87%
輸送（二酸化炭素・航空輸送含・船舶輸送除）	+30%	+20〜−9%	−54〜−67%
道路・軌道交通	+25%	+8〜−17%	−61〜−74%
家計と中小企業・商業・サービス（二酸化炭素）	−12%	−37〜−53%	−88〜−91%
農業（非二酸化炭素）	−20%	−36〜−37%	−42〜−49%
他の非二酸化炭素排出	−30%	−72〜−73%	−70〜−78%

出典：ヨーロッパ委員会 2011a　p.6。

資料8　資源を大切にするヨーロッパ：ヨーロッパ2020戦略における主導イニシアティブ

ヨーロッパ経済とグローバル経済、そして私たちの生活の質は、天然資源に依存している。天然資源には燃料、鉱物、金属のみならず、食料や土地、水や空気、バイオマスやエコ・システムも含まれる。資源にたいする圧力が増大し、開発が変わることなくいっそう進展すれば、世界人口は２０５０年までに30％増え、90億人になるだろう。開発途上国と新興国の人々が工業先進国並みの豊かさや消費水準を得ようと努めるのは、きわめて正当だ。しかし私たち工業先進国の人々が過去何十年も見てきたように、集中的な資源の利用は地球に負担をかけ、供給の安全性を危険にさらす。私たちはこれまでのような資源の消費をもはやこれ以上続けることはできない。

このような発展過程を前にすれば、資源利用のいっそうの効率化は、ヨーロッパの成長・雇用政策にとって決定的な要因となるだろう。それは生産性を向上させ、費用を抑え、競争力を強化する経済的展望を切り開くだろう。私たちは新しい製品とサービスを提供する新しい方法を必要としている。また、資源の投入および浪費を減らし、資源の管理を改善し、消費のモデルを変更する新しい方法を必要としている。さらに、生産過程・マネージメント・作業の方法を最適化し、ロジスティックを改善する新しい方法を必要としている。これらすべては技術革新を促進し、急成長する環境技術部門の雇用をつくり出して、ヨーロッパ連合の貿易を支えるだろう。そして、新しい輸出市場の開拓とより持続可能な製品の普及を促し、消費者の生活を支えていくだろう。

倹約した資源の利用は、ヨーロッパ連合の他の多くの目的にも役立つだろう。ヨーロッパ連合は気候変動との闘いに決定的に貢献してきた。そして現在も、２０５０年までに温室効果ガスの排出を80～95％減らす努力を続けている。より効率的な資源の利用は、環境やそれが果たす機能を改善するために、また現在および将来世代の生活の質を維持するために必要である。持続可能な農漁業部門の強化をめざす私たちの努力は、開発途上国の食料問題を解決するのに貢献するだろう。それだけでなく、資源の効率化を明白に向上させ、不足し続ける燃料と原材料への依存を下げることができれば、ヨーロッパの原材料供給をよりよく保証していくだろう。そうすれば、ヨーロッパ経済はグローバルなエネルギー・原材料価格の上昇にもよりよく耐えることができるだろう。

２０５０年のヨーロッパのために構想された長期的かつ戦略的な枠組を一瞥すれば、企業や投資家にたいしてもよりよき道を指し示すことができる。私たちは次の10年間〔２０１０～２０年〕に、ヨーロッパの正しい道を見つけ出し、転換の加速にとって、重点がどこに置かれるべきかを明確にしなければならない。

（出典：ヨーロッパ委員会 2011b p.2）

(2010), Global Scenarios for the Century Ahead: Searching for Sustainability. Tellus Institute. Boston.

ロックシュトレーム／他『惑星の限界―人類のために安全に作動する空間を探究する』。ROCKSTRÖM, J.; STEFFEN, W.; NOONE, K.; PERSSON, Å. et al. (2009), Planetary Boundaries: Exploring the Safe Operating Space for Humanity, published by the Resilience Alliance, Stockholm 2009, http://www.ecologyandsociety.org/vol14/iss2/art32/ES-2009-3180.pdf, Zugriff am 12.12.2011, Zusammenfassung: Nature 461,472-475 (24 September 2009), doi:10.1038/461472a; Published online 23 September 2009.

ロビンズ「エネルギー戦略―採用されなかった道？」。LOVINS, A. B. (1976), Energy Strategy: The Road Not Taken ?; 55 Foreign Affairs 65.

ロビンズ「ソフト・エネルギー技術」。LOVINS, A.B. (1978), Soft Energy Technologies, in: Annual Review of Energy. Vol.3:477-517.

ロビンズ／他「再生のための気候―刺激の色は緑になる」。ROBINS, NICK, CLOVER, R.; SINGH, C. (2009), A Climate for Recovery: the colour of stimulus goes green, HSBC, 25 February 2009, http://www.globaldashboard.org/wpcontent/uploads/2009/HSBC_Green_New_Deal.pdf, Zugriff am12.12.2011.

ローマ・クラブ「砂漠からクリーンな電力を―エネルギー・水・気候保全のためのデザーテック計画」。THE CLUB OF ROME (2009), Clean Power from Deserts – The DESERTEC Concept for Energy, Water and Climate Security, White Paper, 4th ed., Bonn: Protext.

ロールズ『正義論』〔紀伊國屋書店、2010年〕。RAWLS, J. (1971), A Theory of Justice, Cambridge.

(無署名)「最初の持続可能性・上場投資信託」。O.V. (2011), Erste Nachhaltigkeits-ETF notiert, Frankfurter Allgemeine Zeitung, 1.März 2011, S.21.

ラ行

ライプツィッヒ保険フォーラム「核電稼働から生まれる賠償義務リスクをカバーする、リスクに見合った保険プレミアムの見積もり」。VERSICHERUNGSFOREN LEIPZIG（2011）, Berechnung einer risikoadäquaten Versicherungsprämie zur Deckung der Haftpflichtrisiken, die aus dem Betrieb von Kernkraftwerken resultieren. Eine Studie im Auftrag des Bundesverband Erneuerbare Energie e.V.（BEE）, Leipzig, mimeo.

ラティフ「グローバルな気候変動への挑戦」。LATIF, M.（2010）, Die Herausforderung globaler Klimawandel, Perspektiven der Wirtschaftspolitik Vol. 11,4-12.

ラートカウ『ドイツ原子力産業の興亡 1945-1975年―排除された核技術の代替策と核論争の起源』〔ラートカウ／ハーン『原子力と人間の歴史―ドイツ原子力産業の興亡と自然エネルギー』築地書館、2015年〕。RADKAU, J.（1983）, Aufstieg und Krise der deutschen Atomwirtschaft, 1945-1975, Verdrängte Alternativen in der Kerntechnik und der Ursprung der nuklearen Kontroverse, Hamburg: Rororo.

リートゥケ／他「企業に即した手段領域での資源政策提言」。LIEDTKE, C; KRISTOF, K.; BIENGE, K.; GEIBLER, J. V.; GÖRLACH, S.; KNAPPE, F.; LEMKEN, T.; MEINEL,U.; ONISCHKA, M.; SCHMIDT, M.; ZVEZDOV, D.（2010）, Maßnahmenvorschläge zur Ressourcenpolitik im Bereich unternehmensnaher Instrument. MaRess-Projekt Ressourceneffizienz-Paper 4.6.

リヒトブリック社「膨大にある電力―エネルギー転換のためのスマート・エネルギー」。LICHTBLICK（2010）,SchwarmStrom – Intelligente Energie für die Energiewende, http://www.lichtblick.de/h/schwarmstrom_288.php, Zugriff am 21.01.2011.

ルッツ「気候政策とマクロ経済的挑戦」。LUTZ, C.（2011）, Klimapolitik und makroökonomische Herausforderungen, in: WELFENS, P.J.J.（Hrsg.）, Zukunftsfähige Wirtschaftspolitik in Deutschland und Europa, Heidelberg: Springer.

ルッツ／マイヤー「グローバル企業間予測システムからのシナリオ結果」。LUTZ,C.; MEYER, B.（2009）, Scenario Results from GINFORS, petrE Working Paper, Osnabrück.

レイヤール『幸福な社会―政治と経済のためのコース転換』。LAYARD, R.（2005）, Die glückliche Gesellschaft: Kurswechsel für Politik und Wirtschaft. Frankfurt/Main. Campus-Verlag.

レッゲヴィー／ヴェルツァー『私たちが知っていたような世界の終焉―気候、未来、民主主義の好機』。LEGGEWIE, C.; WELZER, H.（2009）, Das Ende der Welt, wie wir sie kannten: Klima, Zukunft und die Chancen der Demokratie, S. Fischer.

レッシェル／他「気候保護の要求―ドイツのための経験的影響評価」。LÖSCHEL, A.; STURM, B.; VOGT,C.（2010）, The Demand for Climate Protection – An Empirical Assessment for Germany, ZEW Discussion Paper No. 10-068.

レーマン／他『エネルギー豊富な日本』。LEHMANN, H.（Hrsg.）; KRUSKA, M.; ICHIRO, D.; OHBAYASHI, M.; TAKASE, K.; TETSUNARI, I.; GARY EVANS, G.; HERBERGS, S.; MALLON, K.; PETER, S.（2003）, Energy Rich Japan, commissioned by Greenpeace International（Amsterdam）and Greenpeace Japan. EU Tech Germany, Institute for Sustainable Energy Policies（ISEP）, Institute for Sustainable Solutions and Innovations（ISUSI）, Aachen, Germany; Tokyo, Japan, http://www.energyrichjapan.info

レーマン／ペーター「現在でも100％再生可能エネルギーは可能だ」。LEHMANN,H.; PETER, S.（2009）, 100% is Possible Now, in: DROEGE, P.（Hrsg.）. 71-86.

レンネベルク。RENNEBERG, in Vereinigung Deutscher Wissenschaftler（2011）〔出典詳細不明〕.

ローゼン／他『次世紀のためのグローバル・シナリオ』。ROSEN, R.A.; ELECTRIS, C,; RASKIN, P,D.

KLEIDON, A.（2011）, Response to M.Z. Jacobson & C.L. Archer on “Comment on, Estimating maximum global land surface wind power extractability and associated climatic consequences, Earth System Dynamics Discussion, forthcoming.

メドウズ／他『成長の限界』。MEADOWS, D. H.; MEADOWS, D. L.; RANDERS, J.; BEHRENS, W.W.（1972）, The Limits to Growth. Universe Books. Die Grenzen des Wachstums. Bericht des Club of Rome zur Lage der Menschheit. Aus dem Amerikanischen von Hans-Dieter Heck. Deutsche Verlags-Anstalt, Stuttgart 1972, ISBN 3-421-02633-5; Rowohlt, Reinbek 1973, ISBN 3-499-16825-1.

ヤ行

ヨッヒェム「持続可能な開発に向かって」。JOCHEM, E.（Hrsg.）（2004）, Steps Towards a Sustainable Development: A White Book for R&D of Energy-Efficient Technologies; Zürich: CEPE ETH Zürich, http://www.novatlantis.ch/fileadmin/downloads/2000watt/Weissbuch.pdf, Zugriff am 21.09.2011.

ヨーロッパ委員会「競争力ある低炭素経済2050に移行する行程表」。EUROPÄISCHE KOMMISSION（2011a）, A Roadmap for moving to a competitive low carbon economy in 2050, COM（2011）112 final, Brüssel, 08.03.2011.

ヨーロッパ委員会「資源を尊重するヨーロッパ—ヨーロッパ2020戦略における主導イニシアティブ」。EUROPÄISCHE KOMMISSION（2011b）, Ressourcenschonendes Europa – eine Leitinitiative innnerhalb der Strategie Europa 2020, KOM（2011）21, Brüssel, 26.01.2011.

ヨーロッパ委員会「エネルギー行程表」。EUROPÄISCHE KOMMISSION（2011c）, Energy Roadmap, COM（2011）885/2 Brüssel.

ヨーロッパ委員会「エネルギー効率的な低炭素社会への転換を促進するために、情報通信技術を動員することに関する委員会勧告」。EUROPEAN COMMISSION（2009）, Commission Recommendation of 9.10.2009 on mobilizing Information and Communication Technologies to facilitate the transition to an energy-efficient, low-carbon economy, C（2009）7604 final.

ヨーロッパ委員会「外部費用—電力・輸送に起因する社会的・環境的ダメージに関する研究結果」。EUROPEAN COMMISSION（2010）, External Costs. Research results on socioenvironmental damages due to electricity and transport, Brussels.

ヨーロッパ委員会「ヨーロッパ技術革新スコアボード」。EUROPEAN COMMISSION（2005）, European Innovation Scoreboard, Brussels.

ヨーロッパ委員会「ユーロ統計」。EUROPÄISCHE KOMMISSION, Eurostat.〔出典詳細不明〕.

ヨーロッパ・エネルギー効率化経済協議会「効率化で充分か—エネルギー明細書における進歩的な効率化と知足への重点移動の事例」。ECEEE（2010）, Is efficient sufficient? The case for shifting our emphasis in energy specifications to progressive efficiency and sufficiency, Chris Calwell, March 2010, http://www.eceee.org/sufficiency/eceee_Progressive_Efficiency.pdf, Zugriff am 06.11.2010.

ヨーロッパ技術革新・技術研究所『ヨーロッパ技術・情報概観』。EITO（2002）, European Information Technology Observatory 2002, Frankfurt.

ヨーロッパ対外サービス機関／他「節電チェック行動」。eaD/CARITAS/KOPATZ et al.（2010）〔出典詳細不明〕.

ヨーロッパ緑基金「ヨーロッパのための緑のニューディール」。GEF［The Green European Foundation Green European Foundation］（ed.）（2009）, A Green New Deal for Europe, Brussels 2009; A Green New Deal For Europe – Towards Green Modernization in the face of Crisis; A report by the Wuppertal Institute for Climate, Environment and Energy, Brussels 2009, http://www.gef.eu/fileadmin/user_upload/GEF_GND_for_Europe_publication_web.pdf, Zugriff am 12.12.2011.

P.; SAMADI. S.; SCHLEICHER, T.（2011）, Ambitionierte Ziele – untaugliche Mittel: Deutsche Energiepolitik am Scheideweg, Hintergrundpapier der Vereinigung Deutscher Wissenschaftler（VDW）zur Energie- und Klimapolitik in Deutschland 2010, unter Mitarbeit von F. Chr. Matthes, W. Renneberg J. Schneider, VDW-Materialien 1/2011, Berlin.

ベルトルディ／他「省エネルギーのための固定価格買取制度」。BERTOLDI, P.; REZESSY, S.; OIKONOMOU, V.; BOZA-KISS, B.（2009）, Feed-in tariff for energy saving: thinking of the design, in: ECEEE 2009 Summer Study, S. 121.

ベルリン工科大学「再生可能エネルギー拡張の費用」。TECHNISCHE UNIVERSITÄT BERLIN（2011）, Kosten des Ausbaus der erneuerbaren Energien, Berlin, mimeo, Studie im Auftrag der Vereinigung der Bayerischen Wirtschaft, VBEW, Bayerische Chemieverbände, Bayerische Papierverbände, Verband der Bayerischen Energie- und Wasserwirtschaft e.V.

ベルリン日々新聞「エーオンは原発建設を許容している」。TAZ（2010）, E.ON darf neue AKWs bauen, http://www.taz.de/l/archiv/digitaz/kiosk/artikel/l/eon-darf-neue-akws-bauen/, Zugriff am 12.12.2010.

ベントレー「持続可能な消費―倫理、国民指標、国際関係」。BENTLEY, M. D.（2003）, Sustainable Consumption: Ethics, National Indices and International Relations（Dissertation）, Paris.

ポツダム気候研究所／他。PIK et al.（2009）〔出典詳細不明〕.

ホーマイヤー「2050　エネルギーの未来」。HOHMEYER, O.（2010）, 2050. Die Zukunft der Energie. Gutahten im Auftrag der LichtBhck AG. http://www.lichtblick.de/uf/Studie_2050_Die_Zukunft_der_Energie.pdf. http://www.energieregion.nrw.de/_database/_data/datainfopool/ImageFlyer_Netzwerk_Geothermie.pdf, Zugriff am 12.12.2011.

ボントゥラップ／マルカール『ドイツ電力経済の批判的ハンドブック』。BONTRUP, H.-J.; MARQUARDT,R.-M.（2010）, Kritisches Handbuch der deutschen Elektrizitätswirtschaft. Branchenentwicklung-Unternehmensstrategien-Arbeitsbeziehungen, Berlin.

マ行

マイヤー「原子力国家」MAYER,C.（2011）, Der Atomstaat, Der Spiegel,Nr. 21, 2011, Hamburg.

マッカロン「処理費用とイギリスの核政策」。MacCARRON, G.（1991）, Decommissioning Costs and British Nuclear Policy, *Energy Journal*, Vol. 12,13-28.

マッキンゼー・グローバル研究所『次のエネルギー危機を告知する―需要の挑戦』。MCKINSEY GLOBAL INSTITUT（2009）, Advertising the next energy crisis: The demand challenge; MGI report, http://www.mckinsey.com/mgi/publications/next_energy_crisis, Zugriff am 12.12.2011.

ミーゲル『脱出―成長なき豊かさ』。MIEGEL, MEINHARD（2010）, Exit: Wohlstand ohne Wachstum. Berlin. Propyläen-Verlag.

ミッチェル『寄生するコンツェルン』。MITCHELL, L.（2002）, Der parasitäre Konzern. München. Riemann Verlag.

ミュラー「ドイツ・エネルギー水事業連盟のインタビュー」。MÜLLER, H.（2011）, Interview des BDEW, http://www.etaenergie.com/news/12,171182/%CE%B7%5Benergie%5D-l-2011/Energiewirtschaft-Interview-mit-Hildegard-Mueller-%28BDEW%29.html,Zugriff am 24.05.2011.

ミュラー／ニーベルト『新時代の転換―緑のニューディールのための弁論」。MÜLLER, M.;NIEBERT, K.（2009）, Epochenwechsel. Plädoyer für eien grünen New Deal, München: oekom verlag.

ミュラー／ヘニッケ『回避による豊かさ―エコロジーによって危機を脱する』。MÜLLER, M.;HENNICKE, P.（1994）, Wohlstand durch Vermeiden: mit der Ökologie aus der Krise, Darmstadt, Wiss. Buchges., 1994. – 202 S. –（WB-Forum; 87）ISBN 3-534-80156-3.

ミラー／他「ジェイコブソン／アーチャーのコメントに関する回答」。MILLER, L.M.; GLANS, F.;

Resource Management (Resource Panel), UNEP Paris 2009, http://www.oeko.de/oekodoc/1070/2009-129-en.pdf, Zugriff am 12.12.2011.

ブライシュヴィッツ／他「資源政策」。BLEISCHWITZ, R.; JACOB, K.; BAHN-WALKOWIAK, B.; WILTS, H.; RAECKE, F.; WERLAND, S.; RENNINGS, K.; BETHGE, J. (2010), Ressourcenpolitik: Instrumente und Maßnahmenvorschläge zur Gestaltung der Rahmenbedingungen, MaRess- Projekt. Arbeitspaket 3. Ressourceneffizienz-Paper 3.2.

ブライシュヴィッツ／他「持続可能な成長と資源生産性」。BLEISCHWITZ, R.; WELFENS, P.J.J.; ZHANG, Z.X. (Hrsg.) (2009), Sustainable Growth and Resource Productivity, Sheffield: Greenleaf.

フラーデ／他「パッシブ・ソーラー・ハウス居住の快適さ」。FLADE, A.; HALLMANN, S.; LOHMANN, G.; MACK, B. (2003), Wohnkomfort im Passivhaus, Ergebnisse einer sozialwissenschaftlichen Untersuchung, Darmstadt, IWU.

フラウンホーファー・システム技術革新研究所／他。ISI/Roland Berger (2009)〔出典詳細不明〕.

ブリンゲツ／シュッツ「ドイツの資源消費」。BRINGEZU, S.;SCHÜTZ, H. (2008), Ressourcenverbrauch von Deutschland – aktuelle Kennzahlen und Begriffsbestimmungen, Erstellung eines Glossars zum "Ressourcenbegriff' und Berechnung von fehlenden Kennzahlen des Ressourcenverbrauchs für die weitere politische Analyse,UBA Texte 02/08.

ブリンゲツ／ブライシュヴィッツ『持続可能な資源管理』。BRINGEZU, S.; BLEISCHWITZ, R. (Hrsg.) (2009), Sustainable resource management: global trends, visions and policies / Sheffield: Greenleaf Publishing.

フロンデル「ドイツ・エネルギー集約産業におけるエネルギー効率化」。FRONDEL, M. (2010), Energieeffizienz in der energieintensiven Industrie in Deutschland, RWI-Studie für das VIK, Essen.

フロンデル／他「電力価格の事例による気候保護の費用」。FRONDEL, M.; RITTER, N,; SCHMIDT, C.M. (2011). Die Kosten des Klimaschutzes am Beispiel der Strompreise, RWI Position Nr. 45, Essen.

ヘニッケ『真のエネルギー・サービス―エネルギー効率化と太陽経済のための競争計画』。HENNICKE, P. (1999), Wa(h)re Energiedienstleitung – ein Wettbewerbskonzept für die Energieeffizienz- und Solarwirtschaft, Birkhäuser, Berlin.

ヘニッケ／コーラー「自治体と地域圏のエネルギー供給計画―ドイツ電力経済の歴史＋工業密集地域のエネルギー計画」。HENNICKE,P.; KOHLER,S. (1984), Kommunale und regionale Energieversorgungskonzepte: Geschichte der deutschen Elektizitätswirtschaft + Energiekonzepte in Ballungsgebieten – das Beispiel Mannheim, Freibiurg: Öko-Inst., 1984 - (Werkstattreihe/ Öko-Institut e.V., Institut für Angewandte Ökologie; 10).

ヘニッケ／フィッシェディック『再生可能エネルギー―エネルギー効率化によってエネルギー転換へ』。HENNICKE, P.; FISCHEDICK,M. (2007), Erneuerbare Energien: mit Energieeffizienz zur Energiewende, Beck, München (Beck'sche Reihe 2412).

ヘニッケ／ボーダッハ『エネルギー革命―グローバルな新挑戦としての効率化向上と再生可能エネルギー』。HENNICKE, P.; BODACH, S. (2010), Energierevolution: Effizienzsteigerung und erneuerbare Energien als neue globale Herausforderung, Oekom. München.

ヘニッケ／ミュラー『世界権力、エネルギー―民主主義と豊かさのための挑戦』。HENNICKE, P.; MÜLLER, M. (2005), Weltmacht Energie: Herausforderung für Demokratie und Wohlstand, Hirziel, Stuttgart.

ヘニッケ／他「資源安全保障と資源効率化―『原料効率化と資源尊重』プロジェクトの作業パッケージ7に関する政策案」。HENNICKE, P.; KRISTOF, K.; DORNER, U. (2009), Ressourcensicherheit und Ressourceneffizienz – Wege aus der Rohstoffkrise, Policy Paper zu Arbeitspaket 7 des Projekts "Materialeffizienz und Ressourcenschonung" (MaRess).

ヘニッケ／他「野心的目標・役立たずの手段―岐路に立つドイツのエネルギー政策」。HENNICKE,

Wettbewerbsentwicklung mit Licht und Schatten, Sondergutachten Nr. 59.
トラーバー／他「電力価格—再生可能エネルギーによって将来ほんの少ししか高騰しない」。TRABER T.; KEMFERT C.; DIEKMANN, J.（2011）, Strompreise: Künftig nur noch geringe Erhöhung durch erneuerbare Energien. Wochenbericht des DIW, Berlin Nr.6/2011.

ナ行

ノルトライン・ヴェストファーレン地熱ネットワーク「跳躍のイメージ」。NETZWERK GEOTHERMIE NRW（2010）, Image Flyer, Bochum, http://www.energieagentur.nrw.de/_database/_data/datainfopool/ImageFlyer_Netzwerk_Geothermie.pdf, Zugriff am 10.05.2011.

ハ行

ハーゲリューケン「2010年1月11日のフランクフルト講演」。HAGELÜKEN, C.（2010）, Vortrag vom 11.1.2010, Umicore, Frankfurt, http://www.gdch.de/vas/sovas/ch_hagelueken.pdf.
バルテルムス「持続可能な開発—自然な経過をたどってきているか」。BARTELMUS, P.（2009）, Sustainable Development–Has It Run Its Course?, EIIW Diskussionsbeitrag Nr. 162, EIIW an der Bergischen Universität Wuppertal.

ピーチ「〔経済成長と資源消費の絶対的〕分離の神話にたいする代替案—ポスト成長の経済」。PAECH, N.（2010）, Eine Alternative zum Entkopplungsmythos: Die Postwachstumsökonomie, in: Humane Wirtschaft 05/2010.
ヒルシュル／他「再生可能エネルギーによる自治体の価値創造」。HIRSCHL, B.; ARETZ, A.; PRAHL, A.; BÖTHER, T.; HEINBACH, K.; PICK,D.; FUNCKE, S（2010）, Kommunale Wertschöpfung durch Erneuerbare Energien Schriftenreihe des lÖW 196/10, Berlin.

フィッシェディック／他「エネルギー・システムの改革を危険少なく確実に促進する—日本の核炉事故以後のヴッパータール研究所による評価」。FISCHEDICK, M.,LECHTENBÖHMER, S.; THOMAS, S.（2011）, Den Umbau des Energiesystems risikoarm und richtungssicher voranbringen – Einschätzungen des Wuppertal Instituts nach dem Reaktorunfall in Japan; Thesenpapier, Wuppertal Institut für Klima, Umwelt, Energie, 2. überarbeitete Fassung, 22.03.2011.
フィヒター／他「統合技術に基づく資源効率化の先導市場の発展に関する部門間対話—行程表最終報告」。FICHTER, K.; BEHRENDT, S.; CLAUSEN, J.; ERDMANN, L.; HINTEMANN, R.; MARWEDE, M.; CAPORAL, S.（2010）, Branchenorientierte Dialoge zur Entwicklung von Leitmärkten der Ressourceneffizienz auf der Basis von integrierten Technologie- Roadmaps- Abschlussbericht zu AP9, http://ressourcen.wupperinst.org/downloads/MaRess_AP9_5_AbschlussBer.pdf, Zugriff am 26.5.2011.
フォス「環境・気候と調和するエネルギー供給の指導理念と道程」。VOSS, A.（1997）, Leitbilder und Wege einer umwelt- und klimaverträglichen Energieversorgung, in: BRAUCH, H.G.（Hrsg.）, Energiepolitik, Heidelberg: Springer, 59-74.
フォン・ヴァイツゼッカー『地球政策—環境の世紀の出発点におけるエコロジー的な現実政治』。WEIZSÄCKER, E.U. VON（1992）, Erdpolitik. Ökologische Realpolitik an der Schwelle zum Jahrhundert der Umwelt, 3. aktualisierte Auflage,Darmstadt: Wissenschaftliche Buchgesellschaft.
フォン・ヴァイツゼッカー／他『ファクター５—持続可能な成長の公式』。WEIZSÄCKER, E.U. VON; HARGROVES, K.J.; SMITH, M.（2010）, Faktor fünf: die Formel für nachhaltiges Wachstum. München: Droemer.
ブーヒェルト／他「未来の持続可能な技術にとっての希少金属とそのリサイクルのポテンシャル」。BUCHERT, M.; SCHÜLER, D.; BLEHER, D.（2009）, Critical metals for the future sustainable technologies and their recycling potential（Critical metals study for the Inteerational Panel for Sustainable

ドイツ経済省「継続的に発展する情報社会のエネルギー需要評価」(フラウンホーファー信頼性・ミクロ統合研究所/フラウンホーファー・システム技術革新研究所・最終報告)。BMWi [Bundesministerium für Wirtschaft und Technologie] (2009), Abschätzung des Energiebedarfs der weiteren Entwicklung der Informationsgesellschaft, Abschlussbericht (Fraunhofer IZM / Fraunhofer ISI), Berlin, Karlsruhe, März 2009, http://www.brawi.de/Dateien/BMWi/PDF/abschaetzung-des-energiebedarfs-der-weiteren-entwicklungder-informationsgesellschaft,property=pdf,bereich=bmwi,sprache=de,rwb=true.pdf, Zugriff am 15.10.2011.

ドイツ経済省『ドイツ政府「エネルギー計画」にたいするエネルギー・シナリオ』(ケルン大学エネルギー経済研究所/経済構造研究協会/プログノス社・共同鑑定書。BMWi (2010), Energieszenarien für ein Energiekonzept der Bundesregierung, Gemeinschaftsgutachten des Energiewirtschaftlichen Instituts der Universität zu Köln (ewi), der Gesellschaft für wirtschaftliche Strukturforschung (GWS) und Prognos AG , Basel, Köln, Osnabrück, http://www.bmwi.de/BMWi/Redaktion/PDF/Publikationen/Studien/studieenergieszenarien-fuer-ein-energiekonzept,property=pdf,bereich=bmwi, sprache=de,rwb=true. pdf, Zugriff am 06.11.2010.

ドイツ原料庁/ドイツ地球科学・原料局。DERA/BGR (2011)〔出典詳細不明〕.

ドイツ航空宇宙センター/ハイデルベルク・エネルギー・環境研究所/ヴッパータール気候・環境・エネルギー研究所「ドイツの再生可能エネルギー利用のエコロジー的に最適な拡張」。DLR; IFEU; WUPPERTAL INSTITUT FÜR KLIMA, UMWELT, ENERGIE (2004), Ökologisch optimierter Ausbau der Nutzung erneuerbarer Energien in Deutschland, http://www.dlr.de/tt/Portaldata/41/Resources/dokumente/institut/system/publications/Oekologisch_optimierter_Ausbau_Langfassung.pdf, Zugriff am 06.11.2010.

ドイツ航空宇宙センター/フラウンホーファー風力エネルギー・システム技術研究所/新エネルギー技師事務所。DLR,IWES,IFNE〔出典詳細不明〕.

ドイツ政府・《グローバルな環境変動》科学諮問委員会、ドイツ諮問委員会「グローバルな変動」『転換期の世界―持続可能なエネルギー・システムに向かって』。WBGU [Wissenschaftlicher Beirat der Bundesregierung Globale Umweltveränderung] (2003), German Advisory Council on Global Change (ed.),World in Transition. Towards Sustainable Energy Systems. Summary for Policy.Berlin.

ドイツ政府・《グローバルな環境変動》科学諮問委員会『転換期の世界―大転換のための社会契約』。WBGU (2011), Weit im Wandel. Gesellschaftsvertrag für eine Große Transformation, Berlin.

ドイツ統計庁「家計の収入と支出」。STATISTISCHES BUNDESAMT (2007), Einnahmen und Ausgaben privater Haushalte - Fachserie 15 Reihe 1, https://www.ec.destatis.de/csp/shop/sfg/bpm.html.cms.cBroker.cls?cmspath=struktur,vollanzeige.csp&ID=1024650, Zugriff am 06.11.2010.

ドイツ統計庁「統計年鑑2008」。STATISTISCHES BUNDESAMT (2008), Statistisches Jahrbuch 2008; Wiesbaden, http://www.ec.destatis.de/csp/shop/sfg/bpm.html.cms.cBroker.cls? cmspath=struktur, vollanzeige.csp&ID=1022321,DESTATIS, FS 4, Reihe 4.3. Kostenstruktur im Produzierenden Gewerbe.

ドイツ統計庁「国民経済総計算―国内総生産・国民総所得・国民所得」。STATISTISCHES BUNDESAMT (2010), Volkswirtschaftliche Gesamtrechnung–Bruttoinlandsprodukt, Bruttonationaleinkommen, Volkseinkommen – Lange Reihen ab 1950, http://www.destatis.de/jetspeed/portal/cms/Sites/destatis/lnteraet/DE/Content/Statistiken/VolkswirtschaftlicheGesamtrechnungen/Inlandsprodukt/Tabellen/Volkseinkommen1950,property=file.xls, Zugriff am 06.11.2010.

ドゥ・ブリュン「エネルギー集約産業はヨーロッパ連合排出権取引で望外利潤を得ているか」。DE BRUYN, S. (2010), Does the energy intensive industry obtain windfall profits through the EU ETS?, Paper for the European Climate Foundation, mimeo.

ドゥレーゲ『100%再生可能エネルギー――エネルギー自律の行動』。DROEGE, P. (2009), 100% Renewable. Energy Autonomy in Action, London: Earthscan.

独占委員会「エネルギー2011―競争発展の光と影」。MONOPOLKOMMISSION (2011), Energie 2011:

ドイツ環境省／レットゲン「2020年までに約20%の再生可能エネルギーは達成可能だ—再生可能エネルギー国民行動計画を決定」。BMU（2010b）, Röttgen: Knapp 20 Prozent erneuerbare Energien bis 2020 sind erreichbar – Nationaler Aktionsplan für erneuerbare Energie beschlossen. Pressemitteilung Nr. 116/10 vom 04.08.2010, http://www.erneuerbare-energien.de/inhalt/46296/4597, Zugriff am 12.12.2011.

ドイツ環境省『数字で見る再生可能エネルギー—国家的・国際的発展』。BMU（2010c）, Erneuerbare Energien in Zahlen – nationale und internationale Entwicklung, http://www.erneuerbare-energien.de/files/pdfs/allgemein/application/pdf/broschuere_ee_zahlen_bf.pdf, Zugriff am 12.12.2011.

ドイツ環境省『ドイツの再生可能エネルギー情報入門—無限にたくさんのエネルギー』（再生可能エネルギー庁）。BMU（2010d）, Deutschlands Informationsportal für erneuerbare Energien: Unendlich viel Energie. Agentur für Erneuerbare Energien, http://www.unendlich-vielenergie.de/DIW, Zugriff am 25.11.2011.

ドイツ環境省／ドイツ経済省『環境を尊重し信頼できる経済的なエネルギー供給のためのエネルギー計画「ドイツ政府のエネルギー計画」』。BMU/BMWi（2010）, Energiekonzept für eine umweltschonende, zuverlässige und bezahlbare Energieversorgung, "Energiekonzept der Bundesregienmg", http://www.bmu.de/files/pdfs/allgemein/application/pdf/energiekonzept_bundesregierung.pdf, Zugriff am 25.11.2011.

ドイツ環境庁「外部費用を知る、環境をよりよく保護する—エネルギー・交通を例に外部費用を評価する方法的約束」。UBA（2007）, Externe Kosten kennen – Umwelt besser schützen. Methodenkonvention zur Schätzung externer Kosten am Beispiel Energie und Verkehr, http://www.umweltbundesamt.de/uba-info-presse/2007/pd07-024.htm, Zugriff am 09.08.2009.

ドイツ環境庁「気候保護の経済的効果・エネルギー／気候統合プログラムの措置の経済的評価・メーゼベルク気候保護決定の選択的措置の費用計算」。UBA（2008）, Wirtschaftlicher Nutzen des Klimaschutzes, Wirtschaftliche Bewertung von Maßnahmen des integrierten Energie- und Klimaprogramms（lEKP）, Kostenbetrachtung ausgewählter Einzelmaßnahmen der Meseberger Beschlüsse zum Klimaschutz, Forschungsbericht 205 46 434, UBA-FB 001097, ISSN 1862-4359, http://www.umweltdaten.de/publikationen/fpdf-l/3517.pdf, Zugriff am 09.09.2009.

ドイツ環境庁『エネルギー目標2050—100%再生可能エネルギー源による電力』。UBA（2010）, Energieziel 2050: 100% Strom aus erneuerbaren Quellen, http://www.umweltdaten.de/publikationen/fpdf-l/3997.pdf, Zugriff am 21.09.2011.

ドイツ官報「エネルギー経済新規制指令８（2011/ 7 /26）に関する法律」。BUNDESGESETZBLATT 41/2011（2011）, Gesetz zur Neuregelung energiewirtschaftlicher Vorschriften vom 26.07.2011, http://www.bmelv.de/SharedDocs/Downloads/Service/Rechtsgrundlagen/GesetzNeuregelungEnergieVorschriften.pdf;Jsessionid=591D9DBA0B407321BA71FA8B0CCCB23B.2_cid230?_blob=publicationFile, Zugriff am 02.12.2011.

ドイツ（連邦）議会〔衆議院〕専門家調査委員会「グローバル化とリベラル化の条件下における持続可能なエネルギー供給に関する第一報告、リベラル化・グローバル化した市場における持続可能なエネルギー供給に関する部分報告」。DEUTSCHER BUNDESTAG（Hrsg.）（2001）, Erster Bericht der Enquete- Kommission. Nachhaltige Energieversorgung unter den Bedingungen der Globalisierung und Liberalisierung. Teilbericht zu dem Thema Nachhaltige Energieversorgung auf liberalisierten und globalisierten Märkten: Bestandsaufnahme und Ansatzpunkte, Berlin, http://www.bundestag.de,Drucksache 14/7509.

ドイツ（連邦）議会〔衆議院〕専門家調査委員会・最終報告「グローバル化とリベラル化の条件下における持続可能なエネルギー供給」。DEUTSCHER BUNDESTAG（Hrsg.）（2002）, Nachhaltige Energieversorgung unter den Bedingungen der Globalisierung und Liberalisierung. Endbericht der Enquete-Kommission, Berlin.

ドイツ経済コンサルタント連盟。VEREINIGUNG DEUTSCHER WISSENSCHAFTLER（2011）〔出典詳細不明〕.

ソコロフ／パカラ「安定化のくさび―現在の科学・技術によって次の50年間で気候問題を解決する」。SOCOLOW.R. H.; PACALA S. W.（2004）, Stabilization Wedges: Solving the Climate Problem for the Next 50 Years with Current Technologies, Science, http://cmi.princeton.edu/wedges/articles.php, Zugriff am 12.12.2011.

ソコロフ／パカラ「炭素を制御する一つの計画」。SOCOLOW,R. H.; PACALA. S. W.（2006）, "A Plan to Keep Carbon in Check," &, Scientific American, September 2006, http://www.princeton.edu/mae/people/faculty/socolow/socdoc/carbonincheck.pdf, Zugriff am 21.11:2011.

タ行

ディステルカンプ／マイヤー「資源効率化戦略強化の経済的利点のトップダウン分析」。DISTELKAMP, M.; MEYER, B.; MEYER, M.（2010）, Top-Down-Analyse der ökonomischen Vorteile einer forcierten Ressourceneffizienzstrategie. MaRess-Project. AP5-Abschlussbericht, http://ressourcen.wupperinst.org/downloads/MaRess_AP5_5.pdf, Zugriff am 25.11.2011.

ドイツ・エネルギー庁「電力網研究Ｉ―再生可能エネルギーを統合する電力網の拡張」。DENA（2005）, dena-Netzstudie I: Netzausbau zur Integration erneuerbarer Ernrgien, http://www.dena.de/themen/thema-esd/projekte/print/projekt/dena-netzstudie-i/, Zugriff am 24. Mai 2011.

ドイツ・エネルギー庁「電力網研究Ⅱ―ドイツのエネルギー供給において再生可能エネルギーを統合する電力網の拡張　2015–2025年」。DENA（2010）, dena-Netzstudie II - Integration erneuerbarer Energien in die deutsche Stromversorgung im Zeitraum 2015 – 2020 mit Ausblick 2025, http://www.dena.de/fileadmin/user_upload/Download/Dokumente/Studien_Umfragen/Endbericht_dena-Netzstudie_II.PDF, Zugriff am 2.12.2010.

ドイツ環境援助「プランＮ 再生可能エネルギーの電力網統合フォーラム―政治への行動勧告」。DUH（2010）, Plan N. Forum Netzintegration Erneuerbare Energien. Handlungsempfehlungen an die Politik. Deutsche Umwelthilife / Forum Netzintegration Erneuerbare Energien, http://www.duh.de/2514+M55a8c8d9e04.html, Zugriff am 24. Mai 2011.

ドイツ環境〔・自然保護・核炉安全〕省／社会的責任のためのビジネス―持続可能性／ヨーロッパ気候フォーラム／フラウンホーファー・システム技術革新研究所／ノルトライン・ヴェストファーレン州エコ・センター／ポツダム気候研究所『気候と調和するドイツのための投資』。BMU［Bundesministerium für Umwelt, Naturschutz und Reaktorsicherheit］（2008）, Investitionen für ein klimafreundliches Deutschland, von BSR-Sustainability, European Climate Forum（ECF）, Fraunhofer-Institut für System-und Innovationsforschung（ISI）, Öko-Zentrum NRW, Potsdam-Institut für Klimafolgenforschung（PIK）.

ドイツ環境省／ニッチュ／ヴェンツェル『ドイツの再生可能エネルギー拡張の長期シナリオと戦略―主導シナリオ2009』。BMU（2009a）, Langfristszenarien und Strategien für den Ausbau erneuerbarer Energien in Deutschland – Leitszenario 2009, von J. Nitsch（DLR）und B. Wenzel（IfnE）im Auftrag des BMU, http://www.bmu.de/files/pdfs/allgemein/application/pdf/leitszenario2009_bf.pdf, Zugriff am 06.11.2010.

ドイツ環境省『ドイツ製グリーン・テクノロジー2.0』。BMU（2009b）, Green Tech made in Germany 2.0, Verlag Franz Vahlen München/Munich, http://www.bmu.de/files/pdfs/allgemein/application/pdf/greentech2009.pdf, Zugriff am 20.09.2011.

ドイツ環境省／ニッチュ／ヴェンツェル『ドイツの再生可能エネルギー拡張の長期シナリオと戦略―主導シナリオ2010』。BMU（2010a）, Langfristszenarien und Strategien für den Ausbau erneuerbarer Energien in Deutschland – Leitszenario 2010 von J. Nitsch（DLR）und B. Wenzel（IfnE）im Auftrag des BMU. http://www.bmu.de/files/pdfs/allgemein/application/pdf/leitstudie2010_bf.pdf, Zugriff am 12.12.2011.

SCHEPELMANN, P.; GOOSSENS, Y.; MAKIPAA, A.（Ed.）（2010）, Towards Sustainable Development. Alternatives to GDP for measuring progress.（Wuppertal Spezial 42）. Wuppertal, http://www.wupperinst.org/publikationen/entnd/index.html?beitrag_id=l313, Zugriff am 21.11.2011.

シェペルマン／他「ヨーロッパのための緑の新たなニューディール—危機と対峙する緑の近代化に向かって」。SCHEPELMANN, P.; STOCK, M.; KOSKA, T.; SCHÜLE, R.; REUTTER, O.（2009）, A green new deal for Europe: towards green modernisation in the face of crisis; a report by the Wuppertal Institute for Climate, Environment and Energy, http://www.greens-efa.org/cms/default/rubrik/16/16475.documents.htm, Zugriff am 12.12.2011.

ジャクソン「成長なき繁栄？持続可能な経済への転換」。JACKSON, T.（2009）, Prosperity without growth? The transition to a sustainable economy, published by the Sustainable Development Commission,（05/2010）, http://www.sd-commission.org.uk/ file_download.php?target=/publications/downloads/prosperity_without_growth_report.pdf, Zugriff am 12.11.2011.

ジャーマン・ウォッチ「ドイツ政府『エネルギー計画2010』草案分析—原子力と石炭の裏をかくポテンシャル」。GERMANWATCH（2010）, Analyse des Energiekonzept-Entwurfs der Bundesregierung-Potenziale durch Atom und Kohle ausgebremst, http://www.germanwatch.org, Zugriff am 12.12.2011.

シュテルク。STERK（2010）〔出典詳細不明〕.

シュナイダー「停電にたいするフランスの不安—新しい電力源探求への疑問」。SCHNEIDER,M.（2011）, Frankreichs Angst vor dem Blackout. Neue Stromquellen verzweifelt gesucht., ARD 11.11.2011, http://www.tagesschau.de/ausland/frankreich440.html, Zugriff am 02.12.2011.

シュミット－ブリーク『地球』。SCHMIDT-BLEEK, F.（2009）, The Earth, London: House Publisher.

〔ドイツ〕商業新聞「ライン・ヴェストファーレン・エネルギー社がブルガリアに原子力発電所を建設する」。HANDELSBLATT（2011）, RWE baut in Bulgarien Atomkraftwerk. 10.5.2011. Zugriff am 15.05.2011.

ショル／他「消費者・顧客に近い資源政策の手段」。SCHOLL, G.; BAEDEKER, C.; BIETZ, S.; KRISTOF, K.; OTTO, S.; ONISCHKA, M.; REISCH, L.; RUBIC, F.; SCHMITT, M.（2009）, Konsumenten- und kundennahe Instrumente der Ressourcenpolitik. Zusammenfassung der Politikoptionen. MaRess-Projekt Arbeitsschritt 12.1.

シンケ「太陽を追う？シチリア島太陽光発電所への投資は、どのようにしてハイ・リターンを生み出し、グローバルな温暖化防止に役立てるか」。SCHINKE, J.C.（2010）, Follow the Sun? How Investments in Solar Power Plants in Sicily can Generate High Returns of Investments and Help to Prevent Global Warming, CEGE Discussion Paper, No. 105, Universität Göttingen.

新経済財団「成長は可能ではない—なぜ新たな経済指針が必要か」。NEF［The New Economic Foundation］（2009）, Growth isn't possible – Why we need a new economic direction, http://www.neweconomics.org/sites/neweconomics.org/files/Growth_Isnt_Possible.pdf, Zugriff am 12.09.2011.

スターン『気候変動の経済学（スターン・レビュー）』。STERN, N.（2006）, The Economics of Climate Change（Stern Review）, HM Treasury, London.

スティグリッツ／他「我々の生命の測り間違い」。STIGLITZ, J; SEN A.; FITOUSSI, J.（2010）, Mismeasuring Our Lives, The New Press, New York.

ストックホルム環境研究所／他。SEI/TELLUS INSTITUTE（2009）〔出典詳細不明〕.

世界エネルギー評議会「グローバルなエネルギー評価」。WORLD ENERGY COUNCIL（2011）,Global Energy Assessment（GEA）,draft.

世界自然保護基金『ドイツ・モデル—2050年までの気候保護』。WWF（2009）, Modell Deutschland-Klimaschutz bis 2050.

世界自然保護基金／他。WWF et al.（2009）〔出典詳細不明〕.

Energy Balances of OECD countries: Panel C.
国際核エネルギー機関／チェルノブイリ・フォーラム『チェルノブイリの遺産―健康・環境・社会経済的インパクトとベラルーシ、ロシア連邦、ウクライナの各政府への勧告』。IAEA/THE CHERNOBYL FORUM（2006), Chernobyl's Legacy: Health, Environmental and Socio-economic Impacts and Recommendations to the Governments of Belarus, the Russian Federation and Ukraine, 2nd revised edition, Paris: IEAE.
国立環境研究所／京都大学／立命館大学／みずほ情報研究所「低炭素社会に向かう１ダースの行動―2050 日本低炭素社会シナリオ」。NIES（2008), A Dozen of Actions towards Low-Carbon Societies（LCSs), 2050 Japan Low-Carbon Society scenario team, National Institute for Environmental Studies（NIES), Kyoto University, Ritsumeikan University, and Mizuho Information and Research Institute, http://2050.nies.go.jp, Zugriff am 12.09.2011.
国立研究評議会「鉱物・希少鉱物・アメリカ経済」。NRC［National Research Council］（Hrsg.)（2008), Minerals, critical minerals, and the U.S. economy. Online verfügbar unter, http://site.ebrary.com/lib/academiccompletetitles/home.action, Zugriff am 25.11.2011.
国立研究評議会「エネルギーの隠れた費用」。NRC（2009), The Hidden Costs of Energy: Unpriced Consequences of Energy Production, Washington DC.
国連環境計画「経済的回復再考―グローバルなグリーン・ニューディール」。UNEP［United Nations Environment Programme］（2009); Rethinking the Economic Recovery: A Global Green New Deal. Report prepared for the Economics and Trade Branch, Division of Technology, Industry and Economics.
コパッツ「ドイツにおけるエネルギーの貧困―社会的料金表は必要か」。KOPATZ M.（2009), Energiearmut in Deutschland: Brauchen wir einen Sozialtarif? Energiewirtschaftliche Tagesfragen 59.
コパッツ／他「エネルギーの貧困―研究の現状、国民的プログラム、地域圏モデル・プロジェクト」。KOPATZ, M.; SPITZER, M.; CHRISTANELL, A.（2010), Energiearmut. Stand der Forschung, nationale Programme und regionale Modellprojekte in Deutschland, Österreich und Großbritannien, Wuppertal Paper Nr. 184（Oktober 2010), http://www.wupperinst.org/uploads/txwibeitrag/WP184.pdf, Zugriff am 21.09.2011.

サ行

再生可能エネルギー研究者協会『エネルギー計画2050―エネルギー効率化と100％再生可能エネルギーに基づく持続可能なエネルギー計画の展望』。FVEE - Forschungs Verbund Erneuerbare Energien（2010), Energiekonzept 2050. Eine Vision für ein nachhaltiges Energiekonzept auf Basis von Energieeffizienz und 100 % erneuerbaren Energien. Berlin. Online verfügbar unter, http://www.fvee.de/fileadmin/politik/I0.06.vision_fuer_nachhaltiges_energiekonzept.pdf, Zugriff am 12.12.2011.
ザウアー「核技術施設の事前配慮―賠償責任・保証・停止」。SAUER, G.W.（1991), Haftungs-, Deckungs- und Stilllegungsvorsorge bei kerntechnischen Anlagen, Vortrag auf dem Neunten Deutschen Atomrechtssymposium, München.
サマディ〔内部文書〕。SAMADI, S.（2011), Intemes Arbeitspapier, Wuppertal Institut 2011.

ジェイコブソン／アーチャー「グローバルな地表風力の最大限抽出の評価に関するコメント」。JACOBSON, M.; ARCHER, C.L.（2010), Comment on Estimating maximum global land surface wind power extracability and associated climatic consequences, by L.M. Miller, F. Gans, and A. Kleidon, Earth System Dynamics Discussion 1, C84-C85.
シェットカート「リバウンド効果の分析」。SCHETTKAT, R.（2009), Analyzing rebound effects. Wuppertal Papers 177. Wuppertal Institut für Klima, Umwelt, Energie, http://www.wupperinst.org/uploads/txwibeitrag/WP177.pdf, Zugriff 02.12.2010.
シェペルマン／他「持続可能な開発に向かって―国内総生産にたいする進歩測定の代替案」。

クラインシュトイバー／ロイツ「インターネット方式の政治」。KLEINSTEUBER, H. J.; LOITZ, T.（2001）, Politik im Zeichen des Internet, in: Bundeszentrale für politische Bildung, Politikunterricht im Informationszeitalter, Bonn, 51-62.

クラウゼ／他『エネルギー転換―石油とウランなしの成長と豊かさ』。KRAUSE, F.; BOSSE,H.; MÜSSER-REISSMANN, K.-F.（1980）, Energie-Wende: Wachstum und Wohlstand ohne Erdöl und Uran. Ein Alternativ-Bericht des Öko-Instituts. Fischer, Frankfurt am Main 1980, ISBN 3-10-007705-9.

クリストーフ／ヘニッケ「ドイツ政府の未来を約束する資源政策のための核心的戦略」。KRISTOF, K.; HENNICKE, P.（2010）, Kernstrategien für eine zukunftsfähige Ressourcenpolitik der Bundesregierung. MaRess-Projekt. AP7, Paper 7.7.

グリム「再生可能エネルギー蓄蔵を発電所建設計画に組み込む」。GRIMM, V.（2007）, Einbindung von Speichern für erneuerbare Energien in die Kraftwerkseinsatzplanung. Einfluss auf die Strompreise der Spitzenlast. Dissertationsschrift. Bochum. Selbstverlag des Lehrstuhls für Energiesysteme und Energiewirtschaft, Ruhr-Universität Bochum. Schriftenreihe des Lehrstuhls für Energiesysteme und Energiewirtschaft 16.

グリーンピース『気候保護：プランＢ　2050―ドイツのためのエネルギー計画』。GREENPEACE（2009）, Klimaschutz: Plan B 2050 – Energiekonzept für Deutschland, http://www.greenpeace.de/fileadmin/gpd/user_upload/themen/klima/Plan_B_2050_lang.pdf, Zugriff am 06.11.2010.

グリーンピース「ウアゲヴァルト〔環境・人権の弁護人〕と批判的活動家はライン・ヴェストファーレン・エネルギー代表、グロスマンの退陣を要求する」。GREENPEACE（2011）, urgewald und Kritische Aktionäre fordern Rücktritt von RWE-Chef Großmann. Greenpeace Magazin 4/2011, http://www.greenpeace-magazin.de/index.php?id=55&tx_ttnews[tt_news]=107696&tx_ttnews[backPid]=23&cHash=f6a7el65a8, Zugriff am 19.04.2011.

クロスト／マティックス「建物供給用小型地域熱電併給施設―自動適応の柔軟な経営管理」。KROST, G.; MATICS, J.（2008）, Mikro-Blockheizkraftwerke zur Gebäudeversorgung. Flexibles auto-adaptives Betriebsmanagement. In: eBWK Bd. 60（2008）Nr. 3., S. 1-7, http://www.technikwissen.de/libary/.../bwk/eBWK_03_2008_Krost.pdf, Zugriff am 26.7.2010.

経済協力開発機構「緑の成長戦略に関する中間報告」。OECD［Organization for Economic Co-operation and Development］（2010）, Interim Report on the Green Growth Strategy: Implementing our Commitment for a Sustainable Future, Paris.

経済協力開発機構／国際エネルギー機関『世界エネルギー概観 2008』。OECD; IEA［International Energy Agency］（2008）, World Energy Outlook 2008. Paris.

経済協力開発機構／国際エネルギー機関『世界エネルギー概観 2009』。OECD; IEA（2009）, World Energy Outlook 2009. Paris.

経済協力開発機構／国際エネルギー機関『世界エネルギー概観 2010』。OECD; IEA（2010）,World Energy Outlook 2010. Paris.

ケムファート「エネルギー・シナリオ―ビジョンと現実」。KEMFERT, C.（2011）, Szenario Energie, Vision und Wirklichkeit, in: WELZER, H.; WIEGANDT, K.（Hrsg.）, Perspektiven einer nachhaltigen Entwicklung, Frankfurt/ M: S. Fischer, 205-222.

ケンプ「オランダのエネルギー転換アプローチ」。KEMP, R.（2010）, The Dutch Energy Transition Approach, International Economics and Economic Policy, Vol. 7（2+3）, 291-316.

国際エネルギー機関「世界エネルギー統計要覧」。IEA（2010）, Key World Energy Statistics.

国際エネルギー機関「再生可能エネルギー情報　パネルＡ・Ｂ」。IEA（2010）, Renewable Information : Panels A and B.

国際エネルギー機関「経済協力開発機構諸国のエネルギー・バランス　パネルＣ」。IEA（2010）,

Deutschland. Wochenbericht des DIW. Nr. 41. Berlin, http://www.diw.de/documents/publikationen/73/diw_01.c...de/10-41-1.pdf, Zugriff am 15.09.2011.

エネルギー監視グループ『再生可能エネルギー概観2030』。EWG［Energy Watch Group］（2008）, Renewable Energy Outlook 2030 - Energy Watch Group Global Renewable Energy Scenarios, http://www.energywatchgroup.org/Stuiden.24+M5d637ble38d.0.html, Zugriff am 15.11.2011.

エネルギー経済研究所『エネルギーの未来　2050』。FfE［Forschungsstelle für Energiewirtschaft］（2009）, Energiezukunft 2050, Teil II -Szenarien, im von EnBW, EON, RWE und Vattenfall, http://www.ffe.de/downIoad/berichte/Endbericht_Energiezukunft_2050_Teil_II.pdf, Zugriff am 12.12.2011.

エネルギー・バランスシート社「データ2010」。AG ENERGIEBILANZEN（2010）, Daten auf der Webseite, http://www.agenergiebilanzen.de/viewpage.php?idpage=6, Zugriff am 08.06.2011.

エネルギー・バランスシート社「データ2011」。AG ENERGIEBILANZEN（2011）, Daten auf der Website, http://www.agenergiebilanzen.de/viewpage.php?idpage=6, Zugriff am 08.06.2011.

LTI『再生可能エネルギー源のヨーロッパ・エネルギー・システムへの長期的統合』。LTI（1998）, Long-Term Integration of Renewable Energy Sources into the European Energy System, Heidelberg: Physica.

カ行

カーガーマン「成功の歴史」。KAGERMANN, J.（2011）, Eine Erfolgsgeschichte, Handelsblatt vom 16. Mai 2011, S.56, Düsseldorf.

核エネルギー機関〔経済協力開発機構内の専門機関〕『核エネルギー・データ　2010』。NUCLEAR ENERGY AGENCY（2010）, Nuclear Energy Data 2010.

核炉安全協会『ドイツのリスク研究　核発電所　B段階』。GESELLSCHAFT FÜR REAKTORSICHERHEIT（GRS）mbH（1989）, Deutsche Risikostudie Kernkraftwerke Phase B - eine zusammenfassende Darstellung, 2. A., Köln.

カーベルガー「スウェーデンの核電力と経済合理性」。KABERGER, T.（2002）, Swedish Nuclear Power and Economic Rationalities, *Energy & Environment*, Vol. 13, 191-206.

カルトシュミット／他『再生可能エネルギー』。KALTSCHMITT, M.; STREICHER, W.; WIESE, A.（Hrsg.）（2006）, Erneuerbare Energien, 4. A., Heidelberg: Springer.

《環境問題》専門家諮問委員会『2050年までに100％再生可能電力供給を』。SRU［Sachverständigenrat für Umweltfragen］（2010）, 100% erneuerbare Stromversorgung bis 2050: klimavertäglich, sicher, bezahlbar, http://www.umweltrat.de/SharedDocs/Downloads/DE/04_Stellungnahmen/20I0_05_Stellung_15_erneuerbareStromversorgung.pdf?_blob=publicationFile, Zugriff am 06.11.2010.

《環境問題》専門家諮問委員会『100％再生可能発電への道程―特別鑑定書』。SRU（Hrsg.）（2011）, Wege zur 100% erneuerbaren Stromerzeugung, Sondergutachten, Berlin, http://www.umweltrat.de/SharedDocs/Downloads/DE/02_Sondergutachten/2011_Sondergutachten_100Prozent_Erneuerbare.pdf?_blob=publicatioFile. Zugriff am 21.11.2011.

気候変動に関する政府間パネル「再生可能エネルギー源と気候変動の緩和」。IPCC［Intergovernmental Panel on Climate Change］（2011）, Renewable Energy Sources and Climate Change Mitigation. Special Report of the Intergovernmental Panel on Climate Change, http://srren.ipccwg3.de/report/IPCC_SRREN_Full_Report.pdf, Zugriff am 01.12.2011.

キュヒラー／マイヤー「電力は実際にはどのくらいの価格か―原子力・石炭・再生可能エネルギーの国庫助成・社会全体の費用の比較」。KÜCHLER, S.; MEYER, B.（2011）, Was Strom wirklich kostet, Vergleich der staatlichen Förderung und gesamtgesellschaftlichen Kosten von Atom, Kohle und erneuerbaren Energien, Studie im Auftrag von Greenpeace Energy unter Mitarbeit von Christian Kusch und Bea Ruoff.

ヴェルツァー／ヴィーガント『持続可能な発展の展望』。WELZER, H.; WIEGANDT, K., (Hrsg.) (2011), Perspektiven einer nachhaltigen Entwicklung, Frankfurt/M: Fischer.

ヴェルフェンス／他『個人自動車交通の「陰の補助金」』。WELFENS, M.J.; GERKING, D.; HOKKELER, M.; STILLER, H. (1996), "Schattensubventionen" im motorisierten Individualverkehr, in: KÖHN, J.; WELFENS, M.J. (Hrsg.), Neue Ansätze in der Umweltökonomie, Marburg: Metropolis, 409-447.

ヴェルフェンス「石油価格のダイナミズムを説明する」。WELFENS, P.J.J. (2009a), Explaining Oil Price Dynamics, in: BLEISCHWITZ, R.; WELFENS, P.J.J.; ZHANG, Z. (Hrsg.), Sustainable Growth and Resource Productivity. Economic and Global Policy Issues,Sheffield: Greenleaf Publishing, 110-117.

ヴェルフェンス『環大西洋銀行危機』。WELFENS, P.J.J. (2009b), Transatlantische Bankenkrise, Stuttgart: Lucius.

ヴェルフェンス「緑の情報通信技術のダイナミズムとグローバルな持続可能性の長期的展望」。WELFENS, P.J.J. (2011a), Grüne IKT-Dynamik und langfristige Perspektiven globaler Nachhaltigkeit, in:WELZER, H.;WIEGANDT, K (Hrsg.), Perspektiven einer nachhaltigen Entwicklung, Frankfurt a.M: Fischer.

ヴェルフェンス「再生可能エネルギー拡張を妨害する、核エネルギーと石炭にたいする陰の補助金」。WELFENS, P.J.J. (2011b), Shadow Subsidies for Nuclear Energy and Coal as Impediments to the Expansion of Renewables, EIIW Working Paper No.200,University of Wuppertal (http://www.eiiw.eu).

ヴェルフェンス「中央集権的なユーロの絆、構造改革、ユーロ連合のために」。WELFENS, P.J.J. (2011c), Für zentralisierte Eurobonds, Strukturreformen und eine Euro-Union, Wirtschaftsdienst, September 2011.

ヴェルフェンス／他「グローバルな経済的持続可能性指標―コペンハーゲン方法のための分析と政策提言」。WELFENS, P.J.J.; PERRET, J.; ERDEM, D. (2010), Global Economic Sustainability Indicator: Analysis and Policy Options for the Copenhagen Process, International Economics and Economic Policy, Vol. 7,153-186.

ウオラス「堅固な岩盤？―高レベル放射性廃棄物の地層処理の科学的レビュー」。WALLACE, H. (2010), Rock Solid? A scientific review of geological disposal of highlevel radioactive waste; written for Greenpeace International, Buxton.

ヴッパータール研究所『ミュンヘン―二酸化炭素ゼロの未来への道』。WUPPERTAL INSTITUT (2009), München-wege in eine CO_2-freie Zukunft.

エヴァース／レニングス「ビブリス核電のスーパー・ガウの貨幣的評価」。EWERS, H.-J.; RENNINGS, K. (1991), Die monetären Schäden eines Super-GAU's in Biblis. Diskussionspapier Nr.2 des Instituts für Verkehrswissenschaften an der Universität Münster.

エヴァース／レニングス「いわゆるスーパー・ガウによる損害の評価」。EWERS, H.-J.; RENNINGS, K. (1992), Abschätzung der Schäden durch einen sogenannten "Super-GAU", Prognos-Studie für das Bundesministerium für Wirtschaft, downloadbar unter, http://www.zukunftslobby.de.

エコフィス／世界自然保護基金／首都圏建築事務所「エネルギー報告―グローバルな持続可能・再生可能エネルギー・システムは、2050年までに可能だ」。ECOFYS; WWF; OMA (2011), The Energy Report - Globales nachhaltiges und regeneratives Energiesystem bis 2050 möglich, http://www.ecofys.de., Zugriff am 15.09.2011.

エコロジー経済研究所。IÖW (2010, 2011)〔出典詳細不明〕.

エップシュタイン「石炭のライフサイクルの完全な費用計算」。EPSTEIN, P.R. (2011), Full Cost Accounting for the Life Cycle of Coal, *Annnals of the Academy of Sciences*, 1219, 73-98.

エートラー／オシュリヴァン「再生可能エネルギー――成長市場がドイツの雇用を生む」。EDLER, D.; O'SULLIVAN, M. (2010), Erneuerbare Energien - ein Wachstumsmarket schafft Beschäftigung in

参考文献

ア行

アダム〔ヨーロッパ気候政策サポートの適応と緩和戦略〕「ヨーロッパのための２度シナリオ、政策とインパクト」。ADAM (2009), ADAM 2-degree scenario for Europe, Policies and Impacts, Project No: 018476-GOCE, ADAM Adaptation and Mitigation Strategies: Supporting European Climate Policy Instrument: Integrated Project (IP), Global Change and Ecosystems, Deliverable D3 of work package Ml (code D-M1.3),http://adamproject.info/index.php/Download-document/473-D-M1.3.html, Zugriff am 12.12.2011〔閲覧日時、以下同〕.

アーチャー／ジェイコブソン「グローバルな風力評価」。ARCHER, C.L.; JACOBSON, M.Z. (2005), Evaluation of Global Wind Power, *Journal of Geophysical Research*, Vol. 110, D12110, doi: 10.1029/2004JD005462.

アメリカ原子力規制委員会。NRC (2008)〔出典詳細不明〕.

アンゲラー／他「未来の技術にとっての資源」。ANGERER. G.; MARSCHEIDER-WEIDEMANN, F.; LÜLLMANN, A.; ERDMANN, L.; SCHARP M.; HANDKE, V.; MARWEDE, M. (2009a), Rohstoffe für Zukunftstechnologien - Einfluss des branchenspezifischen Rohstoffbedarfs in rohstoffintensiven Zukunftstechnologien auf die zukünftige Rohstoffnachfrage, Im Auftrag des Bundesministeriums für Wirtschaft und Technologie Referat III A5-Mineralische Rohstoffe ID 4-02 08 15-28/07, Schlussbericht 15.Mai 2009.

アンゲラー／他「未来の技術にとってのリチウム」。ANGERER, G.; MARSCHEIDER-WEIDEMANN, F.; WENDL, M.; WIETSCHEL M. (2009b), Lithium für Zukunftstechnologien - Nachfrage und Angebot unter besonderer Berücksichtigung der Elektromobilität, Fraunhofer-Institut für System und Innovationsforschung ISI, Karlsruhe, Dezember 2009, http://www.isi.fhg.de/isi-de/n/download/publikationen/Lithium_fuer_Zukunfts technologien. pdf, Zugriff am 11.12.2011.

イェーガー／他「金融危機から持続可能性へ」。JAEGER C. C.; HORN, G.; LUX, T. (2009), From the financial crisis to sustainability, A study commissioned by the Federal Ministry for the Environment, Nature Conservation and Nuclear Safety; ECF, Potsdam 2009, http://www.european-climateforum.net/fileadmin/ecf-documents/publications/reports/jaeger-horn-lux_fromthe-financial-crisis-to-sustainabilty.pdf, Zugriff am 21.10,2011.

イェーガー「乱痴気騒ぎを数学的にモデル化する」。JAEGER, L. (2011), Den Tanz auf dem Vulkan mathematisch modellieren, Neue Zürcher Zeitung,Internationale Ausgabe, 26.3.2003,S.13.

イェンゼン「みんなで急いで１、２、３」(童謡)、2011年４月６日付「フィナンシャル・タイムズ・ドイツ」の特別寄稿。JENSEN, D. (2011), 1,2,3 im Sauseschritt, Sonderbeilage der Financial Times Deutschland, 6. April 2011.

イギリスHSBC銀行「回復のための気候―刺激の色は緑になる」。HSBC (2009), A Climate for Recovery. The Colour of Stimulus Goes Green HSBC Global Research. London.

ヴァークナー「21世紀のエネルギーとは何か」。WAGNER, H.-J. (2007), Was sind die Energien des 21. Jahrhunderts, Frankfurt/M:Fischer.

ヴィッセル／他「発電費用の比較」。WISSEL, S.; RATH-NAGEL, S.; BLESL,M.; FAHL,U., Voß,A. (2008), Stromerzeugungskosten im Vergleich, Arbeitsbericht/ Working Paper, Bericht NR. 4, IER. Universität Stuttgart.

著者紹介

ペーター・ヘニッケ（Peter Hennicke）
1942年、ヴァルテ生まれ。ダルムシュタット大学名誉教授、ヴッパータール気候・環境・エネルギー研究所前所長。最近の著作：『ネガワット―発想の転換から生まれる次世代エネルギー』（ディーター・ザイフリートとの共著、省エネルギーセンター、東京、2001）、「エネルギー転換―好機と挑戦」（舩橋晴俊／壽福『持続可能なエネルギー社会へ―ドイツの現在、未来の日本』法政大学出版局、2016）。

パウル・J・J・ヴェルフェンス（Paul J.J.Welfens）
1957年、デュレン生まれ。ヴッパータール大学教授、同大学ヨーロッパ国際経済連関研究所所長。最近の著作：*Digital integration, growth and rational regulation*（『デジタル統合、成長、合理的規制』), Springer, Berlin／Heidelberg, 2008.

訳者紹介

壽福眞美（じゅふく・まさみ）
1947年、鹿児島県生まれ。法政大学名誉教授、同大学サステイナビリティ研究所客員研究員。主著訳書：メアリ・メラー『境界線を破る！―エコフェミ社会主義に向かって』（後藤浩子との共訳、新評論、1993)、『批判的理性の社会哲学―カント左派とヘーゲル左派』（法政大学出版局、1996)、『持続可能なエネルギー社会へ―ドイツの現在、未来の日本』（舩橋晴俊との共編、法政大学出版局、2016)、『知の史的探究―社会思想史の世界』（監修、八千代出版、2017)。

福島核電事故を経たエネルギー転換
――ドイツの特殊な道か、それとも世界の模範か

（検印廃止）

2018年4月30日　初版第1刷発行

訳　者　壽 福 眞 美
発行者　武 市 一 幸

発行所　株式会社 新 評 論

〒169-0051　東京都新宿区西早稲田3-16-28
http://www.shinhyoron.co.jp
TEL 03（3202）7391
FAX 03（3202）5832
振替 00160-1-113487

定価はカバーに表示してあります
落丁・乱丁はお取替えします。

装　幀　山 田 英 春
印　刷　フォレスト
製　本　中永製本所

Printed in Japan
ISBN978-4-7948-1068-7